韩国式资本主义

从经济民主化到经济正义

[韩] 张夏成（장 하성）◎著　邢丽菊　许　萌◎译

한국 자본주의

中信出版集团·北京

图书在版编目（CIP）数据

韩国式资本主义 /（韩）张夏成著；邢丽菊，许萌译 . -- 北京：中信出版社，2018.6

ISBN 978-7-5086-8601-1

Ⅰ.①韩… Ⅱ.①张… ②邢… ③许… Ⅲ.①资本主义 – 研究 – 韩国 Ⅳ.① D731.262.1

中国版本图书馆 CIP 数据核字 (2018) 第 029544 号

韩国式资本主义
——从经济民主化到经济正义

著　　者：[韩] 张夏成
译　　者：邢丽菊　许萌
出版发行：中信出版集团股份有限公司
　　　　　（北京市朝阳区惠新东街甲 4 号富盛大厦 2 座　邮编　100029）
承 印 者：北京楠萍印刷有限公司

开　　本：787mm×1092mm　1/16　　印　张：29.75　　字　数：492 千字
版　　次：2018 年 6 月第 1 版　　　　印　次：2018 年 6 月第 1 次印刷
广告经营许可证：京朝工商广字第 8087 号
书　　号：ISBN 978-7-5086-8601-1
定　　价：88.00 元

目　录

序　言 ……………………………………………………… V

第一篇　问诊韩国资本主义

第一章　生病的韩国资本主义 ……………………………… 3

日益盛行的资本主义怀疑论 ………………………… 3

收入再分配政策的失败 ……………………………… 7

"三无"增长：无就业、无工资、无分配 ………… 10

悬崖边上的非正式就业劳动者 …………………… 18

企业与家庭生活的不均衡增长 …………………… 22

过度的企业内部公积金 …………………………… 30

经济民主化引起热议的原因 ……………………… 37

第二章　杂乱无序的韩国市场经济 ……………………… 45

计划经济体制的后遗症 …………………………… 45

保守右派的朴正熙乡愁 …………………………… 51

进步左派的"朴正熙乡愁" ……………………… 57

实行市场经济体制后的韩国市场经济 …………… 63

韩国的新自由主义神话 …………………………… 74

经济权力落入财阀手中 ·· 85

第二篇　究问韩国资本主义

第三章　股东资本是资本主义矛盾的根源吗？ ················ 93
为什么股东资本备受争议？ ·· 93

股东资本与负债资本的选择 ·· 95

对股东资本主义的批判和歪曲 ···································· 103

利益相关者资本主义 ·· 119

劳动者和股东，无法同行吗？ ···································· 126

无股东的企业 1：劳动者作为所有者的公司 ················ 132

劳动者合作社可以成为股份有限公司的替代方案吗？ ······ 144

无股东的企业 2：供给者或债权人作为所有者的企业 ······ 150

无股东的企业 3：国家作为所有者的企业 ··················· 154

股东资本之外的选择 ·· 160

第四章　韩国经济是否在衰退中摇摇欲坠？ ················ 164
外国的股权资金和负债资金 ·· 164

1997 年外汇危机下的外国资本 ··································· 167

2008 年金融危机下的外国资本 ··································· 173

两次危机中得到的教训 ·· 176

孤星基金"外汇银行套现者"争议 ······························ 180

硕富麟"SK 经营权争夺战" ·· 191

套现纷争的背后 ··· 196

第五章　三星为何挑起恶意并购的争论？ ··················· 203
关于外国恶意并购的争论 ··· 203

恶意并购并不现实 ………………………………… 210

三星电子是否可以被并购? ……………………… 215

三星集团股权结构 ………………………………… 230

捍卫经营权所为何人? …………………………… 235

第三篇　修正的韩国资本主义

第六章　资本主义的竞争、公平、正义 ………… 249

对资本主义,应摒弃还是修正? ………………… 249

修正资本主义 ……………………………………… 259

资本主义下的私有与正义 ………………………… 264

资本主义下的竞争与正义 ………………………… 265

资本主义下的分配与正义 ………………………… 273

第七章　非正义的韩国资本主义 ……………… 279

韩村的故事 ………………………………………… 279

非正义的私有 ……………………………………… 285

不公平的竞争 ……………………………………… 292

阻挡正义的拦路虎 ………………………………… 299

财阀与韩国经济的矛盾 …………………………… 302

财阀是不是韩国经济的未来? …………………… 314

第八章　追求和谐共生的正义资本主义 ……… 320

我们该做些什么? ………………………………… 320

财阀政策,改变什么? …………………………… 336

资本税争论:皮凯蒂资本税和韩国现实 ……… 345

如何实现新资本主义? …………………………… 351

通向和谐共生的正义资本主义的道路 ·················· 363

后　记　最终归结为"人"与"钱"的问题 ·················· 373

注　释 ·················· 375

致　谢 ·················· 466

序　言

　　本书作为笔者的一部大部头著作，内容较多，为了减轻广大读者朋友们的阅读负担，帮助大家合理安排读书计划，建议朋友们先阅读本书的第一篇与第三篇。在第一篇的内容中，笔者对韩国资本主义现实进行了诊断分析，并回顾了韩国资本主义的整个发展历程。在第二篇的内容中，笔者重新分析并再定义了韩国资本主义现实中存在的有关争议事项。第三篇重点讨论了韩国资本主义的对策，其中，第六章中论述的资本主义体制下的公平性与正义性，是笔者在第七章与第八章中提出的"正义资本主义理论"的理论框架，因此，笔者为广大读者朋友们推荐第三篇为必读章节。

　　本书中笔者尽最大可能地引用各项统计数据，并以此为基础展开分析与论述，目的是要深深根植于韩国现实，从而做出正确判断。非常遗憾，本书中引用的统计数据没有列在一目了然的表格中，图表也比较分散，可能会给广大读者朋友带来阅读理解上的不便。然而，笔者仍然热切希望读者朋友们可以根据阅读指南一读到底，本书的内容不是简单地阐述事实，而是对韩国资本主义存在的问题进行剖析，同时阐述这些问题产生的原因，并对问题存在和发展的过程进行说明。另外，本书特别聚焦目前韩国资本主义的对策及解决方案，希望可以满足广大读者朋友的阅读需求。如果读者可以从头到尾读完本书，是笔者最真诚的"贪心"。

　　为了弥补广大读者朋友在阅读过程中的不便，笔者已将本书中引用的部分统计数据和图表上传至博客，大家可以在以下博客网站下载。

　　Naver 博客：http：//blog. naver. com/k_ capitalism

　　Daum 博客：http：//blog. daum. net/k_ capitalism

第一篇

问诊韩国资本主义

第一章　生病的韩国资本主义

日益盛行的资本主义怀疑论

我们不得不面对，世界经济已深陷长期停滞的泥潭。然而，2008年全球金融危机爆发的初期，大多数人仍然乐观或者说侥幸地持观望态度，认为危机只是暂时的，可以通过对个别困难金融机构和企业的救助计划以及局部金融改革措施克服。同时也有少数清醒者发出警告，认为此次危机的影响范围与深度将仅次于甚至超过20世纪20年代的全球经济大萧条，尽管如此，这些警告最终被批判为悲观者的极端论调。然而，事实不会说谎，在金融危机的发源地美国与英国，2008年与2009年连续两年呈现经济负增长，金融危机最终引发经济危机。而西方发达国家的经济危机迅速向全球蔓延，2009年整个世界经济陷入负增长。世界银行（其前身为国际复兴开发银行）于20世纪60年代开始正式统计世界经济增长率，统计资料显示，目前处于50年来最糟糕的时期。[①]从全球金融危机爆发的2008年至2012年的五年间，世界经济增速下滑过半，年均增长率仅为1.7%，[②]而金融危机的发源地美国和英国的情况更加严重，同时期经济增长率仅为0.6%~0.8%。OECD（经济合作与发展组织）成员国的年均增长率也跌至0.6%，西方发达国家经济整体陷入停滞状态。欧盟27国的年均增长率为负0.2%，首次出现经济衰退，而希腊、意大利、西班牙等南欧国家在金融危机之后一直无法摆脱经济负增长，经济萎缩呈现长期化态势。

西方发达国家为应对经济危机，将全球经济治理机制的范围从

G7 集团（美国、日本、英国、法国、德国、意大利、加拿大）扩大到 G20 集团，在原有的 G7 基础上追加了欧盟主席国以及韩国、阿根廷、澳大利亚、巴西、中国、印度、印度尼西亚、墨西哥、俄罗斯、沙特阿拉伯、南非、土耳其 12 个新兴经济体国家。在与这场经济危机做斗争的过程中，各国均采取了经济救助与刺激措施，如增发货币减少财政赤字、扩大政府财政支出刺激消费等，从而使世界经济暂时摆脱了负增长与破产的命运。然而，时隔六年后的今天，依然没有明显迹象表明世界经济将有望走出停滞的泥潭。

人们普遍认为，现在的经济状况不是依靠经济刺激计划或局部金融救助改革就可以得到改善的周期性停滞，而是资本主义市场经济的本质矛盾的体现。针对资本主义体制本身的怀疑论登场，资本主义史无前例地面临着严重的体制调整问题。

资本主义怀疑论之所以有市场，不仅因为世界经济深陷停滞的沼泽。从 20 世纪 80 年代初至今的 30 年间，美国、欧洲等西方发达国家一味追寻充分自由资本主义的结果，导致经济结构乃至社会结构的矛盾凸显。社会财富掌握在少数人手中，广大平民和劳动者阶层无法共享社会资源，阶层不平等扩大化，两极分化日益严重。总之，过去的 30 年，以充分自由市场为核心的资本主义（市场原教旨主义，market fundamentalism）存在与经济正义背道而驰的现象。市场原教旨主义在韩国通常被称为新自由主义（neo - liberalism）。新自由主义中关于如何定义市场原教旨主义这一概念性问题存在一定争议，在本书第二章中将对此做详细介绍。

资本主义经历了 1929 年的经济大萧条后陷入长期停滞状态，20世纪 90 年代初期又经历了三年的低速发展期。2008 年金融危机后西方发达国家的经济增长率虽然走低，但新兴市场经济体和发展中国家的经济增长率并未低到体制性危机的程度。[3]资本主义体制性危机并不是因为经济衰退造成的，也不是由于经济丧失增长潜力所致。所谓的体制危机，是指由于该体制已经失去其正当性、合理性而引发的危机。笔者认为目前体制危机的核心问题是社会财富无法得到公平分配。经济发展既有鼎盛期也有衰退期，经历着无数沉沉浮浮的循环。然而，现在的问题在于社会收入与财富存在着不平等现象，且不平等现象持续恶化，而这种恶化与周期性的经济循环并无关系。

以美国经济为例，20世纪70年代、80年代和90年代的经济年均增长率分别为3.5%、3.1%和3.2%，没有大的差距。但是，美国社会收入与财富的不平等程度自80年代之后开始持续恶化，[④]这一事实正说明不平等现象的加重并不是由于经济发展的停滞造成的，这种不平等与经济发展循环周期没有必然的联系。韩国在经历了1997年的外汇危机后，同样面临着这种社会不平等加剧的问题。[⑤]然而，韩国在克服了外汇危机之后，1999年至2012年的经济年均增长率为4.8%，刷新了OECD国家的最高纪录，为其两倍之多。当时OECD国家平均增长率仅为2.0%。这一事实同样说明分配不平等与经济的低发展之间不存在必然的因果关系。因此，资本主义危机论的盛行，与经济发展的停滞没有关系，而是由于不平等的加剧造成，由于普罗大众无法分享经济发展成果造成。

收入与财富的不平等加剧现象不局限于某个国家，几乎所有西方发达国家都经历过。OECD的调查结果显示，从市场原教旨主义盛行的20世纪80年代中期到全球金融危机开始蔓延的2008年，几乎在所有的西方发达国家，收入与财富不平等程度都呈现极速增加的态势。[⑥]从家庭总收入的变化情况来看，居于收入最顶端10%的富人收入增长幅度明显高于居于收入最底端10%的穷人收入。

类似的收入不平等和社会财富两极分化现象在美国与英国尤其严重，而这两个国家均是以充分自由市场为核心的资本主义，即市场原教旨主义的忠实奉行者。以同期美国的情况为例，居于收入顶端10%的富人收入年均增长率为1.5%，而居于收入底端10%的穷人收入年均增长率仅为0.1%。英国的情况也大同小异，居于收入顶端10%的富人收入年均增长率为2.5%，居于收入底端10%的穷人收入年均增长率不过0.9%。[⑦]

在全球福祉排名靠前的北欧国家，以瑞典为例，其收入分配相较于其他国家来说比较平等。但尽管如此，瑞典也未能幸免，瑞典的社会不平等现象和两极分化现象同样日益加剧。瑞典是 OECD 国家中基尼系数（Gini 系数）增长率最高的国家，基尼系数是国际上用来综合考察居民内部收入分配差异状况的一个重要指标，基尼系数越低，表明财富在社会成员之间的分配越平均。同时，瑞士也成为富有阶层和贫穷阶层收入分化差距增长速度最快的国家，居于收入顶端10%的富人收入年均增长率为 2.4%，居于收入底端10%的穷人收入年均增长率仅为 0.4%。⑧当然，尽管瑞典的发展存在以上变化，但作为福祉排名靠前的北欧国家中的典型代表，不管是在金融危机之前还是现在，瑞典仍然是收入不平等程度最低的国家。

值得引起关注的是，在过去 30 年，几乎所有资本主义国家都出现了两极分化加剧的情况，这种分化在瑞典等非常重视社会经济平等结构的国家依然大行其道。金融危机之后，更加呈现这种分化加剧扩大的趋势。从 2008 年金融危机爆发到 2010 年的三年间，比起金融危机之前的 12 年，收入不平等现象更加恶化。⑨

西方发达国家 30 年的发展历程与以充分自由市场为核心的资本主义密不可分，西方发达国家这一资本主义体制存在诸多问题，除了社会收入不平等和贫富两极分化严重的问题之外，还存在许多其他问题。比如在经济发展的同时，社会雇用和就业岗位却没有增加等现象逐渐成为结构化常态；就业条件每况愈下，低收入劳动者和临时性劳动者增加；劳动结构日益恶化，不稳定的雇用与就业增加等。

以充分自由市场为核心的资本主义在金融危机的冲击下，终于露出其真面目。市场原教旨主义者甚至夸下海口，喊出豪言壮语，声称只要减少政府的市场介入和政府支出，大幅弱化政府调控，市场竞争的效率便会得到提高，经济也会加速发展。但是，所谓自由放任的市场竞争，不过是为少数既得利益者服务的工具，充分自由市场竞争带来的结果也只能是强化了极少数人群蚕食多数社会财富的社会结构罢了。政府减少调控时，比起市场效率的提高，更可能带来的极端结果是市场失败。因此，才会有声音批判资本主义在历经了 30 年的充分自由市场发展之后，已经沦为为极少数的富人势力和既得利益者服务的体系。在这种背景下，对资本主义体制产生怀疑的资本主义怀疑论开始登场并一度盛行并不奇怪。

韩国资本主义和西方发达国家的资本主义一样，收入不平等和两极分化日趋加剧，存在经济发展却无法创造就业机会的无就业增长等持续恶化的问题。而无就业增长将在很大程度上使国家的收入分配改革计划陷入"空转"状态，贫富差距不仅不能缩小，反而很有可能会被进一步拉大。不仅如此，韩国资本主义发展甚至存在其他西方发达国家不具备的诸多问题，比如：市场竞争结构极度不公平；社会财富和经济支持向财阀集中倾斜；临时性劳动者和个体经营劳动者比例严重过高，雇用就业结构极度不稳定。与此同时，在西方发达国家的社会福祉出现倒退的今天，韩国才刚刚开始重视社会福祉问题；20 世纪 80 年代，发达国家的政府开始缩减政府对自由市场的调控，韩国却在实行计划经济。总之，韩国不存在和西方发达国家一样的竞争市场。

因此，韩国资本主义发展过程中存在的问题与西方发达国家也大不相同。如果说西方发达国家的问题是以充分市场竞争为核心的资本主义的产物，那么，韩国的问题则来自不能实施真正意义上的市场经济，在不是真正意义的市场经济的发展过程中，派生了诸多具有韩国特色的问题。在本书的第二章中，将对韩国资本主义市场经济的发展过程进行说明，并阐述韩国式资本主义与美国、欧洲的充分市场自由式的资本主义有何不同。在此之前，笔者将首先向大家呈现韩国式资本主义目前的真实面貌。

收入再分配政策的失败

日益恶化的收入不平等

韩国和其他西方发达国家一样，不可避免资本主义体制本身存在的结构性问题，如收入不平等和贫富两极分化严重，经济发展却无法创造就业机会，无就业增长现象严重，雇用与就业的结构恶化、质量低下。比如，用基尼系数衡量的韩国收入不平等现象自 1990 年以后的 20 年间呈现持续恶化的态势。1997 年外汇危机以后，韩国的收入不平等开始急转直下，2000 年之后韩国经济逐渐走出外汇危机的阴影，但收入不平等现象依然持续恶化。[⑩]

与其他国家相比，韩国收入不平等加剧不仅恶化速度快，收入不平等的水平亦居于高位。以可支配收入为基数的 OECD 的统计显示，韩国的收入不平等情况在 OECD 国家中属于中等水平。[⑪]

但是，在上述 OECD 对韩国收入的统计资料中，富有阶层的收入存在漏报及低报的现象，如果将上述因素考虑进去，根据有关资料显示韩国与美国一样，属于收入不平等最严重的国家之一。[⑫]尽管不同的研究资料中存在一定的差异，但不可否认，1990 年以后的 20 年间，韩国的收入不平等水平升高大约 60%。[⑬]从贫富不同阶层的收入差距来看，韩国的收入不平等依然比其他国家偏高。以可支配收入为基数，最顶端 10% 的收入为最底端 10% 的收入的 4.8 倍，在 OECD 国家中排名第八位。最顶端 20% 的收入为最底端 20% 的收入的 5.7 倍，在 OECD 国家中排名第九位。[⑭]

收入比例最大的部分为劳动收入，即工资收入。韩国的收入不平等现象扩大的最重要的原因便是贫富阶层间工资收入的不平等扩大化。[⑮]尤其是全球金融危机之后，劳动力工资收入不平等成为收入不平等的决定性因素。[⑯]与其他国家相比，韩国也属于劳动力工资收入差距非常大的国家。OECD 国家中，韩国是全职正式劳动者的工资收入不平等水平最严重的国家之一。从全职正式劳动者的总收入分布来看，2011 年韩国的工资收入水平最顶端 10% 的收入为最底端后 10% 的收入的 4.8 倍，收入差距在 OECD 国家中排名第三。2000 年，最顶端 10% 的收入还是最底端 10% 的收入的 4 倍，2005 年就扩大到 4.5 倍，之后一路攀升，从 2010 年的 4.7 倍扩大到 2011 年的 4.8 倍，可见工资收入的不平等呈现逐年扩大的态势。另外，低于中间工资收入水平 2/3 的低收入人群占全部劳动者的 25.2%，这一比例与美国相当，在 OECD 国家中比例最高，且该比例在 2000 年以后没有得到任何改善。[17]

收入不平等加剧的直接原因虽然是劳动工资收入的不平等，但深层次的原因在于韩国改善这一问题的努力不足。不仅缩小收入不平等差距的制度性建设薄弱，而且政府的决心不足，在对策与措施方面行动不积极。收入再分配政策无法得到贯彻执行，这一结果反映在居民收入与居民可支配收入方面的贫富差距，换句话说，居民收入与居民可支配收入方面的贫富差距表明收入再分配政策的失败。居民收入是指劳动工资收入、利息及其他投资收入共同组成的财产收入的总和。居民收入水平直接影响市场容量的大小，市场容量一方面受制于宏观经济状况，另一方面受国家收入分配政策、消费政策的影响。而居民可支配收入是指在居民收入中扣除税收之后，再加上年金、政府补助、福利待遇等的收入，可支配收入是消费与购买力的源泉。居民可支配收入代表的是政府的税收政策、福利政策等收入再分配政策作用后的收入。韩国相对于 OECD 其他国家，基于居民可支配收入的收入不平等比基于居民总收入的收入不平等严重得多。[18]虽然 OECD 的统计数据存在富有阶层收入的漏报和低报现象，但是这些数据足以说明，韩国政府的收入再分配政策未能像其他国家一样缓解收入不平等。[19]

扩大的两极分化

与收入不平等问题一样，韩国的贫富两极分化现象亦非常严重。为了更好地认识贫富两极分化现象，有必要首先认清收入不平等与贫富两极分化在概念上的区别。收入不平等反映的是收入在多大程度上集中倾向某个特定阶层（尤指上层）的分布情况，而两极分化指的是随着收入分布集中倾向上层或下层某一方面，从而造成中产阶层规模缩小的现象。[20]居民收入不平等情况严重，不代表贫富两极分化现象一定严重。收入不平等加剧的情况下，两极分化有可能同时加剧，在一定情况下也有可能得到缓解。[21]两极分化问题之所以和收入不平等的问题同样重要，是因为两极分化指数高意味着中产阶层缩小，收入向上层和下层两个极端分化。两极分化指数如果在一个合理的范围，可以使经济和社会发展保持必要的生机和活力，最终使广大民众走向共同富裕，但不合理的贫富极化只能引发尖锐的社会矛盾和对抗，影响经济发展、政治稳定和社会和谐。总之，贫富两个阶层的差距增大意味着社会矛盾和社会的不安定风险增大。[22]

韩国的两极分化现象在 20 世纪 80 年代不是非常明显，20 世纪 90 年代亦保持在平稳水平，直到 1997 年外汇危机爆发之后，两极分化才开始急剧恶化。[23]尤其是 1998 年，受到外汇危机的直接影响，中产阶层急剧缩小，上层与下层的分化现象进一步凸显。[24]21 世纪以来，韩国社会贫富两极分化的趋势继续扩大，2000 年上半年，贫富两极分化的速度开始进入快车道，超过收入不平等恶化的速度。与其他国家相比，韩国的贫富两极分化加剧现象亦属严重。[25]最终韩国社会贫富两极分化带来的结果是，2000—2010 年，韩国的中间收入阶层减少 5.8%，这意味着中产阶层比例减少 11%。从中间收入阶层的移动情况来看，在减少的中间收入阶层中，62% 下降为低收入阶层，38% 上升为高收入阶层。[26]

在韩国如此严重的贫富两极分化中，工资收入的两极分化是最主要的原因。[27]另外，两极分化与经济发展变化情况无关，持续呈现扩大的趋势，也是经济社会发展的一个明显特征。换句话说，贫富两极分化问题并不能随着经济发展得到解决，形势非常严峻。[28]在经济好转或发展的大背景下，民众却逐渐变身为低收入阶层的社会事实足以威胁到现有的体制，由此导致社会矛盾尖锐、社会不安定因素增多，也便是理所当然的结果了。

"三无"增长：无就业、无工资、无分配

无就业增长

前面提到收入不平等和贫富两极分化同时加剧，而这种恶化与

经济发展的好坏并无关系，这意味着收入不平等和贫富两极分化的问题为冰冻三尺之功，而非一日之寒，它们属于结构性的问题。收入不平等与贫富两极分化问题并发的表面原因是就业岗位的提供与经济发展无法同步。深层次的原因为经济发展成果未能得到公平分配，分配制度与福利制度建设薄弱。经济发展体制不能作为经济发展的终极目标，只能将其视为改善生活条件的手段与过程。改善生活条件首先必须有收入，而收入的保障便是就业岗位的提供。只有资本家阶层才可以不依靠就业岗位生存，而我们无法指望极少数的资本家来确保体制的正当性。经济发展与就业是相辅相成的，随着经济发展，就业岗位需要增加，而只有就业岗位增加了，经济才能得到长足持续的发展。

韩国的就业岗位不仅未随着经济的发展而增加，就业供给效率反而比过去大幅下降。1997 年外汇危机之后，韩国经济虽然取得了持续发展，但进入 21 世纪以来就业率长期处于停滞状态，在韩国"无就业增长"已成为既定事实。[29]从理论上来说，经济发展与就业增加不存在一一对应的必然关系。经济发展不仅仅是劳动与资本投入的结果，还包括技术发展与革新等因素带来的发展，因此雇用和就业并不会与经济发展呈现比例上的增长关系。曾有研究指出，韩国的就业增长率低的原因在于经济增长率本身比过去低。也有研究针对韩国的就业增长率减速是否比经济增长率减速还要严重提出疑问。[30]不论何种情况，韩国在 OECD 国家中就业率偏低，而且在过去经济发展的十年内就业率长期处于停滞状态，20 世纪 90 年代开始经济发展提供就业岗位的动力开始持续大幅下降，这些都是不争的事实。[31]

关于就业问题，韩国与其他国家相比，呈现某些特定的特征。除了外汇危机时期，韩国在很长一段时期属于失业率最低的国家之一，从 OECD 国家失业率的排名来看，最近韩国的失业率再刷新低。[32]如果仅以低失业率为标准进行社会问题的分析，那么似乎对失业率最低的韩国来说，就业问题不应该成为一项严重的社会问题，但是，韩国的情况非常特殊。韩国的就业问题依然是重要的经济问题之一，因为在韩国不仅失业率低，就业率也偏低。在 OECD 国家中，韩国的就业率在过去十年中一直处于中等偏下的水平。[33]与其他发达国家相比，韩国的失业率和就业率全部偏低是一种矛盾的状态。失业率低说明找不到工作的民众占比小，而就业率低说明已经就业的民众占比低，换言之，找到工作的概率很大却没有去工作，这是一种极度不正常的状态。[34]

如果说有很多韩国人明明可以轻易地求得就业岗位却不去努力工作，这显然是不合常理的。韩国社会竞争激烈，人们生活节奏快，工作时间长在世界上是公认的，因此上述假设是空穴来风，反而应该说韩国人的勤奋是世界一流的。那么问题出在哪儿？对于意向就业者来说，不是因为这个群体的人数少，恰恰是因为就业岗位不足或者就业成功的可能性小，因此没能加入就业的阵营。比如女性就业者、低学历就业者、高龄就业者都面临着同样的问题，比起被排除在就业阵营之外，也许他们宁愿选择不去就业。另外一个原因，政府公布的失业率数据与实际情况大相径庭。甚至在外汇危机时期，伴随着大量企业破产，大量劳动者被解雇，露宿街头的流浪汉随处可见，面临如此严重的失业问题，韩国在 OECD 国家中的失业率排名竟然还是中间水平。[35]韩国在经济开放以来的三十多年间实现了经济发展的"汉江奇迹"，但 1997 年底外汇危机爆发使韩国经济全面下降。此次外汇危机不仅是因为韩国经济停滞、经常收支逆差等实体经济的恶化，而且是东南亚外汇危机、国际金融资本新兴市场脱离等外部环境要素的变动、政府应对危机管理能力不够和老百姓的泡沫消费等多种原因所导致的结果。同时，韩国的经济发展战略、政治、历史、文化等方面的危机也是从根本上导致此次外汇危机的原因之一。外汇危机期间出口停滞，出口产品对外竞争力下降，对出口依存度高的韩国经济遭受重挫，大型企业连续倒闭，发生了所谓的产业危机。由于大型企业开始倒闭，外国的银行和企业不再与韩国银行和企业合作，要求偿还贷款，结果不可避免地发生外汇危机。皮之不存，毛将焉附？企业与金融机构的连续破产造成大量劳动者失业。因此，笔者无法相信韩国政府关于失业率的统计数据。㊱

无就业的制造业增长

失业率与就业率同时较低是一种非正常现象。韩国的经济增长率在 OECD 国家中非常高，过去十年的经济年均增长率为 3.6%，是 OECD 国家的平均值 1.7% 的两倍，在 34 个成员中排名第七。即使在经历了 2008 年国际金融危机冲击之后，韩国的经济年均增长率依然以 2.9% 高于 OECD 国家的平均值 0.6%，位列第五。然而，韩国的就业率在过去十年仅增长了 1.3%，在 OECD 国家中仅为中间水平。从以上数据可以看出，韩国的经济增长与就业率增长是严重失调的，这说明韩国经济创造就业岗位的能力严重不足，就业形势非常严峻。

经济增长不能带来大量的就业机会，要从韩国的产业结构中寻找原因。其中一个很重要的原因是，就业机会创造效率低的制造业在韩国占比非常大，而且还有占比进一步扩大的趋势。就业弹性系数是指每 10 亿韩元规模的生产拉动的就业数，就业弹性系数水平主要取决于经济增长与就业增长的动态作用。因此，一般说来，经济增长带动就业增长的效果越大，就业弹性系数就越高；经济增长带动就业增长的效果越不明显，就业弹性系数就越低。当就业弹性水平较低时，即使经济保持高增长，也不一定会对就业有较强的拉动。韩国 2011 年制造业的就业弹性系数为 5.5，服务业为 11.5，即每 10 亿韩元的生产规模带动的就业人数分别为 5.5 名与 11.5 名。显而易见，服务业的就业创造效率和就业弹性水平是制造业的两倍。在韩国，传统的制造业是创造就业机会的原动力，但是这不仅需要制造业本身增速快，还需要第三产业即服务业增速更快，这种原动力才能持续。在不发达国家，服务业之所以发展缓慢，一是由于人们普遍认为服务业是一种浪费，二是由于经济上对服务型产品的消费能力不足。在韩国，原本传统制造业的就业弹性水平就低于服务业，在过去十年间，传统制造业的就业弹性水平与服务业相比降幅更大。[37]然而，韩国的产业结构与十年前相比，就业弹性水平低的制造业在GDP（国内生产总值）中的占比有所增加，而就业弹性水平高的制造业在GDP中的占比反而略有下降。[38]尤其是金融危机以后，虽然制造业在GDP中的占比有所增加，但其就业拉动结果却并没有明显变化。与此相反，在GDP中占比降低的服务业却增加了就业拉动。[39]金融危机之后服务业出现的此种现象，意味着质量低下的就业岗位增多。

韩国制造业在GDP中所占比例为33.8%，在34个OECD国家中排名第二。[40]日本制造业在GDP中所占比例为21.9%，美国为16.2%，德国为26.2%，可以看到韩国制造业占GDP的比例非常高。也有一些主张认为由于所谓的"制造业同质化"，一部分制造业正在渐渐消失，这是造成制造业不能创造就业机会的原因，然而这种说法比较牵强。即使制造业再增加，其就业拉动效果也很难让人期待。与此相反，就业拉动效果明显的韩国服务业在GDP中的比重非常小。2011年韩国服务业在GDP中的比重为57.6%，在OECD国家中排名倒数第三。[41]而日本服务业在GDP中所占比例为71.4%，美国为78.8%，德国为68.3%，均远远高于韩国的水平。其他国家服务业的比重增加，而韩国却呈现制造业比重增加的趋势，这种问题被称作"无就业增长"，而无就业增长是产业结构的必然产物。

在韩国人的经济意识中，根深蒂固地认为制造业是第一位的。在经济高速发展的起步阶段，韩国制造业像海绵吸水一样吸纳了大量的劳动力，因此在经济发展初期制造业的就业创造水平处于正常状态。但是随着经济发展进入成熟期，制造业仍然占比很大的情况便违背了经济发展的正常规律，因为这可以导致就业层面的"动脉硬化"。一般性的规律是，随着经济发展，尤其是进入成熟期后，服务业便会呈现蓬勃发展的景象。在韩国这种现象被称为"产业结构的高度化"，经济学中将这种现象称作"经济服务化"。[42]经济服务化是工业化高度发展阶段以后产业结构的一种转变过程，表现为产业结构中服务业的比重超过工业，成为经济活动的中心。因此，经济服务化又称为第三产业化。随着产业规模及结构升级，各种生产要素包括资本、技术、劳动力等必然要从农业流向制造业，进而再向服务业转移。而服务的扩大达到一定的规模和程度，即一国的服务业在 GDP 中的产值和就业人口中的比例均超过一半以上并不断增加，就表明该国进入经济服务化阶段。经济服务化已成为经济全球化的一个显著特征。不管人们谈论知识经济也好，服务经济也好，或者是软性经济、信息经济、网络经济等经济形态，都包含有经济生活的服务化变革这一层含义，这是人类社会日新月异的发展所必然产生的一种现象，是整个社会生产力水平提高的必然结果。在经济服务化现象的背后，既有制造业本身具备的相对生产性增加，也有消费的大众化作用，即生产性增加的制造业反而就业减少，在制造业就业中减少的劳动力被服务业大量吸收。当然，这种情况的前提是制造业创造的高附加值可以转化为服务业的消费能力，即把制造业中挣到的钱花到服务业中去。取得经济增长不是终极目标，而仅仅是提高生活水平的手段，因此居民家庭总收入随着经济发展有所增长应该是理所当然的结果。但是，这种结果只有在生产高附加值的制造业的发展与消费实现转化，财富实现再分配时才会成为可能。如果只有制造业实现单方面增长，而这种增长未能向经济的其他部门传导，那么经济便只能处于一种不均衡状态。在这种不均衡状态下，财富的再分配则通过制造业从业者的工资收入增长或政府制定财富再分配政策将制造业成果向其他部门转移的方式来实现。那么，韩国制造业实现的增长和创造的高附加值真的对韩国整体经济做出贡献了吗？

无工资收入增长

与"无就业增长"并肩齐名，韩国经济中存在的又一严重问题是"无工资收入增长"。全球金融危机之后，韩国虽然实现了经济增长，但是劳动者的实际工资收入却长期停滞，陷入"无工资收入增长"结构状态。[43]2002 年至 2012 年的十年间，韩国的年均经济增长率为 3.8%，但居民实际工资收入的增长率仅为 2.1%；韩国经济整体增长了 45.6%，但居民实际工资收入却只有经济整体增长率的一半，为 23.2%。经济增长与工资收入增长之间的差距越来越大，尤其在全球金融危机发生之后的五年间这种差距更为突出。从 2008 年全球金融危机爆发到 2012 年这五年的数据显示，韩国经济年均增长率为 3.2%，而实际工资收入增长率仅为 0.5%。最终在全球金融危机之后的五年里，韩国经济增长了 17%，劳动者的工资收入增长仅停留在 2.5%，劳动者们逐渐被排除在享受经济增长成果的阵营之外，而这种结构已发展成为常态。[44]

韩国居民工资增长水平与单位人均国民收入增长之间也呈现出差异。2002 年到 2012 年的十年间，人均 GDP 增加了 38.8%，年均增长率为 3.3%，但实际工资年均增长率仅为 2.1%。2007 年到 2012 年金融危机之后的五年间，人均 GDP 虽然增长了 13.7%，但实际工资仅增加 2.5%，与经济发展之间存在很大差距。[45]国家经济取得发展的同时，劳动者的工资收入却没有增长的事实，意味着国家经济增长的成果没有在劳动者之间实现分配。在国家经济整体得以发展，单位人口居民收入有所增加的情况下，劳动者的实际工资收入却处于停滞状态的现象，被称为"无工资收入增长"，站在普通劳动大众的立场上，就不得不问到底国家发展经济是为了什么。

另外，"无工资收入增长"并不仅仅是应该讨论谁拿走了经济发展果实的分配问题。正如前面提到的，经济发展成果在市场参与者之间均衡分配的问题，不应该仅仅停留在分配本身，不能简单地在分配概念的层面为了分配而分配，而是应该将分配作为实现持续性、增长性经济发展的必要条件。劳动者的工资收入只有实现了与经济发展成比例的增长，市场需求的增加和投资拉动的就业机会才能够得到保障。这一点在后面将进行详细论述，劳动者的工资收入不能随着经济增长而增长，企业的收入实现增长，但是增长的企业收入又没有全部转化为再投资。总之，经济发展成果应作为工资收入进行分配，从而释放消费需求，而且新的需求又拉新的投资，只有实现这种良性循环，经济才有可能取得持续性、增长性的发展。

无分配增长

经济取得增长意味着企业创造的附加值增长。因此，工资收入没有随经济增长而增长的事实应该被看作企业创造的附加值在分配时流向劳动者的份额减少。国民核算是国民收入和产出核算的简称，是测量 GDP 的基本方法和框架。劳动收入分配率的概念是对国民统计数据的补充，一项劳动收入分配率的研究表明，韩国的劳动收入分配率在过去十年呈现持续减少的趋势。[46]尤其值得关注的是，自1975 年有统计数据以来，最近几年的劳动收入分配率达到历史新低。1998 年韩国劳动收入分配率为 80.4%，2000 年下降到 75.4%。发生金融危机的 2008 年，下降到 70.9%，2011 年和 2012 年分别下降到67.6% 和 68.1%，为 1975 年有统计数据以来的最低水平。[47]另有研究在统计方法上与上一研究略有不同，将个体经营者的收入中一部分补充为劳动收入，基于上述统计方法的研究结果显示，韩国劳动收入分配率自 1990 年持续下降，最近劳动收入分配率下跌到 20 年以来的最低水平。[48]

由于劳动者的实际工资收入不能随着经济增长而增长，劳动收入分配率走低，最终反映为老百姓的生活水平得不到任何提高。与其他国家相比，韩国经济增长率和居民家庭收入增长率之间的差距过高，而且该差距有进一步扩大的趋势。[49]韩国在 2002 年到 2012 年的十年间，经济年均增长率为 3.8%，居民实际可支配收入的年均增长率为 1.8%，居民家庭收入增长率比经济增长率平均低 2.0%。十年间经济增长了 45.6%，居民家庭收入仅增长 17.1%，居民家庭收入水平和国家经济发展之间的差距越来越大。全球金融危机之后的五年间也面临着同样的情况，经济增长了 17%，但实际居民家庭收入不到经济发展水平的 1/3，仅增加了 5.3%。[50]

韩国居民家庭收入增长率与国家经济增长率之间的落差在 OECD 国家中排名第五。2001 年到 2012 年的数据显示，26 个成员中有 12 个国家出现居民家庭收入增长率高于国家经济增长率的情况，另外 14 个国家的居民家庭收入增长率低于国家经济增长率。(51)全球金融危机之后，世界经济进入停滞状态，26 个 OECD 国家中 16 个国家的居民家庭收入增长率高于经济增长率，金融危机发源地美国和英国的居民家庭收入增长率也远远高于经济增长率。(52)尽管全球金融危机对韩国的影响小于其他国家，但是居民生活水平的提高与经济增长速度不成比例的现象反而尤为严重。

一般来讲，老百姓在生活条件达到一定水平之后，将会有能力扩大存款或投资等金融资产。因此随着经济发展进入成熟阶段，劳动收入所占比重降低，资产收入比重增大是必然发展方向。但是，韩国的情况值得关注，居民收入虽然有所增加，但在满足基本生活需要的过程中对工资性收入的依存度不降反增。2012 年劳动性收入占居民家庭收入的比例为 86.3%，这一数据甚至高于 20 世纪 90 年代的水平。(53)劳动性收入占居民家庭收入高比例说明大部分居民在经济增长的大背景下无法积累并形成财产，基本的吃穿用度依然不得不依靠工资性收入来维持。通常一个家庭有一名以上的家庭成员通过就业赚取劳动性收入，而且多名家庭成员就业的情况越来越多，但居民家庭收入的增加速度虽然略微高于工资收入涨幅，但远远达不到国家经济整体增长的幅度。由于劳动性收入占居民家庭收入的比例高，“无工资收入增长”与“无分配增长”便会持续下去，从而居民家庭收入得不到提高便成为理所当然的结果。

悬崖边上的非正式就业劳动者

非正式就业问题的恶化

韩国劳动力市场最大的问题是非正式就业的问题。非正式就业劳动者的比例一直居高不下，非正式就业劳动者与正式就业人员的工资收入差异也非常巨大，而且这一差异有进一步扩大的趋势。针对应该将哪种就业形态列入非正式就业，政府、学界和企业界有不同的看法，因此统计方法的差异也非常大。[54]而且政府对非正式就业人员的统计标准与 OECD 等国际机构的统计标准存在很大差异，因此很难进行国际上的比较。OECD 统计下的"临时性就业劳动者"在概念上与"非正式就业劳动者"有所不同，以临时性就业劳动者的概念来看，韩国的临时性就业劳动者占整个劳动力市场的比例为24%，在 OECD 国家中排名第四。[55]韩国政府的统计显示，2013 年非正式就业劳动者占工资性劳动者总数的 32.6%，[56]工资性劳动者总数中不包括个体经营者。而如果按照企业界的统计方法，非正式就业中还包括临时工和小时工，则非正式就业劳动者占工资性劳动者总数的比例应该为 45.9%。[57]

　　即使是按照政府的统计方法选取一个比较漂亮的数字来分析，目前非正式就业劳动者依然占到全体工资性劳动者总数的 1/3。非正式就业劳动者在全体工资性劳动者总数中的占比在 2003 年是 33%，2004 年上升到 37%，2007 年随着《非全日制劳动者保护法》的实施，这一比例有所下降。[58]然而，不久之后这一比例便恢复到十多年前的水平，而且非正式就业劳动者的规模居高不下。更严重的问题在于，非正式就业与正式就业的工资收入差异巨大，而且差异一路攀升。2003 年非正式就业劳动者的月平均工资为正式就业劳动者月平均工资的 61%，2007 年有所改善，非正式就业月平均工资为正式就业月平均工资的 64%。但是金融危机之后，非正式就业与正式就业的工资收入的差异急剧扩大，2013 年非正式就业月平均工资约为正式就业月平均工资一半的水平，为 56%。当然非正式就业劳动者的工作时间可能比正式就业劳动者的工作时间短，考虑到这一因素来比较单位时间的工资收入，2003 年非正式就业劳动者的单位时间工作收入为正式就业劳动者的 72%，2013 年则下降到 65%，可见非正式就业与正式就业的工资收入差距在逐步扩大。

按照企业界的统计，非正式就业劳动者人数占全体劳动者人数的46%，这个数字接近全体劳动者人数的一半之多。[59]2003年非正式就业劳动者人数占全体劳动者人数的比例为55%，而在十年后的2013年，这一数字之所以降到46%，主要是因为长期临时性的劳动者数量减少。该统计同时表明，非正式就业劳动者的工资收入水平为正式就业劳动者的一半。2003年非正式就业劳动者的月平均工资为正式就业劳动者月平均工资的51%，2013年非正式就业劳动者的月平均工资为正式就业劳动者月平均工资的50%，两者之间几乎没有变化。2003年非正式就业劳动者的单位时间工作收入为正式就业劳动者的53%，2013年同样为53%。政府的统计数据显示十年前与十年后的工资收入差距扩大，而企业界的统计数据显示十年前与十年后工资收入差距几乎没有变化，或者换句话说，几乎没有任何改善。不管是使用哪方面的统计数据进行分析研究，事实是多年来工资收入差距的问题并没有得到有效缓解。非正式就业劳动者不仅在工资收入方面比正式就业劳动者低，在社会福利等方面更是处于劣势。韩国《国民年金法》规定，只要在韩国居住且满18周岁、60岁以下的所有从事劳动生产的人员，并有固定收入者均可缴纳国民年金。韩国国民年金制度指为预防因年老无法从事生产生活或发生无法预料的伤残及死亡而支付保险费，在年老、伤残及死亡时，由国家实施的向本人或其遗属支付年金，为生活安定做出贡献的社会保障制度。以国民年金为例，正式就业劳动者加入国民年金保障体系的缴费比例为81%，而非正式就业劳动者的参保率仅为40%，加入国民年金保障福利体系的非正式就业劳动者人数连非正式就业劳动者总数的一半都不到。而就业保险和健康医疗保险的情况亦不容乐观，正式就业劳动者与非正式就业劳动者之间的差距同样巨大。正式就业劳动者就业保险的参保率为71%，而非正式就业劳动者的参保率仅为43%；正式就业劳动者健康医疗保险的参保率为83%，而非正式就业仅为46%。从退休金与伤亡金的给付率来看，正式就业劳动者的比例超过80%，而非正式就业劳动者不足40%。非正式就业劳动者取得加班津贴的比例仅为 25% ，带薪休假的比例不超过 33% 。另外，正式就业劳动者加入工会组织等劳动者协助组织的比例为 17% ，非正式就业劳动者的加入率仅为 3% ，因此能够得到工会等劳动协助组织帮助和保护的非正式就业劳动者少之又少。

对《非全日制劳动者保护法》的背叛

在非正式就业劳动者中所占比例最大的人群是"非全日制"劳动者。作为解决非正式就业劳动者问题的重要一环，2007 年，韩国制定了《非全日制劳动者保护法》，该法律规定了将非全日制劳动者转化为正式就业劳动者的标准。按照《非全日制劳动者保护法》的规定，对于在同一单位就职的非全日制员工，工作时间满两年以上就必须强制性地转为正式员工。然而，从 2007 年该法律开始施行，一直到六年后的 2013 年，非正式就业劳动者占全体工资性劳动者的比例并没有下降。[60]原因在于很多用工单位在《非全日制劳动者保护法》规定的两年期满之前便解除与非全日制就业劳动者的雇用合同，改为重新雇用新的非全日制就业劳动者。因为用工单位纷纷打起法律的擦边球，致使非正式就业劳动者成功转化为正式就业劳动者的比例非常低，而如此的擦边球，是对《非全日制劳动者保护法》赤裸裸的背叛。

非正式就业劳动者的问题在青年一代尤为突出，是不可视而不见的严峻的社会问题。其中，36% 的青年就业劳动者的第一份工作都是以非正式就业的形式出现，而这种非正式就业的 90% 为一年以下的短期用工或临时性用工。这种不安定的青年就业情况在过去十年持续增加。[61]第一份工作尽管是以非正式就业作为开端，如果能够按照法律规定在两年期满后转为正式就业劳动者，或者说在第一份工作中积累的经验与经历可以帮助该青年在接下来的就业中得到一份正式就业的工作，那么第一份工作的非正式就业经历也不失为人生的垫脚石。但是，在韩国非正式就业很难转换为正式就业的残酷现实中，与其说第一份非正式工作是第二份正式工作的垫脚石，不如说第一份工作的非正式就业经历是走向第二次乃至连续性非正式就业的陷阱。关于非正式就业问题存在的原因、现状分析及对策，笔者将在第八章中详细论述。

企业与家庭生活的不均衡增长

劳动者与股东的份额减少

企业创造的利润应分配给创造该利润的各方利益相关者（stakeholder）。扣除给予劳动者的工资，剩下的利润将分配给股东、债权人和国家，股东得到股利分红，债权人得到利息，国家收取税收。企业创造的附加值中，流向劳动者的份额减少，即意味着某个群体或部门的份额增多。有些主张认为，随着股东资本主义（Shareholder Capitalism）的强化发展，劳动者的利润分配份额之所以减少，是因为股东们以分红的形式占有了更多的利润份额。而股东资本主义的核心内容之一是合法为股东创造最大的财富，将股东利益最大化。但是，如果比较分析韩国企业分配给劳动者的工资和分配给股东的分红，就会发现这种主张与事实不符。

韩国银行的企业经营分析显示，2004 年到 2012 年[62]韩国企业的工资支出呈现持续上涨的态势，但股东分红却在某年增加或减少，没有实现持续性上涨。该分析统计显示，2012 年韩国企业的股东分红总额低于 2007 年，与 2010 年和 2011 年相比也有大幅下降，说明企业股东分红并没有随着企业成长而增长。[63]而且，企业的股东分红规模与工资支出规模相比非常小，这一比例并没有呈现明显持续的增加趋势，而是根据年度不同上升或下降。[64]举例说明，2012 年股东分红规模仅占工资支出规模的 4.5%，而这一比例仅为 2004 年的 1/2，2004 年股东分红规模占工资支出规模的 9.7%。[65]尽管实际工资增长率没有赶上国家整体经济增长的步伐，2004 年工资依然取得不错的增长。但是，转换为不变价格的股利分红金额却呈现下降趋势。[66]

随着企业每年经营情况的不同，企业利润出现一定程度的增加或减少都是正常情况。所以我们很难以分红金额本身的变化来判断股东是否占有了更多比例的利润分配。因此，有必要分析企业创造的利润中，有多少是作为分红分配给了股东，即股东分红占全部利润的比例。股东分红占纯利润的比例，在经济学上被称为"股利分配倾向"。最近十年间，韩国企业的股利分配倾向约为全部利润的1/5，即20%的水平。2002年至2012年，股利分配倾向没有呈现持续增加或持续降低的趋势。[67]即使从注册资本额与股利分红支付额的比率来分析，在过去十年间，也没有任何证据显示比起劳动者的工资支出，企业利润更多流向了股东分红。[68]因此，通过上述股东分红变化的趋势来看，没有证据表明劳动者的利润分配份额之所以减少，是因为股东们以分红的形式占有了更多的利润分配。[69]

通过对上市公司详细的公开资料的准确分析，我们更容易得出明确的结论，工资分配没有增加并不是因为股东分红的增加。在证券市场上市的企业数据显示，21世纪的股东分红相对于20世纪90年代有明显增长，其中，2000年至2012年的年均工资增长率为8.7%，而股东分红增长率为10.4%，高于年均工资增长率。[70]如果按照这个数据进行分析，我们似乎有理由说限于上市公司的情况，股东分红的增加将带来工资方面的分配份额减少。但是，即便如此，我们依然不可否认，上市公司的股东分红与工资支出不是零和关系。即股东分红不是从全部利润中减除工资支出后的全部，而是进行了企业留存收益提取之后的结果。这期间，上市公司的企业利润留存率大幅增加，增加的先后顺序排名应为企业留存收益、股东分红和工资支出。因此，并不一定是由于更多的利润分配于股东分红而造成工资的分配份额减少，还有可能即使有余力支付更多的工资，也会把这部分支出用来分配到企业留存收益，加大企业留存收益的比例，用于企业的持续发展。可以说劳动者比起企业股东，得到了更多的利润分配份额。另外，上市公司工资支出与股东分红的比例虽然在2003年到2007年有所增长，但2008年金融危机以后又重新回落，2012 年的比例更是降低到 2000 年的水平。[71]2008 年金融危机之后，企业利润的劳动分配率减少，股利分配倾向也没有增加，只有企业利润留存率出现了增长。

另一方面，非上市公司的情况与上述上市公司的情况略有差别。上市公司拥有数万或数十万名的一般投资者作为股票持有者，而大多数非上市公司仅有以企业创办者为代表的少数所有者。上市公司由数万名股东共享利润，相对来讲收入分配效率较高，而非上市公司的分红仅归少数股东，收入分配效率可能会受到限制或出现收入分配不平等的现象。由于非上市公司的信息不公开，很难通过有关数据对其进行正确分析，但最近关于非上市公司的利润分配，出现过很多负面报道，即非上市公司的大股东分配到相当于纯利润 13 倍的分红，甚至当企业发生亏损时，大股东及其家族依然可以享受"分红大宴"。[72]这一点从侧面反映出，韩国的企业在上市之前可以通过过度分红的形式向少数大股东分配利润，一旦上市之后，对数万名持有小额股票的广大股东们在分红方面显得比较吝啬。

企业创造的附加值中，劳动者可以获得多少？这不仅取决于分配给股东的分红，还受其他诸多因素的影响。劳动者可以组成工会等劳动联合会，从而提高与企业的谈判力，并通过劳资协商要求更高的工资待遇。另外，随着生产技术的进步和生产效率的提高，分配到劳动者的利润份额也可以提高，而如果用在国外成立的生产基地来取代国内的生产，那么分配到劳动者的利润份额则有可能降低。综合考虑决定劳动收入分配率的各种因素的研究结果表明，企业的股利分配倾向或金融资产的增加不会对劳动收入分配率产生影响。针对 1991 年到 2009 年韩国制造业的一项分析结果显示，分红率、固定资产和金融资产的比率等和金融相关的变数与劳动收入分配率的下降没有必然联系，而该分析结果认为，凯恩斯主义者声称强化股东权限的企业支配结构重组和经济的金融化加剧了劳动收入分配率的恶化，这种见解更是没有经过实证分析的。[73]

　　我们得出股东分红不会恶化劳动收入分配的结论，尤其在理解了工资与分红的本质特征差异后，更不会对这一结论感到意外。工资是雇主单位按照与劳动者签订的劳动合同规定支付给劳动者的固定金额，工资与利润规模没有关系，必须如期支付，除企业面临破产等经营困难的特殊情况，不得任意减少，即使在出现企业亏损情况下，仍然需要按照合同规定支付。而股东分红则没有规定金额，通常企业有盈利的情况下给股东分红，企业出现亏损的情况下则不给股东分红。而且股东分红需要在企业支付完工资、利息、税金后对剩余利润进行分配，因此股东分红可以随着利润规模增加或减少。事实上，即使是利润增加，也存在不增加股东分红甚至不给股东分红的情况。总而言之，工资的金额是事先确定并固定的，而且具有增长的特性，股东分红不仅没有固定的金额，还具有随着利润规模变化的特性。因此，在工资增加和股东分红增加之间，不存在一定的比例关系。

　　另外，在韩国几乎没有像英美国家那样，股东向经营团队施加压力要求加大股利分红的情况。因此，我们很怀疑，在韩国是否真的有企业主张因为股东要求加大股利分红而无法实现劳动者的工资增长。不仅如此，韩国企业也没有倾向因为利润增长而多向股东分红。韩国的股息收益率在 2013 年是 2.1%，2012 年反而降低为 1.1%。股息收益率是股息与股票价格的比率。在投资实践中，股息收益率是衡量企业是否具有投资价值的重要标尺之一，对于投资者或者股东来说，其重要程度不亚于市盈率。韩国企业的股息收益率在过去十年不仅没有增长，反而呈现持续减少的趋势，与世界其他国家相比，可以说是支付股利分红最低的国家。[74]美国则与韩国不同，在美国利润用于支付股利分红的比例非常高，因此伴随股利分红增加的是职业经理人报酬的增加以及居民家庭分红收入的增加，居民家庭和企业间的平均收入不平等问题比较温和。但是，在美国，分红增加成为遏制工资支出的原因，不同阶层间的收入与工资会出现两极分化。在韩国，大股东或控股股东的影响较大，股利分配倾向较低，企业利润作为企业公积金的比例较大，不同阶层间的收入与工资鲜有两极分化的现象发生，但居民家庭和企业间的平均收入不平等问题和劳动分配率低下的问题较为突出。[15]

通过以上多种方法进行分析，我们可以得出结论，在韩国没有证据表明劳动工资分配份额会随着股东股利分红的增加而减少。而且，即使增加股息，股息的规模也显著低于工资支出的规模，因此股息的增加不足以影响劳动收入分配率。举例说明，2012 年的股息总额不过是劳动力工资总额的 4.5%，即使将股息支付比例提高20%，股息的增加额也不过是劳动力工资总额的 0.9%。因此，在综合考虑韩国企业的股东分红惯例和工资变化趋势之后，"韩国劳动收入分配率之所以持续下降，并不是因为股利分红持续增加"的结论便不言而喻。而关于劳动者的利润分配份额之所以减少，是因为股东们以分红的形式占有了更多的利润分配的说法，也与韩国的实情不符。无论如何，韩国的劳动者与无数小股东们似乎在一定程度上都无法享受企业发展的成果，从这个意义上来讲，他们是不是一根绳上的蚂蚱呢？

渐降的居民家庭收入与渐涨的企业收入

如上所述，企业利润分配中劳动者得到的份额持续减少，股东得到的分红份额也没有增加，那么企业创造的利润，到底去哪儿了呢？首先需要说明，这部分利润并没有消失，而是流入了企业内部，大部分份额被用作了企业留存收益。从经济整体来看，通过经济活动而获取的所有收入在经济学上被称作国民总收入（GNI）。国民总收入是反映整体经济活动的重要指标，因此常被使用于宏观经济学的研究中，亦是国际投资者非常重视的国际统计项目。反映国民总收入的两个主要统计数字是本地生产总值及本地居民生产总值，前者计算一段时期内本地进行的生产，而后者则计算本地居民的总体收入，指一个国家所有拥有该国国籍的公民在一定时期内生产的商品和劳务的价值总和。其中，居民家庭收入、企业收入、政府收入都属于国民总收入。[76]韩国在过去的二十年间，居民家庭收入占国民总收入的比重持续走低，企业收入占国民总收入的比例持续增高，政府收入占国民总收入的比例则相对稳定。最终通过经济活动产生的附加值没有转化为居民家庭收入，而是转化为企业收入，从而形成企业越来越富、居民越来越困难的经济结构。

20 世纪 90 年代，国民总收入中，居民家庭收入和企业收入都随整体经济的发展取得了相同程度的增长，企业与居民家庭的实际收入增长率在 1990 年到 1999 年间没有大的差异，企业的实际收入增长率为 6.0%，居民家庭收入增长率为 5.7%。而同期实际国民总收入的年均增长率为 5.9%，因此居民家庭收入和企业收入与国家经济几乎实现了同步增长。[77]但是，21 世纪以来，企业收入的增长速度明显高于居民家庭收入的增长速度，经济发展的成果流向企业的份额不断加大，而居民家庭分配到的收入份额却持续减少。[78]2000 年到 2009 年间，实际国民总收入的年均增长率为 3.5%，实际企业收入的年均增长率为 7.5%。然而，实际居民家庭收入年均增长率为 2.4%，不仅低于实际国民总收入的年均增长率，连实际企业收入年均增长率的 1/3 都不到。即使在 2008 年到 2012 年金融危机的经济困难时期，实际国民总收入的年均增长率为 2.1%，企业收入年均增长率为 5.1%，而居民家庭收入年均增长率仅为 1.4%。不论经济状况好坏，企业收入都占据较大比重，而居民家庭收入的份额却逐渐减少。[79]

企业收入与居民家庭收入之间的差距持续增大的同时，居民家庭收入占国民总收入的比重由 1990 年的 71.5% 降到 2000 年的 68.7%，而 2012 年进一步下降到 62.3%。与此相反，企业收入的比重由 1990 年的 16.1% 略微上升到 2000 年的 16.5%，之后大幅增加到 2012 年的 23.3%。[80]其结果是，在过去的十年间，经济发展的成果分配到居民家庭生活的份额减少了 6.4%，而企业收入的增幅几乎与居民家庭收入的减幅持平，为 6.8%。[81]这意味着居民家庭生活收入减少的份额流入企业收入中。

与其他国家相比，韩国的居民家庭收入占国民总收入的比例偏低。2011 年，韩国居民家庭收入占国民总收入的比例为 61.6%。这一数值明显低于 OECD 国家的平均水平 69.0%。与此相反，2011 年韩国企业收入占国民总收入的比例为 24.1%，而这一数值大幅高于 OECD 国家的平均水平 18.1%。同时，韩国居民家庭收入渐降和企业收入渐涨的趋势也比世界其他国家明显。[82]韩国在 OECD 国家中，在 2000 年到 2010 年十年间，是企业收入发展速度最快的国家。[83]而劳动工资收入没有随经济发展而增加，劳动收入分配率也在下降，最终居民生活水平没能得到提高，可以说这种局面的形成，是经济发展成果更多地被企业占有的结果。

渐降的居民家庭储蓄与渐涨的企业储蓄

企业不将利润分配给劳动者或股东，而是用作企业公积金的情况，都会如实反映在企业的财务报表中。企业将纯利润中的一部分作为股利分红，剩余部分用作再次投资或盈余利润留存在企业内部。利润留存率是盈余利润和公积金在企业内部留存的比例，利润留存率代表企业不分配经营成果而是将经营成果留存用作再发展的比例。利润留存率表明公司的税后利润有多少用于发放股利，多少用于保留盈余和扩展经营。韩国企业的利润留存率在 2002 年为 89.5%，2003 年为 88.4%，2004 年为 88.9%，这期间相对稳定，从 2005 年开始企业利润留存率从 90.9% 上涨到 2006 年的 92.1%，到 2012 年高达 95.2%。[84]以 2002 年和 2012 年的数据为例，89.5% 和 95.2% 的企业利润留存率意味着企业在可分配的利润中分别分配了 10.5% 和 4.8%，剩余部分全部留存在企业内部。1990 年开始统计的制造业数据显示，制造业的利润留存率由 1990 年的 83.1% 上升到 2012 年的 94.7%，这意味着制造业企业 1990 年在可分配的利润中分配了 16.9%，在 2012 年分配了 5.3%。

韩国企业储蓄率的增加是随着企业将利润用作企业公积金而必

然发生的结果。⑥全球金融危机之后，企业储蓄率达到 1975 年韩国银行开始有统计数据记录以来的最高水平。韩国企业的储蓄率在 20 世纪八九十年代维持在 11%~12% 之间，但是进入 21 世纪以来，企业储蓄率开始增加，金融危机爆发的 2008 年为 16.8%，2010 年上涨为 19.7%，刷新了史上最高纪录。⑯韩国的企业储蓄率在 OECD 国家中排名第二，属于相当高的比例。⑰金融危机之前，2000 年到 2007 年的年均企业储蓄率为 15.1%，位居 OECD 国家的第 11 位，虽然韩国遭受金融危机的影响比其他国家小，但是在金融危机之后仍出现韩国企业加大留存企业收益的现象。⑱

　　一方面，韩国企业的企业储蓄率急剧增加到史上最大值；另一方面，居民家庭储蓄率急速下降，停留在四十多年来的最低水平。韩国居民家庭的储蓄率截至 20 世纪 90 年代中期，超过了 20%，但 2007 年急速降低到 2%~4% 之间。20 世纪 90 年代居民家庭收入的 4/5 用来消费，1/5 用来储存，而最近居民家庭储蓄率出现如此巨大的落差，说明居民生活收入的大部分用来维持基本的生存生活，没有其他购买力。或者也可以从另一种角度解读，20 世纪 90 年代时，人们每五年可以积累一年的财产，现在每二三十年才能够攒够相当于一年的财产。韩国的居民家庭储蓄率不仅比过去大幅下降，在 OECD 国家中也居于较低水平，而且在金融危机之后下降更加明显。在全球金融危机爆发之前，2000 年到 2007 年间，韩国的年均储蓄率为 5.6%，在成员国中排名第 11 位，2008 年到 2012 年间为 3.8%，排名第 20 位。⑲很多国家在金融危机之后居民家庭储蓄率不减反增，而韩国的居民家庭储蓄率呈现下降趋势。OECD 国家中有 15 个国家居民家庭储蓄率增加，另有 12 个国家和韩国一样有所下降，其中比韩国降幅大的国家只有 6 个。这 12 个居民家庭储蓄率下降的国家，要么是直接或显著地受到金融危机的影响，并且在金融危机之后经济长期处于负增长的国家，要么是经济增长率低于韩国的国家。⑳

　　韩国遭受金融危机影响较小，金融危机之后的经济增长率在 OECD 国家中排名第五位。虽然韩国的经济增长率处于高位，但居民家庭储蓄率却远远低于其他国家，这意味着韩国金融危机之后的经济发展成果没能分配到居民家庭领域的程度有可能加剧。韩国的居民家庭储蓄率在金融危机之前的十余年间，一直处于高位，在OECD 国家中排名第一位到第三位，金融危机之后韩国的总储蓄率与金融危机之前基本持平，在 OECD 国家中排名第二或第三位。[91]储蓄占 GDP 的比例也在 OECD 国家中高居第二，而且在金融危机前后无明显变化。韩国总储蓄率高而居民家庭储蓄率低的事实再次说明经济增长成果分配到居民家庭领域的份额较少。

韩国的居民家庭储蓄率之所以大幅下降，虽然其中一个因素是固定消费比重的增加，[92]但固定消费比重增加不是金融危机之后消费支出急速增加的原因。究其实际原因，需要归结到前面提到过的实际工资处于停滞状态，劳动分配率降低，居民家庭收入增加非常有限等因素。由于企业不消费，那么可以说企业储蓄基本等于企业可支配收入，企业储蓄是在必要时用于分红或进行再投资的那部分份额。但是，韩国在最近十多年间，分红与投资均未出现增长，反而出现只有企业公积金不断积累增长的特殊现象。

过度的企业内部公积金

不是投资，而是消费不足

随着企业创造的利润作为工资或分红进行分配，居民家庭收入会相应增加，居民将家庭收入用于消费或储蓄，这一行为将促进再投资并贡献于经济增长，这是一种良性循环的结构。如前面说明，韩国的居民家庭储蓄率降低到不足 5% 的水平，因此居民家庭收入作为投资蓄水池的后盾功能正在逐步消失。而且，只要韩国居民家庭收入的 95% 用于消费支出，只要居民家庭收入不再增长，那么以目前的居民家庭收入水平，将没有多余的购买力继续增加消费，从而丧失进一步促进经济增长的动力。另外，企业的内部公积金则可以在将来被灵活地用于股利分红或再次投资。但是，以韩国企业目前的情况来看，很难期待它们在未来将企业公积金分配在股利分红或工资支出领域。因此，可以推定企业终将会把利润储蓄的大部分用于投资。

企业利润中分配作为企业内部公积金的部分和分配到居民家庭生活领域的工资部分，到底哪一个会对经济增长更有利？要对这个问题做出回答，需要考察消费与投资之间的经济增长贡献率。如果比较国民总收入的增长率中关于消费与投资贡献的比重，韩国消费对经济增长做出的贡献度高于投资，而且将进一步提高。20 世纪 90 年代虽然韩国消费对经济的增长平均贡献度高于投资，但两者差异并不算大。[⑬]然而，进入 21 世纪以后，消费的贡献度开始远高于投资的贡献度，金融危机之后投资对经济发展的贡献度甚至呈现负增长态势。2012 年对国民收入增长率的最终消费支出（消费）的贡献率虽然达到 75%，固定资本形成总额（投资）的贡献率却为负 25.0%。[⑭]

除政府消费以外，绝大多数的民间消费为居民家庭消费。投资中与雇用有直接关系的部分是关于生产设备的投资，对民间消费和设备投资进行比较，可以发现韩国民间消费对于经济增长的贡献率远高于设备投资。当然，设备投资虽然比民间消费的贡献度低，却在长期经济增长之中做出了应有的贡献。然而，进入 21 世纪以来，韩国的设备投资对经济增长的贡献度与 20 世纪 90 年代相比持续降低，与民间消费贡献度的差距也越来越大。不仅如此，在过去十年，韩国投资甚至曾出现三四次对经济增长负贡献的情况，不仅没有发挥促进韩国经济发展的功能，反而成为韩国经济发展的绊脚石。[⑮] 2008 年金融危机之后的五年，由于企业收入与企业内部公积金急剧增加，成为企业留存资金增长最快的五年。尽管如此，不仅投资对经济的贡献度远低于消费，五年间总投资出现四次对经济增长的负贡献率，设备投资出现三次对经济增长的负贡献率。这一事实说明企业通过减少对劳动者和股东的分配份额而导致的企业收入的缓慢增加，对经济发展没有起到促进作用。

21世纪韩国投资占GDP的比重与韩国经济开发时期和20世纪90年代相比明显降低，因此有很多学者专家主张，如果想维持韩国经济的增长，必须增加投资，而为了拉动投资必须放宽相应的限制，在政策方面予以鼓励，很多民众对此都深信不疑。随着前总统朴槿惠斥责"限制"是"毒瘤和仇敌"的当头一喝，各地政府纷纷掀起了放宽投资限制的热潮。事实上，包括朴槿惠在内的历届总统都会动辄号召各大财阀加大投资，这说明他们也对企业投资的就业拉动作用深信不疑。虽然"限制"有时会对拉动投资不利，但并不是说所有的"限制"都是"毒瘤和仇敌"。为了实现真正意义上的市场经济，需要为市场竞争提供公平公正的环境，而不是放任不管。如果没有政府的"限制"和介入，市场很可能会陷入无序竞争，最终导致市场失败。[36]先不说在政策上放宽各项限制是否真的可以拉动投资，在投资对经济增长的贡献率远远低于消费的背景事实下，历届政府对提高居民家庭收入和促进居民消费的政策制定却毫不关心，而只对拉动投资不遗余力，这种做法最终只能导致南辕北辙的结果。

目前，不仅韩国政府，一部分政治研究者、舆论界、金融界甚至学界普遍相信韩国经济之所以未能取得进一步发展是因为投资放缓。但是，正如前面所论证的，投资对韩国经济增长的贡献度正在逐步萎缩。况且，韩国也不属于投资不足的国家。2012年投资占韩国GDP的比重在OECD国家中高居第二位，20世纪90年代曾一度位居第一位，进入21世纪以来虽然排名有所下降，但也维持在第一位或第二位的领先水平。在投资细分领域的排名情况来看，建设投资的占比在不同时期都呈现压倒性优势，在OECD国家中以远高于第二名的水平位居第一，设备投资在20世纪90年代排名第二，进入21世纪排名第五，不管怎么说，韩国在投资方面都属于名列前茅的国家。[37]2008年金融危机之后，投资占韩国GDP的比重有所下降，但下降的是建设投资，设备投资并没有下降趋势。金融危机之后建设投资的下降是因为大量楼盘滞销，房地产市场大幅萎缩引起的，而设备投资似乎没有受到世界经济衰退的影响。总之，既然韩国投资占 GDP 的比重在 OECD 国家中名列前茅，就没有理由说投资不足是造成经济发展停滞的主要原因，研究结果也显示韩国的投资水平高于西方发达国家，并未脱离与经济增长均衡的投资水平。⑱

那么，可以说经济增长动力不足的原因并非"投资不足"，而是"消费不足"。由于实际投资，尤其是制造业的设备投资属于劳动节约型，因此不可能释放很多就业岗位。事实上，对同一技术进行重复性操作，横向增加设备投资反而有可能会削弱企业的竞争力。制造业为提高生产的附加值，通常会追求技术革新能力的培养，基于技术革新的新增投资在带来高附加值的同时，也导致就业岗位的减少。然而，制造业的高附加值可以积极作用于经济增长的机制，必须在制造业创造的高附加值最终提升全体经济的购买力时，才能够得以正常运行。因此，想要实现这种积极机制的正常运行，制造业的高附加值在全社会范围内得到扩散是必要的前提条件。正如前面所述，高附加值部门的劳动就业者的工资收入相对较高，有能力进行可以提高生活质量的较高消费，而这种消费会促进服务行业的发展，从而释放更多就业机会。但是，韩国的现实情况非常残酷，劳动力工资处于长期停滞状态，居民家庭收入没有增长，消费没有增长，服务业发展停滞，就业市场亦没有增长。在这种背景下，制造业不论怎样实现生产的高附加值，无论怎样增加投资，对整体经济发展的积极贡献都如同水中捞月。

更加让人担忧的是，最近消费与经济增长之间的差距呈现扩大化态势。"1997 年外汇危机之前，韩国的 GDP 增长与民间内需的长期增长水平基本持平，但 2000 年之后，民间内需增长率开始大幅低于 GDP 增长率，2006 年以后两者之间的差距进一步扩大。"⑲尤其是"在国内经济没有任何大冲击的情况下，从 2009 年第三季度开始，截至 2012 年第二季度，竟然发生民间消费增长率连续 12 个季度低于 GDP 增长率的现象，自 20 世纪 90 年代以来韩国首次出现这种情况"。[100] 2000 年以后，韩国的消费需求疲软程度在世界各国中非常严重。"有统计数据的 OECD 国家中，以 2000 年到 2008 年的数据为基准，韩国 GDP 增长率和民间内需增长率之间的差距仅次于冰岛，排名第二；以 2000 年以后十多年的数据为基准，韩国 GDP 增长率和民间内需增长率之间的差距排名第四，位居冰岛、爱尔兰、匈牙利之后。比韩国差距大的国家均为受 2008 年金融危机直接冲击的国家，如果不将这些金融危机的重灾区国家计算在内，韩国将是 OECD 国家中差距最大的国家。"[101]

财阀和大企业的如意算盘

在全球金融危机之后，韩国企业收入大幅增加，企业内部公积金规模急速增长，企业的投资富余资金与过去任何时期相比都非常充足。企业如果将盈余利润的留存资金用于未来投资，或用于支付劳动就业者的工资和股东的股利分红，从短期来看，可能会出现企业收入分配到工资与股利的份额减少，但从长期来看，情况也有可能会改善。但是，韩国最近的情况不尽如人意，韩国企业留存的内部资金既没有用于工资和股利分红的分配，也没有用于积极的投资，而且没有任何迹象显示在不久的将来这种状态会发生改变。

"2004 年至 2011 年，韩国企业的累积盈余利润的增长远远高于每年赚取的当期纯利润。"结果是，"2004 年累积盈余利润是当期纯利润的 100%，而七年后的 2011 年，累积盈余利润竟然攀升了两倍，为当期纯利润的 311%"。韩国企业的累积盈余利润每年如此快速增长"意味着企业没有将累积的利润作为投资的蓄水池或激活就业的工具，而仅是以盈余利润的形式将资金搁置在那里"。[102] 1997 年外汇危机以来，韩国企业虽然加大了现金流的保有量，但投资占现金的比重却大幅下降。[103] 企业将内部公积金用于设备投资的比重远远低于内部公积金用于投资可以迅速转换为现金或已经是现金形式的速动资产（quick assets，指可以迅速转换成为现金或已属于现金形式的资产，计算方法为流动资产减去变现能力较差且不稳定的存货、预付账款、一年内到期的非流动资产和其他流动资产等之后的余额）和证券资产等与实物投资没有关系的领域。[104]

企业如果没有具体的长期投资计划，而只顾一味地积累内部公积金，这在资金运作上是一种低效的经营行为。除非有近期的投资计划，可以明确提高内部公积金的使用效率。没有计划性，也不明确何时会将内部公积金用于投资的企业，不仅没有发挥资金应有的使用效率，也会对整体经济的资金循环造成不利影响。企业完全可以通过股票或债券进行外部融资，如果非要在内部不断累积自有资金作为投资资金，则很有可能是为了回避股市或债券发行带来的市场监督与约束。韩国的大企业，尤其是各大财阀企业比过去任何时期都具备得天独厚的优势和条件，可以在股市或债券市场进行外部融资用于进一步投资。但是，它们不断增大留存企业公积金规模的行为反而会造成金融管理费用的增加和道德风险。首先，这些大企业通过发行债券或贷款等方式获得负债资金的融资能力大幅提高。2013 年公司借款利息率为 3.2%，达到史上最低水平，因此金融管理费用的成本比历史上任何时期都低。而且，企业的负债率在金融危机之后持续降低，尤其是制造业大企业在 2012 年达到史上最低水平，为 85.2%。[105]信用度相对较高的上市公司的负债率除了在 2008 年暂时上升之外，整体负债率一直持续下降，2013 年达到 90%。[106]鉴于以上远低于过去水平的负债率和史上最低利率，至少大企业和上市公司具备充分的条件进行外部负债融资。

一般来讲，对那些营利性高、偿债能力强的企业来说，进行外部负债融资在合理避税方面具备优势，因此外部负债融资的方式在费用节省方面比发行股票或积累内部公积金更具优势。[107]另外，通过盈余利润留存企业内部资金的融资方式和股票发行的融资方式相比，在资本费用方面没有太大差异。[108]因此，对于可以有条件留存企业内部公积金等收益性较好的公司来说，进行债券或股票等外部融资反而更节约成本。另外，上市大企业也完全有条件通过股票发行对新增投资项目进行融资。但是，韩国的大企业却非常吝于通过股票发行的方式进行外部融资。

韩国证券市场上规模大、信用度高、总市值排名前十位的大企业[109]在过去十年都没有通过发行股票融资。市值总额排名第一的三星电子情况更为突出，自1999年起的15年间，未发行过一次股票。排名第二的现代汽车和排名第三的浦项制铁（Posco）自1998年后也未发行过任何股票。除了金融企业，市价总额排名前十位的企业中，没有一家企业在过去12年间以一般投资者为对象通过股票进行过外部融资。[110]假设该企业在国内的融资条件不够理想，也许它们的国际信用度更高，更容易在国外证券市场融资，但韩国企业在海外证券市场也没有股票等外部融资，而是只使用企业的内部公积金。那么，韩国企业放弃无论是在成本还是收益上都比较有利的外部融资，会不会另有原因？众所周知，上市公司在发行股票进行外部融资之前，需要向投资者公开详细的经营情况且说明融资目的，并接受市场的核查与监督。因此，对韩国的大企业来说，使用企业内部留存资金，可以避免上述一系列麻烦。

韩国大企业回避外部融资方式的另一个直接原因是，少数持股控制管理层的掌门人为了维持自己的持股率，避免发行股票外部融资则可以避免自身的持股率被稀释，避免对管理层的控制权旁落他手。但是，由于使用企业内部留存资金可以避免接受市场的核查与监督，因此可能会成为引发道德风险事件的原因。特别是在那些被大股东和控股股东掌握管理层、不容易接受外部监督的企业，道德风险只能越来越大。事实上，近几年来，很多财阀集团频频发生公司董事会像使用个人资金一样随意使用企业资金的情况，或者向分公司支付不当补贴等情况，在这种背景下，韩国大企业只能打起固执地留存企业公积金、不进行股市外部融资的如意算盘了。

经济民主化引起热议的原因

以 2008 年全球金融危机为契机，西方发达国家中开始正式掀起应对资本主义体制的对策论。但是，金融危机显然是表面原因，根本原因在于过去 30 年间资本主义崇尚自由市场经济的过程中，各种矛盾积累到一定程度，最终在金融危机的引发下集中爆发。在资本主义的代表国家美国，从 20 世纪 80 年代初开始，收入不平等现象开始加剧，发展到目前陷入一百年来最糟糕的境况。各国民众的不满情绪随着矛盾的加剧而日益高涨，最终发展成对抗行动。

被称为资本主义心脏的纽约华尔街曾发生了为期一年多的"占领华尔街"事件，最后连经济学者杰弗里·萨克斯（Jeffrey Sachs）都加入游行示威的队伍中。杰弗里·萨克斯是世界著名的全球发展问题专家，是哥伦比亚大学经济学教授，曾任联合国前秘书长安南的高级顾问，连续两年被《时代》杂志评为"世界百名最有影响的人物"之一，并被《纽约时报》称为"世界上最重要的经济学家"。杰弗里·萨克斯被普遍认为是同时代国际经济问题的权威，他同时也是倡导经济与生态协调发展的重要先驱人物。在"资本主义生病了"的诊断书的背书上，同时可以看到美国著名经济学家约瑟夫·斯蒂格利茨（Joseph Stiglitz）和诺贝尔经济学奖获得者保罗·克鲁格曼（Paul Krugman）的身影。约瑟夫·斯蒂格利茨是世界上公共部门经济学领域最著名的专家之一，为经济学的一个重要分支信息经济学的创立做出重大贡献。他所倡导的一些前沿理论，如逆向选择和道德风险，已成为经济学家和政策制定者的标准工具。金融危机爆发时，他曾在美国有线电视新闻网的专栏中以"如何防范下一个华尔街危机"为主题，针对由于华尔街房地产泡沫出现的经济危机提出了几个预防经济危机再度出现的措施。保罗·克鲁格曼作为美国著名的经济学家和普林斯顿大学经济学教授，曾在 20 世纪90年代成功预言了亚洲金融危机，而后来全球金融危机的愈演愈烈成就了克鲁格曼的诺贝尔之梦。

韩国面临着与上述资本主义国家相似的情况，收入不平等化扩大、贫富两极分化加剧、无就业增长问题突出等问题，都是深层矛盾的具体体现。而且，在韩国发生了"经济民主化"运动，与纽约的"占领华尔街"事件有异曲同工之处。经济民主化成为民众热议的话题虽然是近几年的事情，但究其根源可以追溯到20世纪90年代中期，从这个意义上说，韩国资本主义"发病"甚至早于其他发达资本主义国家。

但是，虽然韩国的病症与其他发达国家相似，病因却不同。西方发达国家的病因在于在自由市场资本主义的大框架下，极端的市场自由化、限制政策的过度取消、过度的财政缩减和福利削减政策等。这种状态用大众话语来诠释的话，即所谓的"新自由主义"。在韩国政治界的进步阵营中，也有人将韩国出现类似西方发达国家矛盾的原因归结为"新自由主义"。果然如此吗？

1997年外汇危机时期，执政的"国民政府"面临"克服危机"与"改革"两大课题。严重的外汇危机问题虽然是横于眼前的当务之急，但这一问题属于可解决的范围，也是一种考验政治领导力的问题。但是，"改革"却是根本性问题，是一项广泛复杂的课题。首先，应该对危机发生的原因进行详细诊断。从表面上来看，金泳三政府不分青红皂白实行资本市场的自由化，并造成金融市场管制政策过于宽松，最终导致外汇流动性危机。但很多专家学者都认为根本原因是因为朴正熙式的政府发展模式走到尽头，社会各方矛盾集中加剧的结果。朴正熙式政府发展模式的特征是计划经济、集中调度资源、政府主导以及由此派生的政府腐败，由地缘、学缘、血缘关系为基础的裙带主义（cronyism），道德解体，发展不平衡和不均等增长。在这种发展模式下，没有市场的立足之地，或者更确切地说，真正意义上的市场正在被政企联合体和官办经济蚕食，摆在韩国人面前的是一个无原则、无秩序的市场。所谓的"公平竞争"

"透明经营"都只是在教科书上看到的词条罢了,现实中却上演了反教科书的一幕。因此,与其停留在"后外汇危机改革"的特定的理念层面,不如重塑最基本的市场秩序,具体的政策制定也应本着回归"市场正常化"的原则。当然,比起过去,已经有很多遵循市场伦理的政策和措施出台,也有一些接近于所谓的"新自由主义"路线的做法。但如果将外汇危机之后韩国经济的整个变化过程统统用"新自由主义"来概括,则过于片面。

韩国民众开始对经济民主化产生兴趣与关注是最近几年的现象,但市民组织和政治进步阵营、左派阵营很久之前就主张过经济民主化,并通过市民运动的方式加以贯彻实行。首次将"经济民主化"上升为韩国社会具体课题的是一个叫"参与连带"的市民组织。"参与连带"成立于1994年,1996年设立"经济民主化委员会",重点针对财阀经济力的过度集中问题、与分公司之间的不当交易问题,以及财阀掌门人和大家族通过非法或擦边球手段侵吞公司财产的归还问题等提起诉讼。解决这些问题的方式多种多样,既可以在得到小股东和少数股东授权后直接代表他们参加股东大会提出要求,也可以开展要求大家族成员根据不当遗产或赠予财产的金额纳税等各项活动。在"参与连带"之前,1989年成立的另外一家社会组织"经济正义实践联盟"在"经济正义"的旗帜下,积极开展了很多追求和维护经济正义的活动,他们曾指出财阀和富有阶层的房地产投机问题,曾主张住宅安全和以公共利益为中心的土地政策,并在促进政府确立和实行金融实名制制度方面发挥了积极作用。"经济正义实践联盟"关于"经济正义"的理念确立以及围绕"经济正义"开展的一系列活动,无论是从内容到实践都应该被视为经济民主化的范畴。

宪法第 119 条

经济民主化,顾名思义是既要"经济",又要"民主",是为了令资本主义结出公平与正义的果实,由民主主义来统治和制约资本主义的体制，可以理解为经济民主化是资本主义与民主主义有机结合、均衡发展的结果。因此，"参与连带"与"经济正义实践联盟"开展的经济民主化活动，是继 1987 年"六月抗争"* 开创的政治民主化局面之后，韩国社会发展的又一项必然进程。经济民主化绝不是一部分学者的个人主张或某个社会团体组织空喊的口号，而是在《大韩民国宪法》第 119 条中有明文规定。1987 年"六月抗争"之后，1988 年修订的《大韩民国宪法》第 119 条中如下规定：

> 一、大韩民国的经济秩序从根本上尊重个人及企业在经济上的自由与倡议。
>
> 二、国家负责维持国民经济的均衡增长和稳定，以及适度的收入分配。为了防止市场垄断和经济权力滥用，并通过维持经济主体间的和谐关系等手段实现经济民主化，国家可根据实际情况制定相关规定与政策。

第一项规定了韩国的经济体制为市场经济，第二项规定了经济民主化的内容。尤其是第二项内容中，说明当发生严重的收入不平等现象或财阀等特定势力垄断市场时，公民有权利依法维护自己的民主权利，而政府有义务保障公民的该项权利。1988 年宪法修订时，对该条款做出突出贡献的金钟仁针对宪法第 119 条第二项内容明确指出："为了经济民主化"的第二项内容，是指当两极化等经济社会问题恶化时，当资本主义与民主主义在根本上受到威胁或发生动摇的可能性增加时，政府将阻止资本主义和民主主义崩溃的应急措施放在心头。[⑪]金钟仁还阐明"经济民主化是民主主义与资本主义的共生原理"，"经济民主化的意思是努力让国家不被某一个特定的经济

---

* 1987 年 6 月 9 日，为争取国内民主参加游行的韩国延世大学学生李韩烈，被警方的催泪弹击中头部而倒下。这一事件引发了韩国民主运动的高潮，韩国全国各地爆发大规模示威游行，民主修宪运动发展成为全体国民参加的全民运动，史称"六月抗争"。在全社会强大的压力下，6 月 29 日，执政的民主党总统候选人卢泰愚发表了"6·29"宣言，民主修宪运动在韩国取得了全面胜利。——译者注

势力和阶层左右。"⑫

《正义论》（*A Theory of Justice*）的作者约翰·罗尔斯（John Rawls）将正义的原则分为两个，这两个原则可以指导对权利和义务的分配，指导对社会经济利益的分配。第一个原则规定所有这些自由权都是平等的，因为正义社会里的公民应该拥有同等的基本权利。第二个原则大概首先适用于收入和财富的分配，适用于利用权力和责任差异的组织结构或领导系统的设计。虽然财富和收入的分配不必平等，但必须对每个人有利，同时权力地位和领导职务也必须是人人可以得到的。应用第二个原则就是使权力地位向所有人开放，然后按照这个限制条件来应对社会和经济的不平等，使每个人都得到好处。其中，第二个原则以其"多级原则"而闻名，第二个正义原则的内容如下：

对社会和经济不平等的解决方案应能使这种不平等满足两个条件，（1）符合地位最不利的人的最大利益；（2）按照公平的机会均等的条件，使之与向所有人开放的地位与职务联系在一起。⑬

按照约翰·罗尔斯的观点，市场经济中发生的不平等本身不是非正义的，"评价社会和经济不平等的标准，在于社会成员中最困难的人们是否能够拥有最有利于他们的不平等"，如果这种不平等令地位最不利的人获得最大利益，那么就可以定义为"正义的"。⑭就是说，由市场经济带来的不平等和两极化可以存在，而将它们向有利于低收入阶层的方向引导，这便是符合"正义"的。

韩国宪法中规定的经济民主化的定义正符合罗尔斯的观点，应该为韩国社会最困难最底层的穷人和低收入阶层带来最有利于他们的社会财富分配体系，有效约束和调整资本主义市场竞争，建立"正义"的资本主义市场竞争秩序。

有些观点认为，经济民主化是程序民主主义中的平等扩大到经济领域的体现。程序民主主义的基本原则是一人一票的平等政治参与权，他们认为在经济领域也实现这种一人一票的基本原则，便是经济民主化。但是，经济民主化并不仅仅是享有平等的参与机会，而核心问题是实现公平的分配。程序民主主义中的政治参与通过一人一票来体现政治权利，但是这种政治权利不是将每一名投票参与者作为分配对象。与此相反，市场经济中创造的附加值却是面向所有市场参与者进行分配的。程序民主主义中的政治上的"平等"仅限于一人一票的投票行为。但是，经济民主化不仅首先保证市场参与者平等的参与机会，还要确保其实现公平公正的分配结果。虽然也有主张认为政治上的一人一票反映在经济分配领域，所有的人都享有平均分配的成果。但是，这种主张下的平均分配即使在社会主义体制下也是不可能实现的。因此，将程序民主主义中一人一票的政治概念与经济民主化的概念等同，是对经济民主化的误解。经济民主化是通过民主主义来缓解资本主义市场经济带来的收入不平等与贫富两极分化问题，防止财阀等特定经济势力垄断国家经济，从而创造"正义"经济的过程。

如果没有实现公正的经济分配，就无从谈论平等的政治参与。经济民主化旨在通过平等的政治参与来实现经济分配上的正义，从而使程序民主向实质民主过渡。与韩国在政治上实行民主主义是广大民众的社会性整体选择一样，经济民主化这一经济体制的选择，也是为了实现公正分配和实质民主主义的结果。最近经济民主化之所以引起民众热议，是由于国家经济虽然有所发展，但广大中产阶层和平民阶层的生活水平并没有得到明显改善或提高，收入不平等与贫富两极分化现象持续恶化，广大民众对此不满和愤怒的情绪日益高涨，"经济民主化"的话题恰好成为民众不满情绪的宣泄口。

为了更广泛的经济民主化

韩国宪法第119条规定的经济民主化实际上包含了非常广泛的意义与价值。与此相比，不管是"参与连带"与"经济正义实践联盟"开展的经济民主化运动，还是目前韩国政治圈和韩国社会谈论的经济民主化都属于狭义经济民主化的范围。这些社会团体组织开展的运动主要是关注市场基本秩序的确立，并不是主张体制上的革新。这些组织的主要活动内容是防止偷税漏税和房地产投机，揭发财阀股东的非法侵占和经济腐败等，这些行为即使没有推行经济民主化，在现行的法律体系下也属于非法或不法行为。但是，韩国的现实并非如此。对财阀掌门人睁一只眼闭一只眼，领导层通过一场企业答谢会就可以为进行房地产投机的大财团免罪，这便是韩国社会的现实。此种情况下国家机关甚至都不调查，广大股民无法依法享有基本权益。私有财产制度是韩国体系的基础，但韩国公民有时会根据财富多寡得到差别化对待。

在现有法律体系都不能正常执行的现状下，追寻更积极的财富分配体系与经济正义，并为此制定与推行新制度的做法，无疑是一件难上加难的事情。过去的经济民主化运动要么维护着现有的法律与体系，要么可以确立基本的市场秩序，虽然我们有理由期待比现在的经济民主化运动更显著的运动成果，但事与愿违。当然，我们也没有必要贬低以前经济民主化运动的成果。至少通过之前的经济民主化运动，让民众觉悟到他们的生活水平之所以没有得到改善与提高，与既得利益集团的倒退有一定关系。另外，过去50年间，朴正熙式的发展模式已不能继续有效发挥作用，人们想摆脱这种模式却存在一定的恐惧感，当时的经济民主化运动则非常合时宜地帮助人们消除了这种恐惧感。总之，至少现在提起经济民主化，不会再像过去一样，被贴上"赤色分子"的标签了。

然而，过去的经济民主化程度早已不足以克服现在韩国资本主义存在的问题。收入不平等、贫富两极分化、中产阶层没落、无就业增长、无工资增长、家庭生计破产、就业岗位质量低下、青年失业等社会矛盾和紧张正进一步蔓延，已经扩大到可能威胁到资本主义体制的严重程度。财阀问题、劳资矛盾、地区间发展不平衡、老龄化、教育破产、老人贫穷、高自杀率等问题中，其他国家可能存在其中某个或几个，但这些问题几乎在韩国同时扎根。很难想象，韩国背负着如此严重、如此之多的问题还能够走多远。

如果说有人认为这些问题都不会影响韩国的发展，那么这个人只能来自目前韩国矛盾的既得利益集团。总之，韩国的资本主义必须改变，而且是可以改变的，否则韩国资本主义将不可能持续存在与发展。

本书将对韩国资本主义的阴影和现实进行详细描绘，并对什么是必须改变的、怎么改变，以及什么是可以改变的展开进一步论述。

第二章　杂乱无序的韩国市场经济

计划经济体制的后遗症

从"经济开发五年计划"到"MB 物价指数"

韩国于 20 世纪 60 年代初正式进入产业化时代，经济运营在计划经济框架下进行。[①]通过"5·16"军事政变[*]夺取政权的朴正熙军事政府通过"经济开发五年计划"开始了对国家的经济运营。在计划经济的开始阶段，计划不是基于实际的系统性设计，而是一种不合实际的理想化期望，或者说是一种具有浓厚政治色彩的符号。比起自律的市场，凭军事政变夺取政权的军事政府以官僚和军事管理体系进行经济计划是理所当然的事情。军事政府上台后，摆脱了一切社会势力的约束和钳制，强化了绝对化的管理与服从。军事政府从一开始便不相信市场的力量，也不理解什么叫作市场。然而，拥有强大调度动员能力的政府和广义上的国家在拥有支配权与集中战略的指导下，取得了经济开发的巨大成功。政府手握资源配置的大权，既可以选择市场的赢家，也可以给予任何一家没有实力证明的公司或个人支援及特殊优惠政策。如此的"开发时代"持续了 30 多年，一方面经济体系中充满了计划与命令、顺应与服从的"美德"；

另一方面，自律市场混乱不堪，贪欲和利己主义意识在一般国民中泛滥。作为经济开发时代的产物，一直到 2000 年左右，韩国中高等经济教科书中仍将经济活动的目的定义为"为国家经济做出贡献"。

即使在计划经济体制下，市场依然存在，在政府没有介入的领域或部门，市场发挥着作用。但是，计划经济体制中政府的作用不仅局限于制订经济开发计划和执行预算，还通过国有化和国有企业进行资源配置，对市场价格进行管控甚至直接定价。因此，虽然在计划经济时代市场存在并在少数领域发挥作用，却与市场经济体制距离很远。军事政府的官僚们几乎掌握了近乎无所不为的权力，"聪明的"官僚们表现得无所不知，对本不复杂的产业结构中应该做什么、应该怎么做表现得了如指掌。而且他们拥有相当的权限与手段，可以将错误的选择变成"圆满的结局"。军事政府在经济建设中可以指定公司并为其创造有利的环境与条件，对于公司不足的力量通过特殊优惠和补贴给予关照，它们手握"胡萝卜加大棒"，对那些将好处捞进自己口袋的企业随时收回经营权，也可以赋予表现良好的企业更大的经营权，这便是韩国计划经济运营的轮廓。这一描述至少可以说明韩国在开发经济时代的经济发展过程以及市场如何存在并以怎样的方式运行。在世界上最与众不同的官制经济框架下实现了被称为"汉江奇迹"的耀眼成果，实现了韩国的产业化发展，这种韩国发展模式从 20 世纪 60 年代初到 1997 年外汇危机持续了 40 余年。

韩国开始尝试从经济大开发年代的计划经济体制向市场经济体制转变，始于 20 世纪 90 年代中期。随着 20 世纪 60 年代初韩国产业化进程正式起步，1962 年韩国政府在"经济开发五年计划"中首次明确了"计划经济"。顾名思义，以五年为一个单位进行经济的计划与发展。这个五年开发计划体系连续实行了四届，截至第四个五年开发计划结束的 1981 年。作为"经济开发五年计划"的替代和延续，1982 年开始实行"经济社会发展五年计划"，连续实行了七届，在第七个"经济社会发展五年计划"结束后，韩国经济依然按照之前的方式与体系运营。作为计划经济的最后阶段，也是市场经济过渡期的重要一环，随着金泳三政府的上台，"新经济五年计划"拉开序幕，"新经济五年计划"开始于1993年，但1996年初便仓促落幕。尽管如此，金泳三政府的"新经济五年计划"具有重要的改革意义。其中，1993年"金融实名制"登场，在所有的金融交易中强制实施实名制交易。1994年，作为经济计划象征的主管部门"经济计划院"被撤销，结束了其历史使命，并与财政部结合，变身为"财政经济院"。作为向市场经济转变的实质措施，从1995年开始，包含"民营化"在内的"市场自由化"政策落地实行。因此，可以将1995年视为韩国从计划经济向市场经济正式转变的新元年。也有学者将20世纪80年代看作自由主义市场经济的开始，因为从20世纪80年代初开始，一部分市场自由化政策开始实行。但是，"20世纪80年代实行的市场自由化政策不是为了用市场职能代替国家作用"，而只不过是一种"国家介入的新形式，国家绝对没有放弃对垄断资本、市场和劳动的主导性。换言之，20世纪80年代的对内自由化政策无非是将垄断资本（财阀）合理化了的国家主导政策罢了"。②

　　现在看来也许很荒唐滑稽，但计划经济时期政府决定食品价格、洗浴价格、旅馆住宿费、理发价格，甚至连咖啡馆咖啡的价格都必须由政府决定。浴室经营者可以自由决定洗浴价格是在1990年9月。③市场自由化以后很长一段时期，政府以所谓的"行政指导"的名义对洗浴价格进行管控，曾一度与浴室经营者产生摩擦。以下节选的新闻报道可以再现计划经济时代韩国政府如何管控洗浴费、咖啡价格以及炸酱面价格。

　　　　庆尚南道昌原市和马山市等地从4日开始组成清查行动小组，同时动员街道办事处工作人员，要求浴室经营者撤销洗浴价格上涨并强制返还涨价部分的洗浴费，并向浴室经营者明确表示，将对拒不执行者采取卫生检查、税务调查、下达经营事项汇报命令书等措施……（浴室）经营者表示，"1990 年 9 月以后虽然浴室价格实施自由化，但行政机关滥用权力实行毫无根据的清查"……道和市一级的地方行政机关则哭诉清查的难处，表示"虽然理解浴室经营业主，但年末上级政府要求规范物价，我们也不得不按照上面的指示行事"，但"我们同时又确实没有理由对浴室经营业主的哭诉进行反驳"。④

《联合新闻》，1996 年 11 月 5 日报道

汉城市自 8 日开始，集中对一部分饭店进行整治，一旦发现价格上涨的趋势，便通过行政指导令其降价。最近一部分中餐馆的炸酱面价格从 1400 元上涨到 1500 元……应根据各个饭店涨价情况强化饭店价格管理，责令涨价的饭店降价。原则上针对不降价的饭店实施卫生检查或提请税务厅进行税务调查。⑤

《联合新闻》，1999 年 11 月 8 日报道

公务员即使明知"行政指导"是不当的行为，但碍于上级命令对浴室经营者实施不当的降价压力，以上新闻报道再现了当时的情形。如果经营者不服从"行政指导"，政府甚至采取与洗浴费和炸酱面价格无关的卫生检查、税务调查等高压手段，这种行政行为在今天的自由市场经济体制下来看十分荒唐。

以上政府进行市场干预的惯性行为，在进入市场经济阶段后很长一段时间内挥之不去。其中，最典型的事件是李明博政府的"MB物价指数"。MB 物价指数是李明博政府初期针对大米、拉面、白菜、手纸等生活必需品进行集中物价管理的政策。李明博上任初期，就表示政府将集中管理五十种生活必需品的物价水平，即使整体物价上升，这五十种生活必需品也不会按照涨价比例上调价格。但是这个政策下的五十余种生活必需品的"MB 物价指数"反而远远高于消费者物价指数，"MB 物价指数"政策没有任何实用性。⑥在朴槿惠政府时期这项政策被废除。

社会主义设想

为了帮助大家理解韩国在计划经济时代实施的"经济开发五年计划",我们讨论以下两点内容。这些内容经济学专家耳熟能详,但广大民众知之甚少。

首先,广大民众普遍认为"经济开发五年计划"最初登上历史舞台是在"5·16"军事政变之后的朴正熙政府时期,但实际上"经济开发五年计划"始于李承晚政府时期。李承晚政府于1958年确立"经济开发三年计划"(1960—1962),该计划于1960年4月15日通过国会会议表决,但由于"4·19"革命*,李承晚政府倒台,计划未能实施。1960年"4·19"革命之后,同年8月上台的张勉政府**也确立了"经济开发五年计划",并于1961年初开始实施,但同年5月因"5·16"军事政变张勉政府结束政权,这一计划中断。[⑦]因此,"5·16"军事政变之后,军事政府于1962年实行的第一个"经济开发五年计划",事实上是对李承晚政府三年计划和张勉政府五年计划的继承与发展。[⑧]

军事政府从1961年成立到1962年实施第一个"经济开发五年计划",在极短的时间内无法制订复杂的综合性经济发展计划,只是

---

* "4·19"革命是一场于1960年3月起由韩国中学、大学生和劳工领导的学生运动,当时由于韩国在第四任总统选举时发生作票舞弊情形,而导致学生及民众抗议。该次革命推翻了李承晚统治之下独裁的韩国第一共和国。由于最大规模发生日是在4月19日,因此被称为"4·19"革命。由于革命后一年即发生由朴正熙少将发起的"5·16"军事政变,导致自由民主被压制,进入漫长军事统治时期,因此也有"未完的革命"的称呼。——译者注

** 1948年到1960年为韩国第一共和国时期,李承晚为第一届总统,常称为"李承晚政府"。1960年8月到1961年5月,为第二共和国时期,第二届总统为尹谱善,国务总理为张勉,第二共和国开始实施内阁制与两院制,总统为国家元首,但政治上的实权派为国务总理,因此常称为"张勉政府",而不是"尹谱善政府"。以张勉为首的新派实权政府与以总统尹谱善为首的旧派之间明争暗斗,导致第二共和国矛盾重重,在存在8个月后,1961年以朴正熙为首的军人夺取政权,成立第三共和国。初期称为"军事政府",在总统选举之后称"朴正熙政府"。——译者注

将前政府的计划进行了局部修改便公布实施。该计划不够详细具体，却明确表明了军事经济的立场。当时军事政府在 1962 年的《经济白皮书》中明确指出，"第一个'经济开发五年计划'的基本目标是实现经济的自立化与工业化……在强有力的计划性保障下，在自由经济原则的框架内实现最大化的经济增长和经济自主"。当时美国始终以怀疑和观望的眼光看待军事政府，白皮书中之所以提到"自由经济原则"，可以说是做给美国看的口头服务（lip – service），此处的着重点不是"自由经济原则"，而是"强有力的计划性"。现在看来，战争之后的韩国百废待兴，1960 年初对韩国来说，是一个不得不依靠国外援助勉强度日的艰难时期。也正因为如此，韩国经济政策的目标才体现了早日成为一个"自助、自立、自主"的国家，早日摆脱援助经济的枷锁的迫切愿望。此时，没有理由认为通过发挥自由市场效率可以实现高速经济增长。从军事政府的"经济开发五年计划"到金泳三政府制订的"新经济五年计划"，历时三十余年。⑨

另外一个鲜为人知的事实是，朝鲜比韩国更早实行经济开发计划，截至 20 世纪 70 年代中期，朝鲜经济远好于韩国。朝鲜战争之后，朝鲜于"1954 年开始实施经济复兴三年计划，1957 年开始实行第一个五年计划，从而实现了战后经济恢复，取得了年均 20% 左右的高速经济增长"。⑩朝鲜提前完成了第一个五年计划的经济目标，随即制订了以重工业发展为重心的"第一个七年发展计划"（1961—1967）。这一计划推迟了三年，直到 1970 年方才完成。⑪1961 年到 1970 年间，朝鲜的工业发展实现了年均 12.8% 的高增长。⑫得益于朝鲜早于韩国实施的经济发展计划，截至 20 世纪 70 年代中期，朝鲜经济规模和单位国民收入均领先于韩国。部分研究表明，朝鲜的单位国民收入直到 20 世纪 80 年代中期还领先于韩国。⑬20 世纪 60 年代，在西方发达国家的论文中常见"高丽奇迹"（Korean miracle）的表述，这个"高丽"指的是北高丽（North Korean）朝鲜，而非南高丽（South Korean）韩国。⑭

　　朝鲜在以计划经济为基石的社会主义体系下，率先实行计划经济是理所当然的事情。计划经济的起点是苏联初期列宁于 1921 年确立的新经济计划。之后斯大林于 1928 年确立了"第一个国家经济五年计划"，截至 1991 年苏联解体共实行了十三个五年计划。[⑤]中国实施五年计划的情况也大同小异。中国自 1953 年开始实行第一个五年计划，截至目前正在实施第十三个五年规划（2016—2020）。可以说计划经济是社会主义体制的产物。韩国在 1948 年的建国宪法中表明实行社会民主主义（social democracy）的经济体制，1954 年宪法修订案中又转变为实行资本主义体制。[⑥]瑞典和德国与韩国的情况相似，在经历了社会民主主义之后向市场经济转换，而转换成市场经济之后取得的巨大经济发展反而是通过具有社会主义特色的计划经济实现的，这是对社会与历史的一种讽刺。

　　苏联也好，朝鲜也好，政府不仅负责实施计划经济，同时负责实施政治活动，从而清除在经济政策执行过程中有可能成为绊脚石的一切障碍，因此如果不是中央集权的政府，计划经济很难实行。但是，曾经一度领先于韩国的朝鲜经济目前陷入极度贫困，可见集权政府并不是实行计划经济带来经济增长的必然条件。中国虽然在 1978 年实行改革开放之前实施了四个"五年计划"，但收效甚微。中国在过去二十年间经济取得飞速发展，虽然是由于改革开放以来将市场经济引入社会主义，但是，中国政府在政治、经济、社会等领域实行共产党一党执政的体制为其提供了可能性。韩国通过计划经济实现了经济的高速发展，与朴正熙政府的独裁政治不无关系。另外，对军事政权进行清算，实现民主化的金泳三政府时期，从计划经济向市场经济转变，也可以跟随以上脉络进行梳理。

保守右派的"朴正熙乡愁"

是乡愁？还是幻想？

　　有一个不容忽视的社会现实是，韩国社会的各个角落仍然存有计划经济时代根深蒂固的烙印。最近韩国五六十岁以上的人群中出现了所谓"朴正熙乡愁"的现象,从而为保守右派提供了政治资本。朴正熙乡愁具体指什么虽然没有经过论证,但大体可以分为两部分内容:一是人们期望看到计划经济时代经济高速繁荣发展的再现;二是期望总统拥有强大的领导力。提到朴正熙的领导力,有主张认为这与他的个人力量与性格密不可分,但朴正熙强大的领导力是以"5·16"军事政变后"维新宪法"独裁统治体制为基础的,否则不可能实现这种领导力。因此,抛开独裁体制的背景讨论朴正熙的领导力是毫无意义的。将朴正熙的领导力在民主化时代再现,不仅不具备现实性,也与本书的主旨相去甚远,因此笔者在此只讨论期待计划经济时代经济高速发展再现的"朴正熙乡愁"。

如果说朴槿惠总统当选多少与"朴正熙乡愁"有关,不如说怀有"朴正熙乡愁"的人们更多怀念的是朴正熙时代的经济高速发展。但是,无论是朴槿惠政府,还是同时期的其他政府,都无法再现朴正熙时代的经济奇迹。因为这不是乡愁,经济规律、韩国内部原因和外部环境决定了这只不过是幻想而已。

首先,不是因为朴槿惠政府无能,而是由于韩国现在处于经济发展的成熟阶段,国民收入增加,经济规模扩大,经济无法维持发展初期或中期阶段的高速增长。朴正熙执政的第一年1961年,韩国人均国民收入为92美元,在世界排名第78位。在朴正熙执政的18年期间,韩国经济实现了年均8.3%的高增长,朴正熙执政的最后一年1979年人均国民收入高达1747美元,在世界的排名上升到第48位。[①]但是,当时人均国民收入不足2000美元,处于发展中国家的后期阶段或中等发达国家的初级阶段。而朴槿惠政府时期,人均国民收入超过两万美元,要求朴槿惠政府实现三十年前8%~10%的高速发展,在经济规律上和结构上都是不可能的。

古典经济学派的代表人物大卫·李嘉图在《政治经济学及赋税原理》中论述,人口增长对经济发展而言,是收益递减的,随着投入一定土地的人口增加,由土地集约的耕作和优良地向劣等地的移转，因而增加资本并不能提高生产率，反而使报酬呈现减退的倾向。即使生产超过人口的增长，也不能永远持续稳定地增长。经济学中"收益递减法则"理论表明，生产规模越大，与投入要素对应的生产即收益增长的速度越慢，投入的生产要素的成果随着时间流逝越来越少。这一经济规律适用于经济的所有领域。产业化初期，即使很少的投入都有可能带来很大的收益，但随着经济发展进入成熟阶段，无法取得产业化初级阶段的收益成果。

韩国国民收入达到一万美元是在 1995 年，之后十年间的经济增长率远远低于韩国国民收入达到一万美元的十年的经济增长率。2007 年韩国国民收入达到两万美元，之后十年间的经济增长率更是远远低于 1997 年到 2007 年的经济增长率。[18]随着国民收入增长和经济规模扩大化，经济增长率却出现下降趋势，在西方发达国家的发展过程中也出现过同样的现象。OECD 国家的情况亦大致如此，以国民收入一万美元和两万美元为基准，前后十年的经济增长率在每个阶段都呈现明显的下降趋势。[19]

第二方面的原因在于经济体制与政治体制的变化。朴正熙时代是政府直接管理国家经济运营的计划经济体制。诺贝尔经济学奖获得者阿马蒂亚·森（Amartya Kumar Sen）甚至曾经评价过，韩国政府广泛参与市场，实行强大的管控，在世界各地都是不多见的。[20]在实行独裁统治的朴正熙时代的计划经济体制下，政府不仅全面掌控经济领域，在政治、社会等所有领域都拥有绝对的支配权。而在市场领域和自律性扩大的民主主义环境下，独裁体制下的统治力是连想都不敢想的事情。

朴正熙时代，政府不仅直接配置资源、管控价格，还可以以公共目的的名义对自由财产进行限制。作为劳动者理当拥有的权利，劳动联盟的成立也需要经过政府许可。工资必须根据政府所谓的"工资指南"进行设置，在当时甚至没有消费者权利、投资者权利的概念。韩国社会陷入令人窒息的"极权主义"统治体系的深渊，年轻人头发与裙子的长度是反映社会顺应程度的尺度。警察发现有蓄发倾向的"危险青年"时，会将他们抓起来当场在路边为其理发，巡逻警察手持尺棍，禁止女性穿着"有伤风化"的短裙出现在大街上，总之，当时是一个连琐碎的日常生活都被统一管控的社会。民众只能赞扬总统，不用说批评总统，哪怕仅是将其作为茶余饭后的话题加以议论都会被扣上"国家元首裹渎罪"的罪名，法律变成一场闹剧。

计划经济时代的政府统治达到极致的产物是维新体制。在维新体制下，总统可以有权限不经过国会批准，以"紧急措施"的名义制定法律。"紧急措施"中最有代表性的荒唐之举是 1975 年 4 月以高丽大学为对象制定的"紧急措施 7 号"。"紧急措施 7 号"的内容是，命令高丽大学闭校，由军队占领高丽大学，在校内禁止示威游行，违反者将被逮捕，逮捕不需要事先取得法院判决书，并处以三年以上十年以下徒刑。[21]总统针对某个特定的大学为对象制定法律，规定对校内示威游行者处以三年以上有期徒刑，这种做法在现在看来，是一种不可想象的凌驾于法律之上的行为。

朴正熙时代，政治、经济、社会、文化等所有领域，不允许任何可能成为政府执政绊脚石的障碍物存在，政府实现了对社会各个领域的彻底统治。即使说独裁政权的统治体系是经济高速发展的基石，即使说韩国目前有一部分民众期待从市场经济重新回到计划经济时代，韩国民主主义也不会容忍这种历史上的倒退，因为韩国民主主义是韩国民众为之奋斗了二十五年争取来的结果，实属来之不易。

第三方面的原因在于韩国的外部环境。过去三十年间世界经济已发展成为开放性体制，在开放的经济体制下，各国政府的微观市场介入都将被经济本身所牵制。各种政府的补助和支援被看作妨碍世界市场公平竞争的行为，如果不遵守这一基本规则，将无法成为开放的经济体制的其中一环。另外，作为以出口为生的韩国来说，如果实行与开放体制相违背的政策，将有可能导致致命性的后果。

计划经济时期，韩国实际上实施了变相的封锁经济。虽然当时实施积极的出口政策，似乎可以看作开放性的经济体制，但是对进口却实施彻底的管控。以外汇为例，持有一美元都是违法的，韩国对外汇从"国家安保"的层面进行全面管控。当出口竞争力下降时，政府给予各种优惠、支持和补贴，从而激活出口单价。针对"浪费性"的品种，禁止进口或者大幅提高进口关税，实际上起到禁止进口的效果，而当出口原材料或进口半成品价格上涨时，则给予减免关税的优惠政策，甚至连运费都给予补贴。

上述针对进口和出口的非对称性统治政策之所以在韩国可行，是因为在WTO（世界贸易组织）之前的GATT（关税与贸易总协定）体制下，韩国作为发展中国家的地位被认可，韩国政府可以一方面以高关税控制进口，一方面给予出口企业一定的补贴，而发达国家被允许以较低的进口关税购买韩国产品。[22]虽然韩国的竞争国对此颇为不满，但韩国最大的出口市场美国对处于"贫穷"最底端的韩国给予支援和拥护。

然而，随着经济规模，尤其是贸易规模的扩大，韩国越来越难以继续维持封锁性的经济体制。随着韩国政府加入1995年成立的WTO，经济开始向开放体制转变。在WTO体制下，韩国在进口和出口方面，无法继续实行对韩国有利的非对称性规定，否则将有可能遭受贸易对象国的报复，也可能会冲击对出口高度依赖的韩国经济。朴正熙时代经济高度增长的引擎恰恰是出口，出口的爆发性增长是基于极度歪曲的非对称性贸易体系。因此，如果想使经济恢复到之前的高速发展水平，应重新回归到之前的封锁经济，但是，从韩国的经济构造来看，这无疑是一种自杀行为。

事实上，在韩国转变为开放型经济体制之后，韩国政府仍然采取与过去相似的措施进行经济管理，并曾经由此引发了激烈的国际纷争。以大蒜为例，中国大蒜的价格远低于韩国国内价格，随着中国大蒜的大量进口，韩国本土的大蒜种植户遭受巨大冲击，2000年6月韩国政府针对中国产大蒜大幅提高进口关税，试图遏制大蒜进口。对此，中国在一周之后采取了报复性措施，针对韩国产的手机和聚乙烯采取了禁止进口的措施。虽然韩国认为提高大蒜进口关税从而保护国内产业是符合 WTO 规定的正当性措施，但对高度依赖中国消费市场的韩国经济来说，却失去了对中国的协商权。当时韩国针对中国大蒜的年度进口额不过 1800 万美元，但手机和聚乙烯针对中国市场的年度出口额却高达 8 亿美元，为大蒜进口额的 50 倍之多。显然，韩国是"大蒜纷争"最大的损失者。最终，在"大蒜纷争"持续了两个月之后，双方达成协议，韩国政府重新降低了大蒜的进口关税，中国政府则取消了禁止进口韩国手机和聚乙烯的规定。[23]

自相矛盾的保守右派

五六十岁的一代人是韩国经济开发时代的主力军，他们经历过朴正熙时代的经济高度繁荣，而目前的韩国经济连续多年陷入停滞不前的泥潭，他们怀念朴正熙时代的经济繁荣也是人之常情。被称为"产业主力军"的一代人，他们穷其一生努力工作，成就了今日的富裕生活，却对自己的养老问题束手无策，以平生积蓄换来的唯一房产也在贬值，这一代人内心不安全感的与日俱增可想而知。然而，正如前面所说，步入发达国家之列的韩国在经济结构上已大大不同于当时在开发经济时代的经济结构，不可能再现当初的经济高速增长，而且现在韩国外部的世界经济结构也发生了巨大变化。梦想着经济高速增长的"朴正熙乡愁"注定只能停留在对过去好日子的记忆中，不过是再也回不去的一种幻想。

"朴正熙乡愁"不仅是五六十岁一代人特有的情感，也是保守右派死守的情感共鸣地带。保守右派主张自由民主主义的市场经济。代表保守右派政治势力的新世界党在党章中规定"以自由民主主义和市场经济为根本理念"，而代表保守右派经济势力的"全经联"（全国经济人联合会）则以"自由市场经济的实现"为使命。[24] 但是，他们追求的理念和被称为"朴正熙乡愁"的情怀之间，无法用某种合理的说明联系起来。朴正熙政权在政治上是限制个人自由的反民主的独裁体制，在经济上是与市场经济完全相反的计划经济体制。因此，韩国保守右派势力追求的政治自由既不是自由民主主义，也不是可以保障个人自由选择和经济自由的市场经济。结果保守右派的"朴正熙乡愁"否定了其自身主张的自由民主主义的市场经济，是一种形式与内容自相矛盾的时代错误。

保守右派宣扬的"朴正熙乡愁"或对朴正熙的赞扬从结论上来说似乎具有某种正当性，因为不管通过何种手段经历了何种过程，最终的结果是带来了经济的高速发展，但是，充其量只能说这一种基于全体平均主义的爱国主义，无法看作一种基于"自由主义"的理念。或者说，这也许是他们对自身既得利益得以巩固发展的岁月的怀念呢？在开发经济时代，政治权和经济界共生共存的政经关系维系并巩固了他们的既得利益。因为他们所说的自由，是保证既得利益群体不受侵害的自由，如果妨碍了这种自由，在"自由民主主义"的名义下，可以享有压制反对者的自由。而且，他们所说的市场，意味着保障既得利益群体不受任何干涉的市场，是一种为了捍卫这种既得利益可以无所不为的放任，任何公正透明的竞争规则或秩序在他们眼中，只不过是弱势群体无能的嫉妒，或者是所谓的"左派赤匪"们的理念攻击。

真正的保守右派即使没有达到对朴正熙体制进行批判的水准，至少应该克服不足、正视历史，笔者深感遗憾，没有见到过真正的保守右派。

进步左派的"朴正熙乡愁"

"市场＝新自由主义？"

除了保守右派，还有一部分左派知识分子也未能从"朴正熙乡愁"的情怀中释怀。他们虽然没有直接或公开地将朴正熙推向正当化的舞台，但潜伏在他们脑中根深蒂固的朴正熙式的回归意识却达到让人吃惊的程度。在保守右派的立场上，也许进步左派阵营无异于"物以类聚、人以群分"的"左派赤匪"，但在进步左派阵营内部，却根据他们对市场持有何种观点进行明显的派系划分。如果按照市场与政府的关系为标准进行区分，进步的立场认为政府在纠正市场失灵方面的作用是必要的，尤其是在确立市场秩序、塑造稳定的竞争结构方面应重视政府的积极作用。左派倾向较强的阵营更多地倾向于以政府为中心的市场。市场本身具有结构性的矛盾，将不可避免地导致竞争混乱、市场无序与腐败滋生。他们虽然承认在一部分经济领域中市场的职能与作用，但是他们认为经济增长与发展的终极责任主体应该是政府，或者说是广义上的国家。

进步左派阵营的一部分势力以"新自由主义"这个词对韩国经济的矛盾和原因进行诊断。前面第一章中有所论述，西方发达国家所谓的"新自由主义"是在美国与欧洲始于20世纪80年代的极端自由市场主义，意味着第二次世界大战之后从作为经济政策框架的凯恩斯主义模式开始转换。自由市场主义者认为之前持续扩大的福利费用负担不只是源于压缩政府财政，而是源于经济增长动力本身的丧失。从关于福利预算缩减和政府财政缩减的争论，到一般性的减税争论，最后发展成为针对企业活动的极端放任与限制松绑的争论。有观点认为工会的存在造成企业竞争力低下，过度重视工会的发展是一种"就汤下面"，本末倒置的现象，由此展开了关于劳动市场柔软性的争论，最后发展成为针对工会开展全面攻势的政治理念。以上便是"新自由主义"前身"里根主义"和"撒切尔主义"登场亮相的背景。西方的"新自由主义"是一种潮流，这种潮流首先从思想上极度欢迎接受了自由主义洗礼的社会。在此背景下多种支撑着西方资本主义的理念共生同存，并在历史上形成"自由至上主义"与"共同体主义"两个极端，在这两个极端的连接线中间存在的多种多样的理念经过长期摩擦与调和发展成为目前的"新自由主义"。

但是，韩国资本主义的历史远远短于美国与欧洲，韩国资本主义呈现的问题与根源也不同于欧美国家。韩国与西方发达国家问题的起源不同，韩国经济从未向自由市场主义倾斜。韩国外汇危机之后，作为改革的重要一环，市场职能比过去有大幅提高，但是，这也只是相对而言，不能将其等同于西方发达国家的"市场自由主义"政策，否则将是小题大做了。一部分左派将韩国资本主义的矛盾结构归因于"新自由主义"，结果致使"新自由主义"这几个字成为引发韩国社会所有矛盾的"血淋淋的事实"。"新自由主义"的说法几乎成为"矛盾"的代名词，虽然使用起来非常便利，但以此对社会矛盾进行简单的诊断却难免偏颇，可想而知，基于错误诊断的治疗方案将只能是南辕北辙。另外，韩国这些年小心翼翼取得的市场改革的成果也将有可能瞬间化为泡影。

首先，韩国没有像西方国家一样实行过凯恩斯主义政策，也没有出现过像西方国家一样的福利副作用。别说是福利政策的副作用，可以说韩国本身甚至没有存在过福利政策。因此韩国不存在为了高福利费用的高税收政策，也没有过度的财政赤字，亦没有出现过通货膨胀妨碍经济增长和诱发失业率攀升的情况。当然，表面上来看，两者在政府的市场介入和干预方面存在一定的相似性。但是，政府积极的职能和介入不可以放在同一维度上来看，因为不是所有的规定与限制都相同。西方国家的规定与限制聚焦于市场的稳定与秩序，以及市民的安全与福利。但韩国的规定与限制却局限于特定的部门、特定的企业，甚至是特定的个人。韩国政府的规定与限制从立案到执行，很难看到最基本的严谨性与公正性，反而随处可见官僚式"嘴是两张皮，咋说咋有理"的随意性。因此，虽然同为规定与限制，但内涵大相径庭。

同样，在产业政策方面，西方发达国家实行的政府激励（initiative）政策以追求产学研政全面的合作体制为主体，但韩国政府的政策则是给予特定企业或个人以优惠和支持，这两种政策不可同日而语。当然，发达国家也有针对特定部门或企业的产业支持政策，但在这个过程中西方发达国家尽最大努力保障市场效率不受影响，其产业政策必须被证明能够激活市场活力并具有正当性。虽然各个发达国家的做法有所差异，但在程序与评价设计上，都遵循了透明性和公正性的制度建设前提。西方发达国家在选定某个特定主体作为支援对象时，至少做到了不浪费全社会的机会成本，通过一定的内部竞争过程确保选拔出来的支援对象具备其他竞争者不具备的优势。而且在政策失败时，具有事后评价机制及时总结经验教训。这个过程不是依靠官僚随意性的决定，而是依据严格的法律与规定得以实现。如果你将发达国家产业政策的进化过程和制度性建设等同于庇护主义（clientalism）、裙带主义以及政经不分的韩国产业政策，那只能说明你低估了发达国家的政治过程与民主主义的严密性。

其次，一部分左派势力对韩国社会问题根源的认识存在一定的误区，对韩国社会问题根源的看法摇摆不定。部分左派势力认为，过去计划经济体制下，韩国经济存在的问题来源于矛盾性结构，而官制经济、发展的不公正、不均衡与收入不平等均起因于这种矛盾性的结构。换句话说，问题的起源是朴正熙式发展模式。然而，外汇危机之后，随着韩国经济开始向市场经济转型，新自由主义模式被定义，他们又将韩国社会存在的问题全部归因于新自由主义。当然，正如第一章中提及的，收入不平等、贫富两极分化、无增长就业等现象和问题与发达国家基本相似，但是，相似的现象却可能来源于不同的本质。而且，韩国存在的现象从深度与发展速度上都远远严重于西方发达国家，也不可以因此说韩国的新自由主义体制比发达国家极端。

左右摇摆不定

韩国市场经济的矛盾性结构不是一朝一夕之功，也不是外汇危机之后在市场经济落地的过程中形成的，反而是经济大开发年代根深蒂固的发展方式与惯例在外汇危机之后与市场改革措施经过一定的磨合后，以一种更广泛的形态与规模继续存在发展的结果。尤其是以财阀为代表的大企业们通过获取特殊优惠待遇与垄断性资源实现了企业的发展，而这些特殊政策完全无视市场竞争的基本原则，市场改革之后财阀集团又要求政府减少管制，恢复市场竞争的自由化。目前韩国财阀大企业的影响力与经济支配力已经超越了政府与政治，经济开始权利化，他们则站出来主张充当维护市场基本秩序的卫士，将政府必要的管制措施都视为肆意粗暴的干涉与介入。

　　正因为如此，一部分左派关于"新自由主义"的社会诊断非常危险。如果他们能够对社会问题做出正确的判断，就应该矫正目前错误的矛盾结构，将过去二十年推进的市场改革重新发扬光大。政府的积极作用和职能将被重视，届时一部分左派理论家所说的政府职能将不再只是简单地像西方发达国家一样扩大社会福利政策，而是朴正熙时代大力推进的政府对市场的介入和干预，即产业政策的回归。因为他们尽管没有公开对朴正熙进行赞颂与追捧，却着重强调大企业与大财阀的有用性，而大企业与财阀恰恰是朴正熙政策的"嫡长子"。显然，不管是过去还是现在和将来，他们都深信韩国经济发展的实现需要依靠众财阀。

　　一部分倾向于朴正熙式经济结构的左派们虽然在理念上、政治上与保守右派有所不同，但他们在财阀问题上却与保守右派一样陷入"朴正熙乡愁"。他们与保守右派一样将经济开发年代取得的经济成功归因于大财阀，并主张将来的韩国经济发展同样应该依赖财阀。这部分左派虽然与马克思主义经济学者有一脉相承的方面，同样强调政府作用，并将股东资本看作资本主义的矛盾源头，但马克思主义者大力批判垄断资本，却极力拥护垄断资本的代表性产物——财阀，这无论如何都是自相矛盾的行为。另外，马克思主义者认为资本主义的矛盾来自资本与劳动的矛盾性结构，一部分左派却将资本扣上民族主义的帽子，按照资本的国籍区分对待。也就是说，财阀在被看作垄断资本之前，首先被他们识别为民族资本，尽管财阀不是一点问题都没有，但最起码好过那些可能让国家财富外流的"吃里爬外"的外国资本。

进步左派的朴正熙复位

一部分左派学者认为朴正熙模式是成功的模式，而成功的核心在于"财阀培育"。他们认为世界上最困难的国家如果想要生存下去，不得不选拔出极少数代表选手加以重点培养和扶持，即所谓的"选择与集中"策略。另外，很多发展中国家都采取独裁体制，但既独裁又成功的国家只有韩国。这里暗含的意思是，如果可以带领整个国家摆脱绝对贫穷的枷锁，难道这种独裁有什么不能容忍的吗？但这种论调不过是结果论罢了。正如前面所述，先要厘清经济开发时期经济取得成功发展的因果关系，不是财阀创造了经济成功，而是国家"成功地制造了财阀"。而全体国民为此买单的事实，却未曾被提及。朴正熙时代的经济发展是通过劳动镇压与统治上的"无工会、低收入"政策才得以实现的，全体国民连与自己劳动相对应的正当收入和分配都无法获得，更勿论在完善的社会福利制度下享受基本人权了。计划经济时代的"产业主力军"现在大多数为六七十岁，这一代人似乎未能享受到他们为之奋斗的经济成果，反而一半以上处于贫困阶层。⑤韩国的"产业主力军"目前得到的社会财富分配远远低于他们当初为韩国经济发展做出贡献的程度，韩国老年人贫困率高达 OECD 国家平均水平的 3 倍，不仅老年人贫困率在 OECD 国家中是最高的，老年人自杀率也处于最高水平。

如果说韩国经济的成功不是因为财阀，而是得益于勤勉优秀的广大民众，那么经济发展从一开始便与独裁体制没有必然联系。你可以说独裁体制是为了最大限度地调度资源而做出的无奈之举，但这可以理解为一种托词，另外，就算韩国很难达到先进国家成熟的民主主义程度，但是如果对公民最基本的权利都否定，这种极端独裁无论从哪个角度为其进行辩护都不具备正当性。即使我做出一百次让步去认可一部分左派势力主张的"独裁—财阀—发展"的因果关系，这也仅限于在哲学问题上的讨论。也就是说，他们的主张不过是一种哲学问题上的论调，即他们认为"饱腹的奴隶总好过饥肠辘辘的自由人"。另外，从解决韩国社会问题的对策方面，一部分左派势力的主张也不具备现实性。他们似乎认为只要推行积极的产业政策，财阀便会加大投资。但是，现在的财阀不会因为资金不足而不投资，而是即使拥有大量资金也不投资。况且在目前资本市场非常活跃的大背景下，即使财阀需要投资资金，也没有理由从政府手中获取财源，在需要政府培育的领域，财阀是绝对不会投资的。另外，政府与财阀的关系与过去计划经济时代相比，已全然不同。过去财阀们为了获取特殊优惠与支援，需要在政府与政界中不遗余力地游说与周旋，而现在财阀们一方面在努力为自身创造有利环境的同时，另一方面也施加一定的政治压力以避免政府干涉。

如果说政府要恢复过去那种无所不能的统治力，现在最大的反对势力也许正是财阀。一部分拥护财阀体制的左派中存在的最根本误区在于，他们认为随着财阀进一步的发展壮大，民众生活水平自然会提高。这种论调与右派主张的"涓滴效应"一样，不过属于毫无根据的乐观论而已。过去独裁政府引导民众"为国家经济做贡献"，但是如果真认为财阀们开办企业的目的是"为国家经济做贡献"，那将是天真的设想。如同一个贫困家庭倾其所有用全家人的牺牲培养出一个代表选手，但这个成功的家庭成员后来只沉浸在自身的发展中，完全没有将其他家庭成员放在心上。重返朴正熙时代不仅是一种时代错误，也是不可能的事情。

实行市场经济体制后的韩国市场经济

关于市场经济 20 年的不同评价

韩国自 20 世纪 90 年代中期开始向市场经济转型已经 20 年有余。那么，韩国果真具备市场经济体制的特点吗？关于这个问题，根据理念和利害关系不同，会出现错综复杂的不同答案。保守右派和财阀等既得利益群体认为政府的过多管制造成市场经济不能正常运行。一部分中立和进步势力则认为经济力过于集中造成垄断与不公平交易，进而导致市场经济不能正常运行。与此相反，一部分左派和企业界人士则认为，韩国过分依赖市场经济，因此韩国存在的很多问题来自自由市场主义——"新自由主义"。一方认为市场经济在韩国未能正常运行，另一方认为韩国过分发展了市场经济。在对上述两种完全相反的意见进行客观评价之前，有必要先理顺市场经济运行的核心原理，以及市场与政府的关系。

市场经济的核心是私有产权与竞争。每个人对通过自己努力取得的成果具有所有权，私有产权通过保护这种所有权促使人们各自尽最大努力获取成果。人类同时具有利己心和利他心，但从自身利益出发的利己性动机更为普遍，这种利己性动机将进一步引发竞争。在分配总量确定的零和博弈中，竞争是理所当然的事情，而在所有人都可以得到更多的正和博弈中，为了比别人取得更多，利己心同样发挥作用从而引发竞争。也就是说，只要承认私有产权，不管在何种情况下，竞争都是一种一般性的行为。

竞争虽然发生于利己性动机，但竞争过程中价格被确定，资源被配置，结果实现了分配。而且，通过竞争被确定的价格有效引导资源配置，最终全部的份额都有所上升。但是，竞争也可能招致竞争者之间的矛盾，个人的利己性目标与共同体的目标或价值也有可能不一致。一方面，当竞争本身陷入无序状态或出现不公平竞争时，不仅无法取得有效的资源配置，总份额无法增加，竞争参与者也不会认可竞争结果，最终导致竞争本身陷入自我消失的矛盾状态。因此，市场竞争的成败取决于个人的利己性目标是否与社会性目标一致，取决于是否具备保障公平竞争的制度。另一方面，即使上述两个条件得到满足，市场有时也会失灵，也会存在市场解决不了的社会问题。因此，市场经济的成败还取决于制度性的建设与运营方式，而这种制度性建设和运营方式决定了经济社会问题中哪些可以由市场职能解决，哪些需要政府的介入。

保守右派和进步左派对韩国市场经济的评价之所以错综不同，

是因为他们各自的立场不同。更有甚者，不仅不同的阵营之间存在差异，同一阵营内部也存在不同的意见。保守右派阵营持市场自由主义理念，主张政府放权于市场，将政府作用局限在维持市场体制的最小权限，而财阀们在此基础上，维持对既得利益群体自身有利的规定，要求放宽或废除妨碍或损害他们利益的规定，这是一种极端的现实主义与功利主义。但是保守右派内部的意见差异并没有大到激化矛盾的程度。全经联、工商会议所、各种协会等相关利益团体动用充足的人力、物力、财力广泛开展各种活动或政治请愿，以维护自身的既得利益。

进步左派阵营的情况不同于保守右派阵营，左派阵营根据不同的现实判断产生各种不同的立场，甚至因为立场不同时有冲突发生。进步左派阵营对韩国市场经济的立场不同于保守右派维护自身既得利益的目的，而是各派学者基于各自的理念与理论形成了不同的见解。其中，反资本主义者将经济体制看作劳动与资本的对立，或者是资本对劳动的榨取，而有些主张虽然对资本主义认可，但认为政府应积极介入以克服资本主义自身的矛盾，这两种立场的中间地带各种各样复杂的见解错综复杂。具有反资本主义倾向的左派中既存在反对资本本身的教条立场，也存在只认可负债资本和国家资本，但反对股东资本的立场。另外，还存在一部分虽然否定股东资本，但认可财阀资本的立场，还有一部分封锁性的国粹主义立场反对全球化，否定外国资本，将财阀看作民族资本加以拥护。同时，有一部分主张认为为了保证市场经济的正常运行，必须防止财阀的经济势力过于集中，严惩不公平交易的行为，与此相反，一部分主张认为财阀作为市场经济的主力，政府不应过分限制和约束财阀的发展。另外，一部分左派认为政府应该像朴正熙时代的开发经济体制一样加大对市场的干预力度，分不清其立场是左派还是右派。

如上所述，进步左派内部关于韩国经济现实的评价参差不齐，无法展开统一的主张，也无法行使统一的集团影响力。有些进步左派甚至将与自己意见不合的中间派或右派看作比政治上对立的保守右派更大的政敌进行批判抨击。韩国劳总（韩国劳动组合总联盟）和民主劳总（全国民主劳动组合总联盟）等组织作为劳动者利益团体，根据提案或法案的不同，立场也会出现较大分歧。一部分大企业的劳动工会联合组织除了从事维护与自身既得利益相关的活动，基本上无法行使其政治上的影响力。虽然"经济改革年代""参与连带""经实联"（经济正义实践联盟）等社会组织追求经济社会正义，主张建立公平的市场经济，但这些社会组织毕竟不具备足以行使政治影响力的强大组织力。

因此，在努力追求自身理念和信念的进步左派与努力维护自身既得利益的保守右派之间，对韩国市场经济的评价大相径庭。进步左派与保守右派之间对韩国市场经济审视视角上的巨大差异也令一般民众备感混乱。进步左派的一个极端观点认为韩国正实行将一切交付于市场的新自由主义市场经济，保守右派的一个极端观点则认为由于韩国政府过度的约束与市场介入，韩国市场经济未得到正常运行。

韩国实行市场经济体制是毋庸置疑的事实，但在实际运行方式上存在严重不足，尤其是未能实行具有完善公平竞争体系的市场经济。针对市场上存在的不公平竞争行为，政府未能发挥其维护市场秩序的监督职能和作用，反而为了达到某项政治目的对市场进行干预，甚至对个别企业施压。社会弱势群体既不能得到足够的人文关怀，也不能享受公平的市场竞争机会，公正公平的分配不能实现，导致收入差距和贫富两极化加重。另外，在教育、医疗、福利等体现社会文化共同体价值的公共服务领域，政府应该行使调控市场的职能，但事实上在这些领域政府过度让权于市场。尤其是教育领域，私立教育凌驾于公立教育之上，在幼儿保育和老人福利领域，市场已明显领先于政府，政府职能未能得到发挥。以上可以说明，虽然韩国实行市场经济体制，但市场经济未能正常运行。

鉴于以上韩国市场经济的情况，对于一部分左派主张的韩国正在实行由竞争和市场解决一切问题的新自由主义市场经济，和一部分右派主张的由于韩国政府的过度约束，韩国没有真正意义上的市场经济，笔者将对两方观点是否具有说服力，在多大程度上具有说服力进行探讨。

韩国是"管制王国"？

全经联作为既得利益群体右派的代表团体，认为韩国经济困难是由于韩国政府规定与管制太多，韩国没能实施真正意义上的市场经济。每当选举或政权更替时，全经联都反复强调这一主张。2002年总统大选前夕，全经联甚至提出放宽政策、修改宪法的极端主张，[26]2007年总统大选前夕，全经联向政府提交了《管制改革综合研究报告》[27]，2012年总统大选之前印发了《管制改革报告》。[28]全经联之所以在每一届政府末期和总统选举前夕反复提及"管制改革"，是向总统大选施加政治影响力。而且，总统在上任伊始一般会为了"复苏经济"乞求大财阀加大投资并承诺放宽政策规定。有进步左派倾向的卢武铉总统在当选时曾将经济政策的起草工作托付于三星经济研究院。以亲企业政府自居的李明博总统在上任初期曾亲自下过指示，表示要将妨碍工业园区出入的电线杆清除，这一插曲成为"管制改革"的象征。尽管如此，全经联声称"李明博政府时期，规定与管制增加约30％"。[29]"朴正熙乡愁"来自渴望经济高速发展的美好愿望，而在"朴正熙乡愁"恩泽下上任的朴槿惠政府则面临着空前压力，全经联要求放松管制的主张比以前更加强烈。

全经联曾毫不客气地直指经济部门管理者，直言"满足于1％低速经济增长的公职人员，摘掉你们的乌纱帽"！[30]他们将韩国称为"不只是管制共和国，简直是管制王国"，他们主张"经济复苏"必须通过放宽规定与限制来实现，从而促进企业投资，创造更多的就业机会。[31]朴槿惠总统曾笑称"应该八抬大轿抬着投资者"，而经济副总理则称曾经真的演出过"轿抬企业人士"的话剧，并承诺放宽经济管制。[32]总统选举中朴槿惠的竞选纲领和竞选承诺为"经济民主化"，但与经济民主化相关的政策在朴槿惠政权初期已开始呈现后退态势，甚至对不公平的市场竞争行为视而不见。财阀向各个家族子公司进行集中的利益输送是严重的不公平竞争行为，但朴槿惠政府却承诺对其实行减免税政策。政府公平交易委员长声称"经济困难时期经济民主化更重要的任务是搞活经济"，并承诺将"调整和改善政策与管制，从而促进企业投资"。为了搞活经济而放宽限制不公平交易的政策和管制，这便是朴槿惠政府当选前承诺的经济民主化吗？当真如此，朴槿惠政府与前任的卢武铉政府、李明博政府有过之而无不及，我们又有什么理由对其抱有更大的期待？

歪曲事实的全经联

韩国果真是管制王国吗？果真是因为管制的原因导致韩国经济发展不见起色吗？全经联将韩国称为"管制王国"，认为"韩国由于规定与管制过多，导致国家竞争力下降到世界最低水平"。[33]作为该主张的依据，全经联同时出示了发表在世界经济论坛（World Economic Forum）[34]与洛桑国际管理学院（Institute of Management Development）[35]的"世界竞争力排名"。全经联指出，世界经济论坛的报告显示，韩国的国家竞争力在144个调查对象中排名20位左右，但是政府管制负担方面的排名为第117位，处于末端水平；洛桑国际管理学院的报告显示，韩国的国家竞争力在60个调查对象中排名20位左右，但是在与企业相关的法规领域，竞争力排名依然靠后，在第40名左右。

然而，全经联的上述主张歪曲了事实，与实际情况相去甚远。全经联仅仅出示了国家竞争力与管制负担的排名，却没有任何关于国家管制造成国家竞争力低下和国家经济困难的分析。事实上，国家管制或管制负担并不是削弱国家竞争力的原因。在管制必要的情况下，管制越多，国家竞争力反而有可能升高。比如说，在不公平竞争大行其道的经济结构中，当然应该增多管制不公平竞争的法律法规，虽然管制负担有可能加大，但国家竞争力必然会有所提高。不是管制本身造成国家竞争力降低，造成管制增多的深层原因和因素是削弱国家竞争力的罪魁祸首。举例说明，当社会稳定受到威胁时，有必要增加警力，而增加警力必然带来管制费用上的负担加重，但最终结果是社会将变得稳定。管制和国家竞争力的关系是同样的道理。全经联没有洞悉管制负担重的深层原因，在分析缺失的基础上得出的结论相当于说国家竞争力低下是由于"警力增加，费用负担增加"造成的，而不是"社会不稳定"削弱了国家竞争力。以2014 年发生的"世越号客轮沉船事件"为例，2014 年 4 月 16 日，载有 476 名乘客的客轮"世越号"从仁川开往济州岛，在全罗南道珍岛郡观梅岛海域发生沉船，事发后船长与船员甚至弃船而逃，海警体系的不健全与救援不力暴露无遗，最后只有 172 名旅客生还，300 余名旅客死亡或失踪。这是典型的"人祸"事件，是韩国的全民之痛。关于航运安全的规定与管制形同虚设，如果按照全经联的主张，加大管制力度进行彻底的海事监督管理会增加管理费用，从而削弱了"世越号"的竞争力。合理的安全管制和严格的监督管理不知道会不会削弱连基本安全都保障不了的"清海镇海运会社"*的竞争力，但"管制"最终可以保障游客的安全，促进游轮产业发展，并大大提高国家竞争力。

因此，在声称管制将降低国家竞争力或阻碍国家经济发展的步伐之前，应该首先看清管制之所以存在和增加的深层原因。

世界经济论坛《全球竞争力报告》

全经联认为管制降低了国家竞争力，并作为依据列举了世界经济论坛报告的三项排名。其中，韩国政府管制负担排名第 117 位，法律体系在管制改善中的效率排名第 97 位，法律体系在纷争解决中的效率排名第 84 位。

＊ 清海镇海运会社（Chonghaejin Marine Co., Ltd.）成立于 1999 年，是韩国海上旅客运输公司，主要从事韩国沿海长线旅客运输业务，并垄断经营仁川—济州的客运航线。清海镇海运会社是 2014 年 4 月 16 日 "世越号"沉船事件的当事航运公司，同年 5 月 12 日被韩国海洋水产部取消仁川—济州线的旅客运输资格，5 月 19 日宣布破产。——译者注

事实上，世界经济论坛公布的《全球竞争力报告》中，韩国位列后位的项目远多于全经联列举的上述三项。比如，企业理事会是否可以有效监督管理层方面，韩国排名第 121 位；[36] 小股东的利益是否可以得到保护方面，韩国排名第 109 位；少数企业垄断市场方面，韩国由少数企业垄断市场的情况比较严重，排名第 99 位；劳资关系融洽度方面，韩国排名第 129 位；管制是否给雇用和解雇带来困难方面，韩国排名第 117 位；是否可以无担保只凭项目计划书进行银行信誉贷款方面，韩国排名第 115 位；另外，女性的劳动就业方面，排名第 94 位。

上述大多数低排名关乎企业自身的竞争力问题，可见全经联将国家竞争力低下与国家管制挂钩的做法，是对事实的严重歪曲。

在劳资关系是否合理的问题上，首先应辨别资方与劳方哪一方责任更大，然而，劳资矛盾的深化会引起潜在经济增长减速，不仅经济成本增高，社会矛盾也有可能被激化，因此针对劳资间无法自行解决的矛盾，需要进行管制与调控。[37] 理事会的职能和小股东保护是企业支配结构的核心要素，但当企业无法自行解决时，必须通过必要的管制进行改善。财阀集团向家族子公司移交业务资源时，或发生不公平交易时，有必要强化禁止不公平交易的管制行为。财阀的垄断性经济力越集中，中小企业与大企业的差距扩大越明显，就连标榜"亲财阀"的李明博政府都不得不采取措施促进中小企业与大企业的同步发展，从而提高国家竞争力。如果中小企业出现贷款难的情况，国家则有必要对银行进行调控，放宽中小企业贷款。如果女性经济活动参与度的提高可以促进经济发展，那么国家则应该进行调控以提高女性的就业率。最终，这些管制或调控虽然可能会增加一部分企业负担，但不会降低国家竞争力，反而会提高国家竞争力。[38]

洛桑国际管理学院《世界竞争力年度报告》

全经联主张政府应放宽管制的另一项依据是洛桑国际管理学院《世界竞争力年度报告》（World Competitiveness Yearbook），年报的调查对象为 60 个，全经联指出，在企业相关的法规领域，韩国排名第 39 位。但是，该年报中竞争力因素多达二十余项，在企业经营习惯领域，韩国排名第 50 位。该报告中关于企业经营习惯领域的竞争力项目共九项，韩国的排名情况如下。

在 60 个调查对象中，关于监督和会计行为是否得到良好贯彻执行方面，韩国排名第 58 位；理事会是否可以有效监督管理层方面，排名第 57 位；社会是否认可和信任管理层方面，排名第 52 位；企业行为是否负责商业伦理方面，韩国排名第 48 位；财经界指导者是否具备高度社会责任方面，排名第 46 位；经营者是否高度重视健康、安全和环境问题方面，排名第 46 位；企业经营者是否具备企业家精神方面，排名第 42 位；企业是否可以及时适应变化方面，排名第 31 位；企业是否重视客户满意度方面，排名第 8 位。其中，对于环境变化的适应力方面，韩国企业排名居中；重视客户满意度方面，韩国企业排名靠前，除此之外的调查项，韩国均排名靠下或倒数。除了上述关于企业经营行为的排名外，还有关于企业效率的调查项也不尽人意。劳动时间方面，韩国排名第 3 位；劳资关系融洽度方面，韩国排名第 56 位；股东权利是否得到保障方面，排名第 51 位。

该报告的排名数据表明，韩国企业和经营者虽然可以积极应对环境变化，但企业家精神和社会责任感缺失，道德伦理方面薄弱，会计账簿的可信度低，理事会不能有效监督管理层，同时无视股东利益。劳动者的劳动时间过长，经营者不够关心劳动者的健康、安全和环境问题，劳资关系极度紧张，因此韩国的经营者无法得到广泛的社会认可和信任。虽然韩国企业重视客户满意度，却不重视劳动者利益、股东利益，缺乏社会责任感，在透明管理和伦理管理方面努力明显不足。

虽然世界经济论坛报告和洛桑国际管理学院报告不是绝对的，评定方法也存在一定主观性，但是从全项报告的数据来分析，从一个侧面证明了全经联将国家竞争力低下归因于与企业相关的法规，是非常牵强的。

全经联的《管制改革报告》

为了进一步分析"韩国是管制王国,管制造成企业困难和国家竞争力低下"的全经联的主张,首先应该确认全经联指向的"管制"内容是什么。

全经联指出韩国的管制规定多达 14796 项,[39]其中为了"改善经营环境",提高国家竞争力,选定了必须修改的重要核心规定 207 条进行重点说明并提交了《管制改革报告》。[40]作为全经联核心管制改革案的 207 条内容中,要求程序改善方面的内容为 54 条,占总数的 26%。另外,全经联要求放宽的规定和管制中与垄断、不公平交易、支配结构相关的项目为 45 条,超过总数的 20%,要求降低税金和费用的内容为 33 条,占比 16%。[41]

程序改善方面的问题由于与竞争环境相关,包含在管制改革提案中是理所当然的。但是,韩国财阀们一方面拥有高度的市场支配力,一方面要求国家放宽对于不公平交易和支配结构的管制,不仅是对公平公正的市场经济的倒行逆施,也是妨碍国家竞争力的行为。

报告中要求降低税金和费用的内容,同样不具备说服力。韩国企业的税负在洛桑国际管理学院报告的 60 个调查对象中排名第 26 位,处于中上水平,在世界经济论坛报告的 144 个调查对象中排名第 34 位,处于上游水平,与其他国家相比,韩国的税负不算高。[42]韩国企业的法人税在过去 20 年持续呈现下降趋势,而且大企业享受了多轮税金减免优惠政策,实际上负担的税率比法定法人税低得多。举例说明,2009 年三星电子的实际法人税率为 11.0%,现代汽车为 15.6%,LG 电子为 10.0%,浦项制铁公司为 16.2%,现代重工业为 14.2%。主导全经联的大企业实际负担的税率甚至低于中产阶层的个人所得税。[43]

在 207 项旨在提高国家竞争力的管制规定改革提案中,有多项内容笔者无法苟同。比如,在管制改革提案中有内容为"允许动物园持有枪械"，动物园发生紧急情况时，为了游客的安全，允许动物园持有枪械是无可厚非的事情。但是动物园应持有枪械的内容是否足够重要到列入最核心的 207 项内容中，对此笔者无法理解。不仅如此，报告中要求"对个别会员制高尔夫球场实行免除消费税"，"废除禁止在草地内开办跑马场的规定"，试问韩国企业中有几家会因为无法开办跑马场而变得经营困难，免除高尔夫球场的个人消费税又可以提高多少企业竞争力呢？另外，还有些内容关于"变更汽车指示灯照明测定方式"，"规定特殊机动车定期检修日"，汽车指示灯的测定方式问题可能与汽车公司相关，但对于将其列入韩国最重要的 207 项管制改革内容中，笔者至今还是一头雾水。

全经联的管制改革提案中关于劳动问题和劳资关系问题的内容，一项都没有。而劳资关系融洽度的排名，韩国在世界经济论坛报告的 144 个调查对象中排名第 129 位，在洛桑国际管理学院报告的 60 个调查对象中排名第 56 位。而非全日制就业问题和劳资关系对立程度，韩国在全世界范围内最为严重。三星电子连续 76 年固守"无工会"，与劳动界的矛盾严重。现代汽车集团与工会间的不断摩擦也令其付出了沉重代价，现代汽车工会自 1987 年成立以来，迄今为止几乎每年都罢工，工人罢工三天，损失可达数百亿韩元。各大财阀之间的劳资问题各种各样，目前越来越严重的劳资问题已成为阻碍国家竞争力的重要因素，但全经联的报告中却没有任何提及，令人费解。

全经联曾指出韩国作为"管制王国"，管制规定多达 14796 项，并从中选定了最重要的 207 项提交《管制改革报告》。在这 207 项内容中，有很多是关于政府行政不当行为导致的企业负担问题，或者政府管制造成市场准入门槛过高的问题，但同时包含了动物园持有枪械、免除高尔夫球场个人消费税、跑马场经营场地许可、汽车指示灯测定方法改善、设定定期检车日等内容，而没有任何内容与劳资关系有关，那么剩余的 14500 余项管制规定中，又有多少是关于削弱国家竞争力或造成经济发展障碍的内容呢？另外，限制不公平竞争的管制规定和调整垄断等支配结构的管制规定果真是阻碍韩国经济发展的罪魁祸首吗？显然，全经联的这一主张毫无说服力。

韩国的新自由主义神话

"不是什么好东西"

一部分右派认为韩国市场经济由于政府的过度管制得不到正常运行，这一主张建立在他们维护既得利益的目的之上；而一部分左派认为韩国目前正在实行由竞争与市场解决一切问题的自由市场主义的市场经济，或者说是新自由主义的市场经济。两者的主张各自具备多少说服力呢？

为了回答上述问题，首先应该搞清楚什么是新自由主义。将韩国所有的经济问题和社会问题归罪于新自由主义的主张中，从来没有提到过什么是新自由主义，仿佛新自由主义是众人皆知的内容。但是，"经济学者对新自由主义的定义至今没有达成统一意见"㊹，对新自由主义的定义进行方便一般民众理解的简明概括，绝不是一件容易的事情。㊺

一般民众对于新自由主义的认识是，"虽然不知道新自由主义确切是什么，但感觉不是什么好东西"。㊻一般民众不会关心韩国政府实行的政策是新自由主义政策，还是凯恩斯主义政策，就算大众非常关心，向他们区分说明什么是新自由主义，什么是凯恩斯主义也绝非易事。普罗大众在连什么是新自由主义都不知道的情况下，却感觉新自由主义"不是什么好东西"，这种现象很大程度上拜一部分"专家"所赐。这些所谓的"专家"为了反对某些政策或社会现象，不负责任地以新自由主义一言概之并进行对立化的批判。这些武断片面的批判时常出现在新闻媒体、网络媒体和迎合大众口味的书籍中。甚至在批判资本主义的译著中，为了吸引读者眼球，译者在题目中添加新自由主义的说法，原著内容中没有提及的新自由主义也在译文中多次出现。[47]

新自由主义到底是个"好东西"还是个"坏东西"，下这个结论是一种基于价值观与理念的主观性选择。因此，即使不同意批判它是个"坏东西"的内容，至少从兼听则明的角度来讲，应该尊重这种批判。然而，如果将新自由主义定义为"坏东西"，对某项政策冠以新自由主义之名，那该项政策便很容易被诱导判断为"坏东西"。某项经济政策是否属于新自由主义，不应取决于个人的主观臆断，而应该根据事实做出判断。如果对自己批判的新自由主义是什么不进行定义说明，而是仅凭主观臆断将某项经济政策定义为新自由主义，这是极其危险和不负责任的做法。

马克思主义者的新自由主义

根据主张者的理念与坐标不同，关于新自由主义的定义呈现巨大差异。马克思主义经济学者将新自由主义定义为一种政治理念与运动，是指将全部社会关系表现为市场经济关系，或者将社会关系最大限度地从属于市场经济关系，从而实现资本自由流动最大化。[48]因此，对于马克思主义经济学者来说，反垄断政策或反不公平交易政策等解决市场经济体制中由于垄断引起的社会腐败和不公平交易问题的国家介入和干预行为，同样属于新自由主义。同时，为了解决由不平等收入分配带来的贫富两极分化等有对立倾向的资本主义问题，实行福利政策的国家介入和干预，亦属于新自由主义。[49]在他们看来，社会性经济也是以新自由主义信条为基础的，因为其既结合了以市场经济为中心的经济政策性领域，也结合了以市场经济业绩为基础的社会成员福利保障体系的社会政策性领域。[50]马克思主义经济学者同时认为，财阀改革政策也属于最大化提高资本流动效率的新自由主义改革。[51]

马克思主义经济学者之所以将垄断管制政策、福利政策、财阀改革政策和社会性经济看作新自由主义，是因为这些政策"以反动的方式应对国家垄断资本主义的结构性危机"[52]，换言之，在马克思主义经济学者眼中，这些政策是克服市场经济危机、维持市场经济的手段。因为马克思主义经济学者的理念立足于否定资本主义和市场经济本身，所以所有试图纠正资本主义矛盾的努力和意图都被他们视为新自由主义，是一种维持市场经济的政治性理念。因此，马克思主义经济学者对新自由主义的批判实际上是对资本主义的批判，换句话说，将资本主义批判转移到新自由主义批判上来。或者说，在马克思主义经济学者的文章中，如果将"新自由主义"换成"资本主义"，意思不会有太大改变。

将新自由主义和资本主义放在同一维度进行思考的马克思主义经济学者定义的新自由主义，与20世纪80年代开始于美国和欧洲的新自由主义潮流的距离相差甚远。而且，围绕新自由主义展开的很多争论也不同于普通大众脑中的新自由主义。但是，马克思主义经济学者对于新自由主义的批判至少是基于他们自身对新自由主义的定义，具有连贯性。抛开笔者是否认同马克思主义经济学者对新自由主义的定义与批判，至少笔者认可和理解他们主张的连贯性与体系。但如果连新自由主义是什么都无法定义，仅仅基于模糊的主观认识便将韩国社会面临的所有问题统统归结于新自由主义，这样的主张很难具有说服力。

新自由主义的起源

将韩国社会的问题归罪于新自由主义的论调或文章中，关于新自由主义的内容多少有所差异，因此很难向一般民众就"什么是新自由主义"进行简单明了的解释说明。新自由主义"不是学术讨论的产物，而是始于20世纪70年代后期开始的政治意识形态，英国撒切尔政府和美国里根政府施行的一系列政策都有新自由主义的影子，因此很难给予其一个严格的定义"[53]。20世纪70年代末80年代初，新自由主义受到英国撒切尔政府和美国里根政府的追捧，逐渐取代凯恩斯主义成为西方经济学的主流。三十多年来，新自由主义盛行于英美等发达国家，成为美国历任执政者所推崇的经济范式与政治纲领。它崇尚自由化、私有化和市场化，反对国家干预，在全球化的资本主义国家占据主导地位。可以说，美国和欧洲的新自由主义经济政策是与之前阶段的经济政策对应的产物。由于韩国没有经历过欧美国家新自由主义之前的阶段，因此将新自由主义的概念生搬硬套在韩国的社会现实中，产生混乱则是不可避免的。

作为新自由主义思潮中共同的概念，新自由主义可以理解为"对市场职能的扩大，对政府的经济运营作用和政府的市场干预的缩小"。但这个理解仅是对新自由主义争论中共同点的描述，不能作为普遍的概念使用。根据人们理念坐标的差异、对经济现象和经济政策认识的差异，以及对经济理念历史变化认识上的差异，新自由主义的内容也呈现较大的差异。新自由主义不局限于市场或经济领域，也可以扩大到社会结构的全部领域加以应用与定义。[54]定义新自由主义的范围非常广泛，对政府维护市场的作用加以认可的行为，可以被定义为新自由主义，[55]补充市场的不完整性和修正市场缺点的行为一般被认为是市场职能的一部分，如果在这部分领域依然完全排斥政府必要的介入与干预，也可以定义为新自由主义。[56]另外，之所以将新自由主义看作市场扩大的核心理论，是因为市场自身可以自发地维持秩序，[57]市场是一种可以通过竞争实现效率的机制。[58]也有与此不同的观点认为，市场是扩大资本家自由的手段。[59]

英国与美国关于新自由主义的概念与欧洲大陆关于新自由主义的概念亦有所差异。[60]英美的新自由主义意味着20世纪70年代末80年代初开始与之前的凯恩斯主义政策模式的决别。1929年世界经济大萧条之后，政府开始通过积极的财政政策进行市场干预，为了维护公平公正的市场秩序采取管制手段。而1929年席卷整个资本主义世界的经济大萧条彻底暴露了自由放任市场经济的弊端，它不仅是对古典自由主义经济理论的一次全面否定，而且实际上宣告了自由竞争资本主义时代的结束。于是，一种反映国家垄断资本主义要求的、着重主张以扩大政府支出创造需求和通过政府干预推动经济增长的凯恩斯主义便应运而生。而新自由主义作为对凯恩斯主义的反击，是一种接近于自由市场主义的概念。[61]但是，即使是英美式的自由市场主义也不同于自由放任的自由主义，不会在经济社会的所有问题和领域中忽略政府的职能与作用。[62]欧洲的新自由主义不仅是对凯恩斯主义政策的反击，也是通过对工会组织和广泛福利政策的反击[63]来最大程度缩小政府职能、扩大市场作用。英美资本主义和北欧资本主义"虽然都以市场经济和民主主义为基础，但是前者更重视市场效率和竞争，后者则更重视民主主义和公平公正性、连贯性"。[64]因此，资本主义本身的差异决定了与资本主义体制相对应的新自由主义，在概念上不得不呈现差异。[65]

由此可见，新自由主义不是每一种特定的概念或理论，而是不同国家的不同政策的集合体。社会学者莫妮卡·普拉萨德（Monica Prasad）通过对美国、英国、德国、法国四个国家的情况分析，得出关于新自由主义经济政策诞生和实行过程的研究结论，并以此为基础对新自由主义进行定义，崔长辑（音译）等人的著作《陷入争议的民主主义》中有如下引用：

> 普拉萨德认为，一般被称为新自由主义的政策项目不是源于某种成熟的体系化的经济理论或原理。所谓新自由主义，不过是各个国家的政治势力为了在总统选举中获胜，根据所处的政治经济现实，向当权者提议的任意性的一系列政策的集合。[66]

围绕新自由主义进行的大多数研究认为，新自由主义不是一种经济概念，而是一系列的经济政策，是出现在20世纪70年代末80年代初的英美国家和欧洲国家的一系列关于扩大市场作用、削减政府职能的政策，比如放宽管制政策、开放政策、民营化政策、自由化政策、全球化政策以及小政府等象征性的政策。1979年玛格丽特·撒切尔成为英国首相，1980年罗纳德·里根就任美国总统，上任初期他们采取了一系列放宽管制与促进民营化的政策来缩减政府职能和扩大市场作用，主流观点认为这个阶段是新自由主义的起源时期。另外，美国联邦储备系统（Federal Reserve System，简称美联储）负责履行美国中央银行的职责，也有观点认为，时任美联储委员会主席保罗·沃尔克开始以货币主义政策管理通胀问题的时点，是新自由主义的起点。[67]20世纪20年代末30年代初的世界经济大萧条之后，随着占据资本主义市场经济体制主流地位50年之久的凯恩斯主义经济政策呈现局限性，随着苏联解体和东欧剧变，也可以说新自由主义的出现是保守自由主义或旧自由主义在20世纪的表现形态。[68]

新自由主义的滥用与泛滥

美国、欧洲和南美关于新自由主义的争论内容包括在左派与右派之间的政治对立中，经济体制的选择问题以及由此延伸的政策变化问题。韩国学者关于新自由主义的争论是在欧美争论的延长线上展开的。新自由主义的概念本身就是舶来品，在欧美争论的延长线上展开争论也是理所当然的事情，但是另一方面，也说明尽管新自由主义与韩国的实际情况相去甚远，对其滥用的现象却不在少数。

韩国停止计划经济体制，开始向市场经济体制转型是在20世纪90年代中期，比欧美国家开始实行新自由主义政策晚了大约15年的时间。另外，韩国向市场经济体制转变的背景也不同于欧美国家从凯恩斯主义市场经济向新自由主义市场经济过渡的背景。欧美国家新自由主义登上历史舞台的背景是凯恩斯主义的代表性政策，比如政府开展积极的财政改革政策，并通过管制加强市场干预，大力发展工会组织以及实行广泛的福利政策。欧美国家在20世纪80年代初出现新自由主义之前，"20世纪50年代到70年代间，更多的民众享受到医疗、教育和社会公共服务，并不断改善公共服务的质量，是福利国家的黄金时期，也是有组织的劳动影响力不断扩大的时期"。[69]

作为美国和欧洲新自由主义政策出台背景的福利制度和工会组织等现象，在韩国经济开发时代不曾出现。在欧美国家的新自由主义之花盛开正艳时，直到 20 世纪 90 年代中期，韩国还在实行由政府控制公共浴池洗浴价格和炸酱面价格的计划经济。韩国在计划经济体制下的政府市场干预从根本上不同于凯恩斯主义下的由调整财政政策实现的政府市场干预。换言之，在韩国不存在凯恩斯主义的市场经济体制阶段。在韩国围绕新自由主义的争论无视这一事实，将韩国从计划经济体制向市场经济体制转变过程中所有试图构筑市场经济的政策统统归类为新自由主义，犯了延伸欧美国家争论的错误。

1995 年在金泳三政府明确指示向市场经济转变之后，1997 年韩国遭遇了外汇危机，随后民营化、自由化、开放化的政策加速落地开花，这一系列的政策与欧美国家的新自由主义政策是互相吻合的。因此，一部分学者提出，韩国迈过凯恩斯主义市场经济阶段或福利国家阶段，直接从计划经济阶段过渡到新自由主义阶段。[70] 而且，"韩国正是因为没有经历过凯恩斯主义市场经济阶段或福利国家阶段，而直接陷入更为残忍的市场万能主义"，或者说极端的新自由主义阶段。[71]

认为韩国越过凯恩斯主义福利国家阶段的主张，从原理上相当于将朴正熙时代的计划经济体制等同于欧美凯恩斯主义市场经济之前的传统自由主义阶段。另外，20 世纪 90 年代中期开始的市场经济转变过程中扩大福利的凯恩斯式的制度性努力，也被看作市场原教旨主义。韩国在从计划经济体制向市场经济体制转型的过程中，实行了民营化、自由化、开放化政策，有一部分主张认为，这些政策是"撒切尔主义和里根经济学代言的新自由主义潮流的韩国式反映"。然而，这些政策的实质内容是对过度的计划经济和封锁经济的修正，而不是英美式自由市场主义的反映。

正如前面描述过的，直到 20 世纪 90 年代中期，韩国从商业银行的利率、汇率、工资到白糖、拉面、炸酱面、洗浴等基本的生活物价，都是由韩国政府直接控制的。在这种大背景下，实行价格自由化是在最小范围内对市场职能的复原，而不是所谓的新自由主义的处方，两者存在本质上的不同。另外，韩国实行的自主化、开放政策也是迫于国际压力无法继续实行极端封锁贸易体制的情况下采取的权宜之计，更接近于一种出口防御性措施。当时韩国政府实行的封锁性贸易体制一方面为了促进出口给予出口型企业各种补贴与金融优惠，另一方面通过提高进口关税来控制或禁止进口。这之后迫于国际压力废除封锁性贸易政策，开始实行开放政策，如果将此举等同于英美式的开放政策，无异于夸大其词。事实上，英美式的开放政策作为对竞争国主动出击的进攻性措施，更集中于资本市场而非产品市场。但是韩国的开放政策更像是一种防御性措施，侧重于扩大进出口自由的范围。无论如何，在韩国宣布进入发达国家阶段后，在韩国的出口贸易规模排名世界前列之后，韩国既无法关闭国门只依靠国内市场实现经济发展，也无法拒绝全球化的世界经济发展潮流，实行开放化政策也是不可避免的顺势之举。

当然，韩国也存在与英美式新自由主义相同的政策。比如与美国签订的自由贸易协定不是不得不为的结果，而是韩国的主动选择，不是防御性的政策，而是积极主动的开放政策，因此可以看作新自由主义政策。民营化的政策也要具体情况具体分析。比如将韩国的国有企业烟草人参公社重组为 KT&G 公司（韩烟人参股份有限公司）进行民营化经营的措施，在笔者看来是非常恰当的。因为烟草和人参业务不具备公共性，而且在进口烟草和国产烟草相互竞争的市场结构中，由国家垄断经营不仅效率低下，也无益于财政收入的扩大。因此烟草人参公社的民营化不是一种新自由主义的行为。但是，铁路、地铁、航空、医疗产业等领域不仅具有公共性，而且很难形成双重竞争产业结构，在这些不可以以效率为终极目标的公共领域进行民营化改革，便是一种新自由主义的行为。另外，丧失竞争力或到达破产边缘的企业解雇员工的行为，虽然可以看作市场经济的竞争结构下不可避免的企业调节行为，但如果打着提高企业经营效率的旗号，将接近半数的全日制从业者改编为不稳定就业状态的非全日制从业者，或者为了压制工会活动而进行企业结构调整的行为，都属于新自由主义范畴。

韩国最初对社会福利制度的尝试开始于建立强制性失业保险制度的《就业保险法》，这项法律正式生效于对欧美国家的过度福利制度争论了 15 年之后的 1995 年，适用范围是各类企业及所有劳动者，包括灵活就业人员在内都必须参加就业保险。韩国就业保险制度的宗旨是让所有企业、所有劳动者，不分所有制形式，不论人员规模，全部纳入就业保险。同时，为了扶持无法维持基本生计的贫困人口，在《就业保险法》生效五年后，于 2000 年出台了《国民基础生活保障法》。在欧美国家渐渐清除凯恩斯主义经济的痕迹，开始大力推进新自由主义经济时，而韩国才开始探索福利制度的建设，而国民年金、医疗保险等基础的福利政策反而在 1997 年外汇危机之后大范围实行。20 世纪 80 年代初在欧美国家被看作孕育新自由主义的重要因素之一的工会组织，在韩国一部分大企业中处处受限，韩国企业也没有面临福利负担过重的问题。

将韩国 1997 年外汇危机之后实行的私有化、自由化、开放化政策等同于欧美国家的新自由主义政策加以批判的行为，都是没有立足韩国实际情况的做法，这是由于韩国的"一部分进步派人士错误模仿欧美进步派人士"造成的结果。[72]而问题的重点在于是否能够通过合适的战略和程序，将私有化、自由化、开放化的政策向正确的方向引导并贯彻实行。但是，韩国这些政策中大部分是为了确立韩国的市场经济体制而实行的政策，"韩国没有经历过凯恩斯主义政策"，比起（计划经济体制下）国家通过管制来限制市场、竞争和开放弊端的说法，认为国家为了大资本对市场、竞争和开放进行压制，而将经济危机之后的所有亲市场政策全部看作新自由主义的说法，是极其牵强的。[73]另外，这些政策应该被看作"为了克服朴正熙模式（计划经济）的局限性"而进行的"支配阶层不结盟内部的自救式努力",[74]换句话说,这些政策应该被看作从穷途末路的朴正熙式计划经济向市场经济转型的基本制度建设的一部分。因此,韩国实行的私有化、自由化、开放化的政策即使具有新自由主义特性,"与英美式的新自由主义也存在本质上的不同,因为英美式的新自由主义通过废除劳资双方的社会性妥协,试图重新确立(垄断)资本对劳动阶层的支配地位"。[75]韩国的实际情况与欧美国家相差很大,在解决欧美问题过程中出现的"新自由主义"概念被挪用到韩国社会问题的分析诊断中,无异于隔靴搔痒。

"蓝化"与"赤化"

将韩国从计划经济体制向市场经济体制转型过程中实行的所有政策归类为新自由主义加以批判的主张中,很多是自相矛盾的。欧美国家的新自由主义政策是以反对劳动阶层、缩小福利为指向的,笔者对这一点没有异议。但是如果将这些观点照搬到韩国现实中,有可能会产生误解,比如比起被称为"新自由主义时代"的现在来说,计划经济体制下的劳动者和民众反而享受了更多的权利和福利待遇,而这种结论显然是错误的。欧美国家因新自由主义政策而缩减的福利与计划经济时代的韩国没有任何关系,因为西方发达国家新自由主义所削减的福利政策,在韩国才刚刚开始实施。劳动者权利也是同样的情况,在财阀集团中,现代汽车虽然有以分厂为单位的工会组织,但三星电子至今仍坚持无工会组织的结构。另外,90%以上的劳动者没有加入工会组织,在欧美国家普遍存在的工会组织在韩国不存在。韩国非全日制的灵活就业人员日益增多,而既得利益圈内的工会组织却不认可非全日制灵活就业人员的入会资格,甚至出现了"劳劳矛盾"的现象。1997年外汇危机之后,韩国的劳动者处于更加弱势的地位,但这与欧美国家新自由主义势力削弱以工会为代表的劳动者影响力的现象是完全不同的。财阀与官僚的势力和影响力日益扩张,连以最左派代表著称的卢武铉政府对官商勾结的现象都一筹莫展。如果说现在的韩国是新自由主义，那么非新自由主义的韩国又是什么样的呢？恐怕将无法描述。

在计划经济向市场经济的转型阶段，"将削弱政府职能、扩大市场作用的政策无条件地看作新自由主义的倾向"，[76]是对新自由主义批判的滥用。举个例子来说明韩国对新自由主义批判的滥用严重到何种程度。"在濒临破产的企业进行裁员等结构性调整或监督财阀家族成员非法行为的过程中，小股东行使正常权利也被批判为新自由主义。"[77]榨取转包企业的财阀集团进行的不公平交易是一种反市场行为，另外，作为产业资本的财阀掌握银行从而扩大自身的经济权力，也是一种反市场行为。占股份额极小的财阀家族成员仍然将企业当作家族的私有财产，无视劳动者和小股东等相关利益方的利益，不法侵害相关利益方权益的做法，也是一种反市场行为。因此，在实行市场自由化的同时禁止不公平交易的政策，和禁止财阀拥有银行的政策，是修正资本主义市场经济的有效手段，而不是英美式的新自由主义政策。以企业经营透明性和责任感为目标的企业支配结构的改善、小股东利益的强化等措施是为了引导企业经营沿着正确的方向发展，而不是新自由主义。

将认可市场经济或改善市场经济的政策看作市场万能主义的新自由主义政策加以批判的行为，也是错误的。没必要将所有拥护市场体制，或者反对重视竞争的政策都扣上新自由主义的帽子进行批判，而只需要针对资本主义和市场经济体制本身进行批判。将只是自身不认可或反对的对象不假思索地称为新自由主义而进行批判，只能误导广大民众模糊地认为新自由主义"不是什么好东西"，这是一种"蓝化"的行为，与一部分保守右派的"赤化"行为没有什么不同。这部分保守右派将主张公平分配和正当劳动权利的政见不合者称为"左派赤匪"。这种武断的定义行为不仅歪曲了事情的本质，妨碍改正新自由主义的弊端，还妨碍市场正常发展，也阻碍对改正市场弊端的探索和努力。

经济权力落入财阀手中

"肥水不流外人田"的市场经济解析

对于韩国市场经济发展程度的评价，不同既得利益群体有不同的观点。进步左派与保守右派的评价非常混乱，导致政权无法实现政策上的连贯性。在进步政权的代表金大中政府和卢武铉政府时期，"保守势力在不想让政权陷入市场原教旨主义时，便打成左派；进步势力在政权想要维持市场秩序时，便打成市场原教旨主义"，[20]保守政权的李明博政府也同样遭受如此混乱的局面。李明博政府在上任初期由于标榜"亲财阀、亲富有阶层"而一度与进步左派产生对立。但是李明博政府的亲财阀政策却加重了财阀的经济力垄断、大企业与中小企业的不平衡、由于不平等交易引起的市场秩序混乱等反市场的结果。最终李明博政府在其执政后期，也不得不提出大企业与中小企业均衡发展的政策，一方面是管制财阀集团企业的内部交易问题，另一方面承受来自保守右派对立的压力。另外，李明博政府的亲富有阶层政策同样加剧了收入不平等和贫富两极分化，播下了社会矛盾的种子。

李明博总统标榜"亲财阀"，而卢武铉总统感叹"权力落入市场手中"，不管是主张市场经济的保守右派李明博总统，还是进步左派的代表卢武铉总统，他们显然对"市场"的理解不够充分。市场是由企业、消费者、劳动者和投资者等各种利益相关方共同参与的。而且，所谓的"亲市场"，不应该只是亲财阀，而是所有利益相关方的权益应该共生共存，应该实现公平公正的竞争。企业只是市场的参与者之一，不是市场的全部。李明博政府作为主张市场经济的新韩国党（原大国家党）的代表，实行"亲企业"政策意味着在各个利益相关方中，选择重视企业的利益，而这必然会引起利益相关方之间的矛盾。这种"肥水不流外人田"的"亲市场"政策由于是反劳动者、反消费者、反投资者的，最终反而陷入反市场的困境。卢武铉总统"权力落入市场手中"的发言，实质上是对财阀有组织地抵抗改革的行为发出的感叹，⑦而正确的说法应该是"权力落入财阀手中"。卢武铉总统与李明博总统犯了同样的错误，即将财阀视同为市场。而两位总统一致将"企业"或"财阀"表达为"市场"的做法，不是单纯的用词错误，而是对市场的认识不足，或者是基于对财阀垄断市场的韩国现状的认可。

反市场的财阀和大企业

笔者认为韩国的市场经济没有得到"正常"运行，原因不在于管制新自由主义，而在于最基础和根本的公平"竞争"体系不健全。当然，竞争不是万能的，竞争作用于所有领域也是不合适的。在市场竞争原理不适合的市场失灵领域，政府作为民众的代理人应该成为责任主体。但是，在非市场失灵领域，市场竞争原理应该发挥正常的作用，市场经济的正常实现也应该以公平竞争为前提。虽然参与竞争的利益相关方无法在完全一致的起点上参与竞争，但在竞争过程中应该通过各自的努力和创造力实现与竞争起点不同的排序。另外，竞争结果实现的价值应该在所有竞争参与方之间形成公平公正的分配。当然，实现理想的公平竞争状态的市场在现实中并不存在。但是，就算不依靠统计数据与分析，如果问"韩国市场实现公平竞争了吗"，大多数民众仅是基于常识性的回答，答案都应该是否定的。

"老鸹窝里飞不出凤凰""沙土堆不成泰山"便是韩国市场经济的写照。在韩国，竞争作为既得利益群体的支配原理，起点的第一名在终点也是第一名，一旦成为第一名，终身是第一名，然而这不是竞争。在韩国存在很多绊脚石，导致其无法正常实行市场经济。其中，最大的绊脚石是财阀的市场垄断与政府的官制经济。韩国财阀作为韩国政策的产物，在韩国经济发展的历史过程中发挥了重要作用，现在财阀的发展与否依然决定了韩国经济的发展与否。在韩国经济发展中占据如此重要地位的财阀却是韩国市场经济发展的绊脚石，这不能不说是一种极大的讽刺。另外，作为市场经济正常运行责任主体的政府和政界，反而成为阻碍公平竞争的绊脚石，是另外一种讽刺与笑话。

韩国的大财阀集团几乎无孔不入，没有他们不涉足的业务领域，而且财阀在各个业务领域的市场占有率和垄断支配是绝对的。新兴企业几乎无法找到财阀不涉足的领域进行业务拓展，中小企业如果想和财阀企业进行正面竞争无异于以卵击石。在财阀集团垄断韩国各个领域的背景下，韩国不具备小企业成长为中等规模企业，中等规模企业发展成为大企业的企业生态环境。事实上，韩国的中小企业与大财阀的关系不是竞争关系，而是在现有的韩国经济结构下，不可避免地发展成为大企业的转包企业。因此，从财阀结构开始形成的 20 世纪 80 年代中后期到现在的三十余年间，再没有出现像郑周永（韩国现代集团创始人）、李秉哲（韩国三星集团创始人）、金宇中（韩国大宇集团创始人）等创业者的成功神话。

即使在美国等市场经济历史较长的国家，财富排名前 100 名的富人中，有 70% 是当代的创业者，而韩国 75% 的富人是继承祖上财产的富二代或富几代。[80]根据 2013 年世界经济论坛关于国家竞争力的报告，韩国的国家竞争力排名第 19 位，但是在"少数企业是否垄断市场"方面，排名第 99 位，属于少数财阀企业垄断市场现象较为严重的国家。新自由主义市场经济发源地英国和美国分别为第 6 位和第 9 位，德国和北欧国家瑞典的排名分别为第 2 位和第 21 位，呈现出与韩国完全不同的市场结构。[81]而根据洛桑国际管理学院的报告内容，在 59 个调查对象中，关于大企业与中小企业的效率差异方面，韩国排名倒数第一，是大企业与中小企业发展最不均衡的国家。[82]

财阀集团存在很多问题，比如对家族成员开办的公司或家族子公司进行不当援助，或将企业业务机会全部分配给家族成员或子公

司的事情被看作理所当然。即使是上市企业，控股大股东侵吞企业
财产的犯罪行为也时有发生。在财阀掌握的韩国市场中，"竞争"不
仅不能成为发挥创造新市场胜利者、促进社会进步、提高劳动生产
率的积极作用，反而只发挥了巩固既得利益群体利益的消极作用。
因此，在韩国目前的市场结构下，公平竞争犹如水中月镜中花。只
是维护既得利益圈利益的竞争市场不可能成为"正常"的市场，因
此韩国的市场经济无法"正常"运行。

反市场的政界与官僚们

政府与政界根深蒂固的官制经济也是市场经济在韩国无法正常
运行的重要原因。经济官僚为了行使官权而存在，政府的市场介
入和干预广泛而深入。政府对市场的干预应该局限于市场失灵的
情况，其作为监督管理者的职责应该在规范市场秩序、促进公平
竞争实现方面。但是就连以解决不公平交易和垄断问题为己任，
被称为经济警察的公平交易委员，也经常以财阀对经济增长、促
进投资做出了巨大贡献的名义，忘记自己应当承担的责任。公平
交易委员长任命的委员们都是忠实执行政府政治目标的人，公平
交易委员会已经沦落为政权更替时搜集财阀不满事项的"财阀信
访委员会"。不仅是标榜亲财阀的李明博政府，就连以"经济民主
化"作为选举承诺的朴槿惠政府也没有本质不同。[⑧]而且，政府干
预定价等经济开发时代的做法依然存在，政府公然插手私营企业
人事管理的事情也是家常便饭。另外，负有监督职责的政府以系
统风险为借口，时常拖延或忽略对不良企业或不良金融机构的处
理，以至于威胁到正常企业与金融机构的生存。卢武铉政府时期，
为了救济一家不良信用卡企业，而对正常的金融企业实行半强制
性的集资进行金融救济；李明博政府时期，不仅没有引导不良的
建筑企业破产或重组，而是大力实行扶持政策；另外，对于不良
的储蓄银行放任不管，直到其走向破产边缘。以上事例都是政府
没有履行正确引导和规范市场职能的结果。

　　另外一个典型事例是，工业企业在很久之前早已实现了私有化，但政府和政界却公然插手私营企业的人事。以重工业企业浦项制铁公司和 KT 公司为例，浦项制铁公司于 2000 年实现私有化，KT 公司于 2002 年实现私有化，意味着政府在这些公司内不再继续持有任何股份。尽管如此，每当政权更迭时，这些公司都面临着政府和政界压力，甚至需要更换包括董事长在内的公司人员。KT 公司更是深受其害，不得不接受来自政府和政界的人员参与公司经营管理，被称作"降落伞集散站"。[84]浦项制铁也陷入恶性循环，每当政权更迭，不得不选拔符合新任政府口味的人员担任重要职责。

　　政府针对金融机构的人事干涉被称作"官治金融"。李明博政府时期，银行界四大金融公司的管理层几乎被有政府背景的人士把持，[85]朴槿惠政府时期，金融委员会也发生插手国民银行和釜山银行人事管理的丑闻。[86]金融监督院的高层官员以"银行实行封锁性经营"为由向釜山银行行长施加压力，要求其退职，金融委员长也曾公开发言支持财经部官僚出身的人士出任金融控股公司的董事长。可见朴槿惠政府的官治金融现象也非常严重。[87]2002 年以后，虽然有39 家储蓄银行因为不良经营被停业处置，但是金融委员会和金融监督院在它们关门停业之前没有正常履行过监管职能。[88]1997 年外汇危机之后，综合金融公司和银行像多米诺骨牌一样连锁破产时，当时监督管理当局也没有履行过像样的监督管理职能。2003 年当信用卡公司处于破产边缘时，金融委员会和金融监督院不仅没有履行过监督职责，事后也没有承担监督不力的责任。在后来的储蓄银行倒闭事件中，金融委员会和金融监督院的监管不力再次暴露。金融委员会不仅没有正常行使监督职能，其委员长还公开站出来支持由官僚出身的人士出任银行控股公司的董事长，而且银行与金融机构中17% 的在职人员来自金融监督部门的退休官僚，金融公司沦落为金融监督当局官僚们的退休二线。[89]

　　综上所述，韩国在向市场经济转型过程中实行的自由化和私有化等政策不仅在背景上不同于欧美国家新自由主义政策，在实行过程上也有所不同，而政策导向的结果自然也完全不同。韩国那些被批判为新自由主义的政策，"不是（像欧美国家一样）将经济运行的中心轴从国家转移到市场，而是从国家转移到垄断资本手中"。⑳换句话说，作为计划经济向市场经济转型的结果，经济权力不是从政府转移到市场，而是从政府转移到财阀手中。结果导致转型到市场经济的韩国经济"不是新自由主义的问题，而是呈现不具备市场规则的严重的贱民资本主义（pariah capitalism）的问题"。㉛因此，现在韩国的市场经济不是过度的市场万能主义或以市场为竞争与核心的新自由主义，而是无法开展公平竞争、不具备基本秩序的市场经济。"新自由主义是否过度和旧自由主义是否匮乏是韩国经济的核心问题"㉜，权力不是从政府转移到市场手中，而是转移到财阀手中，但对此种情况没有管制和抵御的现状，是韩国经济的另外一个核心问题。可以说，韩国经济不是处在"新自由主义过剩"的一片呻吟中，而是陷入由"自由匮乏"引起的一片苦痛之中。不是可以掌握经济权力的"管制过剩"，而是"管制匮乏"导致市场公平竞争在韩国无法实现。尽管韩国实行市场经济体制已经 20 年有余，但是在韩国何时才可以看到市场经济的基本面貌？这仍然非常遥远。

第二篇

究问韩国资本主义

第三章 股东资本是资本主义矛盾的根源吗?

为什么股东资本备受争议?

股东资本主义（shareholder capitalism）是指公司以股东利益最大化为目的，以股东为中心进行经营活动。然而，由于股东资本主义没有明确统一的定义，因此不同的使用者可能有不同的理解，也有一部分使用者将其与资本主义的概念混同使用。资本主义体制中最普遍的企业形态为股份有限公司，也可以将股东资本主义简单理解为在股份有限公司形态中以股东为中心进行经营的体制。韩国商法中规定了五种形态的公司，分别为股份有限公司、合名会社*、合资会社、有限会社和有限责任会社。在韩国，股份有限公司是最基本的公司形态，股份有限公司在所有公司形态中占比95%。①股东资本主义不是以股份有限公司是"最好的"企业形态为理论依据和主张，而是说股份有限公司是"最普遍"的公司形态，股东资本主义反映了股份有限公司在所有利益相关者中最重视股东利益，并以股东为中心进行经营活动的现象。

但是近来，作为资本主义最普遍公司形态的股份有限公司却广受争议，或者更确切地说，股份有限公司的"主人"——股东资本

---

* 合名会社这一名称起源于日本明治时期，是指由两个以上成员组成，每个成员对公司债务负有无限责任的无限公司，在日本这种形式比较常见。这种公司属于社团法人。公司与成员之间、公司与第三者之间以及成员相互之间都有直接法律关系。其特点是：人的结合比资本的结合色彩更浓，强调成员之间的依赖关系。一般都是继承祖业的家族企业，成员大多为家族成员及亲属。——译者注

备受争议。一部分主张认为，伴随着韩国过去三十余年经济高度发展而形成的收入不平等和贫富悬殊现象的背后，充满了股东资本的贪婪，而经济发展停滞是股东资本主义矛盾外化的表现，这是由股东资本的本质决定的。在上述对股东资本批判的观点看来，股东资本，即股本投资，不管是生产性投资还是投机性投资，价值判断不是其目的，利润才是投资的根本驱动力。另外，投资常常伴随着风险，因此对于投资者来说，一旦利润实现，需要尽快回收投资来规避风险。从一定意义上来说，投资从本质上具有强烈的投机性，是一种短期驱动。由于投资具有这种短期的投机性，股东们通常更侧重于在短期内看到投资收益而向企业管理层施加压力，企业的长期发展往往被忽视。最终，股东资本主义被刻画成现在资本主义呈现出的所有矛盾的根源。

上述观点由于在因果关系上逻辑清晰，简单明了，因此在一般民众中颇具说服力。尤其在韩国对于股东资本主义的批判与财阀这种企业形态微妙地错综交叉，呈现不同的社会形态。对一般人来说，对股东投资的认识令其客观接受股东资本主义的弊端并加以批判，但站在财阀的立场上，对股东资本主义的批判被其当作应对经济垄断结构改革压力的缓兵之计。而经济垄断结构改革，发端于股东们为了维护自身利益的最终目的，但财阀企业声称由于受到追求短期利益的股东干涉，财阀企业很难实现"有益于国家经济未来的投资"。"养活企业"渐渐作为韩国社会最高的经济价值存在，而股东资本则被批判为企业经营中的绊脚石。但是，"养活企业"的信条最终在这片批判声中似乎也无力反抗。一方面，与贪婪的股东资本采取对立的立场；另一方面，拉拢股东之外的所有利益相关方。在这种情况下大部分人将会做何种判断呢？结果不言而喻。从结论上说，对股东资本主义的批判应该与片面的事实、偏见和误会保持距离。关于股东资本主义批判的讨论，本是为了探讨资本主义的自救方案，但现在却丧失了健康性，变质成为政治阵营之间的争论。

基于偏见、误会和片面事实的批判最终无法为韩国社会提出合理的自救方案和对策。尤其是最近在韩国盛行的关于对股东资本主义的批判，由于没有其他讨论者参与，仅是单方面进行，因此更容易产生偏见与误解。单方面进行的讨论容易陷入独断，而独断很容易错失合理的应对方案。其中，以股东资本主义批判为基础的所谓"财阀妥协论"便是其中的代表事例。要对股东资本主义批判进行恰当讨论，有必要对理论结构、理论背景和现实性等因素进行重新梳理。

第三章由三部分内容组成，第一部分内容是关于资本种类的说明。如果将股东资本作为批判的对象，那么股东资本之外的资本将只有负债资本。因此对股东资本的判断，需要将其与负债资本的利弊得失进行比较分析之后得出。第二部分内容将对股东资本的"弊端"进行讨论。通过讨论应该明确投机性的短期投资是否真的是股东资本的主流形态，至少应该阐明在韩国是否确实存在这种形态。除此之外，还应该明确股份有限公司"以股东为中心的经营"是否是股东资本的本质，这种本质是否起因于投机性的短期投资。第三部分内容将讨论除了股东资本主义或者股东资本之外的可能性，并探明这种方案和对策在韩国是否具有现实性和适用性。因此，通过对股东资本主义批判的讨论重新探讨韩国社会具备的经济外部因素。

股东资本与负债资本的选择

自己的钱与别人的钱

人们在买房时，在自有资金不足的情况下，通常会向银行贷款。企业的情况是一样的，在需要购买机械设备、装备，进行建筑物、不动产建设等生产必需项目时，如果企业自有资金不足，也会向他人借钱完成购买或建设。对个人和企业来说，"钱"分为"自己的钱"和"别人的钱"两大类。对个人来说，"自己的钱"是指个人通过劳动所得的储蓄收入或投资收入，"别人的钱"通常为向亲戚朋友或银行等金融机构借来的钱。对企业来说，"自己的钱"是指通过发行股票实现的股东资本，也称为权益资本，企业通过银行贷款或发行债券获得的"别人的钱"被称为负债资本或借入资本。

个人向银行申请贷款购房的情况下，需要承担一定的利息负担，而全部使用自有资金买房便可免除这部分信贷负担，但是大部分人不具备全款购房的条件，因此不得不向银行申请购房贷款。企业的情况是一样，如果通过发行股票获得的股东资本充足，可以不使用负债资本，然而，不是所有的企业都可以获得充足的股东资本，因此需要通过使用银行贷款或发行债券来获得负债资本。从平均比例上看，与使用股东资本相比，韩国企业更多使用的是负债资本。②

对绝大多数个人来讲，使用"自己的钱"好于使用"别人的钱"，因为可以免除利息负担。那么，对于企业来说，"自己的钱"股东资本要好于"别人的钱"负债资本吗？韩国名噪一时的关于资本主义的争论或批判的矛头大部分集中指向股东资本，而关于负债资本的诟病极其少见。另外，针对股东资本的批判指向的是股东资本中出现的问题，而不是基于对股东资本与负债资本利弊的分析与比较。针对股东资本带有倾向性的批判可能会误导人们认为股东资本不如负债资本，对企业和国家经济来说是一种"坏"资本。这个问题将在"企业对股东资本与负债资本的选择"一章中进行详细说明。

个人的资本选择

投资安全性

经济的资本循环结构中，资本的纯粹需求方为企业，资本的纯粹供给方为个人或家庭。首先，站在供给资本的个人立场上，看看股东资本和负债资本有何不同。个人将闲钱放在大衣柜的抽屉里保管，绝对不是明智的做法，这是一般的常识，人们通常将闲钱存入银行或者进行股票等证券投资。个人存入银行的资金又被其他个人或企业借走，成为负债资本，投资股市的资本则成为股东资本。③因此，个人是选择将闲钱存入银行，还是选择投资股市，在资金供给者的个人立场上，如同比较股东资本和负债资本的好坏后再做选择。

个人进行银行储蓄或购买企业债券都属于投资约定支付利息和偿还本金的负债资本。银行储蓄是约定偿还本金并定期获得利息的风险最小的投资行为。但是，银行储蓄不是可以永久性履行偿还本金约定的万能钥匙。银行和企业一样也存在破产风险，当银行破产时，银行存款的本金有可能无法收回。根据韩国现行的制度规定，银行破产时，只保障最高上限为 5000 万韩元的本金偿还。在现行制度下，当破产银行无力支付本金时，由存款保险负责支付，总之当银行破产时，只可以取回本金，而利息的支付没有任何机构负责。实际上，当储蓄银行发生破产时，尽管存款 5000 万韩元以上的储户一再要求取回所有存款本金，但这一要求从未被满足，即使是那些存款额度在 5000 万韩元以下的储户，也要等待很久才有可能取得存款本金。[④] 公司债券和自由利率企业债券的情况下，没有任何本金偿还的保障，企业破产，将企业资产变卖处理后的资金也仅仅可以偿还部分本金。但是，只要企业不破产，公司债券就有义务支付债券购买者的本金和利息，因此购买公司债券比购买股票的风险相对小一些。而银行储蓄即使没有绝对的保障，但相比投资公司债券当然更安全，相比投资没有本金回收保障的股票，当然也更加安全。

投资股市的资金不仅不会被企业退还投资本金，也没有约定的股利分红。回收股市投资资金的唯一方法是在股市出售股票。但是股市上的股价是随时变化的，股市投资有可能盈利同时也有亏损的风险。股利分红不是事先约定回报金额的投资行为，根据企业实现利润的多少有所不同。韩国的上市公司作为全世界分红最少的上市公司，由股利分红带来的收益不具备实际意义，股市投资的收益大多数是通过股价差额实现的。总而言之，股市投资作为一种风险投资，不仅没有投资本金回收和股利分红的保障，选择股市投资的对象和时间也非常困难。

股市和债券的投资收益

通过股市投资获取收益的途径有享受股利分红和赚取低价买入高价卖出的股价差额两种途径，换句话说，股票投资收入的来源既有股息和红利收入，即企业利润，也有股票价格上涨带来的差价收入，即股市价格波动。但是，在韩国由于股利分红率极低，股民们将注意力更多地放在股市价格波动上。

然而，预测股票涨跌并非易事，股价走向受诸多内外部因素影响，既有企业内部的非系统性风险，也有系统性的不可分散风险，而不可分散风险大多由政治、经济及社会环境等宏观因素造成，投资人很难通过多样化的投资组合来化解。比如，经济政策和管理措施可能会造成股票收益的损失，财税政策的变化，可以影响公司的利润；股市的交易政策变化，也可以直接影响股票的价格。此外还有一些看似无关的政策，也可能会影响股票市场的资金供求关系。在股票市场上，股票的交易价格是按市场价格进行，而不是按其票面价值进行交易的。市场价格的变化也随时受市场利率水平的影响。当利率向上调整时，股票的相对投资价值将会下降，从而导致整个股价下滑。还有由物价的变化导致资金实际购买力不确定性的通货膨胀风险。一般理论认为，轻微通货膨胀会刺激投资需求的增长，从而带动股市的活跃；当通货膨胀超过一定比例时，由于未来的投资回报将大幅贬值，货币的购买力下降，也就是投资的实际收益下降，可能给投资人带来损失。总之，股价不仅仅取决于企业内部的经营状况和销售业绩，还受经济增长率、利率、失业率等宏观经济因素的影响。加之政治状况、自然灾害等外部非经济因素的诸多影响，股价的准确预测不论在理论上还是实践上都近乎是不可能的事情。

从结论上来说，在股市既可以随着股价上涨获取高额收益，也可能随着股价暴跌血本无归，通过买进卖出的股价差额获取股票收益风险性非常高。买入股票后在预定的时间内不能以高于买入价的价格将股票卖出，会发生账面损失，或者以低于买入价的价格卖出股票，会蒙受实际损失。

　　股票市场是一个高风险高收益的投资领域，但是高风险高收益的实现需要同时满足两个条件。第一，长期投资；第二，不能过度集中于某个特定领域进行投资，而应进行分散性投资。如果以"分散"的方式对多种股票"长期"持有，股市投资则可以获得高于银行储蓄或公司债券的"平均"收益。⑤由于是"平均"现象，如果仅投资于某个特定领域，股市收益率将有可能低于银行利息，也就是说，对股市进行全面分析并长期持有股票的情况下，股市平均收益率高于银行利息。另外，"长期"的股市投资时间也是非常模糊的概念，有些股票可能在几个月的时间内暴涨，有些股票也可能在数年间不仅没有上涨迹象，反而下跌。因此，应该如何界定"长期"的投资期限，亦非易事。

　　2002 年年初，如果将 100 万韩元以固定存款的方式存入银行，以 4.15% 的年均银行利率计算，截至 2011 年年末的 10 年间，100 万韩元的银行定期存款将上涨至 150 万韩元。但是，如果在 2002 年年初将 100 万韩元投入股票市场，按照以综合股价指数为基准的 7.12% 的年均收益率计算，2011 年年末可以获得的金额是 199 万韩元。可见股市投资比银行储蓄高出 3% 的年均收益，以 100 万韩元的投资为例，10 年后股市收益比银行定期存款高出 50 万韩元。然而，股市投资的收益率不是一直高于银行储蓄。1997 年到 2001 年，韩国从经历外汇危机到经济恢复的五年间，银行存款的平均利率为 8.8%，而股市的平均收益率不过 1.3%。这一现象的发生与 1997 年股市暴跌和存款利息攀升有关。⑥然而，从 1997 年到 2011 年年末的 15 年间，股市投资的年均收益率为 7.1%，银行储蓄的年均利率仅为 5.7%。⑦

股市投资与债券投资的选择

　　站在资本供给方个人的立场上，无法判定负债资本和股东资本的优劣。虽然银行储蓄也不是完全安全，但至少风险远远小于股市。与风险成正比，银行存款的利率也远远低于股市投资的"长期平均收益率"。对于个人来说，抗风险能力弱、追求稳定性的投资者可以选择银行储蓄，即选择负债资本；抗风险能力强并希望获取高收益的投资者可以选择股市投资，即选择股东资本。因此，不管是股市投资，还是银行储蓄，都由个人根据其对风险与收益率的综合考虑进行选择。将一生辛辛苦苦赚来的钱存在银行比较安心，是人之常情；追求更高收益的同时承担更高的风险，也大有人在。

在针对股东资本的批判中，有一种观点认为股东是贪婪的，只重视自身的利益，而缺乏对其他利益相关方的关注。如果将这种批判套用在银行储蓄和股市投资选择方面，也可以理解为选择股市投资的投资者比选择银行储蓄的投资者更加贪心，只重视自身的利益，不关心他人。过去普遍的观念认为，进行银行储蓄的人们大多是诚实勤勉的老实人，而投资股票的人们被看作不安分的投机分子，即使在今天，持这种观念的人也不在少数。但是，即使是选择银行储蓄的投资者也会选择存款利率更高的银行，丝毫不考虑存款利率而进行银行储蓄的投资者不一定具有更多的利他精神，但一定是个傻瓜或是个对自己不负责任的人。

通常来讲，没有抗风险能力和多余资金的人一般只进行银行储蓄投资。即使投资股市，也有很多投资者不具备专业性的股市投资常识，或缺乏选择投资对象和投资时间的充足信息。也有很多投资者选择同时进行银行储蓄和股市投资，这种情况下，同一个投资人既是银行储户，也是股市投资人，换句话说，资金的供给方同时选择了负债资本与股东资本。因此，不能说提供股东资本的股市投资者比供给负债资本的银行储户更加贪心。

如果想在股市投资中取得巨大成功，明智的做法是选择长期投资，应使用那些短期内不需要的长期资金，而短期资金更适合投资于相对安全的银行存款或债券。如果在开学季将子女的学费用于投资股市，应该用贪婪和愚蠢来形容这名投资者，而如果将五年十年用不到的钱存在银行，银行存款利润跑不过通货膨胀率的情况下，这名投资者也非明智之人。与其说股市是一个充满风险的角斗场，不如说股市是积极投资者、长线投资者和风险应对型投资者的投资乐土。因此，负债资本和股东资本同时为个人提供了多种投资机会，选择银行存款还是股市投资，即负债资本还是股东资本，由个人投资者的抗风险能力、闲置资金的规模等因素决定，而不是依据负债资本和股东资本的优劣做出决定。

企业的资本选择

永远的股东资本与一时的负债资本

企业成立后在生产销售的过程中需要资本。企业可以选择的资本分为通过发行股票筹措的股东资本、通过银行贷款或发行企业债券获得的负债资本，即企业"自己的钱"和"别人的钱"。

股东资本由于是企业"自己的钱"，不需要向股东返还股本资金。三星电子的股东不可能去三星电子大厦要求其退还股本，而且企业也没有义务退还其股本。即使在企业破产的极端情况下，企业的剩余资产在进行清算后优先偿还债务，偿还债务后如果没有剩余，股东资本也将不复存在。股东资本一旦通过企业发行股票筹措，就不再有返还的义务，因此，股东资本作为企业在存续期间的自有资本存在。

负债资本作为期限资本，必须在规定的时间内向债权人偿还本金。企业的银行贷款到期后或公司债券期满后，企业必须偿还本金。在韩国，信用度比较高的公司债券期限通常为三年，很少有五年以上期限的债券。[8]企业对负债资本负有本金偿还义务，该义务不会随着企业经营状况不善而消失。如果企业无法偿还本金，说明企业发生资不抵债的情况，资不抵债持续发生，企业将宣告破产。即使企业破产，债权人也可以行使其合法权益，对公司资产进行清偿并回收本金。以上对两种资本的性质和差异进行了说明和比较，对企业来说，与负债资本相比，股东资本是一种长期性的稳定资本。

不支付股利分红影响不大，不支付利息却会破产

股份有限公司使用股东资本时需要支付股利分红，使用负债资

本时需要支付利息。股利分红与利息虽然同为资本费用，但性质完全不同。利息是需要按照约定金额进行支付的义务性费用，股利分红既没有约定金额也没有支付义务。企业亏损时可以不支付股利分红，企业盈利时虽然支付股利分红，但支付金额是由企业管理层决定的，因此股利分红具有很大的不确定性。[9]

理论上来说股利分红与盈利应该成正比，但毕竟实际与理论有差距，关于股利分红的决定虽然在形式上履行董事会批准的程序，但却取决于管理层的全盘考虑。对于广大实际股东来说，即使对股利分红不满意，只能出售股票，他们不会对管理层的决定有任何影响力。韩国是全球股利分红收益率最低的国家，上市公司非常吝于对股利分红。[10]韩国的代表性企业很少将利润用来支付股利分红，大多数企业都将利润留存，换句话说，韩国企业的股利分红与盈利状况无关。现代汽车从 2003 年开始将股利分红保持在每股 5000 韩元的水平，三星电子从 2004 年开始也把股利分红保持在每股 5000 韩元的水平，但股东们无法对公司的决定做出任何改变。[11]三星电子2013 年支付的股利分红不过是纯利润的 12%，相对于股价的股利分红收益率仅为 1%；现代汽车将纯利润的 10.3% 用来支付股利分红，相对于股价的股利分红收益率仅为 0.9%。[12]

负债资本与企业的盈利情况无关，属于义务性支付费用。与股利分红相比，利息支付具有优先权，企业不管盈利情况如何都不得以任何理由拒付利息，如果公司不支付利息，和不偿还本金的情况一样，公司发生资不抵债，最终走向破产，公司的寿命也便尽了。而利息作为一项必须支付的义务性费用和固定开支，对企业来讲是较大的负担。但负债资本对企业来说在税金优惠方面比股东资本有利。个人在银行贷款时，在所得税方面没有税金减免的优惠政策，但韩国的税法规定利息可以作为费用，但股利分红不允许列为费用支出，因此公司在使用负债资本时有减税作用。但在企业负担方面，由于股利分红没有约定金额，也不需要由于不支付承担破产后果，对企业来说股东资本有利于负债资本。

　　对于一般企业来说，除了股东资本和负债资本之外，不存在其他形式的资本。从结论上说，对于个人，负债资本优于股东资本；对于企业，股东资本优于负债资本。负债资本与股东资本相比，更接近于短期行为，债权人不像股东一样关注公司长期的经营状况，而企业也不像对待股东一样对待其他利益相关方。因此，对股东资本集中的批判与其批判目的不同，最终归结为对资本主义体系的否定。如果说对股东资本的否定是对资本主义体系否定的曲线救国，这属于在完全不同的层面上对经济体制的争议，因此在此不做讨论。而对资本主义批判的矛头应该指向"资本"体制，而不是"股东"资本，而且讨论可替代的"对策"资本是什么，将更具批判意义。

对股东资本主义的批判和歪曲

　　如果问股东资本和负债资本哪一个更好，答案很简单。对个人来说是一个选择的问题，而对于企业来说，股东资本更有利。对股东资本的批判满天飞，却鲜见对负债资本的诟病。前面提过，企业的资本只有股东资本和负债资本两种形式，如果说股东资本存在问题需要进行否定，那么负债资本将是唯一的替代性选择。如果对股东资本批判的同时主张负债资本更好，说明主张者对两者的性质理解不充分，因此这种主张不足为信。如果对股东资本批判的同时，不会选择负债资本作为对股东资本的替代性对策，那么这种主张可以理解为针对资本主义体制而对股东资本进行的批判。

　　对股东资本主义的批判和对资本主义的批判属于完全不同的两个层面。对股东资本主义的批判是对资本主义体制下以股东资本为中心的结构的批判，而对资本主义的批判是对资本主义体制本身的批判。批判资本主义和资本，或作为批判资本主义的手段而对股东资本进行批判，属于对资本主义、社会主义和第三经济体制的争论范畴。股东资本的几种形态是批判股东资本主义的依据，在此将针对这几种形态展开论述。

对于股东资本的疑惑

对股东资本的批判分为三类。第一，是针对股东结构中呈现的现象进行批判，批判内容主要集中在以下方面：股市投资者具有投机性，频繁交易进行短期投资；股东追求短期利益，不追求企业长期发展，陷入短期功利主义。第二，批判以股东价值最大化为目标，以股东为中心进行经营的股东资本主义。第三，对股东作为所有者的股份有限公司制度进行批判。以上三类批判中，第一类和第二类批判实现的前提条件是对股份有限公司制度和股东资本的承认和认可。但是，第三类批判针对股份有限公司体制，因此与前两类批判相比，更是宏观争论的对象。

针对股东资本的投机性、短期性和短期功利主义的批判是对股东身上映射出的"形式上的现象"的批判，无法构成对股东资本"本质上的特性"的批判。但是，对股东资本主义和以股份有限公司为中心的资本主义体制的批判则与资本的本质特性相关。关于股东资本主义和作为其解决方案的利益相关方资本主义，将在后面章节中详细论述。在这里，首先讨论针对股东形式上的现象进行的第一种批判。

投机性的短期股市投资

股东通过在股市上抛售股票可能获利，也可能遭受损失，也可以回收全部或一部分投资资金。因此，股东是随时变化的。甚至有一部分日内交易者（day trader）在股市上进行当日的买进卖出，既来不及登上股东名单，也无暇关注企业的经营状况。这些日内交易者不是"投资"股市，而是将股市当作"投机"的对象。类似的投机分子不仅存在于股市，在外汇市场、债券市场和房地产市场等交易便利和价格变动频繁的市场中无处不在。[13]因为股市交易的投机性而否定股东资本主义，等同于因为不动产投机而否定不动产市场。批判投机的形式与批判市场本身是完全不同的概念。基于短期投机交易者的"形式",对"股东""股东资本"持否定态度,进而对"股东资本主义"进行批判,从理论上来说是站不住脚的。

除了日内交易者之外,进行几个月期限的短线操作的股市投资者也不在少数。炒短线的股市投资者们盯着差额机会,随时做好了买进卖出的准备。在韩国,股市投资者的平均持股时间不过三四个月,短期投资行为严重加剧了市场的不稳定性。[14]但是股东的短期投资几乎不会直接影响到企业。假设甲将股票出售给乙,这是发生在甲乙二人之间的股票和现金交易,不需要公司将投资资金返还甲并从乙手中重新接收投资资金,因此公司没有发生资本上的变化,而仅仅有可能会发生股价变动带来的资本金的变化。除非是公司有发行新股的计划,否则股价变动几乎不会对公司资本或经营产生任何影响。

而甲乙之间的交易带来的变化,仅限于股东名字从甲转移到乙。公司资本不会因为甲乙股东的交替发生变化,应当支付的股利分红也不会因为甲乙之分而有所区别。因此短期交易本身既不会改变公司的结构,也不会影响企业的经营方针。持有三四个月股票的短期股东不关心公司的长期经营,而且短期股东给公司施加压力要求提高股价的"行为主义"(behaviorism)没有发生过,即使发生了类似情况,公司也无法在三四个月内找到提高股价的方法。[15]因此,在三四个月的短期投资交易中,虽然股东名称更换,但股东资本本身没有变动,企业管理层又怎么会因为这些短期股东而执着于短期功利主义的迷途呢?

短期功利主义颠倒的因果关系

短期功利主义是指企业管理层为了取得短期的经营成果急功近利,牺牲企业长期发展价值的行为。短期功利主义不仅体现在企业经营方面,政治、国家行政和社会现状等各个领域都可能照射出短期功利主义的影子。企业经营中的短期功利主义主要反映在企业为了拉高股价追求当期纯利润而进行财务处理或偏好短期利润投资的短时性经营状态。短期功利主义存在的问题，在资本主义发展史上持续成为争论的对象，[16]2008 年金融危机后，英国和美国以此为契机，对短期功利主义进行了重新审视与批判，并提出解决方案和对策。[17]对短期功利主义经营状态的争议具体与股东资本挂上钩始于 20 世纪 90 年代，即管理层以短期成果为中心开展经营的理由可以总结为两方面，一是基金经理或股票分析师盯着短期的股价上涨而给企业管理层施加压力；二是企业管理层自身的激励制度与短期股价挂钩。[18]

因为投机的短期交易状态而批判管理层没有能力进行安全长期经营的主张，是对短期股市投资和短期功利主义经营的错误理解，并将二者归为因果关系的结果。短期功利主义中的"短期"和短期股市投资中的"短期"意义完全不同，短期股市投资中的"短期"是指持有股票的时间只有几日或几个月；而短期功利主义中的"短期"是指本该在 10 年、20 年的战略规划中完成的投资、研究与项目开发，企图急功近利地用几年时间完成，并只将经营聚焦于可以带来当期利润的业务领域。在分析短期功利主义的研究中，普遍将"短期"定义为 5 年。[19]日内交易者在一天之内买进卖出的股票交易可能仅仅用几秒钟或几个小时来完成，而韩国股市投资者的平均持股时间大约为三四个月的时间，因此批判韩国短期投资的"短期"说的就是几个月的较短时间。[20]在几个小时的"短期"内进行股票交易的日内交易者原来对企业的经营状态不关心，而在几个月的"短期"内持股的短期股市投资者也主要关注股价变动，即使对经营状态感兴趣，也不可能在几个月的持股期限内对企业的长期投资和研发具有影响力并追求短期功利性成果。

发达国家中短期功利主义经营出现问题的国家主要是美国和英国，德国和日本的企业管理层通常不会执着地被短期功利主义所牵绊，短期功利主义经营的问题相对较小。[21]但是，德国和日本股市投资人的平均持股时间分别为 9 个月和 9.7 个月，与此相反，短期功利主义经营问题最严重的英国平均持股时间为 1.5 年，几乎是德国和日本的两倍。而同样以短期功利主义经营著称的美国，截至 1960

年股市投资者平均持股时间为 7 年，长期投资居多，但进入 2000 年以来，平均持股时间仅为 1 年，[22]最近甚至降到 8.7 个月，与德国和日本的水平接近。[23]关于英美等国短期功利主义经营的批判主要针对 5 年或 5 年以上的投资和开发，而非针对像韩国一样仅持股三四个月的短期投资状态。

发达国家中关于短期功利主义的争论虽然由来已久，但对此具体的研究开始于 20 世纪 90 年代。当然，不是所有的研究结果全部显示短期功利主义问题严重。其中，有研究结果表明，企业在长期投资中即使可以盈利，依然呈现短期功利主义的经营倾向，是因为管理层担心长期投资的价值在股票市场被过低评价。[24]而管理层是否面临来自证券分析师或投资者的压力而倾向于以短期利益为中心的经营，关于这个问题的研究结果朝两个完全相反的方向发展。[25]关于短期功利主义的争论，在金融危机之后重新活跃起来，其中，最引人注目的是安德鲁·霍尔丹（Andrew G. Haldane）和理查德·戴维斯（Richard Davies）的研究结果，该研究表明短期功利主义开始于 20 世纪 90 年代中期的英国，短期功利主义不仅存在于金融公司，几乎所有的产业都面临这个问题。尤其是 IT（信息技术）等风险性产业的短期功利主义问题更加严重。[26]

然而上述短期功利主义经营的问题在韩国企业中并不明显。韩国是全世界范围内股市投资时间最短的国家之一，[27]其没有像欧洲和美国的企业一样存在明显短期功利主义经营的问题，大致有三方面的原因。第一，如前所述，韩国股市投资者持股时间不过几个月，不足以对企业的长期经营产生影响。第二，除了少数金融公司以外，大多数韩国企业管理层的激励模式不像欧美企业一样大多与股价挂钩，因此韩国企业管理层没必要采取短期功利主义的经营模式。第三，从事长期投资的机构投资者，比起收益驱动，受收益外各种关系的影响更大。韩国的证券公司和投资公司大多是财阀集团的子公司，或者与大企业和投资银行存在各种关联，因此这些机构投资者通常不会受股市投资者利益的影响，反而受大企业利益驱动较多。

韩国虽然时常有股东要求管理层分配利润的情况，但为了短期业绩向管理层施加压力的事例极其少见。以美国和欧洲式的短期功利主义来批判韩国股东资本，实为风马牛不相及。

对韩国短期功利主义的批判，是基于欧美国家短期功利主义的弊病"可能"在韩国也存在，并没有具体证据显示韩国存在短期功利主义弊病。另外短期功利主义的形式和"短期"的含义也有所不同。如果说欧美国家的管理层关心的回报与股价挂钩，那么韩国企业管理层的关注点与股价无关，他们更关心自己的"任期"。而"任期"是由"企业所有者"或"掌门人"决定，股东几乎不会对管理层任期产生任何影响。将欧美国家的短期功利主义安插在韩国企业身上用于批判股东资本的做法，要么是没有理解短期功利主义的实质，要么是为了批判本身而批判，不是为了解决短期功利主义的弊端。短期功利主义的弊病是由错误的股东形态和激励制度引起的，可以在制度方面引起一定的变化，但与股东资本的根本特性无关。众多如何克服短期功利主义的争论，只能说是关于能够引导长期性投资的制度上的变化，而不能将其作为股东资本的探讨方案。

完善与折中的努力

按照公司法规定，股东们通过股东大会行使决策权，对公司的主要事项拥有决定权。但在股权分散的公司里，股东不仅不能直接参与管理，也很难通过股东大会积极行使决策权并对公司管理层产生影响。最终关于公司管理的一切事宜，股东们采取委托管理层全权处理的方式。原则上股东是委托人，企业管理层作为代理人替股东从事管理活动。但是股东对管理层的监督机制缺失，造成管理层为自己谋私利的道德风险时有发生。在经济活动中，道德风险问题相当普遍，只要市场经济存在，道德风险就不可避免。亚当·斯密在《国富论》中已经意识到道德风险的存在，只是没有采用这种表述。道德风险并不等同于道德败坏，道德风险是 20 世纪 80 年代西方经济学家提出的一个经济哲学范畴的概念，即"从事经济活动的人在最大化自身效用的同时做出不利于他人的行动"。或者说"当签约一方不完全承担风险后果时所采取的自身效用最大化的自私行为"。比如说，由于企业管理层的不作为造成股东利益受损，这种不作为就是道德风险。企业管理层一味追求自己的私利，置股东利益于不顾，这二者之间的矛盾被称为"代理问题"。代理问题是指由于代理人的目标函数与委托人的目标函数不一致，加上存在不确定性和信息不对称，代理人有可能偏离委托人目标函数而委托人难以观察和监督，从而出现代理人损害委托人利益的现象。现代公司所有权与控制权的分离，股东与经理人员之间委托代理关系的产生，会造成一种危险：公司经理可能以损害股东利益为代价追求个人目标。经理们可能会给自己支付过多的报酬，享受更高的在职消费，可能实施没有收益但可以增强自身权力的投资，还可能寻求使自己地位牢固的目标等。代理问题是公司治理研究的起点。所谓公司治理是指公司内部和外部的一系列制度安排，以保证公司的所有者能够获得满意的投资回报。在所有权与控制权完全分离的视角下，公司治理理论主要研究的是如何通过制度安排对企业管理者进行激励和约束，使管理者与所有者实现利益协同，从而削弱管理者的机会主义倾向，降低代理成本，实现股东财富最大化。作为解决代理问题的方案之一，绩效奖和期权激励可以有效激励管理层高管人员与股东共建共享企业发展的成果。

期权激励是股权激励的一种典型模式，指针对公司管理层高层管理人员，在公司中进行的有关股票期权计划的尝试，以期能够更好地激励管理者、降低代理成本、改善治理结构。期权激励的授予对象主要是公司的高级管理人员，这些人员在公司中的作用是举足轻重的，他们掌握着公司的日常决策和经营，因此是激励的重点。比如，授予高管一定数量的股票期权，高管可以以事先约定的价格购买公司股票。显然，当公司股票价格高于授予期权所指定的价格时，高管行使期权购买股票，可以通过在指定价格购买，市场价格卖出，从而获利。由此，高管都有动力提高公司内在价值，从而提高公司股价，并可以从中获得收益。总之，这是一种将股东利益与管理层利益绑定在一起的激励性制度设计。企业通常采用的激励制度是将绩效奖与利润规模直接挂钩，管理层高管人员根据利润增长规模按照一定比例获得绩效奖。

　　然而，上述各种激励制度本是为了提高企业的经营成果，但同时存在副作用，成为管理层追求短期功利主义的催化剂。^㉙高管在现有的激励体制下往往希望在任期内获得更多奖励，因此很容易急功近利陷入短期功利主义的经营方式，甚至伪造利润规模提升股价，最终放弃企业长期发展过程中必需的投资和研究开发。在各种激励制度盛行的美国和英国，这一现象尤为严重。甚至有些倒闭公司的高管在任期间将绩效奖捞了个钵满盆满。2008年世界金融危机时期，大量投资房地产次贷市场并最终走向破产的美国投资银行贝尔斯登和雷曼兄弟就是典型案例。美国出现次贷危机，房地产泡沫破裂，贝尔斯登由于持有大量有毒资产，包括债务抵押债券，投资者对其信心下降并兑现大量现金，导致贝尔斯登现金储备基本为零，从而面临倒闭。雷曼兄弟曾在住房抵押贷款证券化业务上独占鳌头，但最后也恰恰败在这项业务引发的次贷危机上。雷曼兄弟的规模比贝尔斯登更大，为什么美国政府在先后救援了贝尔斯登以及两房之后，却拒绝为拟收购雷曼兄弟的美洲银行以及巴克莱银行提供信贷支持，从而导致雷曼兄弟破产？事实上，美国政府在救援了贝尔斯登之后，美联储受到了大量的批评。最具有代表性的意见是，为什么政府要用纳税人的钱去为私人金融机构的投资决策失误买单？政府救援私人金融机构会不会滋生新的道德风险，即鼓励金融机构去承担更大的风险，反正最后有政府兜底？因此，当雷曼兄弟出事之后，美国政府就不得不更加慎重了。而雷曼兄弟过多涉足复杂的衍生工具市场，问题出现后有一个传导过程，很难马上显现出来，所以仍然沉醉于昔日辉煌，错失多次救援机会，最终因为美国政府拒绝兜底而崩盘。

　　由于贝尔斯登和雷曼兄弟管理层的经营失误造成股东所有的投资资金血本无归。但其高管依然行使公司破产前决定的激励权利，获得相当于 2.7 万亿韩元的报酬。[29]类似的案例充分说明，企业高管无视股东利益，为了通过绩效奖或股权激励获取利益，一味追求短期功利主义。[30]

解决企业管理层短期功利主义问题的方法之一，是将管理层人员的报酬和激励机制与公司长期发展成果挂钩。为此，应该禁止管理层人员在任期间享受激励权，而应该将其享受绩效奖或期权激励的时间限制在其卸任后一定时期内。另外，股价的变动虽然与经营业绩相关，但同时受经济形势与股市整体行情等外部因素影响。因此，另外一个解决方案是，解除管理层人员报酬和激励体制与股价的挂钩，建立同时反映经营风险和业绩的综合评价机制。关于绩效奖，也可以采取"分期绩效奖"的兑现方式，当年绩效奖在未来几年内发放，在一定时期内当企业经营状况不良时停止发放，甚至回收之前支付的绩效奖。而且，绩效奖可以尽量避免以现金方式支付，而是以股份或可转换债券给付，并规定这些股份和可转换债券在离职后一定时期内不得交易，从而激励和督促管理层高管人员在经营管理和决策过程中以公司的长期发展为重。

然而，在韩国并没有迹象表明，现有企业高管的激励体系或股东向管理层施加的压力驱动管理层进行短期功利主义经营。首先，目前在韩国只有少数大企业和金融公司实行绩效奖和期权激励。其次，企业长期的经济计划或投资计划均由管理层决定，股东或市场对其进行监督的体系不健全。在这种情况下，股东不可能有能力迫使管理层抛弃长期发展目标而只追求短期利益。因此，即使在韩国存在管理层在偏颇的激励制度驱使下追求短期功利主义的情况，管理层也不会在股东压力下追求短期功利主义，而借此批判股东资本主义的主张便如同无源之水，无本之木。

韩国短期投资与短期功利主义的幽灵

聚焦于投机性交易和短期利差的短期投资是一种妨碍股票市场机能的负面行为，这种行为加剧了股价的变动，破坏了股市融资能力的长期性和稳定性。因此必须从制度上对这种短期投资行为进行干预和约束。当然，不管采取何种限制措施，在价格多变和交易活跃的股票市场都不可能完全解决这一问题。在股票市场和实物市场，只要交易频繁、价格变动性高，投机性交易便无处不在。对企业来说，股市资本永远是长期资本，发生在股票市场的投机性交易不是股东资本的特性，而是股票市场的特性。如同在住宅楼盘市场发生的投机性交易，不是住宅楼盘的特性，而是房地产市场的特性。因此，以股票市场发生的投机性交易来批判和否定股东资本，是没有分清形式与内容、现象与本质的结果。

短期投资亦是如此，它是一种形式和现象，而非内容和本质。短期投资不是股东资本的特性，而是因为制度性问题发生在股票市场的现象。非上市的股份有限公司只能进行长期投资，因为只要公司不清算就无法收回投资。从原则上来说，非上市公司不存在短期投资问题，这说明短期投资不是股东资本的内容和本质，而是根据制度发生的形式和现象。企业上市的目的是为了取得更广泛的投资者的股东资本，为了实现这种广泛的融资目标，股票必须可以在股市上自由交易。但是，股市的自由交易并不一定意味着短期投资。2013 年韩国股市投资者的平均持股时间是 3.8 个月，远远低于英国的平均持股时间 1.5 年和美国的平均持股时间 9 个月。当然，不能因此说韩国的股东资本本质不同于英国和美国的股东资本。韩国科斯达克股票交易市场（KOSDAQ，韩国场外证券市场）的股票持股时间短于科斯比股票交易市场（KOSPI，韩国有价证券市场），科斯达克和科斯比的股东资本本质没有区别，为什么股票持股时间存在差异呢？

素有"股神"之称的沃伦·巴菲特少年时代从股票投资起步，"反投机"是影响其一生的重要投资思想，而"长期持有"是巴菲特成为巨富的关键要素。巴菲特非常反对短线交易，认为那不过是浪费时间及金钱的行为而已，而且会影响操作绩效，影响你的身体。巴菲特曾说："我从不打算在买入股票的次日就赚钱。我买入股票时，总是会先假设明天交易所就会关门，5 年之后才又重新开门恢复交易。""最好的投资期限是永远",可见长期投资的重要性。[31]引导长期投资,需要采取措施发挥投资机构的作用,必须首先打造投资者信赖的企业经营。[32]

在韩国,小股东等不参与企业经营管理的外部股东几乎不会对企业的管理产生影响。进行短期投资的个人投资者持股时间本来就短,不可能从一开始便介入企业经营管理。进行长期投资的个人投资者虽然持股时间长,但如果想介入公司经营管理并行使股东权利,费用高昂且手续非常复杂,因此大多像短期投资的个人投资者一样,仅是享受法律意义上的股东权,不可能实际实施。另外,即使长期投资的个人投资者可以克服费用和程序上的沉重负担,坚持向企业高管施加影响,如果没有投资机构等大股东投资者的支持,也几乎没有机会实现其股东权利。事实上,在韩国很难找到企业由于某股东提案或股东压力而进行短期管理的案例。[33]

短期投机性交易和短期投资与管理层的短期功利主义没有直接关联。短期投资和短期功利主义的共同点仅有字面上的"短期"二字,实质含义完全不同。持股时间比韩国长的英国和美国,短期功利主义现象非常严重;而与此同时,在短期投资行为蔓延的韩国,却鲜有管理层迫于股东压力进行短期功利主义经营的现象。可见,短期投资与短期功利主义没有正相关的关系。而目前韩国正在将英美国家的情况搬到韩国进行批判,并围绕着韩国经济社会本不存在的现象展开激烈的争论。韩国大股东高管人员通过财务造假粉饰经营业绩,或通过子公司之间的内部交易破坏公司价值等不当行为时有发生。而小股东对此没有任何监督或纠正的办法。与其针对并不存在的股东短期功利主义进行批判,不如讨论如何恢复股东们本应拥有的股东权,如何提高企业管理的透明度和责任感。

以股东为中心的经营是罪魁祸首吗?

在股份有限公司,为企业提供资本金的股东是企业的主人。但是,并非只有提供资本的人可以成为企业的主人,企业也并非仅为主人而存在。为企业提供资本的作用也可以将企业的所有权和控制权分离。债权人虽然像股东一样提供资本，但债权人不能成为企业的主人。另外，企业中除了股东之外，还有劳动者、资金供给者、消费者、债权人等众多利益相关者，这些利益相关者中谁都可以成为企业的主人，而实际上也存在这种企业形式。像合作社等企业形式没有股东，合作社成员就是企业的主人，而社会作为企业主人的情况则是在社会主义和共产主义中存在的企业形式。

股份有限公司不仅需要向股东支付股利分红，还需要向其他利益相关者进行工资、贷款、利息等形态的各项支出，因此股东和其他利益相关者之间不可避免地存在一定的利益冲突。此时，如果管理层以股东利益为中心进行优先对待，则通常被称为"股东资本主义"。劳动者、资金供给者、债权人等利益相关者的工资、利息等通常按照协议或约定从企业支出，而股东的股利分红是来自其他利益相关者分配之后的那部分利润。如果以零和博弈为前提，那么参与博弈的各方，一方的收益必然意味着另一方的损失，博弈各方的收益和损失相加总和永远为"零"，各个利益相关者之间不可避免地存在利益冲突。企业虽然不断创造利润，利益分配过程如同正和游戏，在零和游戏中的矛盾和冲突可以得到缓解，但各方如果想要得到更多，矛盾依然无法避免。最终，利益相关方之间的矛盾和冲突是包含股份有限公司在内的所有公司制度下都会存在的必然现象，不是股东资本主义特有的现象。

既然股东资本主义，即"以股东为中心经营"的模式下，股东和其他利益相关者之间的矛盾不可避免，那么从根本上消除矛盾的办法是成立没有股东的非股份有限公司。在这种非股份有限公司中，其他利益相关者拥有公司的所有权和控制权，比如劳动者作为主人的劳动者合作社、原材料供给者作为主人的生产者合作社、消费者作为主人的消费者合作社等。但是，在没有股东的企业形态下，利益相关者之间的矛盾依然存在。

一方面，对股东资本主义批判的核心在于管理者在对待股东和其他利益相关者利益时，"优先"侧重股东利益，即"以股东利益为中心"经营的属性。另外，一部分主张认为，股东资本主义下股市投资者的投机性交易和追求短期收益的投资形态决定了以股东为中心经营的公司很容易陷入短期功利主义。但是，投机性交易、短期投资、短期功利主义等问题属于股东资本的"形式"范畴，应该与追求以"股东为中心"的股东资本主义的"本质特性"区分开来。再者，在批判"以股东为中心经营"的特性时，非常有必要正确理解"股东利益优先"和"股东利益独有"的差异。

对股东利益优先和以股东为中心经营的批判，与股份有限公司的本质特性无关。股份有限公司是股东作为主人的公司制度，因此股东利益优先是股份有限公司的本质。批判股份有限公司以股东为中心经营的模式，犹如批判合作社中以合作社社员利益为中心经营。而且，为了找到以股东为中心经营模式的替代方案，应该讨论的是何种公司形态可以取代股份有限公司。作为以股东为中心的经营模式的替代方案，利益相关者经营是大家讨论最多的话题。然而，"以所有利益相关者为中心"虽然解决了"只以股东为中心"的问题，但股东之外的其他利益相关者之间势必也存在利益冲突，仍然存在谁的利益优先的问题。比如，劳动者主张实施利益相关者经营时，意味着实际上优先照顾劳动者的利益；环境主义者提出进行利益相关者经营时，意味着优先保护环境。没有股东的公司或"利益相关者经营"的公司中，同样存在利益相关者之间的利益冲突和矛盾。以劳动者为中心经营的公司中，劳动者的利益与供给者、消费者、债权人和社会等其他利益相关者之间不一致时，与以股东为中心经营的企业结构没有区别。

另一方面，"只为股东"经营的形态是经营方式的问题，有必要进一步讨论。首先，存在大股东的企业中，比起其他利益相关者，掌握管理权的大股东可能只追求"股东利益"。此种情况下，大股东往往利用管理权的优越条件为股东谋取利益，而不是从公司整体利益和利益相关者的利益出发，以股东为中心的经营模式弊端显现。

与股权相对分散的欧美企业不同，多数韩国大企业中由大股东行使管理权，股东资本主义的弊端相对严重。而此时的股东资本主义弊端，不是泛指一般股东，而是极少数掌握管理权的大股东，即只为"企业所有者"利益考虑的弊端。韩国的财阀集团中，掌握管理权的大股东为了自身利益，不惜损害广大小股东的利益，进行内幕交易如家常便饭，贪污侵占、挪用公款、财务造假等非法行为频有发生。与其说这些弊端是"股东资本主义"的问题，不如说这是"大股东资本主义"的问题更为准确。

作为以上问题的解决方案，通过所有权与管理权的分离，管理者追求公司整体利益，进行合理的公司制度设计，最终实现包括股东在内的所有利益相关者的利益。像美国等股权分散、大股东几乎不参与管理的企业结构中，大多是由职业经理人负责经营管理。在职业经理人体系下，虽然依然存在利益相关方之间的利益冲突，但至少会减少只为股东利益或者只为大股东利益的企业形态的弊端。但是职业经理人制度同样以"股东利益优先"为管理目标，而且职业经理人可能会为了自身的利益进行管理，相对于"股东资本主义"，此时可以用"管理者资本主义"来形容这种形态。

股份有限公司不是"只为股东利益经营"，而是优先考虑股东利益，"以股东为中心"经营。"只为股东利益经营"不仅不符合道德秩序，在现实中也不可能实现。公司的生存发展会对所有利益相关者产生直接影响，企业作为文化和价值观的共同体，是所有利益相关者共同存在的载体，反过来，如果仅为股东或劳动者等某一个特定的利益相关者的利益考虑，企业将名存实亡。因此，将股东资本主义理解成为"只为股东利益经营"是一种夸张，而利益相关者理论也是关于"以股东为中心"经营的替代方案，不是"只为股东利益经营"的替代方案。在讨论利益相关者经营之前，首先应该讨论在股份有限公司为什么股东是公司的主人——所有者。

股东为什么是股份有限公司的主人

公司的利益相关者包括提供人力资源的劳动者、提供资本的股东和债权人、提供原材料和服务的供给者、企业生产的产品、购买服务的消费者,另外还有保障企业体系存在的社会和国家。㉞消费者虽然是关系到企业生存发展的最重要的主体,但因为其不参与利润分配,所以与其他利益相关者有所区分。企业的利润分配顺序分别为劳动者的工资、供给者的资金、管理者的报酬、债权人的利息、国家税金和股东股利分红。劳动者的工资和供给者的资金需要从企业利润中获得最先分配。财务部门将生产线劳动者工资和生产原材料计作费用,销售额扣除费用即销售利润。办公室文职劳动者的工资、管理人员报酬等从销售利润中支出,销售利润再扣除各项费用后得出营业利润。虽然财务部门将工资列为费用,但工资占用其他利益相关者的利润,因此应从利润分配的角度对待工资支出。营业利润中首先支付债权人的利息,然后向政府缴纳税金,税后利润称为纯利润。企业的纯利润中扣除工资、应付款、管理者报酬、利息、税金之后的部分,全部或一部分用于支付股利分红,而股利分红分配多少事先没有契约规定。也就是说,企业利润必须优先分配给其他相关利益者,剩余部分分配给股东,因此股东也被称为剩余价值索取权人。股东之所以成为企业的所有者,不仅单纯因为股东提供资金,更因为股东需要承担与其他利益相关者无关的三项义务。第一项,股东作为"剩余价值索取权人",只能享受其他利益相关者利润分配后的部分。第二项,股利分红不确定,需要承担企业不分配股利分红的风险。第三项,股东资本金不可撤回。股份有限公司将股东定义为所有者的前提条件是股东必须承担上述三项义务,债权人虽然也像股东一样提供资金,但优先获得利息回报并可收回本金,因此不能成为企业的所有者。

与其他利益相关者的应付款项不同,股利分红是可以不给予支付的,股东的这种"剩余价值索取权人"地位有时被公司反利用。

即企业即使有盈余分配股利，但不分红的情况依然时有发生。2013年12月末，科斯比股票交易市场 691 家上市公司中没有以现金方式支付股利分红的企业有 251 家。⑤2013 年分配股利分红的企业股利收益率仅为 1.82%，而同期六个月期限的定期储蓄收益率为 2.54%。⑥韩国最具代表性的三星电子收益率低的情况更加严重，普通股股利收益率 2009 年为 1%，2010 年为 1.1%，2011 年和 2012 年为0.5%，2013 年为 1%。⑦

股份有限公司将股东定义为公司所有者，不仅在于股东是公司资本金的提供者，还在于分配给其他利益相关者的利润比分配给股东的利润优先得到保障。而当利益相关者作为企业所有者时，也应当承当相应的责任。比如企业所有者在支付员工工资和供应商款项之前，如果只顾自己优先享受利润，便是没有尽到企业所有者的职责。而如果只顾回收自己的投资金额，却不偿还债权人的本金，则不具备当企业所有者的资格。

首先，来看股东被称为"所有者"具有何种意义。举例说明，如果你问一个持有现代汽车公司 10 股的投资者，"你是现代汽车的所有者吗"，对方可能会感觉一头雾水。而现代汽车公司是股份有限公司，股份有限公司的股东是企业所有者，也许仅持 10 股，但也是企业的股东，便称得上是企业的所有者，但很多小股东并没有意识到自己的企业所有者身份。一般提到企业所有者，大家想到的是实际控制企业管理权的人，没有人将小股东看作企业所有者。另外，这名持有 10 股的股东也不可能进入现代汽车的工厂，指着其中一部分设备设施说，"这部分资产是我的，我要将它们带走"。所以说，尽管股东是企业的主人，是企业的所有者，但对于公司资产不具备排他性的私有权，股东对企业的所有者身份不意味着拥有企业的管理权，对公司资产也不能行使排他性的私有权，股东对于企业的"主人"地位与一般意义上的"主人"不同。

股东作为企业所有者，意味着股东拥有决策权、股东对于剩余利润的剩余价值索取权，以及在企业资产清算时对剩余资产的所有权。股东拥有的决策权是在股东大会对重要事件的表决权,不是股东可以直接参与企业管理的保障。确定股利分红虽然也属于公司的重要事件,但实际由企业管理层决定,股东大会只是走形式,因此股东几乎无法拥有对股利分红的决定权。尽管如此,以股东为中心的经营可以实现,是因为股东具有两项重要的决策权,一项是对于董事会董事的选举权,而董事会拥有对于企业最高经营者 CEO 的任命权和罢免权。另一项是在股东大会对高管人员待遇和报酬的批准权。尤其是企业高管人员的激励措施与股价挂钩时,管理层的经营侧重点将会围绕拉高股价,从而将自身利益和股东利益紧密结合,最终实现以股东为中心的经营。

韩国几乎所有的大企业管理权都由大股东控制,小股东几乎不可能决定管理层的待遇和报酬,也不可能对董事任命产生影响。股东应具备的权利和权限对于韩国企业的小股东来说,没有实际意义。但在欧美等股权分散、小股东在股东大会可以自由表决的国家,股东的决策权具有实际权限,可以促使高管人员从事以股东为中心的经营。因此,在股权分散的企业中,如果想要解决以股东为中心经营的问题,需要改变股东大会拥有董事任免和决定管理层待遇的权力结构。而在大股东决定企业管理权的韩国企业中,这种改变没有实际意义。

股份有限公司将股东定义为公司所有者,并不意味着企业必须"只为股东利益经营",不管谁作为企业的主人,企业都不是主人的私有财产,而是所有利益相关者之间错综复杂的利益共同体。同时,企业是所有利益相关者互相合作、共同创造价值的动态组织,因此企业管理者应该保护和尊重所有利益相关者的利益,而事实上大多数企业都遵循着这个行为准则。

利益相关者资本主义

利益相关者理论的根源

企业存在的目的和本质是个永恒的话题,一直以来,"股东享有企业的所有权和控制权，企业活动的终极目标是为了股东利益最大化"是经济学界不容置疑的课题，也是主流企业理论的主要观点。然而伴随着经济快速增长、物质资源日益富足，货币资本不再是稀缺资源，员工等利益相关者的专用性资产投入对企业竞争力的作用日益明显，股东不再承担企业所有的经营风险，管理者的极端趋利行为引起严重的社会问题，"二战"后笃信"股东至上"的欧美企业与德日企业境况也形成鲜明对比。这些问题引起英美国家对传统企业理论逻辑的质疑。带着种种疑惑，人们纷纷从法律、经济、政治、伦理等方面寻找出路，在这种现实和理论背景下，利益相关者理论应运而生。

作为股东资本主义的替代方案，讨论最多的方案是利益相关者资本主义（stakeholder capitalism）。利益相关者资本主义在管理学中作为企业经营管理的理论之一，由利益相关者理论的概念发展而来。利益相关者理论中"除了关注股东利益最大化之外，更多关注企业中所有可能影响企业发展的利益相关者的福利和利益"。[38]通常所说的"企业应该为了所有利益相关者经营"，便属于利益相关者理论的范畴。而实现"为了所有利益相关者经营"的目标，现实的做法是追求"程序正义"（procedural justice）。以股东为中心的经营，以股东利益最大化为目标，可以定义为单纯地实现股东利益最大化。而以利益相关者为中心的经营，实现所有利益相关者的利益最大化，却在现实中不容易实现，因为所有利益相关者之间多少存在利益冲突。因此比起"目标"本身，在实现目标的过程中应该聚焦于实现"程序正义"。

利益相关者理论作为"组织的经营管理哲学理论"，[39]是对伦理与管理的统合，企业以对企业决策行为负责为原则，[40]将"道德"和"价值"作为组织管理的最高核心价值观。[41]换言之，利益相关者理论的中心是，企业追求利润的过程如果做到正义与公平，利益相关者就会默认其结果的正义与公平。另外，实现正义过程的核心方案是令利益相关者参与决策过程。对于利益相关者来说，参与过程越频繁越透明，他们便越会默认经营过程的正义与公平，即使最终结果不如人意，他们通常也会欣然接受。[42]

当然，各利益相关者与企业价值保持一致的程度不同，不同利益相关者的代表性、交涉力和组织力各有不同，其参与企业决策过程的方案也应做到具体情况具体分析。主张利益相关者理论的学者们曾说明，"并不是主张所有的企业利益相关者必须以同等机会参与企业管理和决策过程"，[43]尤其是利益相关者理论主张的"同等性"不是指所有利益相关者享有同等权利的公平主义，也不是指所有利益相关者持有同等分配的平均主义。利益相关者理论中所说的"同等性"是指基于英才主义（meritocracy）的过程上的"利益均衡"（balancing of interests）。而利益的分配应与对企业的贡献度、承担的风险等因素成正比。[44]因此，利益相关者理论不是强调平等的分配，而是以平等的参与为核心概念。

利益相关者理论中强调的"参与"不是指"所有利益相关者必须参与到董事会"，也不是指在利益相关者管理体制下，"股东没有权利参与董事会"。[45]也就是说，利益相关者理论并不反对和排斥股东资本和股东权利，而是强调股东作为"资本的提供者享有相当比重的经济权利，企业在决策过程中应该保障股东权益，股东应当获得与其投资成比例的公正的回报"。[46]对于将利益相关者理论发展成为企业经营管理理论的大多数学者来说，上述观点是普遍原则，[47]而一部分将利益相关者理论发展成为"利益相关者资本主义"政治经济学概念的学者与此观念不同。

从管理理论到体制理论

利益相关者理论作为企业组织和经营管理哲学的理论时，企业的一般形态多指股份有限公司。而在利益相关者理论中讨论的问题，是为了克服股份有限公司以股东为中心经营的弊端，主张应扩大股份有限公司之外的各种公司经营形态，或进一步引入政治经济学概念，发展利益相关者资本主义。

　　"利益相关者"概念是 1963 年斯坦福大学研究院正式提出的，西方学者对此给出的概念界定非常多样，其中以弗里曼与克拉克森的表述最具代表性。诺贝尔经济学奖获得者且被誉为"新古典主义经济学之父"的美国经济学家弗里曼出版了《战略管理：利益相关者方法》，从此"利益相关者""利益相关者理论"等术语得以广泛使用，并成为经济学、管理学、伦理学界的研究热点。在此书中，弗里曼直观描述了利益相关者与组织（企业）之间的关系，对利益相关者的界定相当宽泛，认为"利益相关者是能够影响一个组织目标的实现，或者受到一个组织实现其目标过程影响的人"，不仅包括股东、债权人、雇员、供应商、顾客等直接影响企业活动的主体，还包括公众、社区、环境、媒体等间接影响企业活动的团体与个人。弗里曼将所有广义的利益相关者看成整体进行研究无法得出令人信服的结论，为此，美国经济学家克拉克森进一步主张"企业的目标是为其所有利益相关者创造财富和价值。企业是由利益相关者组成的系统"。克拉克森提出"利益相关者在企业中投入了一些实物资本、人力资本、财务资本或一些有价值的东西，并由此而承担了某些形式的风险"。将利益相关者理论应用于政治领域的契机是 1996 年英国前首相布莱尔在新加坡发表的倡议发展利益相关者经济（stakeholder economy）的演讲，使利益相关者理论成为西方经济学界和管理学界的一个研究热点。布莱尔提出，"不仅应该在企业内部建立信任机制，还应该在全社会范围内创造信任氛围和建立信任关系。信任的建立可以绑定共事者的共同目标。在利益相关者经济中，所有当事人拥有发展机会，所有的集团或阶层不会互相排斥而是融合发展"。[⑱]

　　与股东资本主义一样，利益相关者资本主义作为关于资本主义体制的学术用语，也没有明确的定义。在资本主义体制下，股份有限公司是最普遍的企业形态，通常将股份有限公司"股东至上"的以股东为中心经营的现象称作股东资本主义。而利益相关者资本主义更具有社会经济意义，像布莱尔在演讲中体现的"企业应为所有利益相关者经营"。而利益相关者资本主义的概念根据不同的主张人呈现不同的意义。利益相关者既可以是与企业有直接关联的个人，也可以指所有社会成员和社会机构，这两种情况下利益相关者资本主义的含义完全不同。

从政治经济学的意义上来说，利益相关者资本主义作为实现所有利益相关者利益的方案，"参与"是其核心关键词。但是关于参与和分配的方式，意见不同。为了克服以股东为中心经营的弊端而主张利益相关者资本主义，将聚焦于像德日一样的劳资共同决策制度（codetermination），主张股东之外的劳动者应该共同参与决策。而如果在合作社制度下主张利益相关者资本主义，则存在对股东的排斥，利益相关者的参与方式和分配原则自然有所不同。

将利益相关者理论应用到企业管理中并加以发展的学者们，在初期避免将社会的所有成员界定为利益相关者，并避免将利益相关者理论发展成为经济上的接近于平均社会主义的资本主义，而且在政治经济学的观点上，对发展利益相关者资本主义持反对意见。[49]但是，在利益相关者理论发展的后期，出现了对利益相关者资本主义定义的尝试。[50]他们指出，现有的资本主义理论假定市场参与者都是利己之人，并假定道德与繁荣是相反概念的做法本身存在误区。现有的资本主义理论下，西方经济学家指出，所谓的"理性人"假设是对在经济社会中从事经济活动的所有人的基本特征的一个一般性抽象。这个被抽象出来的基本特征就是每一个从事经济活动的人都是利己的。可以说，每一个从事经济活动的人所采取的经济行为都是力图以自己的最小经济代价去获得自己的最大经济利益。西方经济学家认为，在任何经济活动中，只有这样的人才是"合乎理性的人"，否则，就是非理性的人。而利益相关者理论学者认为西方经济学家的假定是错误的。另外，他们认为经济繁荣是围绕有限资源进行竞争的零和博弈的观点有误，必须在认识到这种观点的错误的前提下，[51]对利益相关者资本主义进行定义和梳理。他们提出的利益相关者资本主义的几项主要观点是，利益相关者对企业而言不是负担，而是资源；利益相关者的协作和参与可以为企业创造更多价值；在自私自利之外，人类拥有复杂的情感；企业是创造持续性价值的组织；竞争不是必须手段，而发生于过程之中。[52]

囚徒困境和柠檬市场

上述学者的主张虽然阐明了将利益相关者理论应用于利益相关者资本主义的原则，但没有提出将其应用于资本主义体制的具体方案。而且这些原则在应用过程中存在与现实情况相矛盾或不可能实现的诸多问题。虽然像他们主张的不是每一个从事经济活动的人都自私自利、人们可以通过互相合作取得更好的利益结果，但在现实中由于从事经济活动的个体所处的环境和掌握的信息各不相同，因此相互之间建立信任关系原则上是不可能实现的事情。囚徒困境和柠檬市场的现象在现实经济活动中时有发生。

"囚徒困境"是博弈论的非零和博弈中典型的例子。两个共谋犯罪的人被关入监狱，不能互相沟通。如果两个人都不揭发对方，则由于证据不足，每个人都坐牢一年；若一人揭发，而另一人沉默，则揭发者因为立功而立即获释，沉默者因不合作而入狱五年；若互相揭发，则因证据确凿，二者都判刑两年。他们作为本博弈中的两个博弈方，都有两个选择——坦白或抵赖。很显然，最好的策略是双方都抵赖，结果是大家都只被判一年。但是由于两人处于隔离的情况下无法串供，所以，根据个体理性原则，两个博弈方的目标都是要实现自身利益最大化。由于囚徒无法信任对方，因此倾向于互相揭发，而不是同守沉默，说明即使在合作对双方都有利时，保持合作也是困难的。

"柠檬"在美国俚语中表示"次品"或"不中用的东西"。柠檬市场也称次品市场，也称阿克洛夫模型，是指信息不对称的市场，即在市场中，产品的卖方对产品的质量拥有比买方更多的信息。在极端情况下，市场会止步、萎缩和不存在，这就是信息经济学中的逆向选择。柠檬市场效应则是指在信息不对称的情况下，往往好的商品遭到淘汰，而劣等品会逐渐占领市场，从而取代好的商品，导致市场中都是劣等品。柠檬市场的存在是由于交易一方并不知道商品的真正价值，只能通过市场上的平均价格来判断平均质量，由于难以分清商品好坏，因此也只愿意付出平均价格。由于商品有好有坏，对于平均价格来说，提供好商品的自然就要吃亏，提供坏商品的便得益，于是好商品便会逐步退出市场。由于平均质量又因此下降，于是平均价格也会下降，真实价值处于平均价格以上的商品也逐渐退出市场，最后就只剩下坏商品。在这个情况下，消费者便会认为市场上的商品都是坏的，就算面对一件价格较高的好商品，都会持怀疑态度，为了避免被骗，最后还是选择坏商品。这就是柠檬市场的表现。[53]而以协作、参与和责任为核心的利益相关者资本主义中，应以利益相关者的信任为前提，但现实中很难形成充分的信任，而且信任被利用的事例也经常发生。

主张利益相关者资本主义的人们非常乐观地认为"将自己的利益建立在牺牲别人利益基础上的利己之人是少数"，[54]但在现实社会中，囚徒困境和柠檬市场的情况却不是个别情况，而是普遍现象。因此，如果利益相关者资本主义想作为股东资本主义的解决方案，需要解决的核心问题，是如何在利益相关者之间建立现实可行的信任机制和方案。英国前首相布莱尔提出的"在全社会范围内创造信任氛围和建立信任关系"，只不过停留在应当为之的理论层面。关于"如何"在存在利益冲突关系的所有利益相关者之间建立信任关系，意见必然有所不同。而利益相关者资本主义将根据"如何"建立的不同意见，呈现不同的形态。

由劳动者、供给者、消费者、债权人、股东和社会构成的企业利益相关者全部参与企业决策的方案，企业管理者在现实经营管理上几乎不具备可操作性。在确定参与的程序之前，需要首先确定各个利益相关者群体以何种组织形态参与，然而代表各个利益相关者建立的组织是否可以在参与度与交涉力方面达到有效参与还是个问题，最终"所有利益相关者的同等参与"变成一项在现实中非常难实现的课题。

举例说明，劳动者有工会组织等有代表性和交涉力的组织代表他们参与企业决策。消费者虽然有消费者市民团体或政府的消费者保护协会，但这些团体和机构只是保护广大消费者权益的组织，不是代表企业消费者的组织，因此消费者参与企业决策几乎不具备现实可操作性。除股东之外，包括劳动者、供给者、消费者、债权人和社会在内的所有利益相关者全部共同参与企业决策，更非易事。因此，虽然利益相关者资本主义的含义是"为了所有利益相关者经营"，但现实中只有那些有代表性组织形态的利益相关者可以参与企业决策。

成功实践利益相关者资本主义的代表性案例是德国和北欧一些国家实行的协同决议模型和合作社模型。协同决议模型是指劳动者和股东双方派代表进入监事会，对公司的主要事项进行共同决策的"以劳动者和股东为中心的经营"结构。协同决议模型虽然是"股东至上经营"模式的解决方案，但依然不是为了所有利益相关者的经营。而合作社模型是从股东至上经营中解脱出来，以特定的利益相关者为中心的经营。劳动者合作社的结构"以劳动者为中心"，生产者合作社"以供给者为中心"，消费者合作社"以消费者为中心"。合作社的模式排斥股东资本，由利益相关者直接提供资本成为企业的所有者。劳动者合作社中只有劳动者可以成为合作社社员，其他利益相关者不具备社员资格。劳动者在合作社中同时提供劳动与资本。也就是说，与"劳资合作"的协同决议模型不同，劳动者合作社模型中是"劳资统一"的利益相关者资本主义模式。关于排斥股东资本的合作社企业形态，后面会做详细说明。首先来讨论利益相关者资本主义实践中最具代表性的德日式劳动者参与和共同决策模型。

劳动者和股东，无法同行吗？

劳动者和股东的共同决策：德日的协同经营制度

德国的劳资共同决策制度[55]不仅应用于上市公司，在非上市公司、私营企业、合作企业和合作社等所有形态的企业中被广泛应用。⑤共同决策是基于企业拥有董事会和监事会的双重结构。一个是经营董事会（management board），一个是监督企业管理层并进行企业战略决议的监事会（supervisory board）。经营董事会相当于韩国企业中单一结构的"董事会"，监事会也称公司监察委员会，是由股东大会选举的监事以及由公司劳动者民主选举的监事组成的，对公司活动进行监督和检查的法定必设和常设机构。监事会在股东大会领导下，与董事会并列设置，对董事会和高管人员的行政管理系统行使监督职能，但监事会不参与公司日常管理的决策。因此，确切地说，劳资协同决策不是"管理共同决策"，而是"监督共同决策"。

在以上两类董事会中，劳动者监事与股东监事共同参与监事会并进行共同决策是劳资协同经营制度的核心内容。德日等国家采用双重董事会的结构开始于 1861 年，而采用监事会共同决策的形式则始于 1922 年，相隔了半个多世纪。事实上，最初采用监事会制度的目的不是为了兼顾劳动者的利益，而是出于股东监督和监视管理层的目的。⑤在共同决策制度实行初期，管理者如临大敌对其极其排斥，甚至称其为"精美陶瓷店里陈列的黄泥坯"。然而，从 20 世纪 60 年代开始，这一制度成为让劳动者、管理者和政客共同引以为豪的德日式社会经济制度。⑧

实施共同决策的监事会的构成根据企业规模和种类有所不同，但大体可以分为以下三类。⑤

第一类制度，适用于 2000 名员工以上规模的所有公司。监事的一半由股东代表组成，一半由职工代表组成，但监事会主席由股东大会选出。当监事会赞成与反对同票数时，监事会主席拥有一票决定权，可以投决定票（casting vote），因此可以看出监事会略倾向于股东。这种类型的监事会属于法定组织，在上市公司、私营公司、合作公司及合作社中广泛应用。

第二类制度，应用于员工规模在 500 名到 2000 名之间的上市公司和私营企业。监事会 2/3 成员由股东代表组成，1/3 由职工代表组成。很明显股东代表监事占监事会成员多数，因此第二种类型是倾向于股东的结构。

第三类制度，只应用于矿产和钢铁企业。[60]劳动者监事和股东监事人数相同，监事会主席由独立的第三方人员担任，由劳动者和股东双方共同提名，经监事会推荐，由股东大会任命。此种制度下，监事会实现劳动者和股东完全均衡。另外，该类型的制度规定职工代表监事中至少有一名必须由企业管理人员或高级行政人员担任。在企业员工规模不满 500 名的企业中，职工参与不是法定义务，因此即使具备监事会，监事会成员也全部由股东选任，因此不适用于劳资共同决策制度。

监事会的权限和职责

监事会的作用在于监督和监视经营董事会。作为控制经营董事会的最有效手段，监事会拥有经营董事会董事的任免权。经营董事会的主席不是由经营董事会任命，而是由监事会任命。另外，经营董事会董事报酬的权限，以及经营董事会董事绩效奖的决定权都由监事会行使。[61]而经营董事会决定的事项需经监事会全票通过方可实施，监事会通常会尊重管理层的决定。[62]

这种制度将监事会的职责限定于监督和监视经营董事会，而非直接干涉经营董事会的日常经营管理行为。[63]监事会在行使监督职能过程中拥有法定权利和义务。首先，监事会对于所有与经营相关的信息拥有知情权，经营董事会必须定期向监事会汇报关于投资、财务、人力资源开发和企业收益性相关的状况，尤其是有关资本收益率的内容。另外，与企业经营状况、财务状况、公司资金流动性和收益性相关的重要业务，也需要向监事会汇报，年度财务报告在完成监事审核后也必须第一时间提交给监事会。[64]与此同时，监事会有义务向股东大会汇报关于公司财务报表的意见、行使监督监视经营董事会职能的范围、监事会换届时间、监事会内部是否设立委员会以及委员会的活动内容等。另外，当经营董事会未履行义务或违反相关规定给企业造成损失时，监事会有义务追究经营董事会董事的责任，当监事会监事利用公司情报谋取私利时，应与经营董事会董事一样对公司内幕交易行为负有刑事责任。

关于共同决策的评价

最近关于德日式共同决策和经营制度的批判声此起彼伏，主要针对劳动者代表监事报酬过高、挪用公司资产的丑闻时有发生，以及由职业经理人任监事会监事，监事会的监督职能被削弱等问题。其中，最普遍最强烈的批判是关于监事会无法独立行使实际的监督职能。事实上，监事会中 75% 以上的股东监事代表由经营董事会推荐，[65]尤其是由职业经理人任监事会监事的情况非常普遍，职业经营董事会主席同时兼任监事会主席的情况也时有发生，因此管理层在监事会中可以行使压倒性的影响力。德日的公司治理结构准则中为了避免上述问题发生，建议监事会成员中职业管理层管理人员不超过两名。[66]监事会任命经营董事会董事的职能，通常也是由经营董事会主席和监事会主席拥有并执行，监事会董事们的作用仅限于推荐和选拔候选人。[67]

监事会的监事们享有固定报酬和绩效奖，尤其是享有期权股份的情况居多。不仅经营董事会的董事，包括劳动者代表在内的监事会监事同样享有期权股份的情况，说明在劳资共同决策模式下，股东价值也被重视。监事会监事与经营董事会董事一样享有绩效奖和期权股票的行为存在利益关系，因此会弱化监事会监督和监视管理者的职能。当经营董事会的董事不履行义务给公司带来损失时，对此问责是监事会的义务。但是监事会问责经营董事会的情况极为少见，因为监事会监事成员由经营董事会董事担任的情况非常多，而德日国家监事会的监事权也集中在少数人手中，失去其独立性，被比喻为"社会名流的聚会"。[68]

监事会享有固定报酬和绩效奖的同时，包含劳动者监事代表在内的监事会监事们曾不可避免地陷入腐败丑闻。[69]腐败问题的滋生，在于诸多利害关系的存在。比如监事会拥有任命经营董事会董事的权限，劳动者监事代表同时是工会成员，经营董事会向工会示好，劳动者监事代表获得的一部分报酬会用于工会的活动经费等。另外，职业经营董事会主席同时兼任监事会主席的情况下，管理层和工会职能重叠的结构也成为腐败问题发生的原因之一。除腐败问题之外，对于监事会的批判还在于其未能正确行使监督和监视经营董事会的职能，避重就轻地主要围绕劳动和社会事务展开活动。

另外，由 21 名监事组成的监事会无法行使实际监督职能，由股东代表和劳动者代表组成的监事会监事们不能大胆地对管理层提出反对意见，也是监事会被社会批判的原因之一。与此同时，对矛盾结构的批判也被提出。站在管理层的立场上，一方面在企业经营状况陷入困境时无法调整经营结构，并无法积极应对劳动者的抗议事件；另一方面在发生恶意收购事件时，还要接受劳动者监事会代表对管理层的反对。而且，在同一公司内部，外籍劳动者不具备作为监事会监事的候选权，这个问题在德国等跨国企业中作为新的问题被提出。[70] 比如说德意志银行在海外的雇员数远远高于德国本土雇员数，但只有德国国内的员工享有共同决策的参与权，海外员工的参与权被排除在外。[71]

尽管存在以上众多批判，但通过监事会实现的共同决策成为劳动者参与共同经营的成功模型，得到可以提高企业价值的普遍评价。关于共同决策的研究[72]显示，在劳动密集型和信息密集型产业中，在员工对公司影响重大的制造业中，共同决策可以提高公司价值。[73] 在大股东股权密集的公司，劳动者监事会监事代表本身可以提高公司价值，劳动者监事代表行使阻止大股东经济腐败的监督职能，令广大小股东的利益得到保障。另外，在经营多元化的企业中，劳动者监事代表的存在更有利于提高企业价值，因为可以行使监督和防止子公司之间内部不当交易的职能。[74]另外一项研究，将劳动者监事代表在监事会中占半数和劳动者监事代表在监事会中占 1/3 的情况进行比较，结果表明劳动者占监事会半数的企业价值低于劳动者占监事会 1/3 的企业。该项研究同时解释造成这一结果的原因，是劳动者监事代表比起主张股东价值最大化，更多侧重于员工待遇最大化。[75]这些研究暴露出当劳动者主导企业监事会时，会优先考虑劳动者自身的利益关系的弱点。这与股东至上的管理中大股东掌握管理权，并不是优先为了包含小股东在内的所有股东利益进行管理，而是优先考虑大股东自身利益进行管理的性质没有太大区别。

劳动者和股东的结合：内部员工持股制

员工持股计划（ESOP，employee stock ownership plan）是企业劳动者购买本公司的股票，同时成为公司雇员和公司股东的制度。内部员工持股计划是使作为企业利益相关者的劳动者成为股东，在为了解决以股东为中心经营问题的背景下提出的解决方案。内部员工持股计划是为了本企业内部员工比一般股东以更优惠的价格购入本公司股票而设计的制度，企业员工通过该制度可以获得公司股价上涨带来的利差，从而实现共享公司经营成果的目的。持股的劳动者既像一般股东一样拥有一股一票的投票权，又同时行使对企业内部经营的监督权。另外，企业内部持股员工会将企业的长期发展与自身利益结合，可以在一定程度上起到监督和牵制短期功利主义经营的作用。

员工持股计划在韩国的首次尝试是在 1958 年，柳韩洋行将买入公司股票的机会作为奖金发放给内部员工，而从制度上采用员工持股计划开始于 1968 年，以"员工入股制"的名字出现在韩国资本市场培育指南中，上市公司在进行有偿增资时，新发行股票的 10% 可以优先配给企业内部员工，1974 年这一规定扩大到非上市公司。[76]"员工入股制"实际是一种激励措施，企业不仅给予内部员工优惠的购股价格，还为持股员工提供购股需要的贷款。在实际操作过程中，上市公司在发行新股时将不超过 20% 的新股以低于市场价格优先分配给公司内部员工，购买股票的资金由公司或韩国证券金融公司（KSFC）给予贷款，还给予入股员工不超过 15% 的税金优惠。入股员工还可以成立持股员工代表委员会，集中处理入股、贷款等事务。[77]

2013 年末，3043 家公司实行内部员工持股计划，持股员工代表委员会成员人数达到 127.6 万名。1720 家上市公司中，占比 87% 的1498 家企业实行内部员工持股计划，这一制度实现了普遍化。但是，在 48 万家非上市公司中，引入内部员工持股计划的企业仅有 1545家。[78]非上市公司与上市公司的情况不同，非上市公司没有义务实现内部员工持股计划，而且非上市公司的股份不像上市公司一样能在股市自由交易，员工持股计划不容易在非上市公司中普及。

2013 年末，在科斯比股票交易所中，劳动者通过内部员工持股计划获得的持股率仅为 0.89%，而科斯达克股票交易所中内部员工持股率依然非常低，仅为 0.2%。[79]持股员工代表委员会由于员工持股率低无法行使劳动者作为股东的决策参与权，对经营的监督职能也没能正常实行。另外，比起持股员工代表委员会，劳动者本身更倾向于通过工会行使权力。持股员工通过持股员工代表委员会行使股东权的情况下，也很少将其作为提高工会交涉力的手段，而持股员工也大多将内部持股制度看作提高经济收入的手段，而非自身参与企业管理和行使监督职能的手段。

为了将劳动者利益和公司利益统一，应该确保内部持股员工长期持有公司股票。但因为持股员工大多将内部股看作提高收入的手段，经常会在股价上涨时抛售股票获利。2007 年科斯比股票交易所的内部员工持股数为 27650 万股，2008 年为 18340 万股，不到一年的时间减持 34%，可以看出内部员工持股无法维持长期稳定的水平。[80]最终，内部持股员工作为股东参与管理和行使监督的权利无法实现，内部员工持股制的参与和监督作用在韩国几乎得不到发挥，而且也没有实现将劳动者利益与股东利益长期结合的目的。

无股东的企业 1：劳动者作为所有者的公司

除了股东资本之外，何种企业形态可能成为现实？谁会成为这类企业的所有者？这类企业的所有者又该拥有何种权限和职责？在资本主义体制下，企业的设立和发展离不开资本，总得有提供资本的一方存在。在没有股东资本只存在负债资本的企业中，企业利益相关方除了股东，还有劳动者、管理者、供给者、消费者、债权人和国家。其中，管理者仅行使代表企业所有者进行管理的代理人职能，不能成为企业所有者。在除了管理者之外的其他企业利益相关者中，劳动者、供给者、消费者、债权人和国家分别作为企业所有者时，企业结构将呈现不同的形态。

在国家作为企业所有者的企业中，国有企业（SOE）是最常见的企业形态。韩国电力公社、韩国土地住宅公社和韩国铁道公社等企业都属于国有企业。国有企业以股份有限公司的形式存在的情况非常多见，而国家作为大股东从事直接经营。在国有企业中，国家为了实现特定的公共目的，作为大股东管理公司的情况虽然与一般股份有限公司的大股东管理公司的情况略有差别，但以股东为中心进行经营的形态没有变化。举例说明，韩国电力公社作为上市公司，政府是持股 51.1% 的大股东，剩余 48.9% 的股份由一般股东持有。因此韩国电力公社可以实现电力稳定供应的公共目的，同时实行为股东利益经营。因此，只有在国家拥有所有企业的社会主义体制下，国家作为企业的所有者，才是真正意义上的没有股东资本的企业形态。

除了国有企业，在没有股东的企业中，剩余利益相关者可能要争夺企业的所有者地位。劳动者作为所有者的企业形态中，存在由劳动者合作社或职员作为企业所有者的股份有限公司，也有提供原材料和服务的供给者作为所有者的企业，此时，供给者供给的原材料、服务以及土地等实物都以资本方式出资。在没有股东的企业中，提供资本的债权人也可以作为企业所有者。在实际操作中，当企业面临破产，进入企业结构重组阶段（workout），原股东权利被终止，由债权人作为企业所有者负责经营。

劳动者、供给者、债权人中由谁担任企业所有者，取决于社会契约或利益相关者之间的协议。当然，不是谁都可以享有天上掉下来的企业所有者权利，但不管谁作为企业所有者，都应当对企业经营负有责任，应当承担对其他企业利益相关者的责任和义务。企业的所有者与股份有限公司股东一样需要承担三项义务。首先，必须亲自为企业提供资金，或从第三方为企业筹措资金。第二，与自身利益相比，应首先保障其他利益相关者的利益。第三，当企业出现亏损时，应首先放弃自身应获得利润，当企业破产时，应放弃出资资本并承担有限责任。[⑥]如果既不能提供资本，又不能优先确保其他利益相关方的利益，在公司经营困难时也不能放弃自身利益，那么就无法成为企业的所有者。

作为出资人的劳动者和作为劳动者的出资人

在劳动者作为企业所有者的企业中，劳动者需要提供注册资本金或通过第三方筹措资本金。劳动者合作社是典型的劳动者作为企业所有者的企业类型，成为合作社社员的必要条件之一便是"出资"。劳动者提供资本的企业中，劳动者既作为提供劳动的雇员，又作为提供资本的出资人（资本提供者），同时履行员工和企业所有者的职能。这两项职能统一还是分离，决定了不同的企业形态。另外，在两项职能分离的企业中，优先履行哪一项职能，也会带来不同的企业形态。

优先履行企业所有者职能时

劳动者作为企业所有者的职能和作为员工的职能不分离[⑫]，或分离的情况下优先履行企业所有者职能时，企业的所有者都应优先尊重其他利益相关者的利益。劳动者作为企业所有者的企业形态中，劳动者在支付自身的工资之前，应优先支付供给者的应付款项和债权人的利息与本金。另外，没有出资的作为雇员的劳动者工资也应该优先于作为出资人的劳动者工资被支付。作为企业所有者的劳动者在支付了作为雇员的劳动者的工资、供给者的应付款项和债权人的利息后，才可以使用剩余利润支付自己的工资和利润分配。

在优先支付完其他利益相关者的债务后，作为企业所有者的劳动者可以从剩余利润中获取自己的工资和利润分配。但是，在剩余利润不足的情况下，作为企业所有者的劳动者将无法得到足额工资甚至无法得到工资，此时的劳动者要承担企业经营的风险。这种作为"企业所有者"的不确定性在既作为老板又作为雇员的小规模的私营企业主中非常常见。最典型的例子是以家族为单位经营的店铺。另外，以职业劳动者与企业所有者双重身份参与企业经营的情况也比较常见。比如合伙人制的律师事务所和会计师事务所，以及仅由职业基金经理构成的基金公司。

劳动者作为企业所有者的情况下，不仅能同时获得工资与红利，也促使他们更忠诚更积极地参与到企业经营中，不失为一种良好的激励措施。但是劳动者的工资收入占劳动者收入的大部分比例，当劳动者作为企业所有者时，工资的不确定性将意味着生存的不确认性。与企业其他利益相关者稳定的优先债权相比，这种不确定性不利于劳动者。因此，当企业的经营成果持续不佳时，劳动者不确定的工资和分红将带来很多现实局限性。

优先履行劳动者职能时

比起企业所有者职能，当优先履行劳动者职能时，工资与利润分配的形式将会不同。此种情况下，作为劳动者的股东工资得到优先支付，同时企业在完成了对供给者、债权人等其他利益相关者的支付后，剩余利润用于支付劳动者作为企业所有者的利润分红。而且劳动者作为企业的出资者享有公司的经营成果，存在对公司忠诚和积极参与经营的激励效果。但是，这类企业结构中，劳动者作为企业所有者的同时，固定工资优先于其他利益相关者得到支付，在股份有限公司中股东资本被劳动者的出资资本所取代。

比起劳动者作为企业所有者的职能，在优先行使劳动者职能的企业形态中，最有代表性的当属劳动者合作社和内部员工持股制度，而且这两种类型在韩国都有采用。如前所述，虽然韩国不存在完全没有股东的企业形态，但从1968年开始以"员工入股制"的名义实行内部员工持股制度。而劳动者合作社于21世纪初期成立，还没有得到普及。现实中完全排斥股东资本且劳动者成为企业所有者的企业形态便是劳动者合作社。[83]合作社有两种类型，一种是以营利为目的的合作社，一种是非营利性的社会合作社。[84]在此将对以营利为目的的合作社进行讨论。

劳动者合作社

合作社可以定义为"为了实现共同的经济、社会、文化目标，由个人自发组成的共同所有的民主制公司"。[85]合作社是劳动群众自愿联合起来进行合作生产、合作经营所建立的一种合作组织形式，合作社拥有三百年历史，可以上溯到18世纪初英国的火灾保险合作社和1750年出现在法国的奶酪生产合作社。[86]"合作"的原意是指成员之间的共同行动和协作行动。合作具有自愿性、自主性和自助性，也就是说，它是合作组织成员为了共同目的，自己动手互相帮助的一种合作。人类的合作思想最早出现于中世纪，当时的农民和手工业者希望能够建立平等、公正、协作以及互相帮助的理想组织。这些思想成为乌托邦社会主义的基础。法国的空想社会主义者傅立叶设计的基层组织叫"法郎吉"，是一个有组织的共同生产、共同消费的协作社；英国的欧文设想的理想模式是平行四边形的合作新村。但是这些合作组织只是空想，没有付诸实践。在资本集中的产业革命之后，现代意义上的合作社始祖当属1844年在英国北部罗奇代尔镇（Rochdale）由28个失业纺织工人自发成立的"公正先驱者消费合作社"，并经营面粉、燕麦、白糖和黄油四种生活必需品。当时每人出资1英镑作为一股，共28英镑，后来逐渐发展壮大，社员增加到近3万人，股本金增加到40万英镑。它所建立的罗奇代尔原则（Rochdale Principles）后来成为指导国际合作社发展的基本原则。在这一原则的指导下，世界各国纷纷成立了不同类型的合作组织，如美国的农场主合作社，德国的信用合作社和农业合作社，日本和韩国的农业协同联合（简称农协）等。国际上先后成立了国际合作社联盟、国际农业生产者联盟、信用联盟、欧洲消费者联盟等国际合作组织。[⑧]罗奇代尔后来成为合作社合作经济的代名词。根据组成合作社的利益相关者不同，合作社的种类也非常多样，其中有劳动者合作社、生产者合作社、消费者合作社、住宅合作社、信用合作社和世界通信公司 AP（Associated Press）等服务合作社。

劳动者合作社是由劳动者全额出资成立的企业，出资的劳动者成为合作社社员，既是企业的劳动者又是企业所有者。虽然劳动者合作社和股份有限公司一样以营利为目的，但比起资金的结合，更是一种人的结合和人的共同体。劳动者合作社具有与股份有限公司不同的三项特征。第一，合作社成员一人一票，与出资额无关，所有合作社成员享有同等决策权。第二，劳动者通过最高决议机构合作社总会（General Assembly）行使决策权并参与管理，董事会的董事或管理人员也可以参与管理。第三，盈余利润被用来优先扩大资本金而非分红，利润的分配标准也不是根据社员的出资额，而是更侧重于根据社员参与合作社活动的劳动时间来分配。[⑧]

在股份有限公司中，根据一股一票的原则，持股51%的大股东将成为实际的决策者，小股东的决策权没有任何意义。另外，在股权分散的股份有限公司中，小股东积极参与管理无论在程序上还是在费用上都是非常困难的。而合作社采取一人一票的方式，社员享有平等的决策权，合作社具有与政治上的民主主义相同意义的平等决策权结构。合作社社员虽然拥有平等的决策权，但工资与分红等经济上的分配各不相同。合作社社员的工资根据劳动种类和职责不同区分，但工资差距与一般企业相比较小。世界上最成功的劳动者合作社典范是西班牙蒙德拉贡联合公司，蒙德拉贡联合公司推行"合作社原则与市场经济相统一"的经验，在一定程度上克服了市场经济导致两极分化的弊端。蒙德拉贡合作社模式规定社内最高工资与最低工资的差异不得超过 8 倍。[⑧]

股份有限公司的利润分配有两种方式，一是按劳分配，二是按出资额分配。根据韩国合作社基本法规定，合作社总分红利润的50%以上按照社员的劳动参与分配；按照出资额分配时，分红比例不得超过出资额的10%。另外，经营盈余应优先应用于公司公积金，有剩余才可用于分红。劳动者合作社在利润分配方面，更侧重于以社员的劳动参与为标准，是劳动参与型的共同体。

劳动者合作社的成功案例：西班牙蒙德拉贡

西班牙"蒙德拉贡"（Mondragon）是作为合作社成立并成长为大规模企业的成功案例。蒙德拉贡本是西班牙巴斯克（Basque）地区的一个小镇，这个小镇创造了一种新的经济模式，它的活力、成长，以及对一个地区的经济冲击可说是空前的。关于蒙德拉贡，很多书籍和资料中有大量介绍，在此针对蒙德拉贡基本的企业结构进行说明，并对其不同于股份有限公司的特征和成功背景进行简单描述。蒙德拉贡开始于1956年，由创始人何塞·玛丽亚·阿里斯门迪（Jose Maria Arizmendiarrieta）神父和其他五名创始人创立的一家生产煤油炉的工厂发展而来，并取其名字的首位字母将工厂命名为"乌尔格"（ULGOR）。乌尔格在成立之初仅拥有24名员工，后更名为法哥合作社。后来为适应欧洲统一市场的竞争环境，该地区的众多合作社又联合起来，组建了蒙德拉贡联合公司，截至2010年发展成为拥有258家企业的集团公司。目前，蒙德拉贡已发展成为集工业、农业和农产品加工业、商业、金融、教育和培训、科研和信息、服务等百余个合作社为一体的跨行业合作制联合体，集团由109家合作社、125家分公司和11个财团以及众多海外服务公司组成。蒙德拉贡作为跨国企业，目前不仅在西班牙国内，在欧洲、亚洲、非洲等世界各地也设立了93家工厂。[90]

截至2010年末，蒙德拉贡拥有员工83859名，其中19%为海外工厂的劳动者。[91]原则上蒙德拉贡的非社员劳动者不得超过总人数的20%，[92]蒙德拉贡内部各个合作社情况有所不同。在制造业和建筑业中的合作社社员占比86%，[93]但海外工厂和分公司的劳动者还不是合作社社员，1997年随着蒙德拉贡进军零售流通业，临时工和兼职人员占全体员工的比例曾达到50%。[94]蒙德拉贡的劳动者虽然可以自己选择加入哪个生产部门的劳动组织并从事活动,但在企业内部没有工会,工会职能在蒙德拉贡由合作社社员总会下辖的社会委员会(social council)负责执行。[95]

蒙德拉贡的劳动者在成为正式的合作社社员之前,需要有一年的试用期,[96]一年试用期通过成为正式社员之后,必须出资缴纳社员加入费。年度加入费根据合作社资本金的变动会略有不同,2011年大约为15000欧元(约合2200万韩元)[97],在加入合作社时需要缴纳加入费的10%,剩余部分在每月的工资中扣除。加入合作社一年之后如果通过了永久性社员的审查,需要在今后三年缴纳加入费的90%。[98]合作社社员提供的出资额虽然并入合作社的资本金,但在劳动者退休后可以返还。合作社个人的投资资金会随着企业盈利发放分红而增值,与此相反,也会随着企业损失而减少,因为合作社实行负分红制,经营亏损的部分要在资本金中扣除。

蒙德拉贡的合作社通过一人一票的平等决策权实施民主决策制度。但是劳动者的工资不是平均主义,而是根据劳动参与度和出资额有所不同。工资结构由合作社的劳动者通过社会委员会决定,因此属于蒙德拉贡的各个合作社根据自身实际情况拥有不同的工资水平。蒙德拉贡成立初期,最高工资和最低工资的比例为3∶1,之后由于所得税制度的实行,为了补偿最高工资在个人所得税方面的损失,最高工资和最低工资的比例定为4.5∶1。20世纪90年代以来,随着企业发展和结构日益庞大,这一比例扩大为6∶1,最高管理人员与最低工资的比例达到8∶1,最高工资与最低工资的平均比例为5∶1。[99]蒙德拉贡与同区域的一般企业相比,最低工资比一般企业最低工资高13%,而管理人员的最高工资比一般企业中层管理人员的工资水平低30%。[100]

约占蒙德拉贡全体员工19%的海外工厂和海外子公司的劳动者还不是合作社社员,公司给出的解释是,这些海外劳动者在向公司投资资本金方面比较消极。[101]没有确切的证据表明蒙德拉贡海外员工的工资待遇是否比西班牙本土的员工低，但根据蒙德拉贡的利润分配模式来分析，海外员工由于不享受根据劳动参与度和出资额来分配的利润，总体收入应该比西班牙蒙德拉贡社员的待遇低。

蒙德拉贡员工在成为正式的合作社社员之前，以见习生身份工作期间可以随时被解雇，[102]但一旦成为社员，便终生不得解雇，除非出现违法行为或违反公司规定的重大过失。而合作社社员如果因为工作能力不足或效率低下不能胜任目前职位，蒙德拉贡的人力资源部门负责在其他合作社中为其安排合适的职位。如果由于职位变动造成现有工资低于原有职位，则由就业基金为其提供两年的工资差额。而人力资源就业基金来自蒙德拉贡全体员工月工资的2%。[103]蒙德拉贡之所以可以实现终生雇用，得益于其下辖100多个合作社，可以在集团内部采取调换工作职位的方式来调节内部就业，并通过企业集团内部的人力资源就业基金补贴职位变动带来的工资差异。

在蒙德拉贡的发展史中，仅发生过一次工人罢工。起因是1974年管理层为了提高经营效率，重组工作岗位并进行分流。很大一部分工作岗位被分流成低收入岗位，但这次工作岗位分流不针对已有的合作社社员，仅适用于新晋社员。反对岗位分流的劳动者对此反应强烈并发起了工人罢工。[104]因为罢工事件，很多参与罢工的劳动者被剥夺社员资格并解雇，三个合作社从蒙德拉贡联合体中退出。之后被解雇的劳动者复职，退出的三个合作社有两个重新加入蒙德拉贡。[105]

第二次世界大战之后，消费者合作社在斯堪的纳维亚国家中快速成长，交易额占所有零售业交易的1/3强。最近在法国、西班牙和意大利数千个劳动者合作社如雨后春笋般出现。[106]不是所有的合作社都取得像蒙德拉贡一样的成功，而蒙德拉贡的成功绝非偶然，蒙德拉贡曾将自己成功的因素归纳为以下七点。[107]

- 其创始人何塞·玛丽亚·阿里斯门迪神父的个人魅力和领导力。

- 以人为本，劳动者参与资本与经营。
- 以收益性、机会和实效为原则的经营方式。
- 将所有资源用于再投资。
- 持续适应环境变化。
- 财务管理、社会福利、革新与研发、雇用管理等诸多合作社之间互相合作。
- 重视教育培训，实施大学教育和终生技术训练。

　　蒙德拉贡也含有革命的意味，主要是因为它的民主管理结构，工人有拥有权与控制权，直接从根本挑战资本主义系统。当资本主义把利润与控制权奖赏给资方时，蒙德拉贡却把利润与控制权奖赏给劳方，并且在这个过程中发展出一个以劳工为中心的文化，而不是当个授权者，把劳工当作小孩。蒙德拉贡的会员是劳工社会的公民，正如一个国家的人民具有所有的公民权。

　　根据罗奇代尔原则，这个企业也是开放会员制，会员需不断地再教育、一人一票、每人同值股份，因此外界的资金来源为借贷而不是发行股票。

　　除了以上原则外，蒙德拉贡也采用一些额外的原则使它和其他企业合作社有显著不同，而这些额外的原则是造成蒙德拉贡系统活跃与成功的原因。比如，蒙德拉贡发展出一种所谓个人内在账户，被合作社所有成员持有，合作社 70% 的盈余存在该账户，而其他 30% 的盈余存入共同账户，以便合作社进行资本运动或扩大规模。个人内在账户标明每个人应得的盈余数目后，当作贷款借给合作社，由合作社支付利息。当会员要离开合作社时，每个会员可从个人内在账户里取得 75% 的累积存款，而其他的 25% 则保留成为合作社资本。这一套系统，使合作社几乎可以将每年 100% 的盈余全部变成资本，这种内部资本的累积是与任何资本主义公司不同的，同时它也建立了个人与集体之间盈余不断相互流通的关系。

　　和其他传统的合作社企业不同的是，在蒙德拉贡合作社里，会员是工人兼雇主，会员的工作一方面是确保企业的生产效率，另一方面则是协助发展新的企业（合作社）。会员们不仅在会员会议决定协助发展新的企业，同时将合作社盈余储存在合作社系统内的银行，来用作新企业的资本。会员对这个内部扩张原则非常认可，同时认识到合作社是属于大系统的一部分，而大系统可以为每个个体合作社提供坚实的经济保障。

在乌尔格成立的三年后，管理层认为应该也成立一个金融机构，以资金及技术帮助其他刚起步的合作社。于是"劳动者银行"和"技术指导局"在这种背景下应运而生，它们扮演了信用合作社及技术援助的角色。劳动者银行的主要部门有 100 多位职员，主要工作是协助一些团体成立合作社，偶尔也协助一些现有企业转型为合作社。劳动者银行协助这些团体选择地点、分析市场、研发产品、规划厂房等建筑物，包括健全财务与组织体系。而劳动者银行则要求这些新成立的合作社必须成为蒙德拉贡系统的一部分，并受劳动者银行的监督。这些企业合作社的盈余都储存在劳动者银行里，可以再投资产生更多的企业合作社。企业合作社与劳动者银行保持紧密且持续的关系，并且接受劳动者银行的经济与技术协助。劳动者银行可以说是蒙德拉贡系统里的第二层级合作社，它的委员会是由第一层级（或说是企业合作社）会员及劳动者银行本身的会员组成。除了劳动者银行以外，蒙德拉贡系统中尚有许多第二层级合作社，例如一个社会服务合作社可以确保100％给付养老金、一个健康中心诊所和一个妇女合作社可以提供弹性出勤或兼职性质的工作。或者有一个教育合作社，下设一所技术学院和一个产业合作社，学生可以同时得到技术培训及兼职实习的机会。同样地，这个教育合作社也如同第二层级合作社一样运作，委员会是由全职雇员及学生组成。

蒙德拉贡又提出所谓"系统取向"以增进合作社的发展，除了基本的企业合作社以外，又有一组次级的合作社，分别从事研究、融资、技术训练与教育、技术协助及社会服务，另外还有房屋及消费者合作社,而这些创造出一种合作社文化,使一般生活的活动都在其中进行。在这个互相依赖且"合作",以同样原则运作的机构里,会员无论到哪个地方工作学习都畅通无阻,使系统扩张更有效率。

在蒙德拉贡,劳动者中的80%是合作社社员,同时进行劳动参与和资本参与,不仅是合作社共同体的劳动实践者,同时是合作社共同体的主人,主人翁责任感和实践成为蒙德拉贡成功的背景。而且所有的合作社社员拥有同等的决策权,实现民主化的组织结构,可以有效提高公司效益和效率,根据劳动和资本的参与程度实行合理分配,这些因素同样成就了蒙德拉贡的成功模式。蒙德拉贡自身具有金融合作银行和保险公司,可以通过内部融资筹措确保公司发展的必要资金,尤其是可以确保应急资金的供给。蒙德拉贡同时拥有若干研究机构,可以根据市场变化不断创新发展。这些都是蒙德拉贡走向成功的重要因素。[108]另外,通过教育与培训培养适应各个环境和组织的劳动者,为个人素质与公司整体素质的提高提供支持,培养团结互助的共同体价值观和文化素养。

韩国劳动者合作社案例

韩国目前的劳动者合作社处于初级阶段,数量和规模较小。而且劳动者合作社作为自发组织的共同体,大多集中分布在低收入的劳动密集型产业,社员在职工中的占比较低。比如,从事家政服务的"分享家务"劳动者合作社中,170名职工中有100名是劳动者合作社社员;"共工世界"劳动者合作社中,200名职工中仅有40名是劳动者合作社社员,其他均为非社员雇工。[109]在韩国,需要大规模投资的企业不适合劳动者合作社的形式。从小企业发展到大企业时,资本金规模也随之扩大,因此企业在实现大规模发展后,合作社社员应该分担的资本金规模也随之增大,入会费将超出很多社员的承受范围。

韩国其他形式的合作社比劳动者合作社更活跃,原因在于支持劳动者合作社建设的法律制度发展滞后,导致以公司的形式采取合作社的运营模式。韩国农协（农业合作社）和韩国水协（水产业合作社）等生产者合作社依据韩国特别法成立并受法律保护和支持，韩国消费者合作社和金融合作社等限于特定领域的合作社也在法律许可的范围之内。2011 年 12 月，韩国《合作社基本法》重新修订，并于 2012 年 12 月开始实施。现在韩国的法律规定，所有领域不受出资额规模的限制，只要社员超过 5 人，就可以成立劳动者合作社，将来我们可以期待劳动者合作社在韩国开枝散叶。⑩

韩国农协、韩国水协、猪鸣（DODRAM）生猪养殖专业公司、首尔牛奶等生产者合作社虽然不是劳动者合作社，但相对活跃，规模较大。韩国农协与水协在国家的主导下成立并受国家支持，与其他自发成立的需要参与激烈市场竞争的合作社性质不同。生活合作社等消费者合作社虽然规模较小，但大多以地区为单位活跃在市场上。虽然新村金库和信用合作社等金融消费者合作社随着规模扩大和社员之间协作不足陷入经营困境，并渐渐丧失合作社的独立和自助原则，但是仍有很多合作社成功设立并运营。⑪

劳动者合作社可以成为股份有限公司的替代方案吗?

成功的条件

对于股东资本的批判与股东资本的属性无关，而是针对被称为股东资本弊病的投机性交易、短期投资和短期功利主义管理等股东的管理行为。但是对于股份有限公司在众多利益相关者中以股东利益为中心经营的批判是针对股份有限公司和股东资本的本质属性。因此，如果想让这些批判具备现实意义，有必要同时提出作为解决方案，指出现实中可以替代股份有限公司的公司形态或取代股东资本的替代资本，即，需要说明依托替代资本成立的公司形态下，如何克服股东资本的股东至上经营属性。在这个层面上，以下将重点讨论劳动者合作社作为股份有限公司企业形态的替代方案需要满足哪些条件。

　　劳动者合作社不如其他合作社活跃，不是韩国仅有的现象。全世界范围内较成功的合作社大多数为生产者合作社或金融合作社，消费者合作社或劳动者合作社仅有西班牙蒙德拉贡等极少数的成功案例。究其原因，首先，消费行为的替代性选择虽然比较容易，但是劳动行为的替代性选择较难，这成为劳动者合作社相对不活跃的根本原因。其次，消费者合作社或金融合作社的社员们在自身参加的消费者合作社或金融合作社购买产品或进行金融交易的同时，也有可能在其他地方开展同等消费或金融行为。但劳动者合作社的劳动者如果想在其他地方从事劳动，就相当于自动退出现有的合作社。也就是说，劳动者合作社与其他合作社不同，加入劳动者合作社的必需条件"劳动"是不可替代的因素。消费者合作社的社员在其他商铺购买产品时，不需要退出合作社或者不会给现有的合作社造成直接损失。但是劳动者合作社的社员一旦在其他公司从事劳动，就意味着他只能放弃现有的劳动者合作社组织。

　　劳动是获取收入的基本经济活动，因此更换职场意味着更换生活的基本经济来源，并且对生活产生直接影响，因此替代性选择可能会存在风险。劳动者合作社与其他合作社不同，劳动者合作社社员的经济行为局限于合作社，替代性选择较为困难，而且存在由替代性选择带来的费用与风险，因此劳动者合作社很难像其他合作社一样活跃。换句话说，其他合作社社员作为社员的同时还有多种可能的选择，但劳动者合作社的社员必须全身心投入。

　　劳动者合作社与其他合作社相比，组织的共同体性质强烈，要求社员具备高度的同质性。消费者合作社社员的参与行为仅限于购买行为，各个社员之间的差异不大，购买价格适用于全部社员，而且每个社员的购买行为不会对其他社员造成直接影响。但是劳动者合作社中的各个劳动者的岗位与职责各不相同，由此产生的工资和待遇也存在较大差异，而且各个劳动者之间是互相联系、互相影响的有机整体。劳动者合作社取得成功的要素之一是劳动者合作社社员之间具备同质性并拥有可以维持有机发展的共同体价值观和经济动机。

劳动者的出资资本

劳动者合作社成为股份有限公司替代方案最核心的前提条件是劳动者的出资资本必须可以取代股东资本。因此此种情况下，劳动和资本具有一致性，劳动者合作社成为原则上不存在劳动与资本之间矛盾的公司结构，按劳分配原则优先于按资分配原则。国际合作社联合（ICA，International Cooperative Alliance）列举的合作社运营的七个原则中，排名第三位重要的原则是社员同等的资本参与和盈余金分配等经济参与。[112]美国合作社经营协会（NCBA，National Cooperative Business Association）也强调，作为合作社成功的要素之一，合作社社员提供的资本越多，越有可能组成高效的合作社。[113]

蒙德拉贡取得成功发展的原因之一也是同时运营帮助社员出资的金融合作社，而且公司的盈余金在作为劳动参与分配和资本参与分配之前首先用于充实公司的资本金。蒙德拉贡西班牙本国公司的劳动者大部分是合作社社员，但海外公司的劳动者大多数是被雇用的非社员，其中最根本的原因是蒙德拉贡海外公司的劳动者不愿意出资成为社员。[114]这从侧面反映出社员劳动者的资本参与在合作社替代股份有限公司方面起决定性作用。

劳动者合作社虽然具有很多优点，但如果能成功作为股份有限公司的替代方案，首先必须克服的最重要课题是筹措大规模资金的问题。成立劳动者合作社的最大目的是从资本的限制中解放出来，成立劳动者自己可支配的公司。但是劳动者合作社自有资本的供给者只能是劳动者社员，资本规模不可避免地受到限制。也就是，劳动者合作社适用于中小企业规模，需要大规模投资的公司很难应用劳动者合作社的经营模式。而且小企业发展到一定规模，资本金规模也相应提高，成长为大企业后新加入社员需要缴纳的会员费也相应提高，可能会出现一部分有意愿加入合作社的劳动者无力缴纳社员加入费的情况。

股份有限公司在需要追加资本时，可以以广大股民投资者为对象发行新股募资，很容易在短期内筹措到资本。但是劳动者合作社即使有大规模投资的发展机会，也很难逾越在短期内增加出资额的鸿沟。虽然可以通过借贷筹措短期资金，但是出资金额少的情况下很难借贷到大额资金。而且使用大规模负债资本将增加利息负担，因负债引起的债务危机增大将有可能同时威胁公司经营。

因此对于劳动者合作社来说，与其像股份有限公司一样分配企业利润盈余，不如通过扩大资本金规模实现发展。以专业养猪的生产者合作社猪鸣生猪养殖专业公司为例，为了集中购买生猪饲料，曾经募集外部资本成立了猪鸣生猪饲料股份有限公司，但之后生猪饲料价格暴涨时，猪鸣生猪饲料股份有限公司采取更重视股东利益的经营模式，令社员利益受损，导致社员与股东之间矛盾发展到不可收拾的局面，最终猪鸣生猪饲料股份有限公司与猪鸣生猪养殖专业公司分道扬镳，猪鸣生猪养殖专业公司改为从外部采购生猪饲料。

扩大同质性，消除矛盾

劳动者合作社根据一人一票的原则，所有合作社社员平等参与决策。但是劳动者个人的岗位和贡献不同，工资待遇也不同，劳动参与业绩与出资额规模不同，盈余金分配也不同。在劳动者合作社中，决策参与虽然是平等的结构，但经济分配无法做到平等，和任何一个经济体组织一样社员之间也存在摩擦和矛盾。类似于有限责任公司股东至上的经营方式，劳动者合作社是以劳动者为中心进行经营，劳动者和劳动者之外的利益相关者之间由于经济上的利益冲突会不可避免地发生矛盾。

在劳动者合作社中，劳动者是企业所有者，工会组织没有单独存在的必要，工会罢工的对象通常为雇主，劳动者合作社的罢工对象将是劳动者自己。前面提到过，西班牙成功的劳动者合作社典范蒙德拉贡于1974年因为工资标准调整发生过社员罢工。劳动者合作社的劳动者虽然是企业所有者并享受一人一票的平等决策权，而且不是根据资本金比例分配收入，但在经济分配过程中依然无法做到完全平等，无法完全摆脱资本主义属性。因此，如何在劳动者合作社内部实现社员拥有平等决策权的同时，实现相对合理和平等的经济性分配，是企业稳定发展的关键所在。在合作社社员人数较少的小规模企业中，基于共同的合作社目标和结构，扩大社员之间的同质性并非难事。但是当公司发展到大企业规模时，平等的决策结构和不平等的利益分配结构之间距离越来越大，发生摩擦和矛盾的可能性也越来越大。合作社在发展的过程中，需要合作社社员统一合作社共同体价值观，并为持续扩大劳动者同质性做出努力。

西班牙蒙德拉贡劳动者合作社自己列举的七条成功要素之外，蒙德拉贡所在地西班牙巴斯克地区独特的文化特质可以被看作蒙德拉贡在众多欧洲劳动者合作社中脱颖而出的另一个重要原因。巴斯克文化的重要特征是自给自足，以地域为单位的团体意识非常强烈。而且巴斯克地区在历史上曾经反抗过极权主义者西班牙国家元首弗朗西斯科·佛朗哥（Francisco Franco）的法西斯独裁政权，与其他西班牙区域相比具有独特的社会性和政治性。另外，强调劳动者权利的天主教教会在蒙德拉贡的成功模式中扮演了重要角色。[⑬]可以说，巴斯克的区域特性和文化特质是扩大蒙德拉贡社员之间经济利益关系同质性和社会文化同质性的决定性因素。

保障就业

劳动者合作社取得成功的道路上需要克服的另一项重要课题是"保障就业"。当劳动者能力无法满足岗位需求时可能发生解聘，当企业盲目扩大经营规模陷入经营困境后也可能裁员，这个过程中，劳动者之间可能发生摩擦与矛盾。劳动者合作社为了避免这种局面，通常最大限度降低经营风险，采取保守稳健的经营战略，因此很难实现积极追求发展机会的企业发展结构。劳动者合作社除了社员之外，时常会雇用普通劳动者雇工，此时合作社社员变成非社员劳动者雇工的雇主。而非社员劳动者雇工不具备决策权，在经济分配上只获得工资性收入，不享受盈余金分配。为了最大限度降低社员劳动者雇主与非社员劳动者雇工之间的矛盾，针对非社员劳动者雇用和利益分配，应该采取与股份有限公司劳动者雇工不同的模式。[116]

蒙德拉贡作为一个拥有 250 余个合作社和子公司的经济集团，经营困难的合作社内部靠其他合作社供养，虽然可以短期内避免结构性调整，但经济集团存在的结构性缺陷将一直存在。而且蒙德拉贡通过再培训和再上岗分配的方式采用"零解聘"用工结构，当劳动者能力不适应现有工作岗位职能要求时将接受培训，在工资降级或调岗后继续维持在蒙德拉贡其他合作社就业。另外，蒙德拉贡规定非社员劳动者雇工在全体劳动者中的占比不得超过 15%，同时规定临时就业岗位优先雇用退休的社员劳动者，以此来缩减劳动者之间产生摩擦和矛盾的可能性。比起成立单独的劳动者合作社，像蒙德拉贡一样成立多个具有连带关系的集团性劳动者合作社可以成为维持就业的现实方案。

必须克服的问题

大多数股份有限公司的小股东是劳动者，而非资本家。劳动者或将工资收入存入银行，或将工资收入投资股市。两种情况的区别仅在于投资方式的不同，不在于将工资性收入进行投资的行为本身。对于普通的小股东劳动者来说，工资性收入是自身最基本的收入来源，股市投资收入是额外的辅助性收入，因此对于小股东劳动者来说，作为劳动者的利害关系比作为小股东的利害关系更为重要。而且大部分股市投资者进行的股市投资不是针对本公司股票，作为劳动者的利害关系与作为小股东的利害关系相互分离，即使股市投资者购买了本公司股票，作为小股东的劳动者在参与管理方面仍然非常受限。

劳动者合作社在自身供职的公司，同时作为劳动力和资本的提供者，可以完美统一作为劳动者的利害关系与作为小股东的利害关系。在这种情况下，劳动者合作社将更注重公司的长期发展，可以实现共同追求公司价值和目标的企业共同体，而且社员劳动者通常会将自己的人生事业与合作社发展紧密联系在一起，最终劳动者合作社成为股份有限公司的替代性公司形态。但是如果要发展劳动者资本替代股东资本、劳动者合作社替代股份有限公司的一般企业形态，有些问题必须克服。

如前所述，首先，必须巩固基于合作社共同体共同价值观和发展目标的劳动者同质性。尤其是在经营环境和市场环境容易发生剧烈变化的业务领域，必须克服共同体共同价值观和发展目标变换可能带来的劳动者同质性降低的风险。其次，劳动者必须对资本出资持有积极态度。需要金融合作社等机构支持出资能力不足的新社员，社员必须优先重视公司资本金扩大，而非盈余金分配。另外，合作社在提高企业经营效率的同时，必须具备维持就业的有效方案。在内部不同的合作社之间实现就业转移通道，并在内部实行可以补充劳动者工资收入的金融基金制度。最后，必须制定方案筹措合作社长期发展的大规模资本，当不足资金必须依靠借贷资本时，应当可以规避可能存在的财务风险。但是，在现实操作中，劳动者合作社完全克服以上几点问题非常困难，因此无法成为股份有限公司的一般性替代方案。

无股东的企业2：供给者或债权人作为所有者的企业

供给者的同质性

在产业资本主义中，作为生产基础的土地、机械和设备等生产资料可以同时为企业提供资本。当土地富含石油和金、铀等贵金属时，或土地富含某种重要的生产原材料时，存在供给者作为企业所有者的企业形态。比如，在产油国家，蕴含丰富原油的土地属于国家所有，原油生产企业的所有者亦为国家。原油生产企业沙美石油公司（Saudi Aramco）和墨西哥国家石油公司（Pemex）便是分别由沙特阿拉伯政府和墨西哥政府100%持有的国有企业。[⑪]

供给原材料和服务的供给者作为企业所有者时，供给者为企业提供包括现金和实物在内的资本金，负责企业运营的同时承担所有收益不确定性和经营风险。如果像个人所有的公司一样，供给者作为企业所有者的职能和作为供给者的职能不分离，在优先支付完劳动者工资和债权人利息等其他企业利益相关者的部分后，剩余利润用来支付供给者提供实物的款项。因此，供给者需要承担不同的经营业绩造成的款项不确定的压力，作为企业所有者不是那么轻而易举就能成功。在大多数供给者作为企业所有者的公司，供给者作为供给者的职能和供给者作为企业所有者的职能通常分离，供给者作为企业供给者的利益和其他企业利益相关者一样受到同等保护。比如，韩国的首尔牛奶公司和美国的新奇士公司（Sunkist Growers）便是这种模式。在这两家公司中，供给者在履行对所有利益相关者的债务支付和利益分配后，剩余利润用来支付供给者的款项和分红，当企业出现亏损时，供给者的出资额减少并承担所有者责任。

　　首尔牛奶是韩国乳业第一品牌，拥有近一百年的历史，由生产牛奶原料的畜牧业供应商出资成立的、供给者作为企业所有者的企业。[118]首尔牛奶公司的业务范围包括乳制品的生产和销售、包含牛奶原材料采购在内的经营业务和为社员提供存款和贷款业务的信贷金融板块。2013 年首尔牛奶公司的员工总数为 1994 名，销售额高达 16775 亿韩元，是劳动者合作社发展成为大企业的成功典范。首尔牛奶公司养殖 5 头奶牛以上的奶农社员必须出资不低于250 万韩元，截至 2011 年年底，首尔牛奶公司的员工总数为 1830名。2013 年首尔牛奶公司的纯利润规模为 326 亿韩元，其中作为分红分配的纯利润为 190 亿韩元，分红总额的 70% 根据社员的业绩分配，30% 根据出资额比例分配。[119]也就是说，首尔牛奶公司因为是合作社性质，"按劳分配"的规模是"按资分配"规模的两倍。

　　新奇士公司是全球历史悠久、声誉卓著的果农合作社，由种植柑橘和柠檬的果农成员拥有及管理，亦只有他们才具有资格晋身董事会。[120]由供给者提供资本成立的公司形态大多是合作社模式。

首尔牛奶是由位于首尔市、京畿道、仁川市和江原道的奶农成立的供给者（生产者）合作社，新奇士公司是由位于美国西部加利福尼亚州和亚利桑那州的柑橘柠檬等果农成立的供给者（生产者）合作社。这些由供给者作为企业所有者的企业之所以可以取得成功，是因为原材料供应在生产中占据重要位置，而且原材料供给者具有同质性。首尔牛奶的 2000 余名奶农虽然在奶牛养殖规模和品质上存在细微差异，但由于大多集中于同一地区，具备奶农供应商的同质性。

但是在一般制造业中，原材料和中间材料品种多样，供给者之间不具备同质性，且位置较为分散，因此在一般制造业中成立由供给者作为企业所有者的企业非常困难。比如汽车行业，需要的汽车发动机、车身、电子装备、电气装备、玻璃和轮胎等原材料和零部件多达数千种，手机行业中需要的半导体、液晶屏、摄像头和电池等原材料和零部件多达数百种。在这种情况下，几乎不可能保证供给者的同质性，而且也很难成立由供给者作为企业所有者的企业。可见，供给者作为企业所有者的企业仅局限于个别存在供给者同质性的行业和产业。

债权人作为企业所有者的可能性

那么，如果不使用股东资本，而全部使用负债资本成立公司，由债权人作为企业所有者是否存在可能性呢？成立企业必需的基本资金"出资额"在企业清算之前不会返还出资人。而负债资金的属性是规定在一定时期内必须连本带利归还，因此由债权资金作为企业基本"出资额"的可能性不存在。如果债权人要成为企业所有者，除了债权资本外，需要另外认缴企业资本金。最终债权人既作为企业的债权人又作为企业的出资人，从而成为企业所有者。个人企业由企业所有者出资注册公司，企业所有者的个人资金也可能借给公司使用，从而企业所有者同时成为企业债权人。

债权人作为企业出资者成为企业所有者时，必须优先处理其他利益相关者的利益。债权者应该优先支付劳动者和供给者的工资与款项，剩余利润方可用来支付负债资本的本金与利息，因此本金和利息的支付具有不确定性。当利润规模大时，可以按照约定获得利息，而且剩余利润归于作为企业所有者的债权人。然而当利润规模小或者出现亏损时，可能无法获取约定的利息或根本无法获得利息。

利息支付可以根据经营业绩增多或减少的债券不是一般意义上的"原始债券"，而是一种完全不同的"变相债券"，利息额随着公司经营业绩变动的"变相债券"与分红随着公司业绩变动的股份有限公司的股权是同一性质的资本。"变相债券"和股权的区别在于本金是否偿还，"变相债券"本质上是债券，必须偿还本金。

即使企业没有充足的资金，无法偿还本金，债权人也无法为该公司申请破产，结果债权人的立场接近于股东立场。无法偿还利息的债券被称作"永久债券"，永久债券是一种不规定本金返还期限，可以无限期地按期取得利息的债券。[20]永久债券的持有者除因发现公司破产或有重大财务事件外，一般不能要求公司偿还，而只能定期地获得利息收入，实际上这种债券已失去了一般公司债的性质，并且具有股票的特征，因而有人认为这是一种最彻底的公司债。在美国有一种期限为数十年甚至百年以上的公司债，也可认为是一种变相的永久公司债。永久债券虽然没有期限，但和一般债券一样必须支付利息。如果永久债券根据公司经营业绩支付不固定的利息，实质上与股票没有区别。

在股份有限公司，债权人也有时承担公司所有者的角色。当公司陷入经营困境无法偿还债权人本金和利息时，债权人成为公司所有者。当债权人判断出公司有潜力扭亏为盈，债权人可以延后本金与利息的支付期限，开始进入企业改善的程序。当企业进入改善程序，股东的所有权利终止，减持或完全撤出现有的股东资本，改由债权人作为企业所有者对经营负责。在企业改善程序中，债权人也可能将债权的一部分或全部转换为股权，变身为公司股东。但是债权人从最开始毕竟是以本息偿还为目的的投资人，因此变身为股东是债权人最后不得已的选择。

当债权人成为企业所有者时，公司债变成本金与利息均具有不确定性的"变相债券"，"变相债券"与股票一样具有同样不确定的收益结构，而且债权者对公司的剩余财产具有处置权，最终债权资本与股东资本性质一致。而债权人作为企业所有者的企业最终与股份有限公司性质相同，并最终接受股东资本，这在理论上是相悖的，不具备现实的可操作性。

在仅存在负债资本的体制下，企业必须追加资本或需要从其他债权人那里筹措资金。假设追加资本通过银行贷款来筹措，此时，在无股东资本的体制下，银行也无法拥有股东资本，可以为银行成立提供所需资本的只有国家。政府用国家资本设立银行，银行重新向企业提供国家资本的企业形态只在社会主义社会存在。在资本主义体制下，国家持有银行，银行持有企业，最终是国家持有多数企业，这种体制被称为国家资本主义。

无股东的企业 3：国家作为所有者的企业

国有企业

除劳动者、供给者和债权人之外，企业的主要利益相关者之一为社会，或者说国家。国家作为企业所有者的企业称为"国有企业"或"公立企业"。国有企业根据国家持有企业的不同动机分为四大类。第一类为国家直接成立的公共性高、无法交由市场完成的国有企业。第二类为经营收益性小但属于国家经济和社会必需的产业领域，私营企业无兴趣从事或私营企业没有能力进行大规模投入，必须由国家直接投入并运营。第三类是由国有企业从事收益性行业并参与市场竞争的国家资本主义。国家资本主义是兼容资本主义和市场经济，兼容私营企业和国有企业，并将国有企业作为政治需要或扩充国家财政的必要手段，与所有企业属于国家的社会主义有本质区别。第四类是所有企业归国家所有并运营的、排斥资本主义与市场的共产主义体制下的国有企业。

韩国设立的第一类国有企业有韩国电力公社（KEPCO）和韩国铁路公社（KORAIL），这两家企业所在的业务领域具有较高的公共性，无法交给自由市场完成，因此由国家出面成立国有企业作为运营主体。韩国电力公社虽然是上市公司，但也是政府持股 51.1% 的国有企业。电力作为国民生活必需的基本要素产品，必须保证供给的稳定性和公共性。另外，如果全部由国家投入，将给国家财政带来巨大的负担，同时不利于企业效率的提高。通过在证券交易市场挂牌上市，扩大私有资本投资，同时引入市场竞争提高企业经营的效率，而且国家持有企业 50% 以上的股份，通过掌握企业经营控制权确保公共性。

第二种类型的国有企业在韩国有浦项制铁、国民银行和友利银行，第二类企业为国家经济和社会必需的领域。浦项制铁 1968 年成立之初为国有企业性质，当时制铁业是国民生活中的必需产业，但需要大规模资本的投入，因此由国家进行直接投资并实施垄断经营。2000 年，随着企业民营化的推进进程，国家股份转让给一般投资者，浦项制铁不再属于国有企业。国民银行在最初成立时也是国有企业，20 世纪 60 年代一般民众在银行很难贷款，为了给广大民众提供便利，1963 年国家出资成立国民银行，并于 1967 年设立了韩国住宅金库为民众提供住房贷款，韩国住宅金库为韩国住宅银行的前身。之后随着贷款进一步市场化，国民银行和住宅银行实行民营化，合并成为现在的国民银行。

友利银行于 2002 年由韩光银行更名而来。外汇危机时，当时韩国的私有银行商业银行和韩一银行濒临破产边缘，但因为银行具备公共性质，国家不可以任由其破产，所以最终由国家投入公共资金将两家私有银行合并，于 1999 年成立韩光银行，2002 年更名为友利银行。持有友利银行 100% 股份的企业为友利金融控股集团，该集团是国家持股 57% 的企业。然而友利银行的业务和领域与其他商业银行没有不同，政府继续持有友利银行的股份不再是必需条件，最终友利银行也将实行民营化。

第三类国有企业在资本主义市场经济体制下比较少见，从事的领域虽然具有营利性，但通常出于巩固国家财政的目的而设立。韩国在过去计划经济时代，出于巩固国家财政的考虑，直接投资烟草和人参业务。国家附属机构专卖厅自 20 世纪 50 年代开始进行烟草和人参的垄断经营。随着烟草市场的开放，市场竞争愈加激烈，1989 年，国有企业韩国烟草人参公社成立，1997 年韩国烟草人参公社改制为股份有限公司，1999 年在证券交易市场上市，2002 年全面实行民营化，更名为 KT&G 公司。韩国开始实行市场经济之后，政府渐渐退出垄断经营领域和高营利性的市场竞争领域。

国家资本主义

作为第三类国有企业类型，国家参与营利性高的竞争性行业以扩大国家财政的体制，被称为"国家资本主义"。国家资本主义与共产主义的区别在于，国家资本主义积极利用股东资本，兼容竞争性的市场经济体系，而共产主义体制下所有企业归国家所有。当然，资本主义市场经济国家中也有国家垄断经营公共领域业务的情况，资本主义市场经济和国家资本主义的界限不是非常明显。但是，实行国家资本主义的国家"不是将市场看作为个人提供机会的发动机，而是将市场看作为国家利益和统治阶层利益服务的手段"，这一点与市场经济明显不同。[12]

实行国家资本主义的代表性国家有俄罗斯和各个产油国。俄罗斯最大的企业是俄罗斯天然气工业股份公司（Gazprom），也是国有企业。沙特阿拉伯的沙特基础工业公司（SABIC, Saudi Basic Industrial Corporation）、墨西哥国家石油公司、委内瑞拉国家石油公司（PDVSA, Petroleo De Venezuela S. A.）、马来西亚国家石油公司（Petronas）、哥伦比亚国家石油公司（Ecopetrol）、巴西国家石油公司（Petrobras）等原油和炼油企业均为国有企业，并同时是各国最大的企业。[123]这些企业生产的石油与天然气均为自然资源，由国家直接投资并实行垄断性经营，从而作为扩大国家财政的手段。

除了与天然资源相关的业务之外，银行归国家所有的情况也常见。俄罗斯最大的银行俄罗斯联邦储蓄银行（Sberbank）和第二大银行俄罗斯外贸银行（VTB Bank），巴西第二大企业兼最大银行巴西银行（Banco De Brazil），印度最大的银行印度国立银行（State Bank of India）等全部是国有银行。但这些银行全部是一般性的商业银行，并不是在某种特定背景或需要下设立的特殊银行。韩国的产业银行和友利银行也是国有银行，产业银行通常是为了配合国家产业政策而设立的特殊银行，在实行国家资本主义的国家，国家以提高财政收入为目的而拥有产业银行具有不同意义。而友利银行是由国家在外汇危机时期募集公共资金收购破产的商业银行重组而成。

国家资本主义存在的问题

在国家资本主义体制下，政府同时作为市场秩序的制定者和市场竞争的参与者，必然存在各种利益冲突。或者说，政府既扮演运动选手的角色，又担任裁判角色，很难实现公平公正的竞争环境。而且国有企业即使在国内市场竞争中胜出，也很难在世界市场竞争中发展成为有竞争力的跨国公司。如俄罗斯等国家资本主义体制国家中，除了原油和天然气等资源开发业务，没有具备世界竞争力的企业。

国家资本主义存在的另一个问题是，当国有企业和民营企业利益发生冲突时，国有企业的利益得到优先保障，民营企业很难享受到发展成为大规模企业的公平机会。另外，在国有企业占据主导地位的现实背景下，民营企业在人力资源和资金筹措方面处于弱势地位，竞争机会不均衡。洛桑国际管理学院《世界竞争力年度报告》关于公平竞争方面的评价，俄罗斯排名第56位，倒数第4。

国家资本主义国家最严重的问题是，企业经营的不透明性和腐败滋生问题。透明国际（TI，Transparency International）调查的2011

年国家腐败感知指数显示，实行国家资本主义的国家腐败问题较为显著。将腐败放在国家层面进行考量，政府官员兼任企业管理人员情况较为严重的俄罗斯排名第 143 位，综合排名可以大体反映各个国家的腐败程度。国家资本主义仅限于资源开发产业的国家腐败程度同样显著。巴西国家腐败认知指数排名第 73 位，墨西哥排名第 100 位，排名第 172 位的委内瑞拉腐败程度尤为严重。[124]洛桑国际管理学院公布的《世界竞争力年度报告》显示，关于政府受贿及腐败的调查项目，俄罗斯排名第 57 位，巴西排名第 53 位，委内瑞拉位列第 59 位，倒数第一。[125]

国家资本主义国家的企业经营透明性也显著偏低。《世界竞争力年度报告》显示，关于企业会计和审计正当性的调查项目，俄罗斯排名第 54 位，倒数第 6。[126]透明国际 2012 年以市值总额为基准对 105 个上市公司的企业年报透明性进行调查，俄罗斯的国有企业排名末位。其中，俄罗斯最大的企业和国有企业俄罗斯天然气工业股份公司排名第 98 位。[127]

国家资本主义国家大多是由于社会文化原因容易滋生腐败现象的发展中国家，很难判定腐败滋生源于企业经营无法做到透明化，还是源于政治权力和经济权力结合的国家资本主义特性。但是，在威权主义政治体制下，通常不存在可以制约政治权力的社会机构。拥有政治权力的政府和政治指导者同时拥有经济权力，从而不可避免地滋生市场腐败。

俄罗斯现任政府官员同时兼任国有企业高管的现象非常普遍。俄罗斯前总统梅德韦杰夫在担任副总理时，曾兼任俄罗斯最大企业俄罗斯天然气工业股份公司的董事长，他的继任者是当时任国务总理的维克托·祖布科夫（Victor Zubkov）。俄罗斯总统普京任总理时，曾担任俄罗斯国有银行 VEB 对外经济银行的董事长，副总理谢琴（Igor Sechin）也曾担任俄罗斯国家石油公司（Rosneft）的董事长。而且俄罗斯的政府官员兼任国有企业首席执行官的例子不胜枚举。[128]拥有最高权力的政客同时担任俄罗斯大企业经营者的结构成为俄罗斯腐败的温床。

　　韩国的浦项制铁和韩国最大的电信公司 KT 本是国有企业，2000年浦项制铁实行民营化，2002 年 KT 电信公司实行民营化，韩国政府不再持有二者的股份。但是，每当政权发生更迭时，企业的高管都会因涉嫌行贿被带走调查，而企业高管的位置将由某位与现任政府有关联的重量级人物取代，进而陷入一种恶性循环，公立企业民营化后并没有变成真正的私营企业，似乎仍然停留在公立企业阶段，被人们讽刺为"民营化的公立企业"。[12]浦项制铁在实行民营化改制很长一段时期内，依然保持着公立企业时代的惯例与人脉网，KT 电信公司作为政府管制企业，政治圈在企业高管任命方面依然非常有影响力。韩国是实行民主政治体制的国家，国有企业民营化改制已逾十年，政企之间却依然维持如此复杂的局面，而实行国家资本主义和极权主义的国家，国有企业腐败问题更可想而知。

国家资本主义灵活运用股东资本

　　虽然实行国家资本主义的国家面临诸多腐败问题，但被称为"金砖四国"（BRICs）[13]的新兴市场国家巴西、俄罗斯、印度和中国近几年保持了较高的经济增长率。2000 年到 2012 年，中国、俄罗斯、巴西的年均经济增长率分别为 10.0%、5.2% 和 3.4%，远远领先于同期世界年均经济增长率 2.7%、同期美国年均经济增长率 1.9% 和欧盟年均经济增长率 1.5%。2008 年全球金融危机之后，从 2008 年到 2012 年，世界经济陷入持续停滞局面，美国的年均经济增长率为 0.8%，英国的年均经济增长率为负 0.6%，欧盟国家的年均经济增长率为 -0.2%。但实行国家资本主义的国家却在世界经济一片停滞中实现了较为显著的经济增长。其中俄罗斯年均经济增长率为 1.9%、巴西年均经济增长率为 3.2%。[14]

　　大多数国家资本主义国家的国有企业可以综合运用国家资本和股东资本。俄罗斯国有企业摩根士丹利资本国际指数的比重为 62%，巴西为 38%。英国著名的国际性金融媒体《金融时报》（*Financial*

Times）以总市值为基准评选世界 500 强上市公司，入围的俄罗斯企业有 4 家，总市值仅占全体总市值的 0.4%，2012 年入围的俄罗斯企业增加到 10 家，总市值在全体总市值的占比提高到 2.1%。而入围 2002 年《金融时报》世界 500 强企业的韩国企业有 6 家，总市值占全体总市值的 0.7%，2012 年入围 500 强的韩国企业仅有 8 家，总市值在全体总市值的占比为 1.5%。以上数据的比较结果显示，实行国家资本主义的俄罗斯在过去十年非常灵活地运用股东资本和股票市场。

股东资本之外的选择

现实的对策与制约

在不排斥股东资本的前提下，该如何克服股东至上经营的问题呢？这一问题的现实解决方案当属共同决策模型，而排斥资本的现实解决方案是合作社。

共同决策模型下，劳动者和股东共同参与监事会并行使监督董事会的职能，从而克服股东至上的经营模式。但是，共同决策模型不是"为了所有利益相关者的利益"，而是"为了劳动者和股东利益"的经营体制，本质上和股东至上主义经营一样，依然无法克服以特定当事人利益为中心的问题。另外，以制约和监督管理层为目的设立劳动者和股东结合体监事会，对监事会本身的管理和监督也是一项未决的课题。尽管如此，共同决策模型在很大程度上克服了股东至上主义经营等股东资本的弊端，因此被积极推荐为一种现实可行的解决方案。但由于这种模式没有对股东资本进行否定，而是采纳积极包容的态度，因此本质上并未脱离股东资本主义的大框架。

与此同时，排斥股东资本的合作社模型虽然没有在全世界范围内取得全面成功，但取得了一定成果，可以作为现实解决方案进行探讨。其中，劳动者合作社将劳动者和资本家统一起来，从理论上克服了股东资本主义下劳动与资本的矛盾。而生产者合作社或供应者合作社等也可以克服股东资本的矛盾。但合作社模型仅仅是将股东资本主义下的股东资本替换为劳动者资本、生产者资本、供应者资本，无法克服资本本身的属性。另外，合作社模型在现实中探索成功还有很多问题需要克服。合作社成员必须认同共同体价值观并扩大文化上和政治上的同质性，而且以劳动者为代表的合作社社员必须克服出资资本规模的限制。合作社作为股份有限公司的替代方案，采用一般企业模式进行，实行劳动者资本或合作社社员资本替代股东资本的经济体制，但很多现实的困难和制约因素决定了目前合作社模式很难替代股份有限公司的企业形态。

　　替代股东资本的另一项选择是国家资本。目前俄罗斯等国家资本主义在国家资本的基础上，同时将股东资本作为额外的资本手段。这些国家的国家资本主义体制下，政府拥有大多数企业的同时，广泛允许私营企业存在，国有企业同样参与一定的市场竞争。另外，灵活运用股东资本，部分实行以股东为中心的经营体制，可以称作是股东资本主义的变形。共同决策模式、合作社模式和国家资本模式并非完全排斥股东资本，而是以混用或结合股东资本的变形形式运营。完全排斥股东资本的模式只有社会主义，通常主义不允许个体或私营企业存在，所有企业必须由国家成立并归国家所有，社会主义体制不仅排斥股东资本，也完全排斥资本本身。社会主义无法成为现实解决替代方案的事实已经逐渐明确，社会主义不仅否定股东资本，同时否定资本本身和市场本身。

为了批判而批判

　　在此，有必要重新审视对股东资本的批判。批判是必要的，可以为现有的制度弊端提供改善的契机。任何一种制度都无法做到完美无缺，随着社会结构和环境的变化，制度也需要跟上社会和环境变化的步伐。批判并不应仅仅对现有体制进行否定，同时提出解决方案或探索方向的批判才是有意义的批判。

股东资本主义批判者提出的克服股东资本和股份有限公司问题的方案无法成为普遍化的方案。虽然可以从一定程度上缓解资本和劳动的矛盾，但其他利益相关者之间的矛盾依然存在。另外，虽然可以将以股东为中心的经营转变为以劳动者为中心的经营，但依然不可能实现所有利益相关方的平等关系。虽然可以说股东是少数，劳动者占多数，但是"少数"是拥有控制权的大股东和企业所有者，不是指大多数的小股东。大多数股份有限公司中，小股东像劳动者一样多。劳动者获取劳动工资，小股东获取投资收入，二者存在本质不同。劳动者合作社是克服资本主义矛盾的一项重要尝试，但不管是劳动者出资，还是股东出资，资本的本质属性不会发生改变，如果将特定的企业形态批判为资本属性和矛盾的根源，将有失公允。

股东资本主义的批判者认为股东资本主义的核心问题在于投机性的短期投资或短期功利主义经营，以及股东至上主义经营，并指出这些问题是由股东资本主义本性决定的。但是，应该区分股东的形式问题和股东资本主义的本质问题。形式问题可以通过制度改革解决，但股东资本的本质问题，可以通过股东资本的替代资本得到一定程度的缓解。然而，不管采用何种特定的经营模式，何种特定的公司制度，何种特定资本，只是存在程度上的差异，并不能从根本上避免资本以特定当事者为中心的一般属性。资本和资本主义的本质是"私有"，不管是何种方式的私有，以私有者为中心的属性不会改变。如果可以提出方案或制度解决排他的、利己的私有矛盾，那么对股东资本主义的批判才有意义。

对股东资本的批判大多停留在为了批判而批判的水平，韩国的一部分"论客"和经济学者对股东资本的批判在探索股东资本问题解决方案方面没有任何帮助。股东主体、私有方式和企业形态多种多样，在认可资本本身的前提下，资本的形式只有"自己的钱和别人的钱"两种，即股东资本和负债资本。替代股东资本的只有负债资本，但对国家和企业来说，不管从哪个立场上考虑，负债资本都可能比股东资本存在更多问题。但对股东资本主义的批判集中于对股东资本的批判，没有对负债资本的批判。集中于股东资本的批判并非是建议以负债资本替代股东资本，也并非主张负债资本优于股东资本，也并非否定资本主义。但是，如果批判股东资本主义的同时没有提出替代方案，将走向否定股东资本和最终否定资本主义的理论结果。由此看来，与股东资本本质属性相关的批判，与批判者的批判意图无关，不是对股东资本的批判，而是对资本本身和资本主义批判的一种方式。

一部分"勇敢的"左派知识分子在批判股东资本的同时，将劳动者为企业主人的企业和社会主义作为解决方案。首先，必须尊重他们的理念和信念，但在韩国实行社会主义，除非股东资本和股东资本主义在世界范围内走向彻底失败，或者发生推翻资本主义体制的革命。也许在将来有可能会发生推翻资本主义的革命或者资本主义自己走向灭亡，但目前不存在这种可能性。

2008 年全球金融危机爆发后，资本主义国家纷纷以此为契机针对资本主义弊端进行反省并努力探索解决方案，全球资本主义并非如同资本主义末日论宣称的走向毁灭。但针对资本主义的批判和对资本主义替代方案的探索是防患于未然的必经之路。历史经验已经证明共产主义和社会主义虽然可以满足一部分人的信念和热情，但对绝大多数人来说，共产主义是非现实的方案。俄罗斯总统普京曾经说过"如果有人不后悔苏维埃联邦解体，那么这个人是没有良心的人，如果有人希望重回苏维埃联邦的过去，那么这个人是没有头脑的人"。[132]可见实行国家资本主义的俄罗斯没意愿回归过去的社会主义，而是对市场经济和资本主义采取包容态度。

目前资本主义这艘巨轮触了暗礁，船底出现小洞开始渗水，已经处于沉没的边缘。虽然中途驶来"合作社号"救生艇，但老人和孩子先上船，依然不能解决所有乘客的换乘。只能暂时先把漏洞堵上安全靠岸后一面维修一面探索新的替代方案。

第四章　韩国经济是否在衰退中摇摇欲坠?

外国的股权资金和负债资金

资本可以分为股权资本和负债资本，而进入韩国的外国资金也可以分为股权资金与负债资金。首先，股权资金通过三种途径进入韩国，第一种为外国人在韩国股票市场购买上市公司股票而流入的资金，第二种为韩国企业在海外市场发行股票而筹措的资金，第三种为外国人对韩国企业进行直接投资而流入的资金。负债资金通过五种途径进入韩国，第一种是韩国的金融公司从海外金融市场借债筹措资金，第二种是韩国企业从海外金融公司借债筹措资金，第三种情况是韩国企业在海外证券市场发行债券筹措资金，第四种是外国投资者在韩国证券市场买入债券而流入的资金，最后一种为韩国政府在海外发行国债募集到的资金。通过以上八种不同途径进入韩国的外国资金在性质上差别巨大。一般来讲，认为股权资金与负债资金相比不够安全的观点不在少数，但是事实并非如此。以下将站在韩国的立场上分别讨论哪一种资金最长期、最稳定、最安全。

三种类型的股权资金中，最长期最稳定的资金是韩国企业在海外发行股票筹措的资金。股票与借款不同，发行股票的公司是不需要向购买人偿还本金的，因此在海外通过发行股票筹集到的资金，在上市公司存续期内，将一直留在韩国。以 SK 电讯（SK TELE-COM）和 KB 金融集团为例，它们在纽约证券交易所发行股票募集的资金就属于上述情况。外国投资者对韩国企业进行直接投资而进入韩国的资金属于股权资金中排名第二的长期资金。美国通用汽车收购韩国大宇企业,印度汽车马恒达(Mahindra)收购双龙汽车都属于外国投资者的直接投资。这类资金以拥有和经营韩国企业为目的,因此这些国外直接投资资金将留在韩国,直到企业发生变卖和清算。外国股市资金中最短期的资金是外国人在韩国股票市场上进行交易的资金,股市交易的频繁性决定了这部分资金可以随时离开韩国。对外国人投资的非议正是来源于该部分资金的短期性和投机性。

通过第五种途径进入韩国的外国负债资金中,最长期的资金是韩国企业在海外通过发行债券募集的资金。能够有资格在国际金融市场发行公司债券的企业一般信用度较高,债券期限较长,这部分资金将留在韩国,直到债券期满。通过外国人在韩国国内债券市场投资债券而进入韩国的资金可以在期满之前自由卖出,因此资金停留韩国的时间短于韩国企业在海外直接发行债券募集的资金。韩国企业向海外银行的借贷期限通常短于直接发行海外债券的债券期限,而金融机构之间的拆借通常为短期资金,因此韩国金融公司从海外金融机构借入的资金期限比韩国企业向海外银行借贷的资金期限更短。再来看政府在海外发行国债而借入的资金,由于这类资金以扩大外汇储备为目的并持有外国货币或外国证券,因此在韩国国内市场直接供应资金方面存在很多局限性。1997年外汇危机时,由于外国资金迅速抽离韩国,韩国的外汇储备量急剧减少,[①] 韩国政府在外国发行国债扩大外汇资金便是应对之策。[②] 另外,外汇危机时韩国政府从国际货币基金组织获得国际金融支持从而扩大外汇储备的情况,也属于政府通过外国负债筹措资金的类型。2008年金融危机时期,韩国银行与美国的中央银行美国联邦储备委员会(以下简称美联储)进行韩元和美元的货币互换(currency swaps)来巩固外汇储备,货币互换指为降低借款成本或避免远期汇率风险,将一种货币的债务转换成另一种货币的债务的交易。韩国银行与美联储进行的货币互换业务实质上是一种政府的海外借贷。[③]

外国的股权资金和负债资金的八种类型中,对于韩国来说最长期、最稳定的外国资金类型是通过发行海外股票筹措的资金和通过外国人直接投资获取的股权资金。韩国企业在海外发行债券而筹措的负债资金，虽然不如前面两类股权资金期限长，但比起其他几类股权资金和负债资金，属于相对较为长期的资金。而其他进入韩国国内股票市场的外国资金和韩国企业以及金融公司在海外借贷的负债资金中，比较哪一个更长期哪一个更稳定，无法轻易下结论。一般来讲，通过股票市场进入韩国的外国资金属于期限最短的投资资金，比起通过股票市场进入韩国的外国资金，通过金融机构进入韩国的外国负债资金被公认为是一种更稳定的资金。以下将对这两种类型的资金进行比较。

1997 年外汇危机时期，外国股票投资者迅速将手中的韩国股票抛售并撤离韩国，从而在一定程度上加剧了外汇危机，因此更加强化了人们对外国资金的负面认识，从此贴在外国投资者股市资金头上的"短期的投机性资金"的标签很难被撕掉。股权资金可以随时被抛售并回收投资资金，因此即使是股权资金进行长期投资，也随时可以变成短期投资行为。与此相反，负债资金必须在期满后才可以回收投资本金，因此比股票更加长期，更加稳定。而且在公司经营不出现问题，韩国经济正常发展的前提下，在负债资金期满后，可以再次延期，这些因素都提高了负债资金更加长期稳定的可能性。当然，不是说外国负债资金一定比外国股市资金长期稳定，因为通过股票市场进入韩国的外国股市资金中也有相当一部分是以长期投资为目的的资金，负债资金中比股权资金期限短，不满一年期的情况也不在少数。尤其是当企业经营状况不佳或总体经济形势进入衰退期时，投资者判断企业远期偿还能力降低或投资风险增大时，将及时回收本金并不再办理延期业务。总而言之，站在韩国立场上来看，无法断言外国负债资金一定比外国股市资金更长期更稳定。

在总体经济发展的繁荣期和企业经营发展的稳定期，资金的安全性和长期性特性不会凸显，因此很难做出判断。不管是哪一种类型和特性的资金，在经济繁荣期都没有理由离开投资市场，但一旦经济出现衰退或危机,资金的特性和本质便暴露出来,如同路遥知马力,日久见人心的道理。在外国股市资金和外国负债资金二者之间,为了更准确地判断哪一个对韩国来说更长期更稳定,笔者决定对1997年外汇危机时期和2008年金融危机时期韩国的外国股市资金和负债资金各自停留或离开韩国的情况展开详细分析。

1997年外汇危机下的外国资本

股权资金可以随时在股票市场进行交易并回收投资资金,但负债资金只有在期满时才可以回收投资资金,因此在外汇危机等极端的经济情况下,股权资金可以快速撤离韩国。上述情况是一般人的常识性认识,但实际情况却并非如此,外汇危机时期,实际上离开韩国的外国股权资金要少于负债资金。而且随着韩国外汇危机的缓解,外国股权资金反而重新进入韩国并以高于外汇危机之前的水平大幅增长。而外国负债资金不仅没有在韩国完全脱离外汇危机时重返,反而持续撤离韩国。

外国负债资金

外汇危机发生之前的1996年,韩国海外负债中95%为民间借贷,政府和韩国银行海外借贷的公共部分只占5%。但是,外汇危机发生后,民间借贷急速减少,公共借贷部分比例上升。随着韩国外汇储备量不足的情况日益恶化,国家一度处于破产边缘,韩国政府和韩国银行向国际货币基金组织、世界银行等国际机构紧急申请大规模贷款,政府在海外直接发行债券筹措外汇。民间负债减少的同时,公共部门的海外负债急剧增加,在外汇危机发生后不久,1998年韩国公共部门的负债占全部海外负债的30%以上。与此同时,公共部门的海外负债带有紧急救助金的性质,主要以稳定外汇储备为目的,因此不在市场上流通。本章中针对外国负债资金情况的说明,将只讨论民间负债情况,不包含公共部门的部分。

　　在外汇危机爆发的 1997 年 9 月，韩国民间的海外借贷达到历史最高值，为 1639.3 亿美元。但是，随着危机的蔓延，截至 1997 年 12 月，仅仅三个月的时间，韩国民间海外借贷减少了 193.5 亿美元，缩水比例为 11.8%。1997 年 12 月初，尽管国际货币基金组织决定为韩国提供救助贷款，但是危机不仅没有得到控制，反而进一步恶化。直到 12 月 24 日，G7 国家公布直接向韩国提供 80 亿美元的救助方案，与此同时国际货币基金组织宣布开始进入救助金贷款实际执行阶段，外汇危机在韩国的蔓延才得到控制，渐渐呈现稳定态势。外汇危机的局面虽然趋于稳定，但外国负债资金随后却持续撤离韩国。1998 年第一季度，外国负债资金继续减少 116 亿美元，从外汇危机爆发到 1998 年末，共 270 亿美元撤离韩国，撤资比例达到 28.3%。2001 年 8 月，随着韩国全部偿还了国际货币基金组织提供的国际救助贷款，韩国实际结束了外汇危机，但外国负债资金仍在持续减少，截至 2001 年，共计 657 亿美元撤离韩国，与危机刚刚爆发的 1997 年 9 月相比，撤资比例高达 40.1%。[④]

　　债券契约中规定，债务人在债券期满前没有偿还债权人本金的义务，债权人也不得在债券期满前撤回本金，除非有特殊的偿还约定。但是，在韩国外汇危机发生后，外国负债资金却发生了大规模撤离，究其原因，是韩国外汇危机发生时，近半数的负债资金是期限不满一年的短期债券。[⑤]外国短期负债资金在外汇危机发生后三个月之内，撤离了 20.8%，截至 1998 年 12 月末，50.8% 的外国负债资金撤离韩国，也就是说，撤离韩国的外国资金不仅仅是短期负债资金。[⑥]首先，来看看短期负债的情况，截至 1998 年 12 月末，短期负债资金规模缩小了 408.9 亿美元，韩国民间海外负债总规模缩小了 463.6 亿美元，大多数的短期负债资金离开韩国。截至外汇危机结束后的 2001 年末，短期负债规模缩小了 401.8 亿美元，与此同时，韩国民间海外负债减少了 657.5 亿美元。因此，这意味着不仅仅是短期负债，长期负债中也有相当大的比例撤离韩国。[⑦]总之，在外汇危机蔓延期间，共计40%的外国负债资金撤离韩国，在外汇危机爆发初期，撤离韩国的外国负债资金主要是短期负债资金，但在危机进入稳定阶段之后，短期负债资金呈现稳定态势的同时，长期负债资金却持续撤离韩国。也就是说，不管是长期负债资金，还是短期负债资金，之前从海外进入韩国的资金中，有相当一部分撤离了韩国。

外国股市资金

韩国自1992年开始向外国投资者开放股票市场以来，外国资金大量流入韩国股市。外国投资者在股票交易市场的股价市值投资比例在1997年8月达到历史最高值，1997年9月随着外汇危机爆发，外国投资者开始撤离韩国股票市场。但是，很难找到资料来考证股市资金在外汇危机期间撤离了多少。韩国金融监督院发表了一份关于外汇危机之后外国投资者动向的报告，但因为是全年资料，无法反映出外国股市投资资金在危机发生之后的快速反应情况。[8]另外，韩国银行每月会公布外国股市资金的美元进出入数据，但由于该数据显示的是美元规模，在外汇危机当时，汇率急速上升，股价急剧下跌，该项数据仍然无法准确反映进出股票市场的外国资金的规模。[9]

最容易反映外国股市投资状况的数据是股票交易所公布的以总市值为基准的外国人比重。通过总市值比重的增减可以判断出外国投资者在股市的进出和买卖情况。但是，这个数据不反映股市价格的变动，因此无法代表外国股市资金进出韩国的资金规模。也就是说，即使以总市值为基准的外国人比重增加，外国股市资金的实际规模也有可能收缩。因此，作为评定资金变动规模的方法，笔者假定外国投资者在外汇危机之后不离开韩国股票市场的情况下，计算出反映股价变动的外国人持有的股票总市值。通过外国投资者不离开韩国股票市场的推定值与外汇危机之后外国人实际持有的总市值之间的差异，推定外国股市资金进入和离开韩国股票市场的规模。[10]

通过以上方法得出结论，在外汇危机发生后的 1997 年 9 月到 1997 年 10 月一个月期间，外国资金离开韩国股市的比例为 7%。[11] 1997 年 11 月没有大的变动，12 月开始外国股市资金重新进入韩国股票市场，截至 1997 年 12 月末，反而比 1997 年 9 月末增长了 7.9%。[12]而外汇危机进入稳定阶段之后，股票市场的股价持续下跌，1998 年 6 月中旬降幅甚至超过 50%。[13]尽管韩国股价大跌，但外国股市资金在 1998 年持续进入韩国，截至 1998 年底，进入韩国的外来股票资金比外汇危机前增长了 78%。[14]

1998 年 6 月，韩国股价跌到最低点，以总市值为基准，当时外国投资者持股比例为 19.5%，而 1997 年 9 月外国投资者的持股比例为 13.7%。这意味着韩国投资者抛售的股票被外国投资者买入，外汇危机期间，离开韩国股票市场的不是外国投资者，反而是韩国本土的投资者。1998 年之后，外国股市资金仍然持续进入韩国股票市场，截至韩国全额偿还国际货币基金组织的救助金贷款并结束外汇危机的 2001 年末，外国股市资金比外汇危机刚爆发时增长了超过 5 倍。[15]综上所述，外国股市资金虽然在外汇危机爆发初期有一部分撤离韩国股市，但撤离韩国股市的资金规模较小，而且随着外汇危机呈现稳定态势并最终结束，外国投资者又重新回到了韩国股市。

外国投资者持有股票的总市值，从金额上统计，在 1997 年 6 月外汇危机爆发前夕刷新了历史最高纪录，从持股率上统计，于 1997 年 8 月达到最高纪录。[16]外汇危机之后，外国投资者股市资金撤离韩国股票市场最密集的时间开始于 1997 年 10 月末，以外国投资者持股金额最高值的 6 月为基准，这部分资金规模占比 5.3%，以外国人持股比例最高值的 8 月为基准，这部分资金规模占比为 9.0%。可以看出，不管以哪一个数值和时间点作为基准进行比较，在高峰期撤离韩国股票市场的外国投资者股市资金最高不超过总规模的 10%，而截至外汇危机结束的当年 2001 年末，外国投资者股市资金增长幅度超过 5 倍。[17]

判定外国股市资金在外汇危机时期有多少离开韩国股票市场的另一个方法是，在韩国银行公布的国际指数统计的基础上，结合韩国金融监督院在外汇危机之后公布的外国投资动向分析中关于外汇资金进入情况的统计数据进行分析。[18]股票市场开放以来，外国股市资金进入韩国的累计总额持续增长，于外汇危机爆发前夕的 1997 年 7 月末达到股票市场开放以来的历史峰值。这个累计总额在外汇危机发生后开始减少，但从 1998 年年初开始，随着危机局面逐渐趋稳，外国股市资金又重新返回韩国并呈现增长态势。以外国股市资金进入韩国的累计总额达到峰值的 1997 年 7 月为基准，外汇危机爆发的 9 月该金额减少 2.2%，10 月该金额减少6.3%，截至 11 月，该金额减少 10.2%。但从 1997 年 12 月开始，外国股市资金重新呈现上升态势，撤离韩国的规模降低到 8.4%，截至 1998 年 2 月，外国股市资金进入韩国的规模比历史最高值的1997 年 7 月还高出 6.3%。[19]1998 年 2 月之后，外国股市资金持续进入韩国股票市场，2001 年末，韩国全额偿还了国际货币基金组织的贷款，正式摆脱外汇危机，此时外国股市资金的规模比外汇危机之前增长了两倍。[20]

虽然以两种不同的方法推定外汇危机发生后撤离韩国的外国股市资金规模，但是得出的结果差异不大。在外汇危机爆发初期韩国面临国家破产的几个月期间，以外国人持股的总市值为基准进行推定，外国股市资金的撤资规模为 7% ~ 9%，以外国股市资金的流入额为基准进行推定，撤资规模为 8% ~ 10%。最终得出结论，外汇危机时期撤离韩国股票市场的外国股市资金规模最高约为 10%。另外，前面也提到过，在危机顶点过后，这部分资金不仅重新返回韩国而且资金规模超过外汇危机之前。

撤离的负债资金与回归的股权资金

1997 年外汇危机爆发后，外国股市资金和负债资金的变化情况如下。外汇危机早期，虽然外国股市资金和负债资金全部出现撤离韩国的情况，但股市资金的撤资比例远远低于负债资金。而且外汇危机从最糟糕的泥潭中抽身之后，外国股市资金开始重新返回韩国股票市场，比外汇危机发生时的规模更大，与此同时，外国负债资金却持续撤出韩国。以外汇危机发生当月即 1997 年 9 月末为基准，截至外汇危机的顶点时期 12 月，三个月民间部门的外国负债资金撤资比例为 12%，股权资金撤资比例为 7%～10%。[21]但是，从 1997 年 12 月末开始，随着外汇危机摆脱最糟糕的境地，外国股市资金开始重新进入韩国，与此同时，外国负债资金继续离开韩国，撤资规模持续扩大到 28%，但是，外国股市资金流入韩国的比例反而增长了 78%。

外国负债资金在外汇危机初期没有大规模离开韩国，而是在后期大规模离开，与期满回本的负债资本特征有关。1997 年 12 月外汇危机高峰期时，外国负债资本中有 80%～90% 期满撤离韩国，而继续延期借出的资金不过 10%～20%。[22]1997 年 12 月期间，由于到期的债券所占比重较小，因此外汇危机初期外国负债资金没有大规模撤离韩国，或者更准确地说，当时外国负债资金没能大规模撤离韩国。但是，1998 年以来，大量的债券期满，尽管外汇危机进入逐步稳定局面，但仍然有大量的外国债券资金在期满后就没有续约，而是持续撤离韩国，截至 2001 年底韩国彻底偿还了国际货币基金组织的救助贷款，外国负债资金的撤资规模达到 40.1%。

在韩国外汇危机爆发时，股市投资者不得不面对突如其来的惨重损失，而外国投资者不仅需要承担股价暴跌带来的重创，还需要面对由于韩元大幅贬值造成的汇率压力，因此外国投资者在经济危机中遭受的损失远比韩国本土的股市投资者惨重。外汇危机发生的当年末，股价跌幅近半，同期汇率上涨两倍，导致外国投资者换算成本国货币之后的投资价值跌至 1/3 水平。[23]股市毕竟是一个开放的市场，股市投资者可以随时买入或卖出，因此当韩国股市暴跌时，外国投资者可以随时做好离开韩国股市的准备，但是，与人们常识性的判断完全相反，当时离开韩国股市的外国投资者却不超过 10%。当然，在当时股价暴跌的情况下，外国股市投资者的投资资产严重缩水到原投资额 1/3 以下的水平，此时撤资并非易事。另外，由于韩元贬值，韩元对美元汇率上升，外国投资者可以以较有利的汇率进行股市投资，因此可能有一部分追加的新投资会在此时流入韩国。

综上所述，1997 年外汇危机时期，与外国负债资金相反，外国股市资金并未大规模流出韩国。从长期走势来分析，截至 2001 年末危机结束时，韩国股票市场的外国股市资金规模增长 5 倍，而与此同时，外国负债资金的撤资规模达到 40%。外汇危机爆发初期和外汇危机发酵阶段，和外国负债资金相比，外国股市资金以更加稳定的姿态留在韩国，而且呈现增长态势。可见实际情况与人们常识中认为的外国股市资金比负债资金更具投机性和短期性的认识恰恰相反。

2008 年金融危机下的外国资本

从韩国的立场上来看，2008 年金融危机与 1997 年外汇危机是性质完全不同的两种危机。1997 年外汇危机始于包括韩国在内的东亚新兴市场经济体，危机带给经济的影响也仅限于东亚国家。而 2008 年的金融危机源于美国和英国，最终扩散成为全球性危机，几乎世界上所有国家的经济都受到巨大影响。[24]1997 年对韩国等东亚新兴市场经济体投资或贷款的欧美投资机构和银行由于担心受到外汇危机影响血本无归，因此大量撤回投资和贷款资金。而 2008 年金融危机时期，欧美国家银行和投资者针对韩国的撤资与其在韩国的投资收益无关，而是由于其自身流动资金严重不足而大量撤回其在韩投资和贷款。因此，2008 年金融危机时期，外国资金流出的原因和形态与 1997 年外汇危机时期完全不同。

外国负债资金

2008 年 9 月末，随着美国投资银行雷曼兄弟的破产，国际金融危机正式爆发，韩国民间部门的外国负债资金达到史上最高值3116.5 亿美元。而截至 2008 年 12 月末，韩国民间部门的外国负债资金减少 467.5 亿美元，降幅为 15%。金融危机发生的第二年，截至 2009 年 3 月，降幅为 17.3%，减少的外国负债资金规模为 540 亿美元。[25]而从 2009 年 4 月开始，外国负债资金重新开始进入韩国，之后未发生进一步的资金流出。因此金融危机发生后，外国负债资金撤离韩国的规模最大不超过 17.3%。

2008 年金融危机初期，外国负债资金的流出形态与 1997 年外汇危机时期具有相似性。1997 年外汇危机时期，从 1997 年 9 月末到 12 月，外国负债资金流出韩国的比例为 11.8%，截至 1998 年 3 月末，18.9% 的外国负债资金流出韩国。尤其是银行等金融机构的外国负债资金在外汇危机初期与金融危机初期都以非常迅速的速度撤离韩国。从 2008 年 9 月金融危机开始到 2008 年末三个月期间，金融机构的外国负债资金的偿还比例为 22.8%，截至 2009 年3 月，26.5% 的外国负债资金得到偿还，相当于金融机构全部外汇借入金的 1/4 流出韩国。金融危机时期，外国负债资金总额的17% 流出韩国，其中短期负债资金以高达 26% 的比例流出，而金融危机发生 6 个月后，不仅没有出现外国负债资金进一步流出韩国的现象，外国负债资金反而开始重新进入韩国，这与外汇危机时期呈现资金流出形态不同。

外国股市资金

2008 年 9 月，国际金融危机随着美国雷曼兄弟破产而正式拉开帷幕，对韩国股票市场也是一个巨大冲击。股价不仅暴跌，外国投资者也开始大规模回收投资资金。与 2008 年初相比，综合股价指数在 2008 年 10 月下降 50.5%，跌幅突破一半，该股指跌幅呈现与

1997 年外汇危机时期相似的形态。另外，1997 年外汇危机时期，股价暴跌的情况仅限于韩国等东亚经济体，而 2008 年金融危机时期，股价暴跌是全世界范围内的普遍现象。2008 年 9 月到 12 月末，尽管股价下跌，但外国投资者从韩国股票市场的撤资比例不超过 3%，[26] 截至 2009 年 4 月，累计有 5.4% 的外国投资资金流出韩国股票市场。但是 2009 年 4 月之后，外国人在韩国股市投资反而重新呈现增长态势，外国股市资金没有出现大规模撤离韩国的现象。与 2009 年 3 月外国负债资金撤离韩国 17.3% 的比例相比，外国股市资金 5.4% 的流出率让人出乎意料。

　　2007 年 6 月在金融危机发展成为事实之前，随着美国对冲基金贝尔斯登的损失公开化，美国投资业界便开始进入地震多发期。[27] 因为外国投资资金从这个时间点开始便可能陆续撤离韩国，所以如果以 2008 年 9 月雷曼兄弟破产、金融危机进入实质阶段为起始点评定外国股市资金的撤资情况，反映出的撤资规模有可能低于实际的撤资规模。而 2008 年初，金融危机已成为事实，但没有呈现蔓延态势，以此为起始点判定外国股市资金的变动情况较为合理，截至雷曼兄弟破产的 2008 年 9 月末，外国投资者持有的股价总额减少 13.4%，截至 2008 年 12 月末，股价总额减少 16%。另外，截至 2009 年 4 月，高达 19.1% 的外国股市资金流出韩国股票市场，达到历史最高值。[28] 之后外国股市资金重新流入韩国，于 2009 年 12 月末恢复到之前水平。总之，如果以雷曼兄弟破产、国际金融危机进入实质阶段的 2008 年 9 月为基准，外国股市资金撤资规模为 5.4%，如果以金融危机尚处于初级阶段的 2008 年 1 月为基准，外国股市资金撤离韩国股票市场的规模为 18.1%。如果将金融危机对韩国股市流出资金影响的时间延长到 2008 年初，外国股市资金与外国负债资金的撤资规模旗鼓相当。与 1997 年外汇危机时期相比，外国股市资金的撤资规模在金融危机时期高于外汇危机时期，而外国负债资金的撤资规模则低于外汇危机时期。尽管如此，在全球范围内的金融危机下，没有明显证据显示外国股市资金撤离韩国市场的规模高于外国负债资金。

两次危机中得到的教训

投机性的股市资金?

1997 年，韩国外汇储备量严重不足引发外汇危机，与此同时，大量企业破产，数以百万计的劳动者失业。1997 年的外汇危机不仅是一场金融方面的危机，也是一场实体经济的危机。外汇危机时期，韩国等东亚经济体受到严重影响，经济出现不同程度的萎缩，但欧美等国家几乎没有受到此次外汇危机影响，保持了经济发展的良好势头。[29]但 2008 年金融危机时期情况则完全不同，当时虽然外汇储备量减少，[30]经济发展规模大幅萎缩，但没有出现大量企业破产和劳动者大规模失业等严重的实体经济危机症候，[31]东亚各国受到的金融危机影响亦小于欧美各国。[32]而美国和欧洲等发达国家和地区在金融危机时期经济衰退，经济发展规模严重萎缩，希腊等国家甚至引发财政危机，濒临国家破产的边缘。[33]

1997 年外汇危机和 2008 年金融危机发生的原因不同，对韩国经济产生的影响亦不同。但两次危机时期，韩国市场均出现股价暴跌和外国资金撤离韩国的情况。1997 年 12 月中旬，韩国股价较同年年初下跌 46.2%，1998 年 6 月，股价暴跌 57.2%，跌幅过半。但是，外汇危机对美国等发达国家的影响甚微，美国和英国等发达国家的股票市场股价反而增幅明显。[34]2008 年金融危机时期，包含韩国在内的世界绝大多数国家均出现股价暴跌的局面。2008 年 10 月，韩国股价较同年年初下跌 50.5%，与外汇危机时期一样跌幅过半，而美国和英国等大多数欧洲发达国家和地区的股价与 2008 年初相比，亦出现跌幅近半或过半的情况。[35]

韩国外汇储备量的变化在 20 世纪 90 年代外汇危机时期和 21 世纪初金融危机时期呈现不同的形态。1997 年，韩国外汇储备量曾于当年 7 月达到 337 亿美元，为当时的历史最高值。外汇危机发生后，

1997 年 11 月末，韩国外汇储备量缩减到 244 亿美元，1997 年 12 月末，韩国得到国际货币基金组织和世界银行的部分金融救助贷款支援，尽管如此，当时的外汇储备量继续下降到 204 亿美元，与同年年初相比下降 39.4%。而且，该外汇储备量中实际可使用的外汇规模仅为 60 亿美元，整个韩国陷入国家破产的边缘。[36]2008 年金融危机时期，韩国外汇储备量于 2008 年 3 月达到历史最高值 2642 亿美元，金融危机发生后，2008 年 11 月外汇储备量降至 2005 亿美元，减幅 24.1%。2008 年韩国的贸易交易规模是 1997 年贸易规模的 3 倍，而外汇储备量则取得比 1997 年更高的增长规模，达到 1997 年外汇储备量的 8 倍之多。[37]由于 2008 年金融危机时韩国外汇储备量的增长幅度远高于贸易规模的增长，因此即使外国资金撤离韩国，估计出现外汇危机时期同等局面的可能性也较小。

另外，韩国政府为了鼓励和扶持出口、引导韩元贬值，早在金融危机发生之前的 2008 年 3 月便已开始介入外汇市场。与此同时，外汇兑换方面的投机分子也进入外汇市场，不仅引起汇率剧增，还引发每日汇率呈现跷跷板式的不稳定性。[38]尽管当时韩国的外汇储备量充足，甚至达到历史最高水平，但由于韩元贬值伴生金融危机爆发，当时韩国外汇储备完全不足以抵御危机。当外汇储备量开始骤减时，韩国政府与美国于 2008 年 10 月签订了 300 亿美元规模的货币互换协定，试图分散外汇储备量减少带来的市场风险。2008 年 12 月韩国政府继续分别签订了韩中、韩日 300 亿美元的货币互换协定，[39]从而解除外汇储备减少的风险。

综上所述，外汇危机时期和金融危机时期，从危机原因、发展过程到经济状况、外汇储备量水平，以及两次危机带给韩国经济的影响来看，外汇危机和金融危机具有完全不同的性质。而且，两次危机时期，向韩国供给外国资金的美国、欧洲等发达国家的情况也完全不同。[40]但两次危机都具有股价暴跌、汇率激增、外国资金撤离韩国等共同点。

危机发生原因和危机进展情况不同的两次危机中，没有客观证据显示外国股市资金撤离韩国市场的规模大于外国负债资金的撤资规模。另外，也没有依据表明外国股市资金比外国负债资金更具备短期性和投机性。虽然负债资金只有在期满后才可以收回本金，而股市资金可以随时买进卖出，常识上认为股市资金更具投机性，但事实上不管是外汇危机时期，还是金融危机时期，股市资金反而比负债资金更稳定。因此，如果以外国股市资金具有短期性和投机性为由而断定外国股市资金进入和流出韩国，是非常牵强的。

"风浪效应"和"浴缸效应"的陷阱

两次金融危机时期，外国股市资金不仅没有大量撤离韩国，反而比通过银行等渠道进入韩国的外国负债资金更具稳定性。然而，很多人将外国股市投资者看作热衷于"热钱"的投机分子，同时偏执地认为股市资金具有短期性和投机性，对于这部分人群，很难让他们相信上述事实。但外国股市资金稳定于外国负债资金的事实不仅存在于两次危机时期，从长期来看，依然成立。

1990 年，韩国实施外国资金出入自由化开放政策，相关外国资金出入情况的分析结果显示，股市资金资本流入的变动性小于负债资金。不管是在经济繁荣期还是经济萎缩期，分析结果均相同。[41]另外，关于外国资金出入持续性的分析结果表明，外国股市资金滞留韩国的期限长于外国负债资金。[42]另有研究表明，外国股市资金的纯流入情况不会随着经济状况的不同有所差异，但是外国负债资金的纯流入情况在经济繁荣期和经济萎缩期有较大差异。尤其是债券投资和通过银行短期借贷流入的外国负债资金，该倾向相当明显，从另一方面佐证了外国股市资金稳定于外国负债资金的事实。[43]这种现象不仅存在于韩国，以 78 个国家为分析对象进行的关于资本流动性与经济发展关系的研究表明，"不管是哪个分析对象国家和哪个时期，股市资本流动性的增加会提高全要素生产率并进一步扩大国民收入，而债务资本流动性的增加将会降低全要素生产率并进一步减少国民收入"。[44]

关于金融状况恶化的研究同样间接分析得出上述结果。韩国金融研究院一项关于"金融状况指数"的研究显示，在 1997 年韩国金融状况极度恶化的外汇危机时期，金融市场恶化原因的 34% 来自债券市场，而金融市场恶化原因的 18% 来自股票市场，股票市场在金融恶化方面的作用仅为债券市场的一半。[⑮]2008 年金融危机时期，造成金融市场状况恶化的原因有 17% 来自债券市场，而 27% 的原因来自股票市场，股票市场成为金融危机的主战场。"外汇危机和全球金融危机时期，外汇市场的不稳定性对经济的不利影响居于首位，而债券市场的不稳定性和股价的不稳定性给经济带来的不利影响居于其次"，股票市场不是金融状况恶化的主要原因，尤其是外汇危机时期，与债券市场相比，股票市场并非金融市场恶化的主要因素。[⑯]

和笔者一样进行外汇危机与金融危机状况研究的资料中，即使关于外汇危机和金融危机状况研究的结论可能不同，同样指出关于外国股市资金是短期投机性的认识也存在误区。事实上，一般民众普遍持有上述偏见，不仅对外国股市资金，对全部股市资金的认识也局限在短期性与投机性方面。可为什么会出现这种局面呢？此种偏见的产生归因于一种错觉效果。股市资金的变动在市场上是可视并显而易见的，而负债资金的动向却无从得知，这种现象可以解释为一种"风浪效应"或"浴缸效应"。

股票市场上外国投资者买入卖出的交易情况是实时公开的，股市买卖状况每日更新，难免给人留下外国股市投资变动性非常大的印象。但是，外国股市资金中相当一部分是长期投资，不是即期反映市场变化的短期投资。另外，跨境的资本流动虽然在技术上几秒钟就可以完成，但事实上，外国股市投资者和股市资金运营者在变更投资对象国的实际操作中存在诸多限制。外汇危机和金融危机时期，尽管股价跌幅过半，但超过 80% 的外国股市资金没有撤离韩国，这一事实从侧面印证了上述观点。当然，股市交易需要对变化情况做出快速反应，一切看起来瞬息万变。但是在通常情况下，只有极少数的股市资金可以做出雷霆般的快速反应。人们之所以普遍认为股市资金相对于负债资金是短期资金，与"风浪效应"的道理一致，台风吹过的海面白头浪密度极高，而层层巨浪下的深层海水则暗自涌动。

负债资金不同于股市资金，负债资金的流动好比深层海水，不像海面掀起的巨浪一样映入大家眼帘。银行或企业借入和偿还海外资金时虽然进行公示，但由于只有在期满时才发生变动，所以这些信息不是每日公开。韩国银行每月一次发布的国际指数中，虽然包含外国负债资金的变动情况，但除了危机时期，几乎没有在媒体上进行报道。因此，外国负债资金撤离韩国的情况下，信息依然存在滞后，外国负债资金流出韩国通常不会成为人们关心的话题。外国负债资金比股市资金稳定的认识是一种误区，因为实际情况恰恰相反。而负债资金不是因为不流动而变得稳定，而是因为像深层海水一样暗自涌动，没有显眼地如巨浪一般展现在大家面前而已。这种情况也可以用"浴缸效应"来描述，浴缸下方的排水口排水时，浴缸整个水平面却纹丝不动，直到整个浴缸的水平线下降，人们才发现排水口在排水。股市资金和债券资金特征和信息方面的差异决定了"风浪效应"和"浴缸效应"的发生，从而人们错将股市资金看作比负债资金更短期、更不稳定的资金。

孤星基金"外汇银行套现者"争议

正确理解"套现者"

"套现"是"套取现金"的缩写，是对投资者掘金后迅速退场的描述。人们通常将那些在韩国获取巨额利润后撤离韩国市场的外国投资者称为"套现者"。在韩国金融市场，比较有名的套现者有收购并抛售韩国外汇银行从而巨额获利的美国孤星基金，和试图挑战SK经营权虽以失败告终但获利匪浅的硕富麟独立资产管理公司

（Sovereign Asset Management）。投资者不管是韩国人还是外国人，都以谋取利润最大化为目的，而且外国投资者来韩投资时，经营期满离开韩国的时间几乎是从一开始便确定的。外国投资者赚取经营利润后离开韩国这一过程本身本无可厚非，但是，"套现者"的称呼中多少存在一定的民族情绪和对外国投资者的抵触心理。

在有关"套现者"的争议中，外国投资者被看作投机分子，他们获利离开韩国的过程被看作韩国国家财富的外流。对于普通民众来说，外国人在韩国从事投机性的投资行为，赚钱后迅速离开韩国，那么意味着我们韩国的财富外流，我们岂不是要遭受巨大损失？如果如此心存芥蒂，将外国投资者看作借机"窃取"韩国财富的投机分子，那么不如从一开始就禁止外国人投资，或者从一开始就规定外国投资者在韩国获利后不得撤资离开韩国。但是，毕竟韩国不可以采取单方面的经济封锁政策，也不可能无理取闹地禁止获利的外国投资者撤离韩国。

大韩民族是一个拥有着复杂的民族感情和爱国情怀的民族，将外国投资者看作攫取韩国财富的投机分子的韩国人，绝不在少数。当这种复杂的认识中夹杂了某种理所当然的正义感和爱国心时，指责外国人是"套现"的掘金投机分子，仿佛变成一种阻止韩国财富外流的正义之举。另外，如果主张外国投资者不是投机分子，就被看作与外国人沆瀣一气，而主张韩国财富不会随着外国投资外流的话，则无疑堪比卖国行为。但事实上，并非所有的外国投资者都在韩国进行投机性投资，韩国也不会随着外国投资者在韩获利便蒙受损失。

毫不客气地说，如果大韩民族的人们持续对外国投资者怀有戒心和抵触心理，坚持认为他们是来韩国套现掘金的投机分子，不但不是爱国行为，长此以往反而可能招致亡国的结果。为了正确理解关于"套现者"的争论，有必要首先搞清楚两个要点。第一，被称为"套现者"的外国投资者是否真的进行了投机性投资？第二，外国人在韩获利后离开韩国是否真的导致韩国财富外流，或者说，外国人在韩亏损后离开韩国是否会导致韩国财富增加？关于外国"套现者"，有两个比较知名的代表性案例，笔者将分别对美国孤星基金、硕富麟独立资产管理公司两个外国投资者进行详细分析，通过案例进一步说明外国投资者如何在韩投资，如何在韩获利，以及他们离开韩国之后韩国财富是否遭受损失。

失败的德国商业银行与成功的美国孤星基金

近年来，争议最多、最受韩国人关注的外国"套现者"当属美国孤星基金。孤星基金于 2003 年收购韩国外汇银行，并于 2012 年将外汇银行出售给韩国韩亚金融集团。孤星基金当初以 2.2 万亿韩元的价格收购韩国外汇银行，而出售给韩国韩亚金融集团的价格与股票红利共计回收资金 6.9 万亿韩元。也就是说，美国孤星基金在韩国外汇银行投资中获利 4.7 万亿韩元的"现"，"套"到巨额资金随后离开韩国，谓之"套现"，完全符合"套现者"的条件。[47]很多像美国孤星基金一样的私募基金在外汇市场或商品市场进行投机性交易，在股票市场买空卖空或使用借贷资金投资股市，因此此类投资资金存在较大的投资风险。美国孤星基金在国际外汇市场和商品市场上是否有类似的投机性交易行为不得而知，但目前未有证据显示其在韩进行类似的投机交易。

美国孤星基金投资收购韩国外汇银行的目的是作为其大股东改善经营，将韩国外汇银行的不良资产改造成优质资产，最终实现盈利的投资结果。孤星基金利用 8 年的时间对韩国外汇银行进行管理经营，最终实现营利，这在本质上不同于短期的投机性投资行为。没有资料显示美国孤星基金当初收购韩国外汇银行的资金是如何筹措的，不排除其借贷部分资金进行收购投资的可能性。假设孤星基金的收购中使用了部分借贷金，只能说明该投资属于"高风险—高收益"的类型，不能因此将其定性为"投机"行为。另外，没有事实证明美国孤星基金在韩国外汇银行的收购过程中存在外汇市场上的投机行为，也没有关于外汇银行股份的卖空行为。投资与投机虽然仅有一字之差，实际操作中却不容易区分。但是我们通常将利用市场出现的价差进行买卖从中获得利润的短期性交易行为定义为"投机"。而美国孤星基金投资外汇银行期间，没有买卖外汇银行股份的短期性交易。而且，美国孤星基金对韩国外汇银行经营了 8 年时间，最终，我们没有理由将孤星基金对韩国外汇银行的投资定义为投机。

事实上，当韩国外汇银行在外汇危机时期出现重大经营困难需要寻找投资者进行盘活时，首次收购韩国外汇银行的投资者不是美国孤星基金，而是德国第二大银行德国商业银行（Commerzbank）。德国商业银行于 1998 年收购韩国外汇银行股份成为其最大股东，而韩国外汇银行在德国商业银行经营了 5 年之后依然没有起色，重新陷入需要盘活的局面。2003 年，孤星基金成为新的买主。当韩国外汇银行再次陷入困境时，韩国政府拒绝进一步投入公共资金，大股东韩国银行也拒绝继续增资，最终私募基金美国孤星通过增资扩股收购外汇银行过半的股份。孤星基金对韩国外汇银行的投资，最初是以经营参与为目的，最终通过对外汇银行的成功经营获取巨大利润。而德国商业银行当初虽然以同样的目的对外汇银行进行收购投资，但最终经营失败，惨淡离场。人们当然不会将带着亏损离开韩国的德国商业银行看作来韩国掘金的投机分子，同样，我们又有什么理由将带着经营成功的果实离开韩国的孤星基金看作投机分子呢？

如上所述，孤星基金利用 8 年的时间在经营韩国外汇银行方面取得了巨大成功，同时孤星基金没有买卖外汇银行股份的短期性投机交易。尽管如此，孤星基金却不断陷入关于掘金"套现者"争论的旋涡，究其原因有三。第一，韩国银行法规定，只有金融资本可以拥有和运营银行，而孤星基金在日本拥有高尔夫球场，属于产业资金的性质，本身不具备收购韩国商业银行的资格。第二，孤星基金收购韩国外汇银行时，政府主管部门没有对韩国外汇银行的经营状况和资产情况进行正确评估，而是以财务困境为由匆忙以廉价达成韩国外汇银行的出售交易。第三，韩国外汇银行与外汇信用卡部门业务在合并过程中，孤星基金员工被指控存在操纵股价、有意做低外汇信用卡股价的违法行为。

"廉价出售"争议

关于韩国外汇银行"廉价出售"的争议，起始于韩国监察院和检察机关对孤星基金收购韩国外汇银行过程的调查。监察院的调查结论是，韩国外汇银行管理层夸大了不良经营情况，以低估价值将韩国外汇银行出售给孤星基金，实际上是一种"廉价出售"行为。另外，监察院判定韩国金融监督委员会存在不当操作、渎职行为和违法行为，在明知孤星基金不具备收购商业银行资格的前提下，依据夸大的国际清算银行自持资本率标准认可孤星基金的收购资格。但是，监察院同时指出，没有发现孤星基金在收购过程中的违法行为。

韩国检察厅对2003年主管韩国外汇银行出售的财经部负责人实施拘捕，而关于是否取消孤星基金大股东资格的问题，根据财经部官员的判决结果而定。而从一审到大法院审判的整个过程，对财经部当事者全部是无罪判决，至此关于韩国外汇银行"廉价出售"的争论暂告一段落。

最终，监察院的调查结果指出过失在于韩国政府的错误和不当行为，孤星基金方面无过失；而政府的错误被法院判决无罪。另外，即使"廉价出售"属实，孤星基金获得的营利并不是来自廉价收购，而在于其出色的经营，"廉价出售"与掘金套现的问题不存在相关性。

外汇信用卡股价操纵事件

2003年，在韩国外汇银行合并旗下外汇信用卡业务的过程中，孤星基金为了压低外汇信用卡的收购价格进行股价操纵，这一事件成为孤星基金被指责为掘金"套现者"的又一理由。在2008年的一审判决中，孤星基金员工被判有罪，但在韩国高等法院二审中被重判无罪。后来事情又发生逆转,韩国大法院的审理中重新判定其有罪,并将案件发回高等法院重审。韩国高等法院重审后对孤星基金员工做出有罪判决,判决依据是在孤星基金没有减资计划的背景下散布减资谣言,从而拉低韩国外汇银行信用卡的股价并给广大股民带来损失。

随着孤星基金员工因股价操纵事件被判有罪,根据韩国银行法规定,孤星基金将丧失作为韩国外汇银行大股东的资格,作为对孤星基金股价操纵行为的处罚,韩国金融委员会于 2011 年强制要求孤星基金出售韩国外汇银行股份。如果韩国法院在审查和判决股价操纵案的过程中,可以高效连续办案,早日盖棺论定的话,那么关于孤星基金是否是"套现者"的争论便可以早日水落石出。但从有罪到无罪再到有罪的判决过程反反复复,竟然持续了 8 年之久,金融委员会和金融监督院对其应尽的义务也一再拖延,加剧了掘金"套现者"争论的发酵。

操纵股价是指某些股票投资者为了获得巨额利润,通过控制其他投资者具有参考意义的股票投资信息,控制未来股票价格走势的行为。股价操纵不仅扰乱正常的市场秩序,还严重损害广大股票投资者的利益,是一种故意性和计划性的犯罪行为。股价操纵的目的就是获得不正当利益,通过显性或隐性的方式,避开监管机构,甚至利用法律的漏洞,达到对股票价格的可持续控制。其他投资者获得错误的信息之后,做出错误的判断,使股票价格按照操纵者的预期发展。关于股价操纵的处罚不仅应该没收因操纵股价获得的不正当收入,还应该要求股价操纵者对其他股票投资者造成的额外损失进行惩罚性的赔偿。另外,孤星基金在成为银行大股东后,即具备了公共职能部门的性质,应当承担比一般投资者更严格的责任和义务,而法院也应当对其处以比一般投资者更严厉的处罚。但是,关于惩罚性的处罚措施,韩国法律没有相关的规定,目前为止,针对韩国证券市场上存在的诸多股价操纵案件,韩国法院或韩国金融委员会没有过做出惩罚性行政处罚判决的先例。而且,即使法院审判做出有罪判决，也仅仅停留在缓期执行的轻微处罚层面，因此在美国孤星基金股价操纵案中，孤星基金仅适用于操纵股价罪，缺少对其采取惩罚性措施的法律依据。

关于银行收购资格的争论

美国孤星基金因其员工关于股价操纵的有罪判决而丧失作为银行大股东的资格，而孤星基金最初收购韩国外汇银行时毕竟是产业资本，关于孤星基金从源头上是否具备收购银行股份的资格，争议纷纷。非营利性社会组织"参与时代"曾经提出，2003 年 9 月孤星基金收购韩国外汇银行时，拥有韩国汉城市江南区的综合性办公楼群明星塔（Star Tower）和美国的连锁餐厅等产业，非金融资产规模超过 2 万亿韩元，实为产业资本，因此不具备作为韩国外汇银行控股大股东的资格。与此同时，韩国政府声称他们依据孤星基金提交的资料认定其金融资本性质，并批准其收购韩国外汇银行。

但政府的声明并非事实。2011 年，做出股价操纵有罪裁决并强制孤星基金出售韩国外汇银行股份时，孤星基金的关联公司依然在日本拥有高尔夫球场，该关联公司不是投资公司，而是一般控股公司，最终孤星基金被判定不具备银行控股大股东的资格。韩国金融管理委员会于 2012 年认可韩亚金融控股集团收购韩国外汇银行，并得出结论，"依据韩国银行法，美国孤星基金不属于产业资本"。但是随着 2013 年 12 月与此相关的信息被公开，"参与时代"指出，"美国孤星基金 2008 年提交的资料中称自己的主要业务板块是非金融业务"，但韩国金融管理委员会故意隐瞒其非主体适用资格。"参与连带"的主张基于大量事实依据，如果判定孤星基金的产业资本性质，那么孤星基金从一开始收购韩国外汇银行便应视作无效行为。

美国孤星基金被判股价操纵有罪，被迫将外汇银行股份出售给韩亚金融控股集团后离开韩国。即使"参与连带"的主张符合事实，从源头上将孤星基金收购外汇银行判定为无效行为已经不可能。首先，必须判定孤星基金是否为产业资本的理由是，如果孤星基金故意隐瞒其产业资本的性质，当时就应该不仅仅强制其出售外汇银行股份，而应实行惩罚性措施。但是如果真如"参与连带"所说，美国孤星基金提交给韩国金融管理委员会的资料中表示自己是产业资本，而金融管理委员会刻意隐瞒甚至歪曲该事实的话，就不是孤星基金的责任，无法对其做出没收其在经营韩国外汇银行期间的全部或部分收益的惩罚。

投机分子的投资

美国孤星基金是以经营韩国外汇银行为目的进行投资，在其经营外汇银行的 8 年间，没有出现短期投机交易行为，没有证据表明孤星基金为投机分子。当初究竟是韩国政府隐瞒了孤星基金自己报告的产业资本的事实，还是孤星基金自己隐瞒了产业资本的事实，这个问题恐怕短时间很难有定论。对于孤星基金来说，应该负主要责任的问题是股价操纵。然而，连这个问题也可能最终不了了之，因为判定其股价操纵事实成立并有罪的时间长达几年之久，而且没有关于股价操纵案惩罚性措施的行政依据，因此无法取得处罚效果。

1997 年外汇危机之后，包括韩国外汇银行在内的韩国各大银行纷纷陷入经营困境，回顾韩国政府将外汇银行等无力继续经营的银行进行清算整顿的过程，我们会发现美国孤星基金陷入"套现者"纷争，韩国政府负有大部分责任。1997 年外汇危机时，承担韩国企业金融任务的韩国各大银行几乎全部沦陷，濒临破产。当时的朝兴银行、商业银行、韩一银行、首尔银行等纷纷被收购合并，现在已不存在。朝兴银行曾是韩国第一家历史上百年的银行，后来被新韩金融集团的全资控股银行新韩银行并购，首尔银行被韩亚银行并购。商业银行和韩一银行两家银行在清算整顿后合并为韩汇银行，2002 年韩汇银行更名为友利银行，至今韩国政府依然作为友利银行的大股东，友利银行是所谓的"国家所有银行"。当时第一银行和外汇银行的情况则相反，在陷入经营困境面临倒闭时，韩国政府停止为其继续输血，最后被外国资本盘活而生存下来。韩国第一银行在外汇危机发生的第二年，1998 年被美国著名的私募基金新桥资本（Newbridge）收购，在这次收购中，新桥资本注资五千多亿韩元，收购第一银行过半的股权，并获得了全部的管理权。第一银行亏损曾达数十亿美元，被新桥资本收购后的第二年，在韩国银行业整体亏损的情况下，其税后利润仍达到 2 亿美元。之后新桥资本将第一银行的股份卖给英国渣打银行，第一银行更名为 SC 第一银行。

与韩国第一银行不同，韩国外汇银行由德国商业银行投资作为大股东对其进行管理经营。但德国商业银行在经营方面无力回天，韩国外汇银行重新陷入经营困境，2003 年无新增资本投入。作为当时大股东的德国商业银行、韩国银行和韩国政府停止注资后，韩国外汇银行以公开招标的方式被孤星基金收购。孤星基金在这种情况下接盘韩国外汇银行的烂摊子，如果说孤星基金是投机资本，有失公允。而且韩国政府在整个过程中，除了决定草率之外，多少有些推卸责任的做法，加之长期以来习惯于官办金融的老套做法，没有行使监督职责，也缺乏处理不良资产的实战经验和能力。现在想来，当时韩国政府不如使用公共资金向韩国外汇银行注资，由养老保险基金等公共资本收购其股份，可以像外汇银行、友利银行和韩亚银行一样调整为没有大股东的股权结构。当然，这些想法也只能变成马后炮一般的遗憾了。

关于"套现者"纷争的解答

美国孤星基金"套现"事件让人扼腕，这是韩国半个世纪以来官办金融不幸的后遗症。公平畅通的融资渠道是企业发展的必要条件，而良好健康的企业是国家竞争力的体现。韩国经济积弊之关键因素之一在于官办金融，国家掌控金融资源、设立和管理金融机构，并依据国家经济发展和产业发展战略，决定信贷规模、资金成本和资金流向。在经济发展的最初阶段，这种"集中力量办大事"的金融模式能把有限资本投向国家扶持的产业部门，起到引导经济增长的作用。但是随着经济规模扩大和复杂度加深，这种金融模式的后遗症越来越明显，造成一系列问题。从另一个层面上说，美国孤星基金获取巨额利润的背后，是韩国政府金融政策和金融监督失败的结果。事到如今，与其嫉妒孤星基金的丰厚获利，不如以此为契机在金融监督体制缺失的代价中好好反省。当时外汇银行的第一大股东德国商业银行、第二大股东韩国进出口银行和第三大股东韩国银行均没有继续增资的意向，而当时韩国政府完全可以有担当地站出来说服进出口银行和韩国银行继续增资，并令养老保险金等机构参与投资。而且韩国政府在 1997 年外汇危机时期处理银行不良资产时也有过投入公共资金盘活银行的先例。即使在那种情况下，不得已必须依托外国资本盘活韩国外汇银行，至少应该在操作过程中做到透明公正，按照程序处理，这样就不会陷入"廉价出售"的争议。

从孤星基金赚得巨额利润并离开韩国的现象来说，符合"套现者"的特征。前面提到的两个关于"套现者"的问题，现在以孤星基金为例进行解答。第一个问题是，"套现者"是否通过投机等不良行为获取利润? 孤星基金获取的利润不是通过投机，而是经营韩国外汇银行所得。孤星基金是私募基金，虽然私募基金符合投机资本的性质，但孤星基金并没有针对韩国外汇银行股份做过短期的投机性交易，而收益来自其经营韩国外汇银行 8 年期间取得的良好业绩，与投机无关。孤星基金投资 2.2 万亿韩元，营利 4.7 万亿韩元，其中 3 万亿韩元为股价上涨带来的收益，1.7 万亿韩元为股利分红。事实上，孤星基金经营韩国外汇银行 8 年之久，这些营利不应是一个出人意料的数字。孤星基金经营韩国外汇银行期间，韩国的综合股价指数增长了 2.4 倍。[18] 如果按照综合股价指数的涨幅来计算孤星基金在股价上涨方面的投资回报，当初注资韩国外汇银行的资金可以比投资韩国外汇银行多获利 3.3 万亿韩元。假设当初孤星基金的 2.2 万亿韩元投资了另外一家银行法人新韩金融集团的话，大约在 8 年后也可以获利 3 万亿韩元，如果投资现代汽车，获利将高达 8.5 万亿韩元，约为投资韩国外汇银行的 3 倍收益。虽然孤星基金因为高达 1.7 万亿韩元的股利分红备受争议，但它通过股价上涨而获得的利润处于韩国当时的平均水平，因此没有理由指责孤星基金为投机分子。

第二个问题是，韩国的国家财富会不会随着外国投资者获利后离开韩国而流出？如前所述，美国孤星基金的利润来源为股利分红和股价涨幅差额。本已陷入经营困境并无力回天的韩国外汇银行最终起死回生并实现股利分红和股价上涨，得益于孤星基金出色的经营。韩国外汇银行经营有所起色并产生股利分红、提高总市值使韩国财富增长。不仅孤星基金，韩国外汇银行的所有股东都享受股利分红和股价涨幅差额的待遇。总体来说，韩国外汇银行带来了国家财富的增长，孤星基金只不过带走了应该属于自己的那部分收入。假设孤星基金经营不善导致韩国外汇银行持续陷入困境，而最终孤星基金不仅没有得到股利分红，且赔得血本无归黯然离开，那么可能大家就不会将其称为掘金"套现者"了。如此一来，韩国的总体国家财富随之减少。按照一部分人的观点，外国投资者在韩营利后离开韩国，韩国国家财富会流出；那么外国投资者在韩获利受损后离开韩国，亏损的那部分又会作为韩国国家财富留在韩国吗？

外国投资者如果在韩国股票市场的投资受损，韩国本土投资者又何尝不是如此呢？由于企业经营不善，股价大幅下跌，且所有投资者无法得到股利分红，韩国本土投资者亦大量亏损，韩国总体国家财富随之减少，国家财富增减与否与在韩企业的经营状况相关，与投资者是外国人还是韩国人无关。当然，由于美国孤星基金持续陷入廉价收购、股价操纵和产业资本性质无资格收购韩国银行的争议之中，这家公司在韩国民众心中呈现负面形象，自然是情理之中的事情。但不可否认，"套现者"纷争的背后潜藏着韩国人对外国投资者的排外情绪。外国投资者拥有何时进入韩国投资以及何时结束投资离开韩国的权利，我们没有理由对此横加指责。

硕富麟"SK 经营权争夺战"

硕富麟独立资产管理公司比美国孤星基金更早以掘金"套现者"的身份进入韩国人的视线。2003 年 3—4 月，"套现投机分子"硕富麟突然大量买进 SK 股票并赚取大额利差。[49]硕富麟突然大量买进 SK 股票的时机，是在 2003 年 3 月 11 日检察厅公布调查结果声称 SK 集团涉嫌大规模财务造假、虚假公示和子公司间不当交易等犯罪行为之后，SK 股价随即出现连日暴跌。[50]检察厅公布调查结果之前，SK 股价为 12050 韩元，[51]调查结果公布的当天，股价跌破下限，为 9300 韩元，之后持续走低，一周内跌至 6130 韩元，跌幅近半。硕富麟开始收购 SK 股票是在 2003 年 3 月 26 日，检察厅公布 SK 犯罪嫌疑结果后 SK 股价下跌的第 15 天。硕富麟第一天买进 SK 股票 300 万股，之后每天买进，直到 4 月 11 日以 14.99% 的持股率一跃成为 SK 最大的股东。[52]

硕富麟 2003 年以 1768 亿韩元的价格收购 SK 股票，2005 年 7 月回收资金 9811 亿韩元离开韩国，共计收益 8043 亿韩元，收益率高达 455%。[53]2005 年 8 月末，硕富麟撤回包含 SK 在内的所有投资离开韩国。硕富麟撤离韩国时的收益率远远高于孤星基金，如果说孤星基金是"套现者"，那么硕富麟则可称得上是"套现王"。

成为第一大股东的投机分子

硕富麟和孤星基金一样是私募基金投资公司，虽然不是所有的私募基金都从事投机性投资，但一部分私募基金在外汇市场、商品市场进行投机性交易或者在股票市场买进卖出赚取利差，因此具有投机性，而硕富麟被归类为投机分子与此有关。硕富麟已然认识到其不利的投资地位，在投资之初便阐明了投资 SK 的立场：第一，硕富麟称其投资资金全部来源于自持资金，不使用任何借贷资金；第二，尽管存在汇率变动的风险，但以长期投资为目的，不使用外汇对冲；第三，阐明要求 SK 改善公司治理结构的立场。事实上，投资资金是否使用了借贷资金，是否存在外汇对冲行为，无法完全确认，即使上述两项违反了硕富麟投资之初的承诺，也不足以以此作为"套现投机分子"的定性依据。

严格区分投资和投机的不同，无论从理论上还是从操作层面来讲，都绝非易事。通常将通过短期买卖赚取短期利差的行为理解为投机，如果以此标准对投机行为进行界定，那么硕富麟不存在通过短期买卖赚取短期利差的行为，不符合投机标准，不应该被判定为"投机分子"。理由是硕富麟从 2003 年 3 月买入 SK 股份到 2005 年 7 月出售股份离开韩国的两年零四个月的持股时期内，没有发生买进卖出 SK 股份的交易记录。硕富麟从 2003 年到 2005 年持有 SK 集团股份的这段时期，韩国股市的平均持股时间仅为两个月，与同期持股水平相比，两年零四个月的持股时间不应该被视为"短期"。[54]个人投资者在股市的平均持股时间为一两个月，银行、投资机构等韩国国内的机构投资者平均持股时间为 6 个月，如果说持股时间两年四个月的硕富麟是从事"短期"投机性投资的投机分子，那么大多数韩国投资者也应该被称作投机分子，在界定投机分子标准时对外国投资者和韩国本土投资者理应一视同仁。

与陷入股价操纵、廉价出售等争议的孤星基金不同，硕富麟持有股票的时间不存在争议，除了公示延迟的问题，没有其他法律上的问题。[55]硕富麟针对 SK 集团管理人员财务造假、公司资金挪用等问题问责，要求崔泰源董事长辞职，要求改善 SK 集团的公司治理结构，硕富麟与 SK 集团现有管理层之间的正面交锋引起广大韩国民众的广泛关注。当时，作为韩国三大财阀集团之一的 SK 集团管理权被外国投资者，尤其是以投机资本著称的私募基金挑战，对韩国民众来说是一个冲击性事件。硕富麟主张 SK 引入现代公司治理制度，但公司治理对当时的韩国企业来说可能是水土不服的外来药方，而且硕富麟提出的方案基本停留在理论层面。总之，当时的"套现者"硕富麟在韩国人心目中如同田地里一夜之间冒出来的木棒槌。

硕富麟大量买进SK集团股票，在两周的时间内一跃成为SK集团最大的股东，这得益于韩国的股东大量抛售SK股票。当SK集团的非法行为被公布之后，韩国的个人投资者、机构投资者不约而同地抛售SK集团股票，而硕富麟在此时大量买进。最让人遗憾的是，随着硕富麟大量买入，SK集团股票的股价出现反弹时，作为其债权人的韩国国内银行将其视作处理SK集团股份的机会，也进行大量抛售。而作为SK集团的债权人，韩国的银行应该比硕富麟更清楚SK集团的实力和经营状况，却基于短期判断匆忙抛售SK股份。而硕富麟正是因为看清SK集团的价值，判断出SK集团仅需要改善公司治理结构就可以很快恢复元气。也就是说，韩国人不相信SK集团的潜力和发展的可能性，但硕富麟选择相信。换言之，SK集团的股份不是硕富麟强买所得，而是令人汗颜的韩国投资者自愿出售的结果。

除了SK集团之外，硕富麟还投资了韩国国民银行、LG集团和LG电子。在投资SK集团之前，2002年硕富麟投资韩国国民银行，持股占比大约3%，具体的投资回报和投资时间没有显示，估计为投资期限不足一年的短期投资。[56]而投资LG集团和LG电子均为短期投资，但是在短期投资期间，并未发生频繁买进卖出的短期交易。如果以投资期限为标准判定是否为投机分子，比起投资限期为两年零四个月的SK集团个案，硕富麟之前投资韩国国民银行、LG集团和LG电子的个案更应该被定性为投机分子接受韩国民众的广泛批判。硕富麟对LG集团和LG电子投资额为9750亿韩元，投资期限仅为六个月，共亏损500多亿韩元，后来出售所有股份离开韩国。[57]没有人称在六个月短期投资中亏损500多亿韩元黯然离场的硕富麟为投机分子，而在两年零四个月针对SK集团的长期投资中，只因为获利7600亿韩元离场，便迎来"投机分子"的叫骂声一片，是否有种吃不到葡萄说葡萄酸的心理在作祟呢？

套现是实情，国家财富并非流出

硕富麟盈利了，韩国的国家财富流出了吗？相反，硕富麟亏损了，韩国的国家财富有流入吗？硕富麟带着亏损离场，韩国真的高兴吗？带着这些疑问，必须首先看一下硕富麟是怎样获取巨额利差的。硕富麟获取的利差来源于SK集团股价上涨，而包括韩国本土投资者在内的SK集团的所有持股人都享受这一待遇，实现了股价上涨带来的利差。持股大约15%的硕富麟获利8043亿韩元，意味着另外持股85%的股东共计获利超过4.5万亿韩元。在硕富麟与SK集团现有管理层激烈的经营权争夺战中，SK集团的股价上涨5倍以上，所有SK集团的持股人均获利丰厚。而且，随着SK集团股票总市值的增长，SK集团的企业价值增加，最终韩国国家财富呈现涨势。而在这场饕餮盛宴中，几乎所有的当事人都赚得盆满钵满，只有那些抛售了SK集团股票的个人和机构是亏损方。

硕富麟投资SK集团时，SK集团股票的总市值仅为1.4万亿韩元，而硕富麟撤资离开韩国时，SK集团股票的总市值为6.4万亿韩元，增长额高达5万亿韩元。[38]SK股票总市值增长5万亿韩元，意味着韩国的国家财富增长5万亿韩元。硕富麟持有SK集团股份的两年零四个月期间，韩国股市综合股价指数上涨85%，假设硕富麟没有投资SK集团，没有SK集团经营权之争，SK集团股价的总市值涨幅可能会降低。除去综合股指上涨率85%对应的金额，5万亿韩元中，有3.5万亿韩元"得益于"挑起SK集团经营权争夺战的硕富麟。除去硕富麟套现带走的8000亿韩元，由SK经营权之争带来的2.7万亿韩元，可视为韩国国家财富增长的部分，而非流出的部分。而硕富麟带走的8000亿韩元，不应被视作韩国国家财富的流出。毕竟，自古以来，没有只允许自己吃肉，不能忍受别人喝汤的道理。总之，韩国投资者因为外国投资者而获利，而外国投资者获利后离开韩国，与国家财富外流没有任何关系。假设SK集团股价由于硕富麟的投资而大幅下跌，最终硕富麟带着损失离开韩国，同时意味着韩国国家财富减少，韩国就真的喜欢这种局面吗？韩国国家财富增长，韩国投资者获利当然是皆大欢喜的局面，但没有只让外国投资者亏损的道理。

早日撤离反而是万幸

硕富麟独立资产管理公司对韩国的投资虽然说是一种失误，但万幸的是其卖掉在韩投资的股份早日撤离。当时市场预期 SK 股权之争会随着硕富麟的退出风平浪静，股价也会随之大幅下跌。果然，在硕富麟退出后的几天内，SK 股价开始暴跌。不过之后马上反弹，并在当年年末维持在硕富麟退出之前的股价水平。第二年股价持续攀升，到 2006 年末以每股 73000 韩元的价格比硕富麟买入时上涨50%。在硕富麟退出后的 2006 年，SK 集团的销售额虽然比上一年有所增长，但纯利润下降，而这些都没有影响 SK 股价的上涨。而股价上涨的背后是 SK 集团公司治理结构的改善，比如，SK 集团改变非法支援子公司的行为，采取任命独立的第三方董事等措施改善公司治理结构。

2007 年，SK 集团的股价继续上涨，6 个月的时间里达到史上最高值每股 134500 韩元。原因是，当 SK 集团宣布将改制为控股集团公司并进行公司治理结构改革时，股价连日上涨。[59] 在股票市场，"如果"虽然没有实际意义，但如果硕富麟 2005 年没有退出 SK 集团，而是继续持股到 2007 年 6 月，那么盈利将不是 8000 亿韩元，而是 2.6 万亿韩元。同理，如果硕富麟没有在 2005 年 8 月卖出韩国 LG集团和 LG 电子的所有股份完全撤离韩国，那么截至 2007 年 6 月，硕富麟面临的将不会是 500 亿韩元的亏损，而是 4000 亿韩元的营利。也就是说，如果硕富麟继续持有在韩投资份额，在 SK 和 LG 的投资将共计营利 3 万亿韩元。这么算来，与其指责硕富麟的离开为掘金"套现者"行为，倒不如说 2005 年硕富麟的早日撤离韩国反而是一件幸事。

硕富麟在与 SK 现有管理层展开经营权争夺战时，曾提出改善公司治理结构的诸多方案，比如要求崔泰源董事长卸任、实现独立的董事会结构和采取措施控制子公司间的不当交易等。外国投资者对韩国企业的经营"指手画脚"，在情感上给韩国人带来不快。但是，对于财务造假规模高达 1.5 万亿韩元的 SK 集团来说，要求公司进行治理结构改善是合情合理的事情。当外国投资者站出来提出正当要求的时候，韩国的个人投资者和投资机构股东们却看着财阀的脸色保持沉默，反而应当让韩国人感到羞耻。而事实上，后来 SK 管理层做出的一系列努力中，除了崔泰源董事长的卸任，其他各项均是按照硕富麟的要求进行的公司结构调整，最终于 2007 年实现了像控股集团公司的治理结构改革。可以说，当初硕富麟对 SK 集团经营权的挑战，促成了今日 SK 集团的"大变身"。

SK 集团进行财务造假和不当支援子公司的行为是明确的违法行为，在国际社会中这种行为也令国家蒙羞。硕富麟指出 SK 集团的错误并要求进行企业结构改革，试图以此掌握 SK 集团的经营权。但是硕富麟并没有深入了解韩国现实，只是基于理论层面的呼吁，是否在当时将公司治理结构改革作为其经营权争夺的筹码，也未可知。而 SK 这种大财阀集团并不是一朝一夕可以改变的，最终硕富麟操之过急而未得之，不得不全面退出韩国。而硕富麟如果继续投资将实现更高的利润，早日离开等于放弃了更大的营利机会。另外，SK 集团的董事长崔泰源 2003 年因财务造假和挪用公款等非法行为被判有罪，讽刺的是，十年后他再次因为侵占公司财产等有罪判决被关在教导所。

套现纷争的背后

孤星基金和硕富麟等外国资本在资本性质、投资方式、投资目的和投资结果方面有所差异，孤星基金和硕富麟是将很多投资者的资本募集起来进行运营的私募基金。孤星基金作为韩国外汇银行的大股东以经营为目的进行投资，而硕富麟最初是以纯粹的财务性投资为目的，之后转向经营参与。

孤星基金和硕富麟虽然同样投资股市，但投资方式不同。硕富麟在股票市场公开收购 SK 股票，孤星基金收购韩国外汇银行时，通过与政府和债权人的协商谈判和公开竞标的方式完成收购。它们全部以相应的价格从政府、银行和投资者手中收购股份。

孤星基金和硕富麟两家公司全部陷入"套现"纷争，但它们的投资结果不尽相同。孤星基金从 2003 年收购韩国外汇银行到 2012 年出售韩国外汇银行股份，8 年期间获取了相当于投资额 3 倍的收益。硕富麟从 2003 年 3 月和 4 月在股票市场上收购 SK 集团股份到 2005 年 7 月撤离韩国市场，获取了相当于投资额 4 倍的巨额收益。孤星基金和硕富麟全部带着巨额现金离开韩国，因此被称为"套现"者。

这两家企业撤离韩国的方式也有所不同，硕富麟在股票市场将当初从股票市场收购的 SK 股份抛售；孤星基金通过协商的方式将外汇银行股份出售给韩亚银行的控股公司韩亚金融控股集团。

通过资本性质、投资方式、投资目的和投资结果各不相同的孤星基金和硕富麟的"套现"案例，可以为前面的两个问题找到答案。第一个问题是"外国投资者是否通过投机的方式获取利润"，第二个问题是"外国投资者获利离开韩国后国家财富是否会随之流出"。

你为何将手中股票抛售给"套现者"？

不管是外国投资者，还是本土投资者，投资的目的都是为了盈利，外国投资者在韩经营几家欢喜几家忧，有的投资人赚得盆满钵满后离开，有的投资人带着巨额亏损离开。外国投资者在遭受巨额亏损后离开韩国，韩国人会因为韩国国家财富没有流出韩国而拍手称快吗？答案显然是否定的，随着外国投资者在韩经营失败，企业的劳动者和利益相关者也因此遭受痛苦和损失，从韩国国家经济的层面来看，国家经济收入也大幅缩水。孤星基金和硕富麟在分别经营韩国外汇银行和 SK 集团时取得优良业绩，股价上涨和分红带给它们巨额利润，因此被韩国人称作"套现者"。但随着公司价值增加，韩国股东也获得了巨额利润，国家财富总体上涨，尤其是包括劳动者、下游供应商企业和债权人在内的所有利益相关者都实现了共赢的局面。

似乎韩国投资者在韩投资获利比外国投资者在韩经营获利更加大快人心，但是那些将手中股票抛售给"套现者"的人们应该自我反省。硕富麟和孤星基金并非掠夺了韩国企业的股份，而是从韩国股东和韩国银行手中通过正常途径收购。或者说，是韩国将股份卖给外国投资者，是韩国给了外国投资者"套现"的机会。韩国外汇银行陷入经营困境时，韩国政府没有继续投入资本，当时韩国外汇银行的大股东韩国银行（韩国的中央银行）和进出口银行（韩国的政策银行）也没有继续增资，包括韩国国民年金公团在内的韩国国立基金或机构投资者也按兵不动，没有任何投资意图。在这种情况下，孤星基金及时接盘，并成为众矢之的的"套现者"。

硕富麟收购 SK 集团的案例中，那些将股票出售给硕富麟的团体和个人更应该扪心自问。当 SK 集团出现财务造假问题时，所有的韩国投资者纷纷抛售 SK 集团股票，导致硕富麟获取了充足的股份，一跃成为 SK 集团第一大股东。当硕富麟要求改善 SK 公司治理结构，并以此为理由引起经营权纷争时，韩国机构投资者不仅选择了沉默，还借机大量抛售 SK 集团股票，这种短视行为值得认真反省。与其指责硕富麟是"套现者"，不如问问韩国银行和机构投资者为何将 SK 集团的股份抛售给外国投资者，是否为改善公司治理结构付出过努力？

跨境投资的换位思考

外国投资者在韩获利后不准离开韩国，亏损后可以离开韩国的想法近似于无理取闹。试想，在中国投资的韩国企业或韩国投资者如果获利，中国政府因此禁止韩国企业或投资者离开中国，这种荒唐的行为恐怕将令投资者望而却步。如果韩国人不喜欢看到外国投资者在韩获利，恐怕只有从一开始就禁止外国人在韩投资。

如果韩国仅仅开放商品市场，却将金融市场的大门紧闭，实施禁止或限制外国投资的政策，那么韩国在海外投资也有可能受限。在全球化和开放经济体制的今天，韩国企业和投资者可以在海外投资，限制外国投资者在韩投资的封闭政策没有立足之地。否则韩国企业在海外市场直接投资，或在海外发行股票和债券将受到极大影响，进一步阻碍韩国企业海外业务的拓展。

韩国的出口在经济发展中发挥了主导作用，三星电子、现代汽车、LG 电子、现代重工等韩国代表型企业全部依靠出口型业务发展壮大。这些企业在韩国经济中占据主导地位，已经成长为全球企业，早已无法仅仅依靠韩国国内市场需求生存。这些跨国企业通过在海外设立当地法人和合资法人进行生产和销售活动。在这种大背景下，如果韩国实行单方政策，不允许外国投资者在韩投资，将不利于韩国经济的健康发展。

再来看一看允许外国人投资但加以限制的情况。对于孤星基金对韩国外汇银行的投资，事实上韩国政府实施的是有限制的批准。首先由韩国政府和债券银行以公开招投标方式选择投资者，并事先对其投资资格进行审查。因此，事后引发的套现纷争是政府和债券银行的责任，不应将指责转嫁给政府和债券银行选择的对象。硕富麟对 SK 集团股份的收购作为在证券交易市场的自由买卖，不受限制。针对这种情况，可以出台措施，对外国投资者投资韩国企业股票时设置一定的上限。

不得不接受的事实

阻挡套现行为最直接的办法是向外国投资者关闭金融市场。但是，正如之前所说，这种做法在韩国现行的经济结构中不仅无法实现，而且将给韩国经济发展带来巨大损失。阻止外国投资者在韩获利或者不允许获利的外国企业撤资离开韩国的做法不符合现实，只要开放金融市场，就无法杜绝"套现"行为发生。只要企业股价上涨，投资企业股票的投资者便可以正当获利，包括韩国本土投资者和外国投资者。与其盲目指责外国投资者是"套现投机分子"，不如加大韩国本土投资者的投资，从而降低外来者"套现"的可能性。足球竞赛中，不进攻只防守的球队也许可以打成平手，但很难赢得比赛。比起用"套现投机分子"的名头加以指责，韩国人积极投资韩国本土企业并获利，是"对抗"外国投资者的有效方法。

在股票市场通过短期投资获取巨额利润非常困难，股票投资的高收益应该来源于高风险投资或投资于股价低于企业内在价值的低估值企业。股票市场不能在任何时候均保持有效运营，很多企业的股票价值未能及时反映出来，从过低估值到正常估值需要长期验证。而且高风险的股票价格变动性极大，可能短期内损失惨重，也可能短期内收益颇丰。因此，高风险—高收益的投资必须以长期投资为基础。孤星基金和硕富麟在投资韩国外汇银行和SK集团的持股期间，没有发生过短期的抛售行为，是典型的高风险—高收益投资类型。

韩国应该大力发展长期投资者和投资目的多样的投资基金，从而在股市上积极开展对低估值股票的投资以及高风险—高收益型的投资。韩国国民年金等养老金、基金和保险公司的资金相对稳定，可以作为长期投资者发挥重要作用。孤星基金和硕富麟投资韩国外汇银行和SK集团的2003年，韩国从事长期投资的投资机构非常少见，而且规模有限。其中最稳定的长期投资机构韩国国民年金公团在股票市场的投资仅为总运营资产的7.8%，之后这一比例持续上升，截至2013年达到30%。[60]韩国国民年金公团作为韩国代表企业三星电子、现代汽车、LG电子的第一大或第二大股东进行长期投资。[61]目前韩国的股市投资呈现向长期投资转变的趋势，但韩国国内投资者的平均持股时间仅为三四个月，因此有必要在政策上引导韩国投资机构扩大长期投资。

在长期投资者中，应当重点培养收购破产企业或者以结构调整为目标的高风险—高收益投资基金。2003年参与韩国企业收购的承担投资银行职能的金融公司非常不活跃，当时私募基金在韩国还不存在，韩国私募基金开始于2005年。[62]私募基金和投资银行比其他投资者更加积极并具有攻击性，聚焦于高风险—高收益投资，在企业起死回生方面发挥着关键作用。但目前韩国私募基金数量和规模较小，在资本市场不具备影响力，且规模比较大的私募基金和投资银行大多是以银行为核心业务的金融控股集团公司的子公司。韩国投资银行不从事真正意义上的高风险—高收益投资业务，投资多为以不动产为抵押的信贷担保，或者以债权投资的形态参与，要么要求保障最小收益率，要么要求第三方支付担保。因此，韩国的投资银行不属于高风险—高收益的投资类型，而不过是信贷业务的变形罢了。像孤星基金和硕富麟一样承担所有投资风险的真正意义上的私募基金和投资银行在韩国如果无法活跃发展起来，那么将无法与高风险—高收益的外国"套现者"抗衡。

事实上，套现纷争的背后，存在比韩国人爱国心和民族情怀更复杂的因素。硕富麟与SK集团现有管理层的经营权争夺战表明，对于那些存在问题的企业，股东可以在证券市场使用正当方法要求更换财阀掌门人或管理层。只不过当提出正当要求的股东是外国人时，问题的焦点被歪曲。孤星基金收购韩国外汇银行时，韩国人自身处理不了的烂摊子被外国人接手，并在外国人掌管下渡过难关稳步发展，事后韩国人却横加指责。韩国向外国人开放资本市场如同打开了潘多拉的盒子，这意味着韩国经济不仅是韩国人自己的舞台，也是世界人的舞台。此时对股东的国籍进行区别对待，无异于将潘多拉盒子重新关闭。

对外国资本持肯定和支持的态度，似乎多少违背了韩国人所谓的民族情怀。但是，在全球化和世界开放的今天，关于外国投资者导致韩国国家财富流失的主张仅仅是站在韩国立场的一面之词。当然，这种对于外国资本的歪曲看法不仅仅存在于韩国民众的认识中。当外国资本对本国国民经济产生影响时，常常发生"温布尔登效应"。温布尔登效应原本是指在英国举办的温布尔登网球公开赛中，让人讽刺的是几乎没有英国选手得奖。[63]后来用于经济领域，指某个国家虽然已经成为国际性活动的场所，却全部活跃着外国人。在撒切尔夫人首相时代，英国放开了金融业，但开放的结果是英国众多有实力和经验的金融机构被以美国投资银行为主的金融巨头占据，以至于英国只留下一个"国际金融中心"的空壳，实质上已经被掏空。从日本的明治维新到西方国家推行的自由贸易政策，每个国家对外开放的最终目的都是通过开放来丰富自己，提升自己，让本国人民获得更大的利益，而不是以牺牲本国利益为代价换取一个空洞的"开放国家"的桂冠。比如在英国的温布尔登网球公开赛，虽然英国为这场世界最知名的赛事提供了最好的场地，但每年得到冠军和奖金的英国人却很少，因此很多英国人认为温布尔登网球公开赛对英国没有实际意义，而是给他人做了嫁衣。当然，有这种想法的人们忽略了温布尔登网球公开赛带给英国的巨额收入。外国获胜选手带走的数十亿元奖金虽然可以被看作国家财富的流出，但温布尔登网球公开赛期间，世界各国赛事转播费和观赛游客每年带给英国的收入高达 8000 亿英镑。如果以本国选手不能获得冠军为由将如此盛大多金的赛事关闭，对英国来说，果真是明智之举吗？

外国人套现纷争的背后，一方面，是韩国财阀集团和既得利益群体等极端右翼利用韩国国民扭曲的民族感情和情怀将外国投资者当作敌人；另一方面，是在一部分左翼反对市场开放和全球化的过程中，将外国投资者当作靶心。总之，他们将外国投资者当作共同的敌人，形成左右夹击的局面。将外国投资者定位为"套现投机分子"的行为表面上来看充满爱国主义和民族主义情怀，但不可否认套现纷争的背后隐含着作为企业利益共同体的一部分舆论和政客利用民粹主义向国民进行煽动的事实。这部分社会舆论和政客无视财阀企业掌门人家族成员侵占企业财产、挪用企业资金、财务造假等行为给众多小额投资者带来的损失，无视财阀集团通过子公司间不正当的内部交易击垮竞争企业并扰乱市场秩序，无视财阀集团掌门人和管理层的诸多违法行为，当外国投资者明确指出韩国财阀集团企业存在的以上问题并要求进行公司治理方面的改善时，这些外国投资者却被部分舆论和政客指责为"投机分子"，因此我们有必要重新审视部分舆论和政客的立场。

第五章　三星为何挑起恶意并购的争论？

关于外国恶意并购的争论

评判外国投资者的视角

随着韩国股票市场中外国投资者比例的不断增加，韩国国内关于外国投资者可能会对韩国企业实施恶意并购的担忧情绪也持续发酵。事实上，2004 年外国投资者对三星电子的持股率超过 60％ 时，[①]三星集团便在报告中指出，三星电子存在被外国投资者恶意并购的可能性和风险。[②]作为韩国规模最大、最有影响力的企业，有媒体称，"韩国人一生无法避免三件事：死亡、税收和三星"。另有新闻报道称，"三星电子是韩国的代表，或者说是韩国的代名词"，韩国公平交易委员会内部针对"外国股东是否有强烈的诉求将三星电子总部迁到国外，三星电子是否会成为恶意并购的对象等问题，进入实质性研讨阶段"。恶意并购，通常是指并购方不顾目标公司的意愿而采取非协商购买的手段，强行并购目标公司，或者并购公司事先并不与目标公司进行协商，而突然直接向目标公司股东开出价格或收购要约。2004 年，韩国国会在其对国政的例行监察中，当时大国家党的国会议员曾表示，"三星电子在已经面临现实的恶意并购风险的状态下，如果按照公平交易委员会（提出的法案）将金融保险类公司在股东会的决策权缩小到 15％ 之内，那么三星电子将有落到外国人手中的可能性"。[③]关于外国人恶意并购的争论至今已逾十年，这期间外国人针对三星电子的持股股份虽然有所变动，但针对三星电子的恶意并购并未成为事实，也没有迹象表明外国投资者存在恶意并购的意图。然而，在广大韩国人心目中，关于外国投资者将恶意收购三星电子的担忧在所谓的"爱国"民族情怀的催化作用下持续升温。

那么，关于"外国投机资本如果恶意并购了三星电子，三星电子将极有可能丧失自主经营权"的说法，究竟在多大程度上真实反映事实呢？从结论上分析，这种说法是在广大韩国人中广泛流传的各种偏见的集合体。如同在第四章中提到过的，这种说法中夹杂着不乏将外国投资者看作掘金"套现投资分子"的偏见。而"外国人"这个词似乎总是可以很奇妙地诱发韩国人心中隐含的民族感情与情怀，"宁给本邦，不予外贼"，比起将本国企业拱手让给外国人，当然是韩国人经营更加理所当然，而且当其他投资者企图恶意并购且威胁到韩国人的经营权时，"外国人"这个词也可以引起韩国人团结起来一致对外的共鸣。一旦将外国人判定为"投机分子"，那么便具备了正当防御的名分。另外，当本国企业落入他人之手，民众自然心存不快，或者从根本上说，民众会油然而生一种保护本国自主经营权的英雄主义情感。这种情感，或者说偏见，往往将公司与大股东、大股东与管理层、管理层与企业掌门人、掌门人与公司等同视之。

关于外国投资者恶意并购三星电子的主题，在韩国经济面临的无数课题中无异于沧海一粟，而且在探索韩国资本主义出路的过程中，关于这个问题是否值得一提，也许存在不同观点。但是，通过三星电子恶意并购的争议，可以窥探韩国资本主义问题的根本症结，仿佛是一个有趣且重要的结晶体。这个议题如同一个三棱镜，透明的光经过三棱镜的反射可以呈现七彩斑斓的光线，韩国社会中广泛存在的某种扭曲的经济意识在这个结晶体的反射下亦呈现不同的断面，如果通过这个结晶体切中问题的要害，则可能探索到韩国经济健康发展的方向。因此，我们需要首先明确"外国投机资本如果恶意并购了三星电子，三星电子将极有可能丧失自主经营权"的说法中，究竟包含多少事实的成分。

外国人持股50%

外国投资者对三星电子的持股份额超过50%，三星电子就真的存在被外国投资者恶意并购的可能性吗？首先，从结论上分析，这是一种有悖于韩国股票市场现实和外国投资者现实的无稽之谈。④假设三星电子50%以上的股份被某一名外国股东持有，那么三星电子的经营权无疑会转移到这名股东手中。但是，三星电子的外国股东并非一名，而是数千名，包含国籍、投资目的、投资方法各不相同的投资机构和个人。三星电子的外国人持股份额达到历史最高水平时，外国人持股份额超过60%，此时外国股东人数为2800名。⑤试想数千名来自不同国家，拥有不同投资目的的外国股东，如何可以做到步伐一致地挑战三星电子的经营权呢？即使他们的持股份额加起来超过50%，这种想法不过是一种毫无事实依据的臆想。

外国人持股50%以上便如临大敌，是因为认为李健熙会长缔造的三星经营权会落入外国投资者之手，或者认为存在三星电子被外国公司收购的可能性。三星电子作为韩国的代表性企业，一旦像某些媒体和政治圈人士宣扬的那样，发生外国投资者的恶意并购案，而且将三星总部和工厂都迁移到海外的话，那么韩国经济将遭受致命性的打击，而该事件在韩国企业史中也将成为最具冲击性的事件。如果说外国人持股份额增多将增加外国投资者恶意并购事件发生的可能性，就必须强烈阻止恶意并购的手段以维护韩国利益。

另外，韩国经济实行开放的市场经济体制，对国外的经济依存度较高，在三星电子不存在被外国投资者恶意并购的情况下，如果依然采取遏制外国投资者的持股率，或进行不必要的所谓经营权保卫战，将给韩国经济带来非常消极的影响。因此，首先有必要准确并认真地分析三星电子被外国投资者恶意并购是否存在现实的可能性？另外，除三星电子以外，对于所有外国投资者持股份额超过

50%的韩国企业采取阻止外国投资者恶意并购的保护措施，真的有利于韩国发展吗？对大股东的经营权采取制度方面的保护行为，真的有利于企业发展和资本市场发展吗？针对这些问题，有必要做出客观分析与判断。作为以上探讨的先头部队，首先针对外国股东高持股率与三星电子恶意并购之间的因果关系，用不同的方法进行探讨分析。

按并购是否取得目标企业的同意与合作，企业并购分为善意并购和恶意并购。善意并购，也称友好并购，指目标企业接受并购企业的并购条件并承诺给予协助。一般由并购公司确定目标公司，然后设法使双方高层管理者进行接触，商讨并购事宜，诸如购买条件、价格、支付方式和收购后企业地位及目标公司人员的安排等问题。通过磋商，在双方都可以接受的条件下，签订并购协议。善意并购在双方自愿、合作、公开的前提下进行，最后经双方董事会批准，通常由股东大会2/3以上赞成票通过。善意并购实现的方式，通常由目标企业中拥有经营权的大股东将其持有的股份出售给并购企业，或者目标企业向并购企业增发股票，或者合并的两家企业进行股票置换。

恶意并购，也称敌意并购，指并购企业在目标企业管理层对其并购意图不清楚或对其并购行为持反对态度的情况下，对目标企业强行并购。这个过程通过并购企业对目标企业股票的高价买入而实现。当事双方采用各种攻防策略完成收购行为，并希望取得控制性股权成为大股东，双方强烈的对抗性是其基本特点，激烈的收购和反收购将会持续整个过程。作为反恶意并购的防御手段，目标公司可以通过大规模购回本公司发行在外的股份来改变资本结构，将可用的现金或公积金分配给股东以换回后者手中所持的股票，或者通过发售债券，用募得的款项来购回自己的股票；目标公司也可以出售股份给自己关系密切的第三方企业，当目标公司在遭到恶意并购的袭击时，为不使本公司落入恶意收购者手中，主动寻找与自己关系密切的有实力的第三方企业（通常说的寻找白衣骑士），请求该企业充当并购者，参与与恶意并购者的竞争，从而达到驱逐恶意并购者以解救自己的目的。

大多数的并购属于善意并购，恶意并购比较少见。[6]前者是基于双方意愿的自发性行为，鲜有争议，而后者是发生于收购方与反收购方之间的强烈的对抗性行为，大股东拼命维护现有经营权，新进股东试图夺取经营权，双方在股票市场上奋力厮杀，很容易博得大众眼球并成为纷争的对象。

三星电子的外国股东们

三星电子在证券市场的成长历程将近 40 年，这期间多次发行股票进行有偿增资。有偿增资是指对新股缴付现金的增资，即指公司对发行的新股以优惠的价格配售或按照当时市价向社会进行公募，按一定价格向社会增发新股票的目的是为了增加公司的资本金，增发股票面向社会，无特定对象。三星电子进行多轮有偿增资后，李健熙家族所持股份的比例不足 5%。[7]加之三星人寿保险公司等子公司和三星福利财团等非营利性财团的内部持股，李健熙家族的总持股率大约为 18%。与此同时，外国股东的持股比例高达 51%。外国人在三星电子的持股份额于 2004 年 4 月以 60.1% 的比例刷新了历史纪录，之后连续下降，截至 2006 年 10 月底降低到半数以下，持股率为 49.7%。2008 年 11 月，金融危机发生后该比例降低到 42.2%，为过去十年间最低，之后重新攀升到半数以上，截至 2014 年 6 月，外国人在三星电子的持股率为 50.7%。

收购企业的实质性做法是在被收购企业的股东大会中任命自己人为董事，并进一步控制董事会。因此若想牢牢控制住经营权，必须在股东大会中取得多数决策权。在股权较分散的企业中，即使不取得 50% 的股权，至少也应该持股 30% 左右，才可能联合其他小股东一起挑战经营权。在三星电子的外国股东中，如果存在恶意并购者，必须持有一定份额的股份才可能实现恶意并购。但是现在三星电子的外国持股人中，没有人持股率超过 5%。不包含三星电子的子公司在内，目前对三星电子持股率超过 5% 的股东仅有一名，即韩国国民年金公团。韩国国民年金公团是三星电子第一大股东，作为全球第四大养老基金，掌管有四千多亿美元资产。⑧根据三星电子的年度经营报告，2011 年底，持股率超过 1% 的外国股东有三名。⑨最大的外国股东是持股率为 2.7% 的沙特阿拉伯政府，⑩第二大外国股东是持股率为 1.68% 的新加坡政府，⑪第三大外国股东是持股率为 1.39% 的美国基金欧洲及太平洋增长基金（Euro Pacific Growth Fund）。沙特阿拉伯政府和新加坡政府在三星电子的持股主体为主权财富基金，主权财富基金是国家针对过多的国家财政盈余与外汇储备成立的投资机构，与简单持有储备资产以维护本币稳定的政府机构不同，它是一种专业化和市场化的积极投资机构。主权投资基金的来源包括以亚洲地区的新加坡、马来西亚、韩国等国家和中国台湾、中国香港地区为代表的外汇储备盈余，以中东、拉美地区国家为代表的自然资源出口的外汇盈余，以乌干达贫困援助基金为代表的国际援助基金。而主权财富基金不可能存在以恶意收购为目的的投资，可以看作纯粹的财务性投资。

欧洲及太平洋增长基金成立于 1984 年，是美国规模最大的国际投资基金，它的几乎所有持股都是位于美国之外的公司发行的股票，"欧洲及太平洋"这个词其实包括了世界上大部分发达国家和重要的新兴市场国家和地区，其投资对象主要集中在欧洲和太平洋地区的高成长性公司。欧洲及太平洋增长基金的资产规模达 1242 亿美元，该基金 93% 的投资集中在欧洲和亚洲地区，其中，在欧投资比例为 52.8%，在韩投资占其总投资规模的 3.9%。该基金在韩国不仅投资了三星电子，还投资了最具影响力的网站 Naver 等公司。⑫欧洲及太平洋增长基金是典型的分散投资型基金，该类型的基金不仅没有恶意并购的案例，而且以不足 2% 的股份试图恶意并购，也有悖于常理。

在过去的十年间，虽然存在在三星电子持股率超过 5% 的外国投资者，但这些投资者没有恶意收购的意图。坐落在波士顿的美国老牌基金百能投资（Putnam）2001 年 11 月对三星电子的持股率首次突破 5%，2002 年 3 月持股率降低到 4.1%。另外一家美国基金美国资本集团（Capital Group International，CGI）2000 年 10 月持股率为7.4%，2004 年 3 月持股率减少至 4.8%。美国资本集团总部位于美国加利福尼亚州，目前是全球历史最悠久、规模最大的专业投资管理集团。集团下设六家子公司，分别负责全球各个国家的中央银行、政府机构、退休基金、保险公司和其他机构委托的管理业务。早在2006 年，负责全球机构投资管理的集团资产规模就超过了 3000 亿美元。这两家美国基金的持股率不仅一度降低到 5% 以内，最近也没有大量增持的公告，而且三星电子最近一次经营报告中公布的持股率逾 1% 的股东名单中，这两家基金也不在榜内。另外，美国基金资本研究与管理公司（Capital Research and Management Company，CRMC）2001 年持股率为 5%，之后几年持续萎缩，直到 2007 年 6 月开始重新恢复到 5% 的持股率。2008 年该基金对三星电子的持股率再次降到 4%，之后再没有超过 5%。早在 2006 年，负责美国共同基金管理的资本研究与管理公司管理的资产规模已经超过一万亿美元。这三家基金都是美国的知名基金，设立目的和投资原则都属于范围较广的分散型财务性投资，在投资界站在恶意收购者的队伍之外。而且这三家基金事实上在韩国和世界其他国家也没有恶意收购的先例。

最后，假设这些外国人股东中有人试图进行恶意收购，那么他们必须集合数千名外国投资者达成一致意见统一行动，而其他的外国投资者并没有响应的理由。站在韩国的立场上，虽然对这些非本国的投资者统一使用"外国人"的称呼来分类，但站在各国外国投资者的立场上，不管是韩国投资者，还是其他国家的投资者，对他们来说又何尝不是相同的外国人呢？集结来自不同国家的数千名外国投资者，共同攻击李健熙经营权的假设，无异于一种空想。总之，现在三星电子的股权结构中，外国人持股率超过 50% 的事实，不足以成为担忧三星电子被恶意收购的理由。

恶意并购并不现实

天文数字的资金

如前所述，在过去十年间，不存在有条件有能力恶意并购三星电子的股东。当然，这不代表在今后也不存在三星电子被恶意并购的任何可能性。假设将来出现恶意并购的情况，那么意味着该股东要大量买进三星电子的股份并完全控制经营权，意味着必须持有50%以上的股份，意味着至少30%的股份必须从股票市场上收购获得。而在股票市场上买入三星电子30%的股份，诸多因素决定了这一行为不具备现实性。

第一，恶意并购需要巨额资金，可以有足够的实力完成恶意并购的投资者极其罕见。假定股市将维持现在的股价不变，买入三星电子30%的股份大约需要58万亿韩元。[13]然而，一旦恶意并购的消息公开化，股价可能暴涨，意味着实际并购的资金可能要远远高于58万亿韩元。虽然无法预判届时三星电子的股价究竟会涨多少，但如果试图控制经营权，至少要支付30%以上的经营权溢价，这种情况下，购买30%的三星电子股份需要支付75万亿韩元。而且李健熙家族对于恶意收购者绝不会坐视不理，加之其可能采取的高价回购股票的防御措施，股价将远高于经营权溢价，虽然无法准确计算出收购资金的规模，但达到100万亿韩元的可能性极大。

事实上，同时具备恶意并购意图和100万亿韩元并购资金实力的恶意投资者在现实中并不存在。机构投资者中规模较大的股东分别为共同基金（证券投资信托基金）和养老基金。证券投资信托基金是由投信公司以信托契约的形式发行受益凭证，主要的投资标的为股票、期货、债券、短期票券等有价证券。其中，在美国规模最大的证券投资信托基金是太平洋投资管理基金（Pimco Fund），纯资产规模大约 188 万亿韩元。第二大证券投资信托基金是标准普尔 500 指数（SPDR S&P 500 ETF，又名蜘蛛），纯资产规模约 163 万亿韩元，第三大证券投资信托基金富达现金基金（Fidelity Cash Reserve）的纯资产规模约 136 万亿韩元。[14]证券投资信托基金设立的定位是广泛分散投资于不同种类的股市和证券市场，因此没有恶意并购的意图。即使假定其存在恶意并购三星电子的意图，世界上最大的证券投资信托基金倾其资产的半数之上仅收购一家公司的股份，在投资实务中缺乏现实可操作性。另外，还有一种比共同基金规模小，但更具野心和攻击性的基金，即对冲基金，也称避险基金或套利基金，是指由金融期货和金融期权等金融衍生工具与金融组织结合后，以高风险投资为手段并以营利为目的的金融基金。现今的对冲基金是一种私募证券投资基金，通过大规模的资金介入，无限放大那些影响市场供给的因素，利用各种信息制造价格波动，由此产生价差营利是对冲基金常用的秘密武器。由于是向涨跌两面同时下注，因此它的大部分投资风险已被对冲，往往能取得绝对报酬，又因投资方向和金额无须对外披露，从而在操作上比公募的开放式基金更具优势。由于对冲基金的以上特性，有必要分析对冲基金是否有可能恶意收购三星电子。世界上规模最大的对冲基金资金规模约合 84 万亿韩元，第二大对冲基金资金规模约合 59 万亿韩元。[15]先不说世界上最大的对冲基金将全部资产用于收购三星电子不具备操作性，即使进入收购阶段，对冲基金的资金规模也不足以完成对三星电子的控制性收购。

目前看来，有资金实力恶意并购三星电子的机构投资者仅剩各国的养老基金和主权财富基金。在全世界范围内资金规模超过 100 万亿韩元的养老基金有 20 余家。全球规模最大的养老基金是日本政府的养老保险基金，资金规模达 1500 万亿韩元，排名第二的为挪威政府的养老保险基金，资金规模 640 万亿韩元，韩国的养老保险基金国民年金公团以 426 万亿韩元的资金规模在全球排名第四。[16]由于养老保险基金具备共同基金和对冲基金无可比拟的规模优势，可以筹措到恶意并购所需的天文数字的资金。但是，如果政府将国民的养老保险基金用来收购某一家特定的公司，听上去也是不可思议的荒唐之举。韩国养老保险基金总资产的60%用来投资证券，30%约128万亿韩元投资于股市，其中针对韩国国内股市的投资规模约为83.9万亿韩元。[17]假设韩国国民年金公团有意实行恶意收购，根据韩国养老保险基金现有的投资结构，用于股市投资的比例不足收购三星电子。而且，如果韩国国民年金公团为了收购三星电子，或者收购美国或中国的任意某家特定的公司而使用了全民养老保险基金总额的30%，那么可能引发国内混乱，因此也不具备现实操作性。其他国家的养老保险基金同样无法这样操作，也没有这样操作的先例。

除了养老保险基金之外，另一类投资国家财产的基金类型是主权财富基金。全球范围内资金规模超过100万亿韩元的主权财富基金有10余家，而显而易见，外国的主权财富基金更不具备倾巨力采购三星电子一家股份的现实性。因此，不管是养老保险基金，还是主权财富基金，尽管具备了强大的资金筹措实力，但不具备恶意并购三星电子的可能性。根据股票市场和投资业界的操作实务，目前同时具备恶意并购意图和条件的外国投资者事实上并不存在。最后，假设某外国投资者执意恶意并购三星电子而重新组建一家符合条件的基金，仍必须筹措至少100万亿韩元规模的天文数字的资金，目前还没有哪个国家的基金有此种实力。

股市交易过程的复杂性

继续来看三星电子不会被恶意并购的若干理由。第二，在操作层面上，收购三星电子30%的股份需要数月到数年的时间。在过去5年间，三星电子的日均交易量是36.2万股，这仅是三星电子全部股票发行数量的0.25%。[18]2013年日均交易量是25.8万股，是股票发行总量的0.17%。因此，假设恶意并购者以股票市场上待交易的三星电子股份为收购对象，买进30%的股份至少也需要6个月的时间。[19]当然，某个特定的投资者在股市交易市场独自完成三星股份的收购，是不可能实现的。而且李健熙家族势必发动强烈的反收购攻势，与其进行竞争性的股票回购，而在两者激烈的搏击中会有大量期待分一杯羹的跟风者加入。如果将上述因素一并考虑在内，恶意并购者在股票交易市场买入三星电子股份从而达到巩固30%持股率的目的，预计需要远远超过6个月的时间。在世界股票交易历史上，还没有出现过历时如此之长、规模如此之大的恶意并购事件。假设出现该种情况，将不可预估股价会发生怎样的暴涨。

第三，试图恶意并购的投资者无法隐瞒增持股票的事实。持有上市公司5%以上的股份时，必须对大量持股的内容进行公示，并需要列明是单纯的财务性投资还是经营参与性投资，必须对其投资目的进行公示。另外，5%以上股份的持有者每发生1%的股份变动，必须在5个工作日之内对持股内容追加公示，因此恶意并购者的并购行为无法隐秘进行。也就是说，一旦出现持股率5%以上并试图进行恶意并购的投资者，之后他们每买入1%的股份，便需要在股票市场进行公示，因此可能引起的股价上涨便可想而知了。除了上述关于5%以上持股率的规定之外，当持股率超过10%时，即使持股情况发生一股的变动，都必须在5个工作日之内公示"员工和主要股东的股权结构报告"。因此，如果某股东长期并持续地买入三星电子的股份，股价将会上涨，所需的收购资金也将变成滚起的雪球。

第四，《韩国公平交易法》中对于恶意并购有约束规定。上市公司15%以上持股率的股东必须按照《韩国公平交易法》提交企业兼并重组申报，资产总额或交易额达到2万亿韩元以上，在股票交易之前必须向韩国公平交易委员会提交预申报，并预先接受企业兼并重组的审查。[20]进行企业兼并重组申报时，不仅需要公示收购企业的基本情况，还必须公开所有关联公司的基本情况，一旦企业兼并重组的申报被批准，收购企业将接受韩国公平交易委员会的全程监督。因此如果出现恶意收购三星电子的情况，所有参与在内的投资者将被公开，并将按照《韩国资本市场管理法》中规定的程序，每增加1%的持股率，需要对股权变动情况进行申报，并持续接受市场的监督和政府的管制。

史无前例

世界企业并购史上，没有关于基金投资者收购三星电子等大企业的先例，也没有恶意并购的先例。通常大规模的并购在同类业务范畴的公司之间通过善意并购的方式完成。从 1990 年开始，在过去的 20 多年间，全世界范围内完成的前 20 名大企业并购案中，几乎所有的并购均发生在业务经营内容相同或相似的公司之间。[21]因此，持有三星电子股份的外国股东除非是和三星电子属于同一类业务范畴或存在竞争关系的企业，比如日本的索尼和美国的苹果，如果仅是以财务性投资为目的的基金，不应该因其持股率超过 50% 而杞人忧天。

历史上最大的并购案是 1999 年英国通信公司沃达丰（Vodafone）和德国通信公司曼内斯曼（Mannesmann）之间的合并重组，资金规模为 1830 亿美元（约合 210 万亿韩元）。第二大并购案是 2000 年美国在线 AOL（America on Line）联姻时代华纳（Time Warner），资金规模为 1647 亿美元（约合 166 万亿韩元），第三大并购案的并购规模为 900 亿美元（约合 103 万亿韩元），是发生在 1999 年的美国药厂辉瑞（Pfeizer）和沃纳—兰伯特公司（Warner – Lambert）的并购重组。而这些大规模的并购案均是发生于同类公司之间的自愿结合的善意并购。如果三星电子的恶意并购成为现实，那么并购规模将可能超过目前历史上最大的并购案沃达丰—曼内斯曼案。[22]

大规模的企业并购案并非通过在股票交易市场现金买入股票的方式实现，历史上大部分的并购通过收购企业与被收购企业之间进行股票置换来完成。因为收购大企业需要大规模的资本，而短期内筹措巨额资金存在一定难度，而且在股票交易市场上买入股票容易引发股价上涨，反而起到拉升最终收购价格的反作用。从 1990 年开始，在过去的 20 年间，全世界范围内完成的前 20 名大企业并购案中，除了 1 例，其余 19 例都是通过交易双方置换股票完成的。史上第一大并购案沃达丰—曼内斯曼案也是股票置换的善意并购。仅有的一例虽然通过股市交易市场中的现金买入，但交易双方事先按照约定价格完成善意并购，收购公司和被收购公司的股东和管理层之间并未发生竞争性的股票收购。^㉓但是，假若三星电子发生恶意并购案，随着收购公司和李健熙家族之间展开的竞争性交恶，股价势必上涨，收购价格恐怕要达到资本主义历史上的最高值。

三星电子的外国股东们大多数是基金投资机构，鲜有个人投资者。通常被称为"基金"的机构投资者来自不同的国家，投资目的和投资方法大不相同。有编制股票价格投资指数对大企业进行消极投资的指数型基金（Index Fund），也有在经营中发出积极声音的维权型基金（Activist Fund），有不满一年的短期投资，也有数年之久的长期投资。不管是哪种类型的基金，大多是财务性投资者，对掌握经营权不感兴趣，这类投资者与那些以恶意投资为目的的基金完全不同。即使三星电子的外国股东中，有基金或投资者意图进行恶意并购，也不会是指数型基金和维权型基金。在美国和欧洲等恶意并购案频发的发达资本主义国家，发生在指数型基金和维权型基金身上的类似并购也史无前例。

综上所述，以三星电子的外国股东持股率超过 50% 为由，想当然地认定三星电子有被恶意并购的风险，是无视外国股东和韩国股市市场实情的空想主义和无稽之谈。

三星电子是否可以被并购？

没有例外

通过对三星电子的股权结构、外国股东的性质和目前历史上完成的大规模并购案的特征等进行综合分析，三星电子不会因为外国股东持股率超过 50% 的单一事实被恶意并购。那么，是不是意味着三星电子完全不可能存在被并购重组的可能性呢?

答案是否定的。当三星电子发生经营不善,如果继续交由现有的管理层进行经营管理,将可能加剧三星电子衰败的状况,此时将可能发生恶意并购事件。如果三星经济状况持续恶化并不见好转迹象,首先对此做出反应的便是股票市场。假设三星电子股价跌幅过半,那么相当数量的外国投资者可能会抛售股票撤离韩国,从而导致外国股东的持股份额大幅缩减。韩国的代表性企业三星电子由于经营困境股价暴跌的同时,外国投资者纷纷撤资,此时应该不会有韩国人愿意看到这个局面。而且,此时三星电子被恶意并购的风险不会随着外国股东持股率的下降而降低,风险反而增高。

保障劳动者、投资者、消费者和国家等企业利益相关方的利益,取决于是否能够用心经营企业取得佳绩,而不在于由哪一方控制企业的经营权。因此,目前掌握经营权的大股东或管理层如果经营业绩不佳并面临企业生死存亡的重大困境,那么现有的大股东或管理层则有可能易主,或被其他企业重组并购。这是常理并在韩国有很多类似的案例,其中,三星集团的子公司中由于经营状况恶化,将经营权转移给收购者的并购案例是雷诺三星汽车并购案。雷诺三星汽车原名三星汽车,由时任三星集团社长李健熙于 1995 年成立。李健熙成立三星汽车的原意,在于他认为汽车工业是多种工业的成果结晶,成立汽车部门有助于三星集团旗下子公司(如三星电力、三星电子)之间的合作。公司在初期开始发售汽车不久便遭遇亚洲金融风暴,由于三星汽车属于三星集团的非核心业务,很快割让求售。在同一时期,其竞争对手大宇汽车被通用汽车收购。最终三星集团与法资汽车集团雷诺集团谈判,三星集团李健熙放弃经营权,将其出售给法国雷诺集团。

韩国大财阀集团的子公司大多数不是通过其创立者或创立者后代的家族成员设立,而是通过并购完成。SK 集团便是通过并购实现快速扩张和发展的典型代表。SK 集团最大子公司 SK 电信(SK Telecom)曾于 1994 年收购韩国移动通信,第二大子公司 SK 能源(SK

Energy)于 1980 年收购韩国重工业企业大韩石油公社,第三大子公司 SK 海力士半导体公司(SK Hynix)也是经由并购实现发展的代表性子公司。1999 年现代集团的子公司现代电子收购了 LG 半导体,并于 2001 年更名为海力士,之后面临经营困境被债权人代表团接管,而 SK 集团于 2012 年将其收购,即现在的第三大子公司 SK 海力士半导体公司。SK 集团的上述三大子公司总营业额占整个集团营业额的一半以上,在 SK 集团内部占据非常重要的战略地位。除此以外,SK 集团还有很多子公司通过并购其他公司的形式实现发展,因此可以说 SK 集团不完全是创业型财阀,更像是资本运作型的财阀。

现代车辆集团的第二大子公司现代汽车在外汇危机时期收购于 1998 年宣布破产进入法定管理程序的起亚汽车。第三大子公司现代钢铁 2004 年先后收购仁川钢铁公司和外汇危机时期宣告破产的韩国第二大钢铁企业韩宝钢铁集团的唐津工厂,最终实现扩张和发展。包括新晋财阀集团 STX 集团(System Technology Excellence)虽然近期陷入经营困境,但最初也是通过资本运作收购了外汇危机时期破产的双龙重工业并雇用职业经理人进行管理,后来通过不断并购实现了子公司扩张。STX 集团并非创业型公司,也是通过并购成长起来的代表性集团公司。其他的韩国财阀集团,多数子公司也并非由其创立者、创立者家族成员或管理层创立,而是通过后期并购实现子公司发展。

陷入经营困境的韩国企业中,被外国投资者并购的情况不在少数。雷诺三星汽车便是法国汽车企业雷诺集团于 2000 年收购三星汽车后成立的新公司。现在雷诺三星汽车由法国雷诺汽车控股 80.1%,三星信用卡持股 19.9%。由于雷诺三星汽车公司的名称中始终保留"三星"字样,很多韩国人认为雷诺三星汽车仍然是三星集团的子公司。事实上三星集团已经从经营管理中全线退出,由法国雷诺汽车对其行使 100% 的经营管理。雷诺三星汽车的并购案是被收购公司出现经营不善,从而将现有管理层主体权和经营权移交收购公司的善意并购案例。

通用大宇汽车的情况相似，大宇汽车的前身是成立于 1937 年的新进工业公司，是韩国为数不多的历史悠久的企业之一。1978 年，当时在韩国排名第二的大宇集团完成对新进工业公司的收购，更名为大宇汽车，之后很长一段时期内，与现代汽车共同成为韩国汽车的代名词。1999 年大宇汽车陷入不可逆转的经营困境，2001 年美国通用汽车收购大宇汽车并更名为通用大宇汽车，现在通用大宇汽车的公司名称中已不见"大宇"的踪迹，而是统一使用"韩国通用"的名称。假设三星电子出现同样的经营困境面临重组，可能会面临和三星汽车、大宇汽车一样的命运。

外国企业收购韩国企业的同时，韩国企业收购国外企业的情况也不在少数。其中，三星电子 1995 年收购当时世界排名第六的美国计算机制造企业虹志电脑（AST Research）40.3% 股份并参与经营管理，1997 年收购虹志电脑 100% 的股份，将其纳入三星的全资子公司行列。在三星电子全资收购虹志电脑之后，经营状况持续恶化，1999 年 2 月三星电子不得不将虹志电脑出售给美国投资者集团，放弃对其的经营管理。[24]另外，LG 电子 1995 年收购美国第三大家电企业珍妮斯（Zenith）时，珍妮斯已经连续四五年呈现赤字。[25]大宇电子 1996 年收购失败的法国最大的家电企业汤姆逊多媒体公司（Thomson Multimedia）作为当地国有企业，赤字是其多年的顽疾。三星航空公司 1996 年收购的荷兰飞机制造企业福克埃尔莫公司（Fokker Elmo）经营状况亦严重不良。[26]

可见并购是令经营不良企业起死回生的重要手段，站在收购企业的立场上，低价并购此类企业属于企业发展历程中重要的战略性选择。不管是对韩国财阀来说，还是对美国等发达国家的企业来说，并购是一种普遍的发展战略。韩国财阀集团大规模的并购案中，大多数的并购对象是那些陷入经营困境或面临破产的公司。而与此相反，发生在欧美等发达国家的并购案，大多数是出于收购企业、被收购企业或合并公司的经营发展战略需要，自发性选择的结果。

最佳防御无外乎用心经营

从目前三星电子的经营状况分析,在短期内发生经营困境并面临并购的可能性较小。但是一旦三星电子的经营状况恶化,出现并购的概率便增大,一旦并购成为事实,将发生由谁来接管三星电子经营权的纷争。这种纷争在起亚汽车、大宇汽车、海力士、外汇银行等收购案中也一度纷纷扬扬。站在韩国的民族立场上,由韩国本土股东接管韩国企业当然皆大欢喜,但从经营发展的角度分析,没有理由拒绝有实力令韩国企业起死回生的外国大股东投资者和外国公司。企业对韩国经济做出的贡献,不在于谁得到了企业的经营控制权,而在于企业创造的附加价值是否回馈韩国,比如为韩国社会创造了多少就业机会,为韩国人供给了多少薪酬,为韩国财政贡献了多少税收。大宇汽车面临并购重组时,也是在没有韩国投资者和韩国公司愿意收购的背景下出售给美国通用汽车,并最终实现稳定的经营发展。韩国外汇银行在外汇危机时期也濒临破产,于是将经营权转让给德国商业银行,当德国商业银行无力回天时,曾请求韩国政府增资,但遭到韩国政府和当时的大股东韩国银行的拒绝,最终由美国孤星基金接盘并掌握外汇银行的经营权,之后外汇银行在经营状况好转后被韩国韩亚金融控股公司收购。

三星电子如果陷入经营困境需要并购重组,善意并购的可能性高于恶意并购。或者像第一大并购案中英国沃达丰并购德国曼内斯曼一样,三星电子出于经营战略方面的需要主动推进,或者像三星汽车一样被迫割让求售,被其他公司并购。第一种情况相对问题较小,但第二种情况一旦发生,将不是李健熙家族失去经营权的问题,而是可动摇韩国经济发展的重大事件。三星电子不能倒下,这不是为了维护李健熙家族在三星电子的经营权,而是为了整个韩国经济的发展。那么,假设三星电子面临并购,是应该为了李健熙家族的经营权,排斥外国收购方,还是应该忽略收购方的国籍,把重点放在企业的起死回生上?答案,不言而喻。

外国投资者对韩国企业的并购，绝大多数发生在韩国企业经营状况恶化，面临破产重组之后。事实上，我们期待的并购时间点应该发生在企业极度恶化濒临破产之前，可以将企业正常的经营状态持续下去的时间点。对于被收购企业的劳动者来说，可以免受企业破产之苦；对于原有的股东来说，可以减少投资损失；对于国家来说，不使用广大纳税人的税金支付救助金，比起被收购企业破产之后进行的并购，破产之前完成并购对各方利益者都是有利的。但是，绝大多数控制经营权的大股东即使在企业经营不善时，依然死守经营权，不愿意主动放弃经营权，实现善意并购。此时，有能力挽救濒危企业并妥善经营的大股东有必要通过恶意并购的方式完成对经营权的挑战。因此，恶意并购也属于资本市场必要的职能手段之一。如果外国投资者或外国公司有能力将被收购企业经营好，既有利于公司发展也有利于韩国国家经济，因此，李健熙必须控制三星经营权的主张站不住脚。那些认为三星电子的经营权必须掌握在韩国人手中的人们，对于他们爆棚的"爱国心"，笔者在此不置可否，但真正的爱国心不应该反映在对某个人某个家族的拥护，而应该体现在对三星电子发扬光大的拥护。

你是否持有三星电子的股份？

当韩国三星电子面临并购重组，大多数韩国人会无视韩国企业并购的一般规律，一致认为韩国企业的经营权不能落入外国投资者之手，为了阻止这一事情发生，似乎只要韩国人继续控制三星电子的经营权就万事大吉。而韩国人该怎样继续控制三星电子的经营权呢？人们给出的普遍答案是，韩国人持有比外国人更多的三星电子股份。那么，笔者有个疑问要问问那些高呼不准外国公司并购三星电子的人们。

"你是否持有三星电子的股份？"

面对这一无厘头的提问，很多韩国人可能会给出各种各样否定的回答："我没钱买入三星电子的股票"，"我没有投资股票的经历",或"我从来不做股票投资等投机性的投资行为"等。这里面包含着"我虽然不投资股票,但希望有人多多持股三星电子,从而捍卫韩国人对三星电子的经营权"的心态。我们有必要先分析一下外国投资者买入三星电子股份的途径,外国人持有对三星电子的股份,并非通过强取豪夺,而是通过股票交易市场正规的交易流程实现的。三星电子刚刚上市时,外国投资者并没有持股,后来持股率逐渐攀升,是从韩国人手中买入股票的结果。

韩国于1998年废除禁止外国人购买韩国上市公司股票的规定,当年,外国投资者对三星电子的持股率急速增长到47.2%,2004年4月,达到史上最高值60.1%,之后持续萎缩到金融危机之后(2008年11月)的42.2%。2013年8月,外国人持股率重新恢复到47.9%,15年来首次与外国人投资股市解禁当年的水平相近。而之所以外国投资者持股率可以达到60%,直接原因是韩国本土投资者对三星电子股票的减持。在过去的15年间,三星电子的股价从77282韩元攀升到1368000韩元,股价涨幅17.4倍,收益率高达1640%,年均收益率大约20%。假定韩国人这期间持续持有三星电子的股份,将会取得相当可观的收益,但因为韩国人减持股份,外国投资者才有了增持并享受差额利润的机会。韩国人担忧外国人持股率高的同时,是否也应该思考,当韩国人减持三星电子股份时,外国人为什么要增持呢?

当然,现在三星电子每股的股价超过130万韩元,人们可以以股价过高没钱投资为由进行辩驳。但2008年金融危机前后一年的时间,每股股价不过40~60万韩元,外国人持股率最低的时期2008年11月,每股股价为442000韩元。[27]三星电子股票的交易单位为1股,对于大多数韩国的中产阶层来说,投资三星电子股票并非负担。当然,当时无法预测其走势,但现在看来三星电子股价翻了两到三番。假设那些呼吁三星电子经营权绝不可以落入外国人之手的韩国人,当时也持有三星电子的股份,现在不仅可以赚得盆满钵满,也可以更有发言权。

另外，个人投资者买入高股价的三星电子也许是一种经济负担，但对于韩国养老保险基金、保险公司等投资机构，以及数千家股市基金来说，投资三星电子并非难事。但是，韩国最大规模的国民年金公团持有三星电子股份超过 5% 也已经是三年前的事情了。[28]那些主张三星电子经营权必须控制在李健熙家族或韩国股东手中的人们，应该扪心自问："我持有三星电子的股份吗？"如果没有，应该找找答案："我没有投资三星电子，为什么外国人投资了呢？"

应该限制外国人投资吗？

从根本上阻止外国人控制三星电子经营权最简单的做法是像外汇危机之前那样限制外国人对韩国股市的投资。而且，如果以三星电子对韩国经济具有战略性意义为由，以三星电子的经营权必须交由韩国人为目的，可以对外国人投资者增设门槛。但是，现代汽车、LG 电子、浦项制铁等韩国大企业也同样对韩国经济具有战略性意义，如果以重要与否为依据决定是否限制外国人染指，那么首先要划分哪些企业对韩国经济重要，哪些企业不重要。但是，在制度设计的操作层面，我们无法因大企业重要而限制外国人股市投资，因小企业不重要而允许外国人股市投资，最终，政策的制定需要一视同仁，无法为三星电子某个特定的公司引入限制外国人投资的制度。

如果采用限制外国人投资韩国股市的政策，有两种方法，一种是制定某些特定的外国投资者的股权上限，一种是针对全体外国投资者的股权上限。第一种方法在一些公共部门领域，不分本国人和外国人，已经开始实施。比如银行，规定某些特定股东的持股率不得超过 4%，[29]另外，规定外国人不得持股广播公司，同时规定基础通信公司中，外国人的持股率不得超过 49%。三星电子在过去 10 年持股率超过 5% 的外国股东不存在，而且特定股东以 5% 的持股率发起恶意并购的可能性亦不存在，因此采用第一种方法对外国股东进行限制毫无意义，也没有时效性。而且，人们担心三星电子被外国投资者恶意并购，是因为外国人对三星电子的持股率合计超过 50%，那么如果想限制外国人投资，似乎应该采取第二种方法，以全体外国投资者为对象进行限制。

当然，如果对全体外国投资者进行统一限制，同时要考虑可能对韩国经济造成的负面影响，毕竟韩国经济的对外依存度较高。首先，这一限制必定会对韩国的国家信用造成不利影响，其次，当外国投资者纷纷从韩国股市抽身时，韩国的外汇储备会大量减少，同时发生股价暴跌的可能性极大。而韩国国内的投资者甚至整个国家，可能会为此付出巨大的代价。至于对外国人持股的限制政策，究竟可以引发多大的连锁反应，我们在下面的篇幅中逐一描述。

限制外国人投资的政策，会最先反映在股票市场，一旦政策公布，意味着外国股东必须抛售手中持有的股票，首先带来的影响是引发股价暴跌。2013 年 6 月三星电子的外国人持股率为 47.8%，假设将限制外国人投资的持股率限定为 30% 以内，那么意味着占比 17.8% 的 2600 万股需要从外国股东手中出手，这相当于 5 个月的股票交易量。[30]以 2013 年 6 月的股价计算，出售金额相当于 35 万亿韩元。李健熙家族和各子公司对三星电子的持股率加起来不足 20%，那么对外国人投资限定在 30% 的持股率似乎仍然无法有效对抗经营权姓"外"不姓"韩"。那么假定对外国人持股率的限制为 20% 以下，那么外国投资者需要出售的股票比例为 27.8%，大约 4100 万股，以日平均交易量为基准计算，相当于 6 个月的股票交易量，约合 55 万亿韩元。

至于股价会发生多大幅度的暴跌，目前无法准确预测。即使限制政策仅适用于三星电子一家公司，出现股价暴跌也是预料之中的事情，如果限制政策包括所有企业的全部外国投资者，那么整个韩国股市将可能进入长期低迷。截至 2013 年 6 月底，市值总额排名前 20 位的韩国上市公司中，外国人持股率超过 30% 的公司有 14 家。如果将外国投资者持股率限定为 30%，那么这 14 家公司的外国股东需要出售的股票金额达到 77 万亿韩元；如果限制比例为 20%，那么

16 家公司的外国股东需要出售的股票金额达到 124 万亿韩元。[31]仅以总市值前 20 名的大企业为例分析，外国股东需要出售的股票超过股市总市值的 10%，届时韩国股市发生股价暴跌事件是不可避免的。

假设上述描述变为现实，那么三星电子的总市值将缩水 50% 以上，意味着 100 万亿韩元的资产价值在股票市场蒸发，届时三星电子的全体股东将蒙受巨大损失，三星电子的第一大股东韩国国民年金公团的损失将高达 8 万亿韩元。仅将限制政策应用于三星电子一家公司，都会出现如此惨重的损失，何况是将限制政策应用于所有公司？这绝不是危言耸听，届时所有的个人股市投资者、基金公司、保险公司等投资机构的资产大幅缩水，一场股票市场的危机将可能蔓延到整个金融市场，发展成为可怕的金融危机。

随着对外国人持股限制政策的实施，股价暴跌只是开始，外汇市场也可能会遭受致命性打击。试想，外国股东为了收回股票限制持股率之外的资金，必将在韩国外汇市场将多余的韩元兑换成美元，那么紧跟汇率暴涨的便将是外汇储备的严重告急。以 30% 的限制比例计算，市价 77 万亿韩元的资金约合 674 亿美元，以 20% 的限制比例计算，市价 124 万亿韩元约合 1088 亿美元，而这相当于韩国整个外汇储备的 1/3。[32]这项计算是以 2013 年 6 月的股价为基准，实际的外汇规模需要同时考虑到股价暴跌、美元需求剧增引起的汇率暴涨等因素，因此暂时无法计算得出实际的外汇规模。

事实上，汇率暴涨只是表面的连锁反应，由外汇储备不足引发国家信用度下降，国家整个经济陷入大混乱，才是最可怕的结局。1997 年外汇危机时期韩国发生国家破产风险时的情景仍然历历在目，而连锁反应的末端，等待韩国人的将可能是一场不亚于外汇危机的另一场危机。尽管对于外国人持股率限制的政策可以循序渐进地进行，但同样会引发股价暴跌、金融资产大幅缩水、外汇储备减少等金融市场的混乱。因此，为了捍卫李健熙家族对三星电子的经营权而对外国投资者持股率实施限制政策的主张，是非常不负责任的危险臆想。

撤销三星电子的上市地位吗？

股份有限公司虽然名称中与股份相关，但没有挂牌上市的股份有限公司不用担心被并购。控制经营权的大股东如果打算将经营权代代相传下去，那么从一开始就不应该挂牌上市，而是保持其私营公司的性质。如果想从根本上杜绝一切可能恶意并购三星电子的可能性并保障李健熙家族永远拥有经营权，那么只能通过撤销三星电子上市地位，将其转换为家族企业的途径。[33]上市公司在证券交易市场撤销上市地位或停盘，那么股票将不再交易，控制经营权的股东只需要继续持有现有的股权，收购方通过大量买入股票而完成收购的机会原则上被阻断，因此恶意并购从根本上变成镜中之花。

长期以来对股票市场的批判之声不绝于耳，其中一项重要原因是批判者认为股票市场已经丧失设立时的初衷而沦为投资分子的竞技场，因此对经济发展贡献甚微。股票市场的职能原本是为上市企业发行股票筹措正常的经营发展所需的资本，但最近大企业发行新股募集资本的情况反而较为少见，股票市场以投资为目的的资金募集功能无法正常实现，股市已经变为现有股票买进卖出的交易市场，尤其是为投机分子提供了一个合理合法的投机场所。虽然上述批判是错误的观点（后面会说明），但如果接受这一观点，取消股票市场上长期在资金筹措方面不作为企业的上市地位，可以从原则上对恶意并购起到封锁作用，并从根本上阻止投机行为的发生。

可以对号入座的企业恰恰包括三星电子，三星电子在过去 15 年间，没有一次发行股票筹措资金的经历。三星电子在 20 世纪 80 年代和 90 年代曾经 21 次发行新股有偿增资，最后一次有偿增资发生在 1999 年 6 月，之后便再也没有在股市上发行过新股。因此，如果撤销三星电子的上市地位，可以回应"股票市场正在丧失资本募集功能"的批判，也可以从根本上防止恶意并购。下面将探讨撤销三星电子上市地位是否具有现实可操作性，如果可行，一旦进入操作阶段是否有利于韩国经济的发展。

如果撤消三星电子的上市地位，令三星电子重新变为私营企业，那么李健熙必须从普通持股人手中回购所有的股份。行使经营权的李健熙家族在三星电子共持股 4.7%，三星各子公司持股三星电子 12.9%，李健熙家族和三星子公司持股合计 17.6%，另外三星电子自有持股率为 11.1%。[34]也就是说，为了顺利完成三星电子的退市，李健熙家族应从普通持股人手中购买 71.3% 的股份。三星电子 2014 年 6 月底的总市值为 191.6 万亿韩元，普通持股人手中 71.3% 的股票价值大约相当于 136.6 万亿韩元。根据相关规定，上市公司退市必须采取公开的方式回购股票，公开回购时通常需要支付高于市价的经营权溢价。以 20% 的经营权溢价计算，李健熙家族回购普通持股人手中股票大约需要支付 163.9 万亿韩元，以 2014 年 6 月底的汇率计算约合 1658 亿美元。这个资金规模相当于 21 世纪世界最大的并购案规模——美国在线 AOL 以 1647 亿美元收购时代华纳。

根据 2013 年《福布斯》世界富豪排行榜公布的富豪财产信息，李健熙个人资产约 126 亿美元（约合 14.4 万亿韩元）[35]，根据韩国国内网站"财阀数据"提供的财阀企业信息，李健熙个人资产约 12.8 万亿韩元。[36]李健熙个人资产中三星电子的股份约合 6.7 万亿韩元，以《福布斯》公布的数据计算，除三星电子股份之外，李健熙个人资产约为 7.7 万亿韩元。如此说来，李健熙没有能力回购三星电子退市需要的股票，就算世界首富的资产也不足以支付回购三星电子股票需要的巨额资金。[37]除了李健熙家族共计持有的三星电子股份，额外需要支付的资金大约为 156 万亿韩元。

156 万亿韩元是什么概念呢？比韩国所有银行的总贷款金额还高出 17%。[38]假设韩国银行贷款 156 万亿韩元给李健熙家族，那么意味着其他中小企业和个人将无法从银行借贷，这将引发金融市场的大混乱。而且世界上任何国家的银行都不可能将如此巨额的资金贷款给某个自然人。再来看三星电子发行债券，从世界多国银行进行借贷的情况，156 万亿韩元的巨额借贷依然缺乏现实性。结论当然是，三星电子撤销上市地位而捍卫经营权的做法，不具备现实性。

当然，除了使用借贷资金回购三星电子股份的做法，三星电子也可以尝试长期退市的方法。比如不进行股利分红，不进行内部留存，而是将纯利润全部用来购买自己公司的股票。2013 年三星电子的纯利润为 17.9 万亿韩元，假设三星电子购买自己公司股票的过程中股价维持不变，可以买入大约占比 9.3% 的 1368 万股。[39]如果每年以 9.3% 的比例买入，那么全部回购一般股东持股的 71.3% 大约需要 8 年的时间。[40]而上述计算是基于一种理想状态，因为 2013 年三星电子的纯利润高于以往任何一年，在实际操作过程中，如果三星电子以退市为目的回购股份，预计股价会暴涨，也就是说以纯利润回购 71.3% 的股份，需要做好准备打远远长于 8 年的持久战。

假设以三星电子的纯利润购买本公司的股票需要 10 年以上的时间，时间不是问题，在纯利润收购股份的过程中有比持久战更严重的问题。随着三星电子持续买入本公司的股票，三星电子的流通股票量将持续减少，而股价势必与流通股减少量成反比地上涨。而且公司持有的本公司股票并非李健熙个人所有，而是归剩余股东所有。在购买本公司股票的最后阶段，李健熙会长或三星电子购买剩余股东股权需要的资金与当初购买本公司股票的资金规模相当，最后实际支付的巨额资金堪比直接退市需要支付的金额。以三星电子的纯利润购买本公司股票的做法，虽然减少了流通股，提高了经营权大股东的表决权，可以作为捍卫经营权的防御手段之一，但是和直接退市一样不具备现实可操作性。

新股发行与资金募集

上市公司中，有些经营良好利润丰厚的大企业多年不发行新股。如前面提到的，三星电子在过去 15 年间，没有在股票市场上发行新股募集资金。总市值排名第 2 位的现代汽车和排名第 3 位的浦项制铁同三星电子一样，于 1998 年 5 月有偿增资之后，16 年间没有发行过新股，没有新增资本。针对这种情况，有些批判的声音认为股市丧失了资金募集的功能。这是一种错误的观点，没有正确理解上市公司资本募集方法和股票市场机能。

　　三星电子没有发行新股募集资金，不是因为不需要新的资本，而是因为没有向股东分配利润，将利润进行内部留存作为投资资金。三星电子 2013 年的纯利润是 17.9 万亿韩元，其中支付给股东的股息仅为 2.2 万亿韩元，剩余的 15.7 万亿韩元全部留在企业内部。留存利润是指企业生产经营所获得的，留存在企业尚未以股利形式分配给股东的利润，因此内部留存的 15.7 万亿韩元本应是股东所得。如果 15.7 万亿韩元的利润全部分配给股东，那么经营发展中所需的资金将必须通过发行新股或借贷的方式募集，而三星电子没有选择发行新股或借贷的方式，而是相当于从股东手中募集了 15.7 万亿韩元。三星电子从 2004 年到 2013 年，10 年的累计纯利润为 104.1 万亿韩元，其中作为股利分配给股东的总额大约为 12.1 万亿韩元，仅占纯利润总额的 11.6%。剩余的 92 万亿韩元留存在企业内部，作为企业经营发展资金使用。[41]过去 10 年间三星电子虽然没有发行新股，但也可以说留存于企业内部的 92 万亿韩元是通过股票市场募集的。

　　现代汽车和浦项制铁没有发行新股募集资金的原因与三星电子相同，他们用于企业经营投资的发展资金同样来自没有分配给股东的那部分纯利润。现代汽车 2013 年的纯利润是 5.2 万亿韩元，作为股利分配的利润为 5340 亿韩元，其余 4.6 万亿韩元留存于企业内部。现代汽车 2004 年到 2013 年的 10 年间，纯利润中未分配给股东而留存在企业内部的利润总额累计 26.7 万亿韩元。[42]浦项制铁在过去 10 年间从股东利润中留存的资金规模共计 27 万亿韩元。[43]韩国股票市场市值总额排名前三名的企业三星电子、现代汽车、浦项制铁在过去 10 年间，虽然未发行新股，但从股东手中募集到的资金共计 145.7 万亿韩元。可见，虽然上市公司没有在股票市场发行新股募集新增资本，但认为股票市场丧失资本募集功能的观点，是误解了上市公司的留存利润和股票市场功能。

　　三星电子超过 10 年没有发行新股，如果回购普通股票持有人手中的股票并退市，前面提到过共计需要筹措大约 164 万亿韩元的资金。假设借贷 164 万亿韩元，以年利率 5% 计算，三星电子需要支付的年利息为 8.2 万亿韩元。但是三星电子 2013 年支付给股东的股利仅为 1.2 万亿韩元。三星电子上市后在股票市场使用股东资本 164 万亿韩元与使用 164 万亿韩元的贷款相比,节省的直接财务费用为 7 万亿韩元。那些以上市公司不在股票市场发行新股募集资金为由认为股票市场失去原有功能,或者认为应该对那些长期不发行新股的上市公司撤销其上市地位的主张,是一种错误的认识,来自他们没有充分理解纯利润中留存利润的意义和股份有限公司从股东处募集资金的结构。

是否应该持有"50% +1"股?

如果仅以捍卫经营权、阻止恶意并购为目的,采取撤销公司上市地位的方式是一种较极端的手段,除此以外,掌握经营权的大股东还可以采取持股"50% +1"股的方式巩固过半数的决策权。当然,在财阀集团希望将经营权代代相传的情况下,比起撤销公司上市地位这一原则性的防御策略,这种方案未必奏效。但如果某大股东持股"50% +1"股,虽然不能传位于下一代,但至少可以保证他在位时的经营权。韩国对于 30 亿韩元以上的遗产征收 50% 的遗产税,假设某大股东将其"50% +1"的股份留给下一代,他的下一代在缴纳了遗产税之后只能继承到 25% 的股份,无法维持过半数的决策权。[44]三星电子李健熙的儿子李在镕如果从李健熙手中继承三星电子的股份,依然要按照规定缴纳 50% 的遗产税。也就是说即使李健熙持有三星电子"50% +1"的股份,也无法连同经营控制权一起传承下去,最终依然存在三星电子被恶意并购的风险和可能性。

上市公司的大股东即使持股 99.9%,由于遗产税的原因,传到子女手中将缩水一半,传到第三代、第四代手中时,股份已被严重稀释,勿论对公司经营权的控制。因此如果打算代代继承公司经营权,最根本的办法是保持公司为非上市的家族企业。事实上,公司挂牌上市成功募集到充足的股东资本后,大股东像经营个人私有公司一样经营上市公司本身就是一种矛盾。

三星集团股权结构

现代汽车有无被恶意并购之忧?

因外国股东持股率过高担忧被恶意并购,并不是三星电子一家企业面临的问题。总市值排名前 20 名的韩国企业中,外国股东持股率超过 50% 的企业有 6 家,像三星电子一样外国股东持股率超过 40% 的公司有 4 家。[45] 总市值排名前列的企业中包含现代汽车、浦项制铁、新韩金融控股集团(新韩银行的控股公司),这些企业与三星电子一样对韩国经济具有极其重要的意义。2004 年三星电子外国股东持股率超过 60% 并引起恶意并购纷争时,现代汽车的外国股东持股率为 57%,浦项制铁和新韩金融控股集团的外国股东持股率分别为 71% 和 66%,远远高于三星电子。[46] 其中,浦项制铁的外国股东持股率不仅突破 70%,在公司内部也没有像三星电子李健熙会长一样可以控制经营权的大股东。另外,浦项制铁的总市值仅为三星电子市值总额的 14%,一旦发生恶意并购,所需资金规模较小。[47] 如此一来,如果外国股东试图发起恶意并购,浦项制铁将暴露在比三星电子更严重的并购风险中。

韩国三大民间商业银行国民银行、新韩银行、韩亚银行也面临同样的处境。这三家银行的控股公司全部是外国资本,而且持股率远远高于三星电子的外国股东。拥有国民银行 100% 股份的 KB 金融控股集团,其持股率超过 5% 的股东仅为韩国国民年金公团一家,持股率为 9.96%。[48] 但是韩国国民年金公团作为财务性投资方,并不参与 KB 金融控股集团的经营,因此对国民银行来说,不存在大股东的"经营权"。另外,KB 金融控股集团外国股东持股率为 63.5%,远高于三星电子的 49.7%,而且其外国股东控股率一直维持在 50% 以上的水平。[49] 尽管如此,没有人担心外国股东恶意并购韩国最大的银行国民银行或觊觎其经营权。新韩金融控股集团的外国股东持股率高达 66%，除了其中短短几个月的时间，绝大多数时间该比例持续维持在 50% 以上。韩亚金融控股集团的外国持股率更是高达 81%，持续维持在 60% 以上的水平。[50]韩国三大民间商业银行的控股公司与三星电子相比，不仅外国持股率高，而且像浦项制铁一样无控制经营权的大股东，总市值仅为三星电子市值总额的 5%～10%。三大银行中有银行外国持股率超过 5%，但三星电子没有持股率超过 5% 的外国股东。[51]按照现行制度和相关规定，虽然银行的大股东在取得大股东资格之前必须取得韩国政府的认可，但如果外国投资者符合成为大股东的条件，韩国政府没有理由拒绝。总之，如果仅以外国股东持股率过高认定存在外国资本恶意并购的风险，那么三大银行面临的风险远远高于三星电子。

对于更具恶意并购条件的浦项制铁、三大银行和现代汽车，为什么没有恶意并购的纷争？偏偏三星电子的恶意并购争论掀起这么大的风波呢？是因为三星电子的外国股东不同于浦项制铁和现代汽车的外国股东？答案非也。没有证据和迹象显示三星电子的外国投资者恶意并购的意图和可能性高于现代汽车和浦项制铁。[52]和三大银行的外国股东相比，三星电子的外国投资者没有特别不同，不存在恶意并购风险的差异。那么，三星电子外国资本恶意并购争论纷纷不休的原因是什么呢？是意味着现代汽车和浦项制铁等规模小于三星电子，即使被恶意并购也没有关系，但唯独三星电子不可以被并购吗？答案当然也不是。现代汽车、浦项制铁和三大银行对韩国经济的意义也非同小可。

唯独三星电子存在被恶意并购的纷争，是因为恶意并购的风险是三星电子一手导演的"自找的"风险。三星集团于 2004 年提交报告指出三星电子存在被恶意并购的可能性和风险，并在韩国公平交易委员会访问三星电子时当面汇报了这个问题。[53]事实上，关于三星电子的外国股东中是否有人试图恶意并购三星电子，之前并无消息或报道，从当时的外国股权结构来分析，没有外国股东具备恶意并购的条件。那么，为什么三星电子还要自发挑起恶意并购的纷争呢？从三星集团的股权结构中可以找到答案。

衔环式循环出资结构

如果问三星电子的"所有人"是谁？大多数人可能会回答是李健熙会长。但从李健熙会长对三星电子的持股情况来看，远远不足以被称为"所有人"。李健熙虽然实际控制着三星电子的经营权，但他不是三星电子的大股东，所持股份也只能算作三星电子的小股东。[54]李健熙不是依靠其个人和家族的股份掌握经营权，而是依靠三星集团子公司在三星电子的股份掌权。三星被恶意并购风波发生的2004年，三星集团的各子公司在三星电子持股12.72%，加上李健熙家族和员工等特殊相关人员所持股份，共计16.05%。其中，三星电子第一大股东不是李健熙，而是三星人寿保险公司，股份占比7.23%。[55]

2004年，三星人寿保险公司的第一大股东是非上市公司三星爱宝乐园，持股19.34%，李健熙个人在三星人寿保险的持股率仅为4.54%。[56]再来看三星爱宝乐园的股权结构，李健熙个人持股3.7%，李健熙的儿子李在镕持股25.1%，李健熙的三个女儿持股25.1%，李健熙家族共计持股53.9%。从整个出资结构上来看，三星爱宝乐园作为三星人寿保险公司的第一大股东，三星人寿保险公司作为三星电子的第一大股东，出资结构的最后一环是三星爱宝乐园，而李健熙家族通过三星爱宝乐园50%以上的持股率最终控制了三星电子的经营权。

三星人寿保险公司不仅是三星电子的第一大股东，在三星集团的其他子公司中同时持有股份。三星物产、三星信用卡、三星火灾保险公司等都有三星人寿保险的股份，而三星物产、三星信用卡、三星火灾保险公司又拥有其他三星集团子公司的股份，最终三星人寿保险公司成为连接三星集团各子公司之间循环出资结构的核心一环。三星爱宝乐园是三星人寿保险公司的第一大股东，三星人寿保

险公司是三星电子的第一大股东，三星电子是三星信用卡的第一大
股东，而三星信用卡是三星爱宝乐园的第一大股东。"三星爱宝乐园
—三星人寿保险公司—三星电子—三星信用卡—三星爱宝乐园"衔
环式的"循环出资结构"作为核心因素，最终奠定了李健熙家族对
三星经营权的控制。不仅如此，三星人寿保险公司持有三星物产的
股份，三星物产持有三星电子的股份，三星电子持有三星信用卡的
股份，三星信用卡持有三星爱宝乐园的股份，"三星爱宝乐园—三星
人寿保险公司—三星物产—三星电子—三星信用卡—三星爱宝乐园"
是另外一个出资循环圈。另外，三星人寿保险在三星信用卡持股，
另一个衔环式的循环出资结构形成，即"三星爱宝乐园—三星人寿
保险公司—三星信用卡—三星爱宝乐园"。子公司之间的衔环式循环
出资在三星集团报告中体现为 76 个衔环点，但根据最近韩国公平交
易委员会的分析，类似的衔环点多达 2555 个。[57]

　　在如此复杂的循环出资结构中，三星人寿保险公司作为最核心
的衔环点，是一个类似于阿喀琉斯之踵的重要存在，阿喀琉斯之
踵是人体最大的肌腱，由小腿肚的比目鱼肌和腓肠肌的肌腱共同
组成，是连接小腿与脚踝的重要肌腱。但是问题来了。2004 年，
三星人寿保险公司在其所持股份的三星集团各子公司中行使决策
权时出现了问题，起因是韩国公平交易委员会政策的变化。2004
年，韩国公平交易委员会在法律修订工作中发布新规，将财阀集
团内部金融类子公司持有其他子公司股份情况下的决策权从 30%
降低到 15%。韩国公平交易委员会推进该项法案修订工作的目的
在于防止财阀集团利用金融类子公司攫取股东大会的经营权。即
金融公司购买其他公司股份的资金不是自己公司所有，而是客户
委托的资金，因此金融类公司可以借"使用客户资金进行投资"
之名持有本集团子公司的股份，从而达到行使决策权的目的。如
此一来，不是使用客户资金进行投资，而是使用客户资金的"公"
谋取股东大会决策权的"私"。

　　三星人寿保险公司和李健熙等特殊相关人员当时持有三星电子

的股份份额合计 16.05%，法案修订后，其中一部分股份份额丧失行使决策权的资格。[58]除三星电子之外，三星人寿保险公司、三星火灾保险公司、三星信用卡等三星集团的金融类子公司在其他子公司持股的决策权全部受到限制。更重要的是，今后通过三星人寿保险公司、三星火灾保险公司等金融子公司，即使增加在三星电子的持股，也无法巩固其决策权。三星集团为了反对《韩国公平交易法》的修订，自行挑起外国人股东恶意并购三星电子可能性的争论。另外，三星集团以三星人寿保险公司、三星火灾保险公司、三星物产三家公司为原告，2005 年 6 月上诉提出"公平交易法第 11 条关于决策权的限制是反宪法的规定"，向宪法裁判所提交宪法申诉，之后以撤诉告终，这个事件曾轰动一时。[59]

当时外国人持股率高的现代汽车、浦项制铁等其他企业，不存在像三星电子一样通过金融类子公司持股的情况。因此《韩国公平交易》法修订案对其决策权没有任何影响。其他财阀集团也不存在通过金融类子公司巩固经营权的情况，因此他们的决策权亦不受《公平交易法》修订案的影响或影响甚微。[60]或者说，当时三星集团提出的外国人持股率超过 50%，存在外国投资者恶意并购风险的问题只是三星集团的问题，与其他财阀集团无关。尽管如此，代表财阀集团利益的"全经联"（全国经济人联合会）和一部分亲财阀的舆论媒体，以及一部分政治圈却如临大敌地在旁边煽风点火，仿佛外国投资者已经虎视眈眈做好了随时恶意并购韩国企业的准备。某些新闻媒体甚至发出莫名其妙的新闻报道，以花旗银行持有三星电子 11.8% 的股份为由放大恶意并购的可能性。花旗银行是像韩国的证券信托院一样的机构，只是为外国股东保管其股份，而媒体将信托机构当作实际的股份持有者一样进行报道。报道中甚至声称，如果三星电子被外国股东恶意并购，那么三星总部将有可能被迁到国外，从而给韩国经济带来致命打击。这些不实报道加重了民众的恐慌，不安全感在普通大众心中迅速蔓延，仿佛外国投资者觊觎着韩国代表企业三星电子，而三星电子仿佛马上要被恶意并购者吞掉。

可以说，三星电子挑起恶意并购危机说，是一种公关策略，是对普通民众扭曲了的爱国心的响应和利用。

在三星集团自编自导自演的恶意并购剧中，有一部分来自亲财阀媒体舆论和政治圈的压力，而主要是由于《韩国公平交易法》修订案正式颁发。十余年后的今天，没有任何迹象表明这期间存在恶意并购三星电子的主体和意图。外国人持股率超过50%的众多韩国企业中，仅有SK集团发生了恶意并购事件。SK集团之所以成为恶意并购的对象，崔泰源会长和韩国投资者应该负有责任。2003年初，检察院公布SK集团存在高达1.5万亿韩元的财务造假行为，股价随即暴跌，SK股票遭到大规模抛售。事发当时，全球最大的独立信托机构硕富麟独立资产管理集团仅仅用了两三个月的时间便在股票市场收购了SK集团15%的股份，一跃成为SK集团的第一大股东，并于2004年和2005年的股东大会推荐任命自己的理事进入SK集团的管理层，不过两次推荐任命都以失败告终。在硕富麟挑战SK集团经营权的过程中，对抗竞争最激烈的2004年，SK集团外国投资者持股率达到62%，2005年股东会中外国人的持股率与三星电子接近，为54%。[61]当然，三星电子不存在持股率超过5%的外国股东，但SK集团的外国股东硕富麟作为第一大股东持股率高达15%，SK集团的情况与三星电子存在根本不同。而硕富麟挑战SK集团经营权失败的原因是其他外国股东不支持。SK—硕富麟的案例从另一个侧面说明，外国股东总持股率超过50%便存在抱团恶意并购风险的说法不过是言过其实的无稽之谈。

捍卫经营权所为何人?

理应用心经营

捍卫经营权的最佳方案是用心经营，从而在发生恶意并购事件时，有足够的底气向广大股东证明自身的经营能力和经营业绩无人能比，说服大家继续支持。而在现有管理层经营业绩表现良好的情况下，入侵者很难以客观的理由说服股东大会改选新的管理层，而如果恶意并购者得不到广大股东的支持，恶意并购只能以失败告终。因此，取得良好的经营业绩是防止恶意并购的最佳防御手段。对于现有管理层经营业绩良好的公司，鲜有恶意并购事件发生。同样，经营业绩不佳被恶意收购的情况下，收购方也需要向股东们证明自己有实力有能力取代现有管理层扭转局面，取得良好的经营业绩。

当然，即使现有管理层经营业绩不佳，但如果不能证明自身具备比现有管理层更强的营利能力，也有可能导致并购失败，其中，硕富麟和SK集团关于经营权的争夺战便是案例之一。触发硕富麟和SK集团经营权争夺战的事件是2003年3月SK集团和崔泰源会长的非法行为公之于众。SK集团的财务造假规模堪比20世纪世界最大的财务造假案——安然事件。安然公司曾经是世界上最大的能源、商品和服务公司之一，名列《财富》杂志"美国500强"的前十名，自称全球领先企业。而让这家公司声名大噪的原因，是造成这家拥有上千亿资产的公司在几周内破产的持续多年精心策划乃至制度化系统化的财务造假丑闻。2001年安然公司突然向纽约破产法院申请破产保护，该案成为美国历史上第二大企业破产案，严重挫伤了美国经济恢复的元气，重创了投资者和社会公众的信心，引起美国政府和国会的高度重视。而SK集团的财务造假金额巨大，规模堪比安然事件。不仅如此，SK集团崔泰源会长将自己持股的子公司股份进行过高估值后以高于市值几倍的价格卖给其他子公司，获得不当收入，并因一系列违法行为被捕。[62]SK集团经营上存在的问题和崔泰源个人的违法行为公之于众之后，股票市场上出现抛售SK股票的现象，股价暴跌。[63]

SK集团由于崔泰源的违法行为陷入经营困境，硕富麟以15%的持股率成为第一大股东，外国股东持股率共计54%，除硕富麟，还有其他的外国股东持股率超过5%。从表面上来看，硕富麟具备了挑战 SK 集团经营权的条件,另外,硕富麟呈现给大家一个包含前总理和现任教授等国内知名人士在内的理事候选人的强大阵容,同时针对崔泰源的违法行为,提出经营制度透明化的改善方案。三星集团报告中指出的外国投资者恶意并购的条件,硕富麟全部具备,按照三星报告中的脚本,接下来应该是持股率共计 54% 的外国投资者同心协力完成对 SK 集团的恶意并购。但是,SK 股东会对硕富麟提名的理事候选人的支持率仅为 35%。[64]除去支持硕富麟提出的经营结构透明化改善方案的韩国本土股东之外,只有不到一半的外国股东支持硕富麟。

韩国股东不支持硕富麟的最主要原因是,不确定硕富麟可以比现有管理层更好地经营 SK 集团。硕富麟作为运营基金的投资管理公司,不具备管理 SK 集团等大规模制造业企业的相关经验,而且硕富麟提名的理事候选人虽然社会名望很高,但其实际管理能力无人知晓。另外,SK 集团的生存和发展与 SK 集团各子公司之间是相生相依的关系,对于不熟悉韩国国内经文的外国和尚硕富麟来说,能否处理好 SK 集团与各子公司之间的关系从而实现集团的良性发展,还要打一个大大的问号。因此,尽管 SK 集团和崔泰源会长被曝出违法行为,很多韩国本土股东和半数以上的外国股东依然没有将支持票投给硕富麟。两害相权取其轻,最终,崔泰源取得经营权守卫战的胜利,不是因为大家支持崔泰源,而是因为大家不支持硕富麟。如果当时与 SK 集团现有管理层拉开经营权之战的不是硕富麟这样的基金公司,而是荷兰皇家壳牌(Royal Dutch Shell)或美国的埃克森美孚(Exxon Mobil)等在全球享誉盛名的石油企业,结果可能完全不同。因为毕竟 SK 集团的现有经营已经存在很多问题,如果是上述公司意图并购 SK 集团,外国股东和韩国本土的股东对他们的支持率至少会高于硕富麟。当然,类似于壳牌和埃克森美孚的世界知名企业没有恶意并购的前例,可以看作一种不具备现实性的假设。

无论如何,如果出现经营困境,被其他企业并购的可能性将增加。而陷入经营困境的企业一旦被并购,通常会出售部分业务板块或资产，进行裁员等结构性的调整，届时劳动者、供给者、债权者等相关利益方将遭受巨大痛苦。而经营良好的状态下，非恶意并购有可能实现，在现有的管理层与新管理层的良好合作下，并购将更有效率。假如三星电子的管理状况恶化，甚至出现连续数年的财务赤字，以现有管理层李健熙家族的能力已经无法力挽狂澜，那么此时是否还应该捍卫李健熙对三星电子经营的控制权？回答这个问题之前，首先应该思考保护经营权所为何人？

无"经营权"一词

股份有限公司在股票市场挂牌上市的目的，在一般人看来，是发行股票筹措经营发展资金。股份有限公司一旦上市，之前由少数股东持有的股份将分散地被更多新股东持有，因此股权结构通常较为分散。韩国代表性的大企业绝大多数都是通过上市积累资金发展成长起来的公司，即使是创始人的子孙等继承人，也很难持有与"所有人"相匹配的股份份额。发达国家的上市公司挂牌上市后股权依然为分散型，但几乎没有创始人的子孙继续控制企业经营权。但是在韩国的财阀集团中，与所持股份份额无关，创始人的子孙等继承人通常扮演着控制集团经营权的首席执行官的角色。

当然，在发达国家的创业型大企业中，也有企业创始人作为大股东负责企业的经营。比如微软的比尔·盖茨，1975年比尔·盖茨和他的合伙人保罗·艾伦（Paul Allen）共同创立了微软，1986年微软挂牌上市后，比尔·盖茨持有微软49%的股份，并亲自担任微软的首席执行官，后来任董事长。比尔·盖茨虽然是公司创始人，但现在他在微软仅持有少数股份份额4.8%。⑥2008年，比尔·盖茨正式退休，但仍作为微软董事长保证公司的运营，并把个人财产捐给比尔和梅琳达·盖茨基金会（Bill & Melinda Gates Foundation）。该基金会成立于1994年，其宗旨是：减少全球存在的不平等现象。他的遗嘱中宣布拿出98%给自己创办的以他和妻子名字命名的比尔和梅琳达·盖茨基金会，这笔钱用于研究艾滋病和疟疾的疫苗，并为世界贫穷国家提供援助。他的子女或亲属也没有参与公司的经营管理，换句话说，比尔·盖茨、比尔·盖茨家族、比尔和梅琳达·盖茨基金会没有"控制"经营权。比尔和梅琳达·盖茨基金会也未持有微软的股份。[66]而韩国财阀集团的做法却完全相反，即使上市后企业创始人本人所持股份份额极少，也希望可以将经营权"世袭"给自己的第三代或第四代子孙继承人。

在韩国，"经营权"一词是指企业创始人及其家族"经营公司的权利"。与此相反，在股票市场历史悠久的发达国家，大多数历史悠久的上市公司不存在拥有"经营权"的大股东，企业经营也大多由职业经理人负责，而职业经理人本人不一定持有公司股份。因此，发达国家的上市公司中，没有类似引发韩国财阀集团争夺的"经营权"的概念，或者说，发达国家没有"经营权"这个词。

发达国家只有"控制权"一说，这个词的含义不同于韩国的"经营企业的权利"，而是意味着"行使决策权的股份份额"。某股东直接持有的股份被称为"现金流量权"，现金流量权（所有权）指的是最终控制人参与企业现金流分配的权利，是所有权的直接体现；非本人直接持有但可以通过本人的影响力按照本人意图行使决策权的股份被称作"控制权"。举例说明，三星电子李健熙会长通过自身持有的股份3.4%，其家族持有的股份1.3%，共计4.7%的股份行使在股东大会的决策权，并通过三星子公司在三星电子持有的13%股份的影响力行使决策权，最终，李健熙家族的现金流量权是4.7%，控制权是17.7%。可见，控制权可以不包含自己直接持有的股份，包含的是可以确保决策权的股份，不同于韩国"经营公司的权利"。

在股份有限公司内部，通过股东大会一股一票的原则选任理事，通过理事会选任包含首席执行官在内的管理层人员。因此，除了持股50%＋1股以上的股东，其他人无权独自决定管理层人员。在股权极其分散的股份有限公司，股东或管理层都没有"经营公司的权利",或者说"经营权"一词本不存在。如果非要分清哪些人拥有"经营公司的权利",那么在韩国应该是指"代表理事"或"首席执行官"等经股东会任命的管理人员。然而,与其说"代表理事"或"首席执行官"等管理人员被股东会赋予了"经营公司的权利",不如说他们被股东会赋予了"统一经营的职责"。比如浦项制铁、KT和新韩银行等不存在创始人家族和大股东的公司,由会长担任首席执行官的角色,他们不是享有"经营公司的权利",而是承担统一管理经营企业的义务。在私营企业中,企业创始人的子女可以继承公司,自然同时继承了所谓的"管理权"。但在上市企业中,创始人的子女即使继承了企业的股份,也无法继承"经营公司的权利"。

打破"皇帝经营"的局面

企业的生存和发展与劳动者、投资者、供给者等企业相关利益方的生存发展密切相关,因此保护企业和企业相关利益方的最佳选择,是将企业托付给有能力实现企业稳定发展的管理层和首席执行官。而首席执行官是企业创始人的家族成员还是职业经理人,都不是问题。问题在于他们是否可以实现企业的健康发展。在职业经理人中不乏有能力的企业领航人,在创始人的二代三代继承者中,也有很多企业持续发展的成功案例。

财阀集团的"掌门人"和首席执行官非常不同,职业经理人出身或企业创始人继承者出身的首席执行官任期是固定的,而且根据经营业绩进行换届选举,在成为首席执行官之前需要经过激烈的竞争过程。但是,财阀集团的掌门人事实上是终身制,甚至可以由第三代、第四代继承下去。作为财阀集团掌门人的家族成员可以由兄弟轮流就任会长,也出现过很多兄弟间自相残杀、争权夺位的"兄弟之难"。财阀集团掌门人不会因为企业经营状况恶化而被赶下台,甚至当出现经济腐败、贪污公款、玩忽职守给公司造成巨大损失并锒铛入狱承担刑事责任时,也不会被企业除名,除非企业面临倒闭进入法定管理的程序，或整个企业破产解体，否则，财阀集团的掌门人会继续享受其终身制待遇。之所以会出现这种情况，是因为作为财阀集团掌门人的家族成员将首席执行官的职位看作和可继承的财产一样的私人物品。企业内部缺失对掌门人经营的监督机制和基于经营业绩的问责机制。一方面在企业内部拥有不受限制的权限，另一方面不用承担相关责任。任何人也无法挑战的掌门人经营，被人们比喻为"皇帝经营"。

大多数的财阀集团由创始人的第二代和第三代出任企业掌门人。第二代掌门人大多参与了父辈的创业和发展阶段，兄弟间通过激烈的竞争由胜出者继任会长职务。财阀集团在第二代继承人手中有继续发扬壮大的，衰败破产的也不在少数。1997 年外汇危机时期，30个财阀集团中，18 个走向破产解体。其中，有在创始人任掌门人时破产的，也有在创始人的第二代继承人任掌门人时破产的。大宇集团破产时的在任会长是其创始人金宇中，其他财阀破产时的在任会长大多是第二代掌门人，最近破产的熊津集团和东洋集团，破产时的在任会长分别是熊津集团创始人尹锡金和东洋集团第二代掌门人玄在贤。由于无力偿还即将到期的巨额债务，东洋集团旗下五家核心企业先后宣布申请破产保护。之后危机愈演愈烈，演变为一场集团面临解体、数万名个人投资者蒙受损失、员工抗议财阀控股家族牟私、舆论抨击当局监管不力的"大风暴"。众所周知，财阀是造就韩国"汉江奇迹"的最大推动力，在历史上曾为韩国经济的腾飞做出不可磨灭的贡献。过去数十年间，财阀牢牢控制着韩国经济的命脉，占据举足轻重的地位。正因为财阀对韩国经济的重要性，因而一直以来财阀被业界称为"大马不死"，意为企业的规模越大，就越能立于不败之地。然而，企业的兴衰成败终究是难以破解的周期定律。1997 年亚洲金融危机后，大宇等财阀灰飞烟灭，宣告"大马不死"的神话开始破灭。从熊津集团到东洋集团，短短一年时间内先后有多家财阀陷入危机并走向解体，标志着"大马不死"的时代已经彻底终结。

　　李健熙从 1987 年开始，就任三星集团会长的 25 年期间，将三星电子发展成为世界级的全球性集团公司，取得令世人瞩目的成就。但是这期间并非只有成功没有失败，其中也有不少失败的投资和经营。失败的代表性事件是成立三星汽车和收购美国虹志电脑公司。三星汽车成立于 1995 年，1999 年陷入经营困境，进入法定管理程序，之后于 2000 年出售给法国汽车企业雷诺集团。三星汽车破产带来的直接损失超过 2 万亿韩元，三星电子等子公司由于为三星汽车提供支付担保，连带损失 3000 亿韩元。三星电子 1995 年收购了世界排名第六位的美国计算机企业虹志电脑，虹志电脑是纳斯达克的上市公司，被三星收购后在纳斯达克退市，编入三星集团的全资子公司行列。但是，虹志电脑持续亏损，1999 年 2 月三星集团以低价将其卖给美国投资集团，投资损失超过 7000 亿韩元。⑥

　　大多数的财阀集团目前由第三代掌门人世袭继承，或者正处于交接过程中，而第三代掌门人的经营能力还不得而知。成功创业的第一代创始人和成功守业的第二代掌门继承人都经历过很多经营上的失败，何况是第三代掌门人呢？由第三代或第四代继承的"世袭经营"局面令人担忧。第三代掌门人大多出生于企业发展繁荣期之后，不像第二代掌门人一样有机会参与企业的创业和初级发展阶段，由于大多在父辈的保护伞下接受经营教育，经营能力与第二代掌门人相比势必存在一定差距。首席执行官是需要竞聘上岗的职位，在通过能力验证后方可登上首席执行官的宝座。但是，那些由财阀集团的世袭制使掌门人直接继任首席执行官的做法，无异于将企业命运和劳动者、供给者、投资者等利益相关者的命运摆在赌桌上。当首席执行官经营不善不能带领企业谋求发展时，为了进行企业自救通常首先更换首席执行官，而企业和经营者的命运会因此不同。以东洋集团控股家族为例，为保住企业的经营控制权，迟迟未能"壮士断腕"、主动进行结构调整，而是隐瞒真实状况、"拆东墙补西墙"以应对到期债务，最终难以持续，资金链断裂。而期间的内幕交易、操纵股价等各种不法行为，也使东洋集团控股家族成为"千夫所指"并面临司法审判，集团最终走向解体的命运也已经变得无可避免。那么，当企业陷入经营困境时，是应该死守财阀掌门人的"经营公司的权利"，还是应该保护企业和企业利益相关方的"生存的权利"？答案不言自明。

韩国财阀的一个重要特点是经营权和所有权的统一，控股家族牢牢控制着企业的经营大权。但由于涉嫌偷税漏税、非法资金、内幕交易等诸多不法行为，越来越多的财阀掌门人受到司法调查或审判，需要承担刑事责任。但大多数财阀掌门人被判的并非实刑，而是几年后通常就会得到赦免的缓刑。第二代掌门人从企业创始人手中继承财产的过程大多不透明，通过借名继承的方式大规模隐匿遗产，逃避遗产税。以三星集团为例，在创始人李秉喆去世25年后的今天，李氏兄弟之间发生争产风波，李秉喆长子李孟熙针对其胞弟李健熙提起巨额遗产法律诉讼。李孟熙主张，其父亲生前借他人名义信托部分财产，而李健熙未通知其他继承人，则将遗产擅自变更为他个人名义。李孟熙以此为由起诉李健熙，要求提供相当于继承份额的股份。财阀集团掌门人本人及其家族通过法律擦边球或不正当交易为自己牟取私利的案例不计其数。夸大利润掩盖损失的财务造假案是财阀集团的惯例之一，政府对此非法行为给予法不责众的特殊待遇，如果当事人自首将不予追究。而财阀掌门人在企业经营和韩国经济发展中具有不可替代的作用，这些理由成为财阀掌门人违法行为的免罪符。

财阀集团经营状况恶化时，不仅劳动者和投资者会遭受直接损失，其他损失的费用也将转嫁到全社会，而且没有人对此负责。由于财阀集团在韩国国家经济中占比过高，掌握着国家经济命脉，一旦破产，整个国家经济将受到巨大冲击，韩国已多次陷入这种恶性循环之中。韩国的经济规模和国民收入水平迈入发达国家行列，向市场经济体制转变也有二十余年的时间。市场经济体制下，企业的最佳成长路线是通过自由公平的市场竞争实现企业发展。关系到企业生存与发展的首席执行官之位亦当如此，企业内部人士或职业经理人应在市场上经受充分考验并通过公平竞争彰显经营实力。由财阀创始人的子孙继任首席执行官一职，在市场经济中找不到合理的依据。

"财阀"一词最早出现于"二战"前的日本，当时支配日本经济的三井等企业集团被日本人称为"财阀"。这些财阀在"二战"中担任了日本帝国主义后援的角色，所以在战后被美军强行解散。经济学界认为，典型的财阀具有以下特征：财阀的所有权以及经营权都集中于掌门人、掌门人的家庭成员或者其亲属；财阀下属公司涉及多个产业领域；内部的经营结构是中央集权式的，子公司下又有孙公司；子公司之间通过循环出资等方式紧密联系在一起，资本与商品会在集团内部流动，子公司服从整体集团的利益；集团在国民经济中占有重要比重。韩国人习惯上把资产规模排在韩国前30位并且符合上述特点的企业集团称为"财阀"。财阀在韩国经济发展初期，扮演着国家英雄的角色。在"发展企业就是爱国""扩大出口就是爱国"的年代，他们在经营中表现出非凡的能力和超乎常人的勤奋，跟着政府的指挥棒，在20世纪50年代迅速发展了制糖、面粉、纤维、水泥等产业，解决了韩国严重依赖进口的问题，并很快转向出口。尽管财阀在韩国的发展过程中功不可没，但韩国社会还是对财阀持有很多负面评价。首先，财阀们的第一桶金都来自政府，"财阀主导的经济"等同于"政商勾结"的经济。这不仅是社会资源分配不公平的问题，而且也铸成了"政商勾结"的政治社会文化传统，时至今日也难以彻底铲除。韩国的财阀执着于扩张，希望建立一个无所不能的王国，过高的负债比例成为招致1997年韩国外汇危机的重要原因之一。随着财阀的势力越来越大，韩国国内很多中小企业面临生存危机，这种现象在经济危机时表现更加明显。家族财阀模式导致的经济力量和资源过度集中产生的影响更加深重。国内收入分配严重不合理，对特定大企业的依赖程度加剧，中小企业发展严重受阻，使韩国经济像是患上"动脉硬化"。不仅如此，经济力量和资源的集中大大增加不法不道德行为的可能性。一方面，少数家族和个人有更大的能力和更多资源去干预政治、影响舆论；另一方面，企业封闭性使外部舆论和法律的监督能力大为削弱。而且，韩国有一个代表家族财阀企业立场与利益的专门组织——全国经济人联合会。《韩民族日报》称，该组织从50多年前诞生之日起就带着浓厚的"政商勾结"色彩。

如今对财阀集团及其掌门人的违法行为睁一只眼闭一只眼的时代早已结束。韩国在遭受经济持续低迷的情况下，韩国国内的舆论把矛头对准了那些在经济中占据垄断地位的集团，要求加强对财阀的限制。这种家族制和政府做后盾的企业模式存在重大隐患，企业人士和政府官员间的紧密联系滋生着官僚主义和腐败，成为危机的根源。针对这一系列问题，韩国政府开始逐步出台限制财阀的政策。其中，朴槿惠为了兑现当年总统选举时关于韩国经济民主化进程的承诺，提出应该杜绝大股东通过操纵股市获取巨额不正当利益。韩国执政党新国家党也加以配合，决定在国会尽快处理《韩国公平交易法》修订案，包括针对大企业等的不公平竞争行为提高罚款数额、针对大企业不正当降低承包单价行为的惩罚性损害赔偿制度、让财阀集团返还通过向旗下公司发包而得到的不当得利制度、限制金融和保险公司对旗下公司的决策权和彻查股价操纵等一系列措施。朴槿惠政府除了政治性警告和行政性措施外，还将进行法律上的制约，以全方位约束大企业财阀的合法运营。这意味着财阀无所忌惮、为所欲为的时代宣告结束。

封建王朝等独裁体制下，政治权力都不断受到挑战而无法世袭，何况是财阀掌门人经营的权利呢？而主张世袭并保护财阀掌门人的"皇帝经营"的说法无非是既得利益者的一种诡辩。与无数利益相关方的命运和国家经济的未来息息相关的"经营权"，不应该是一种被保护被捍卫的特权，而应该是一种积极参与市场经济的竞争对象。

第三篇

修正的韩国资本主义

第六章　资本主义的竞争、
　　　公平、正义

对资本主义，应摒弃还是修正？

资本主义矛盾日益凸显

自 20 世纪 80 年代以来，随着全球金融危机的爆发，资本主义陷入萎缩发展期，问题也接踵而至。随着起源于发达国家的金融危机扩散成为全球性的危机，2009 年，世界经济 50 年来首次陷入负增长的严重困境。[①]金融危机发生至今，世界经济仍不见好转迹象，将长期陷入停滞的泥潭。比经济停滞更严重的问题是，很多发达国家在经济增长的情况下就业形势依然严峻，"无就业增长"的发展模式似已成为定局。而且即使能创造出就业机会，低收入就业的比例将增大，呈现经济发展无法提高居民生活水平的"无收入增长"的社会结构态势。经济发展的成果过度集中于少数高收入阶层，作为社会中坚力量的中产阶层规模急剧缩小，收入不平等和贫富两极分化现象日益严重。

市场竞争虽然日趋激烈，但竞争渐失公平性，市场功能遭到破坏。市场在其内在机制的作用下，能够自动调节社会经济的运行过程和基本比例关系。市场作为商品经济的运行载体和现实表现，本质上是价值规律发生作用的实现形式，而价值规律通过价格、供求、竞争等作用形式转化为经济活动的内在机制。市场机制以价格调节、供求调节、竞争调节等方式，对社会生产、分配、交换、消费的全过程进行自动调节，调节社会资源在各部门、行业、企业间的配置及产品总量和种类构成；调节各个市场主体之间的利益分配关系；调节市场上商品的供求总量与供求结构；调节社会消费水平、消费结构和消费方式等。在上述调节的基础上，最终达到对社会经济基本比例关系的自动调节。而建立在不公平竞争基础上的市场调节功能必然失调，最终导致社会资源配置的不公平。以效率著称的金融市场也开始出现信任危机，资产价格泡沫化，资本配置扭曲。以上情况引发对资本主义的批判和资本主义怀疑论抬头。美国纽约发生的"占领华尔街"游行示威，并非只是示威群众个人不满情绪的发泄。

韩国日益凸显的资本主义问题比较特殊，在问题原因与发生过程方面都与其他发达资本主义国家存在较大差异。如第一章所述，韩国资本主义存在的问题本身与欧美等发达资本主义国家大体相似，有些问题比其他资本主义国家更加严重，甚至有的问题仅在韩国存在。比如，就业机会与经济发展速度不成比例，实际收入水平得不到提高，"无就业增长"和"无收入增长"问题、收入不平等问题、贫富两极分化问题与其他资本主义国家相似。但由于韩国的福利政策和收入再分配政策没有制度化，收入不平等问题比欧美等发达资本主义国家更加严重，劳动收入和居民基本生活收入与企业收入增长成反比的情况，即"不分配增长"的问题亦比其他发达资本主义国家严重。另外，两极分化的问题不仅存在于居民生活领域，也突出存在于韩国企业之间。大企业和中小企业之间的两极分化日益凸显，巨如恐龙的韩国财阀在国民经济中占据的比重大到足以威胁到整个国家经济的稳定性。另外，财阀将触角伸向社会经济的各个领域，过度占用社会资源，成为创业企业和中小企业发展的绊脚石。[②]"财阀"经济结构是韩国特有的，在世界其他国家不存在类似的问题。

目前，世界各国，包括韩国在内，重新审视资本主义的结构性矛盾，并积极探索应对方案。2008 年全球金融危机之后，资本主义末日论、市场末日论、竞争末日论、新自由主义末日论等论调频繁发声，但金融危机发生后的今天，没有明显迹象表明资本主义末日将要到来。当然，资本主义并非完美到不存在任何问题。2008年全球金融危机后，世界各国的资本主义都在探索改变之道，金融危机同时为人们提供了改变认识的契机。改变之道无非两种选择，一种是"寻找资本主义的替代解决方案"，一种是"对资本主义进行修正"。既然资本主义不再是人们期待中的体制，在终止资本主义之前首先应该探讨资本主义的现实替代方案，在找到替代方案之前，只能对资本主义进行修正。在探讨韩国资本主义的解决方案和改变之道之前，首先有必要在整个层面探讨欧美国家的资本主义，以及全球资本主义的解决方案。

寻找资本主义的解决方案

今日的资本主义为何无法做到公平、公正和正义？有两种观点，一种观点认为资本主义体制本身存在先天性缺陷，尤其是以竞争为基本规律的市场经济具有潜在的缺点。另一种观点认为资本主义矛盾的起因是英美国家的市场原教旨主义或新自由主义。关于市场原教旨主义或新自由主义的定义虽然存在不同见解，但在最核心的要素上认识相同，即最大限度地减少政府的市场干预和管制，并采取一系列自由放任主义的经济政策。换言之，以削减政府作用和扩大市场作用的方式让经济运行。因此，现在资本主义存在的问题可以看作政府对新自由主义的市场运行过于放任，对市场失灵消极应对，将一切托付给市场带来的弊端。

第一种主张是将焦点放在资本主义的"体制性缺陷"上，第二种观点是将焦点放在资本主义的"运行方式"上。这两种观点并非互相冲突，而是站在同一维度的一致诊断。但是，关注焦点不同，对症下药的解决方案必然存在很大差异。第一种主张带来的根本性解决方案是探讨"替代资本主义的经济体制"，即使不能找到全面替代资本主义的其他经济体制，至少应该针对经济的一部分找到替代模式。第二种观点导向的根本性解决对策是，找到"该如何修正资本主义"或者"该如何运行资本主义"的答案。如果说第一种主张的解决方案是寻找跨越国家的历史性替代体制，那么第二种观点的解决方案是根据不同国家的不同历史发展路径或情况探寻经济社会制度的差异，并据此探寻资本主义的修正方案。

社会主义的胎动

在 1776 年亚当·斯密《国富论》出版 250 年后的今天，针对资本主义市场经济先天缺陷的批判和应对方案的探讨一直在继续。亚当·斯密的《国富论》是在 18 世纪封建残余和不健全的市民权力斗争的背景下对改革的一种尝试。早期资本主义下的社会与今天的社会相比，不平等现象是一种常态，而且根本不存在经济正义。19 世纪，仍然存在大量封建残余，处于早期资本主义的德国，"劳动者劳动强度极大，每周工作 90 个小时以上，大多数城郊工厂早上五点开工，晚上八点以后收工，而且周六周日无休。但每日平均收入仅为 1 马克。[③] 其他欧洲国家也存在"周期性社会恐慌带来的工厂破产和大规模工人失业。作为一种常态，十几岁的童工在矿井从事长达 16 小时的井下作业，收入却不足以糊口。由于严重的营养不良和极度恶劣的卫生条件，截至 19 世纪末，西方国家工人的平均寿命不足 40 岁"。[④] 一言概之，早期资本主义是非人类的怪物。早期资本主义市场经济造就的社会既然怪相嶙峋，那么试图寻找资本主义矛盾的解决方案是必然的归途。这种尝试的结果是社会主义，社会主义在这种背景下作为野蛮暴力的早期资本主义的替代方案登上历史舞台。

在亚当·斯密的《国富论》问世 90 年后的 1867 年，马克思出版了关于社会主义经济最具影响力的理论著作《资本论》。该书从理论上阐明了资本主义固有的矛盾，并得出资本主义最终会自动走向灭亡的结论，但对社会主义没有详细描述。这本著作奠定了社会主义理论基础，并描绘了生产资料社会化、劳动者成为社会主人的理想社会模型。马克思的社会主义理论建立之前，存在很多关于社会主义和共产主义共同体的理想型社会主义的探索。[⑤]1847 年"共产主义者同盟"（Communist League）成立，1848 年马克思和恩格斯发表《共产党宣言》，超越了简单共产主义共同体范畴，开始旨在建立社会主义国家和社会的政治探索。1864 年，全世界的社会主义者和劳动者代表齐聚在英国伦敦，社会党国际（Socialist International）诞生，马克思代表德国工人参加该组织的工作，并逐渐用"科学社会主义"理论作为组织指导思想，历史上即称为"第一国际"。1869 年，德国社会民主劳动党成立，1891 年更名为社会民主党，至今仍然活跃在德国政治舞台。⑥社会民主党在历史上的整合曾受到马克思的协助，他们至今仍奉马克思为精神领袖，以马克思的思想主张作为政党政策的蓝本。社会民主党把社会正义作为主要政见之一，认为经济应该发展，利益应该公平分配，公民才能更好地享受社会福利。同时，社会民主党认为一个强大而重视社会福利的国家才能保护弱势群体的权利，充分满足下一代需要的财政政策也非常必要。为了能够实现这个目标，为了不同的人群能够获利，社会民主党提出了新改革议题，如新的富人税政策等。在社会政治上，他们致力于民法、开放式社会和公民参政，认为这是自由、正义和团结的基石。国际政策上，社会民主党采取了比较积极的欧洲一体化和对外政策。

之后世界社会主义经历了多次纷争与分化，根据如何建立理想型社会主义乐园的不同意见，大体可以分为"民主社会主义"和"共产主义"。⑦民主社会主义又称"社会民主主义"，是一种主张在民主体制里开展社会主义运动的政治意识形态。大多数民主社会主义者支持多样化的经济发展，并要求国家提供良好的福利保障和财富再分配。自称是民主社会主义者的人士或团体一般都要比社会民主主义者在政治立场上更为"左倾"。它的基本理念和追求的基本价值是自由、平等公正、合作互助；它的目的是建设政治民主、社会民主、经济民主、文化民主并推进国际民主的"社会主义"；它实现这一目的的政治手段是民主。恩格斯的《共产主义原理》对共产主义的解释如下："共产主义社会最根本的特征表现为三点。一是物质财富极大丰富，消费资料按需分配；二是社会关系高度和谐，人们精神境界极大提高；三是每个人自由而全面的发展，人类实现从必然王国向自由王国的飞跃。"社会民主主义和共产主义都是以马克思社会主义理论为基础的社会主义，但主张通过民主化手段建立社会主义国家的社会民主主义和主张通过革命实现社会主义国家的共产主义最后走向了不同的发展道路。[8]

资本主义自救方案1：共产主义

最早的社会主义国家实现于亚当·斯密《国富论》问世后的146年和马克思《资本论》出版后的50年，即1917年，被称为"十月革命"或"布尔什维克革命"的成功，苏联的社会主义者成立共产党，成立了劳动者、农民等无产阶级作为社会主人的"平等的"社会主义国家。俄罗斯的前身苏联（苏维埃社会主义共和国联邦）以共产主义为理论基础建立了第一个社会主义国家。资本主义形成的一个半世纪之后，社会主义通过革命实践了资本主义的现实替代方案，作为新的国家经济体制登上历史舞台。随后东欧国家相继向社会主义转型，亚洲国家比如中国也采取了相同路线。通过革命方式的社会主义比选择民主方式的民主社会主义提早打破资本主义体制，实现社会主义。

社会主义是野蛮的早期资本主义的解决方案，那么对于21世纪的资本主义来说，这项解决方案是否仍然有效？回答这一问题之前，应该探讨现实社会主义的历史进程。首先，最早的社会主义国家苏联最终没能克服资本主义的矛盾并实现全体成员共同发展的理想型社会主义社会，而是于1991年走向解体。从马克思执笔《资本论》并提出资本主义替代方案的社会主义理念到社会主义国家登场，半个世纪已经过去了，[9]苏联和东欧社会主义体制经过了70年才结束了历史性实验。而通过流血与革命建立起来的社会主义国家，以惨淡失败告终并退出历史舞台。

现在可以对世界经济产生影响力的唯一的社会主义国家是中国，古巴、朝鲜和一部分非洲国家虽然维持了社会主义体制，但它们的社会主义不仅没有表现出优越于资本主义的一面，反而以相反的面貌示人。而且这些国家反而呈现与封建王朝相同的运营方式，不禁让人们怀疑其共产主义国家的性质，而中国是唯一的例外。中国的社会主义于1978年在邓小平改革开放政策的主导下实现大变身，改革开放政策之后的中国将自身的体制定义为"中国特色的社会主义"，或者可以将其简称为"中国式社会主义"。中国式社会主义容许私有财产的存在，并引入市场经济。在这个过程中，中国出现大量民营企业，形成股票市场，积极吸纳外国资本，在经济社会的大多数领域引进市场经济的基本规则竞争体制。

资本主义自救方案2：社会民主主义

与通过革命手段实现的共产主义不同，试图通过民主的方式建设社会主义的民主社会主义在西欧和北欧国家实行。德国社会民主党和瑞典社会民主劳动党成功获得执政权，芬兰和丹麦等北欧国家的社会主义政党虽然未能成为执政党，但在建设平等社会方面做出了一定贡献。他们建设福利国家，采用公民基本生活保障待遇和社会保障制度，以完全就业为目标，保障劳动者参与经营的权利，通过缩短劳动时间等方式扩大劳动者权利，积极提高居民生活水平，实现了比欧美国家更加平等和公平的社会。但是，西欧和北欧的社会主义以社会民主主义为目标，将社会主义要素引入资本主义市场经济体制，与苏联和东欧国家的共产主义体制下的社会主义有本质区别。

取得社会民主主义现实体制巨大成功的瑞典建设了福利国家，德国树立了劳动者参与经营等欧洲式资本主义的模型。尤其是瑞典实现了最模范的社会民主主义，瑞典社会民主党从1932年到1976年的44年期间作为执政党，实现了"瑞典模式"，建立了发达国家中最平等的社会。瑞典采用的是一种迂回战略，社会主义理念的核心要素之一是生产资料的社会化，而瑞典并未采用生产资料社会化政策，而是采用"生产资料私有化和以市场为基础的资源配置等资本主义经济的基本原理，通过税收政策和社会福利政策实施平等主义的再分配制度"。通过这种方式，瑞典一贯推行"分配和消费的社会化"，而非"生产的社会化"政策，在建设平等社会方面取得任何一个国家都无法比拟的巨大成功。[13]另外，瑞典还尝试接近于生产社会化的企业社会化。针对企业征收利润分配税的同时，允许上市公司用新发行的股票抵缴税金而非现金缴税，政府将这部分股票用于建立劳动者基金。这种方法大大降低了企业的现金流负担，是一种划时代的模式。劳动者基金是一种集体拥有股份的制度化，并非是指劳动者个人拥有股份和股息。随着劳动者基金规模的逐年扩大，劳动者基金将成为企业的主要股东，最终劳动者以集体拥有股份的方式拥有企业。[14]劳动者基金一方面维持上市公司等资本主义企业形态，另一方面通过劳动者集体作为大股东成为企业主人的新模式实现生产资料社会化，非常具有独创性。

然而，成功实践社会民主主义的瑞典也曾经一度发生重大变化。瑞典除了实行原有的福利政策之外，又不断引入新的社会福利政策，最终导致财政赤字和海外债务剧增，同时陷入经济停滞和物价上涨的滞胀状态，并由此引发国际竞争力大幅下降。[15]为了寻找经济停滞的突破口，20 世纪 80 年代初期，瑞典的社会民主党实施了被称作"第三条道路"的经济政策。瑞典的第三条道路政策区别于"英美国家实行的新自由主义政策和法国社会党政府采取的扩大需求的凯恩斯主义政策。第三条道路政策的核心是实现充分就业和维持福利国家等传统的社会主义政策目标的同时，从供给侧而非需求侧寻找经济复苏的可能性"。[16]瑞典社会民主党 1982 年开始实行的第三条道路政策早于英国工党 1998 年提出的第三条道路，内容也完全不同。瑞典的第三条道路政策是将传统的社会民主主义政策与新自由主义政策结合，[17]16 年后英国的第三条道路政策"试图超越旧式社会民主主义和新自由主义"，[18]可以说是从新自由主义政策向实行积极福利的社会主义政策的过渡。[19]

瑞典的第三条道路政策"虽然取得了经济发展和降低失业率的成果，但由于 20 世纪 80 年代末的通货膨胀、经济过剩和泡沫经济"[20]等问题的发生，于 1991 年落下帷幕。之后瑞典经济遭遇了急剧恶化的经济危机，而第三条道路的政策是诱发经济危机的因素之一。[21]从 1991 年到 1993 年三年间，瑞典经济持续负增长，失业率从 20 世纪 80 年代的 1% 左右上升到 1993 年的 9% 和 1996 年的 10%。[22]而以企业社会化为目的设立的劳动者基金成为以收益性为目的的投资，背离了最初设立的初衷，从而最终走向解体。[23]第三条道路以失败告终之后，瑞典随即接受了市场本位主义和新自由主义政策，实行"体制转变"。同时降低高收入阶层的税收负担，瑞典社会福利制度中最重要的要素养老金制度从"作为普遍权利的养老金"向"由收入决定的资本主义养老金"转变，劳动者基金解体等社会民主主义因子逐渐消失。[24]

社会主义可以成为替代路线吗？

随着苏联和东欧等社会主义国家的解体，社会主义的历史性探索宣告失败。从苏联和东欧国家社会主义政治体制和经济体制 70 年的历史来看，在不久的将来，社会主义再次实现的可能性极小。社会主义国家中唯一的幸存者是中国。中国式社会主义解决了数亿人口的绝对贫困问题，中国目前作为世界第二经济大国取得了非凡的发展成果。然而，中国同样面临着和资本主义国家一样的问题，收入不平等、贫富差距、劳动者工资待遇收入差距等社会问题甚至比资本主义国家更突出。一部分暴发户的奢侈行为酷似社会主义革命之前的封建地主。腐败是阻碍中国未来发展的巨型拦路虎。不管是将中国式社会主义界定为市场社会主义还是国家资本主义，因为中国式社会主义没有经历过西方民主的政治过程，因此其成功经验无法在韩国等实行民主主义的国家成为解决资本主义问题的替代路线。

社会主义的另外一条主轴是社会民主主义，社会民主主义未能实现马克思社会主义的核心内容——生产资料的社会化，而是被纳入资本主义框架之内，认可私有财产，在市场中将竞争运用到基本的经济运行体系。因此社会民主主义虽然起始于社会主义，却结束于资本主义形态。通常将资本主义分为"英美式资本主义"和"欧洲式资本主义"，"英美式资本主义"是指英美等国家以市场为中心，福利制度相对薄弱的资本主义，"欧洲式资本主义"是指西欧和北欧等国家实行积极的福利政策，政府积极采取措施参与解决收入不平等等社会问题，同时实行劳动者参与经营等社会民主主义的资本主义。社会民主主义选择了一条不同于社会主义的道路，社会民主主义以资本主义形态存在，即"欧洲式资本主义"。而"欧洲式资本主义"脱离了社会主义体制，可以看作兼容社会主义要素的资本主义体制。

社会民主主义虽然成就了福利国家等不同于英美式市场本位主义资本主义的欧洲式资本主义，但与现在的其他资本主义一样面临同样的社会问题。但是，"社会主义和共产主义，却值得我们借鉴。我们无法对社会主义推动的价值和理想视而不见，因为其中存在对美好生活本质的追求，存在社会经济发展的核心因素"。[25]社会主义在追求和谐共生的平等价值方面进行了大量的探索，很多制度值得资本主义借鉴。社会保障制度、养老金制度、福利制度等政府积极实行的平等化政策便是资本主义从社会主义借鉴并发展而来的制度。而且在解决资本主义弊病的过程中，社会主义追求的理念和制度已然成为资本主义关注的重点。

尤其是在民主主义体制下，作为劳动者等国民的自发选择，"瑞典模式"等实现社会主义理念的社会民主主义"虽然维持了以生产资料私有制和市场机制为中心的资本主义经济的基本骨架，却同时实行高水准的平等主义再分配政策，并展现出高水准的参与民主主义倾向"。[26]从这一点来看，社会民主主义为解决资本主义问题提供了多种选择。尽管瑞典在选择了"第三条道路"之后，社会民主主义政策在一定程度上被削弱，但截止到2007年全球金融危机爆发前夕，瑞典依然是全世界收入不平等程度最低的国家。而现在资本主义危机丛生，一度陷入资本主义怀疑论的旋涡，其中最重要的原因便是资本主义无法实现分配正义，从这个角度来看，要实现可持续发展的资本主义，可以向社会民主主义取经。

修正资本主义

没有第三种体制

在资本主义 250 年的历史发展进程中，除了社会主义，没有任何理念和体制取代过资本主义。在马克思《资本论》问世 150 年后的今天，没有任何哲学家或经济学家提出资本主义的替代体制。至今为止，社会主义依然是可以替代资本主义的唯一理念。

在资本主义和社会主义之外，不存在"第三种体制"。瑞典模式下的社会民主主义者探索的第三条道路是将资本主义要素引入社会主义体制中。英国工党主导的第三条道路将自己定义为"同时超越旧式社会民主主义和新自由主义的路线"。[27] 然而英国工党执政期间实行的政策，实质是对保守党极端自由主义和市场原教旨主义进行了部分修正，甚至连这种小范围的修修补补亦未能彻底实行。无论是瑞典的第三条道路还是英国工党的第三条道路，实际上都有悖于实施者的夸大期待，不过是对现有社会民主主义或资本主义政策的调整，而非可以替代社会主义或资本主义的第三种体制。合作社或社会型企业等可以克服资本主义市场经济体制缺陷和矛盾的对策成为热议的话题，这些对策在欧洲国家取得现实成功。但是，这些案例在资本主义市场经济体制下成立，只适用于小规模共同体的模式或资本主义缺陷的部分修正，无法达到在国家经济体制层面替代资本主义的水平。

那么，现在资本主义替代方案究竟是什么？资本主义的出路究竟在哪里？答案是"修正资本主义"。如果说资本主义、社会主义和第三种体制都不能成为出路，那么只有"资本主义修正"这一条路可以走。如同在大海上航行的船只如果发生漏水，弃船跳海只有死路一条。如果想要生存下来，必须等到可以换乘的船到来，或者靠岸后修补漏洞。全球金融危机发生后掀起"末日论"热潮，资本主义末日论、竞争末日论、新自由主义末日论等预言和期待资本主义和市场经济末日的言论和论著风生水起。然而，资本主义末日并未如期而至，在不久的将来，也没有任何迹象表明资本主义末日会到来。

资本主义之所以没有走到末日阶段，并非因为资本主义是最佳选择并一切运行良好，而是因为暂时没有替代资本主义的最佳方案出现，不得已只能继续维持现有体制。或者说，资本主义依然健在并非因为其本身生命力旺盛，而是由替代路线缺失造成的。体制不是先天的，而是后天制定和选择的结果。正因为没有替代性选择，所以必须维持现有资本主义体制，而对现有资本主义的问题进行修正，不断完善资本主义是目前的最佳选择。

和谐共生的资本主义

不平等问题一旦发展成为无法通过个人努力克服的社会结构性问题，发生社会矛盾便成为必然事件。而且不平等结构如果固定下来没有改善的余地或者持续恶化，最终必然会将资本主义推向否定的消极局面。韩国社会目前已经达成共识，韩国资本主义必须改变目前收入不平等和贫富两极分化，以及居民生活水平改善与经济发展成果脱节的现状。2011 年首尔市以小学为对象全面实行免费午餐制的过程中，支持意见胜出；2012 年总统大选中，保守派新国家党以进步左派的政见经济民主化胜出：这些案例侧面说明超越政治和党派利益关系的韩国社会共识已经开始形成。

改变韩国资本主义社会现状的社会共识来源于对目前不平等和两极分化结构的不满，但是这些问题背后的原因如果被忽视，则意味着对历史的背叛。为了实现"韩国人期待的社会"，应该探索"韩国人期待的资本主义"之路。社会成员由于价值观和理念不同，个体的期待与社会共同体的期待必然存在差异，因此应该将"韩国人期待的资本主义"定义为韩国绝大多数公民共同价值的最小共同分母。与韩国国民的理念倾向和经济阶层无关，韩国人期待的资本主义应该是一个"正义社会",一个"和谐共生的社会"。[29]几年前,迈克尔·桑德尔(Michael Sandel)的著作《公正:该如何做是好》(*Justice:What's the Right Thing to Do*)在韩国出版,这本书虽然作为哲学修养丛书出版,却引起社会的广泛关注,可见韩国社会是多么渴望社会"正义"。

资本主义在过去 30 年间呈现出的社会矛盾的核心是收入不平等和贫富两极分化,韩国也陷入相同的矛盾处境。在韩国资本主义修正方面,首先应该以"和谐共生的社会"为目标。西方发达国家陷入不平等矛盾的发展过程和背景与韩国大相径庭,发达国家的不平等来源于市场本位主义下的错误政策,至少不来源于市场经济体制。"韩国资本主义修正"的另一项目标应该是"正义社会"。因此笔者将"韩国人期待的资本主义"定义为"和谐共生的正义资本主义"。

首先,"和谐共生"本质上是分配问题。一部分保守理论家将分配与发展看作互相冲突的两方面,对分配持批判态度,或将二者看作二选一的问题。也就是说,他们认为如果发展因为分配受到阻碍,最终分配变得没有意义,而二选一意味着将分配从发展中剥离。将分配和发展的关系看作权衡关系的主张在经济学中争论已久。分配与发展的关系是不是相辅相成虽然至今没有定论,但至少没有证据表明分配将不利于发展。在此需要关注一点,即所谓的发展包含了"可持续性"的发展。良性发展本身最终是为了物质丰饶和幸福。资本主义体制下的分配体系存在缺点,如果因此大多数人无法享受发展成果并实现生活丰饶和幸福,最终资本主义体制无法实现可持续性,而体制本身的不可持续性意味着发展的停滞。

其次,"正义社会"意味着修正那些与正义相悖的违规行为和非法行为。如果连市场经济的基本规范和秩序都不能遵守,那还谈什么市场经济。因此,修正与正义相悖的违规行为和非法行为是最基本的正义。而"和谐共生"的正义与分配紧密相关,物质丰饶和幸福的终极目标是"自由",资本主义市场经济体制可以被看作"保障自由"的一种体制选择。因此,在资本主义市场经济体制下维护最高价值"自由",便是最高的正义,此时自由和正义如同铜钱的两面,全部以分配为基础。

"正义资本主义"的哲学背景

关于现代意义上的正义,约翰·罗尔斯的著作《正义论》被称为正义哲学教科书,约翰·罗尔斯在《正义论》中指出,"人类生活的第一道德是真理与正义","如果将真理看作思想世界的第一道德,正义则是社会制度的第一道德"。[29]正义作为社会制度的最高道德,意味着社会制度的两大主干政治制度和经济制度必须以正义为基础。资本主义体制中的私有财产和竞争市场不是价值概念,而是追求某种价值的体系,属于制度的范畴。因此,如果说资本主义是追求幸福的一种体制,那么幸福则取决于是否可以实现正义这种道德。而私有财产制度和市场经济仅仅是实现这种价值的手段。如果将资本主义市场经济看作经济体制,"正义资本主义"是资本主义必须追求的最高价值和最佳状态。

一方面,"正义不容许通过侵犯或掠夺少数人的自由而获得多于他人的利益,也不容许多数人为了获取更多利益而将牺牲强加于少数人"。[30]因此,"正义带来的权利不受制于政治交易或社会利益"。[31]比起作为体制的资本主义,正义是一种上层概念,资本主义市场经济体制不管具备怎样的效率性,如果无法做到正义或者违反了正义秩序,就必须修正,如果不能得到改善,则应废止。[32]如果现在的韩国资本主义还有修正的空间,那么修正不平等和两极分化的目标应该是"正义资本主义"。

"和谐共生的正义资本主义"意味着对解决收入不平等和贫富两极分化等社会问题的超越,所有人可以共享基本的生活权利,实现"和谐共生"的"共同利益",所有人享有公正和平等的机会,不仅实现公平竞争等程序上的正义,并通过公正的分配和积极的福利实现实际的正义,应将"正义资本主义"设定为韩国经济的目标。另外,为了实现和谐共生和公平正义的韩国经济,必须脱离发展至上主义，追求可持续的、包容的经济发展。发展至上主义是指为了追求发展成果，可以无视发展过程的不正当性；针对发展成果没有分配标准和制度，背离发展的初衷，不顾长期发展的可持续性，只追求短期利益。与此相反，"可持续的包容性发展"意味着经济发展可以创造更多就业岗位，可以实现公平公正的按劳分配，可以保障发展的神圣性，居民家庭生活水平可以同步发展，发展和分配可以实现良性循环，生态环境可以实现持续性发展。

"和谐共生的正义资本主义"下，所谓正义，首先是指市场经济过程必须实现程序上的正义，其次是指必须实现保障和谐共生社会的分配正义。[33]为了更好地理解"和谐共生的正义资本主义"，有必要首先讨论什么是正义。正义不仅是伦理范畴的概念，也与经济相关，同时属于分配范畴问题。自由和平等两种价值更重视哪种分配问题也属于政治体制问题。随着资本主义的进化，关于正义的哲学之争发展成功利主义、平等的自由主义、自由至上的自由主义和共同体主义（communitarianism）等不同分支。[34]但是，本文中对"和谐共生的正义资本主义"的讨论不会立足"主义"，而是立足资本主义两大原理私有财产制度和市场竞争，继而结合韩国现实讨论通过正义竞争而实现的分配正义。

关于"和谐共生的正义资本主义"，将从私有制、市场竞争和分配三个方面进行说明。第一，财产私有是否正义；第二，市场竞争的开始和过程是否正义；第三，通过市场竞争实现的发展成果是否做到分配正义。三个问题并非独立的个体，其相互之间存在一定的因果关系。换句话说，通过非正义过程或手段实现的财产私有无法做到正义，而正义的竞争过程不一定带来正义的分配结果，不公正竞争带来的结果绝对无法实现分配正义。比如说，掌握市场的少数大企业集团通过价格操纵实现的利益无法做到正义，财阀二代和财阀三代不足额缴纳遗产税，通过非法手段继承的财产同样不具有正义性。通过不公正的竞争，即使实现了社会全体的经济效率和发展，发展结果本身不仅不具备正义性，最终也无法实现公正的分配。

资本主义下的私有与正义

正义的私有

　　资本主义和社会主义最根本的区别在于是否存在私有制。而巩固私有制的正当性是资本主义正当性的依据。关于"私有化"和"公有化"两种形态哪种更具备正当性和正义性的哲学论证虽然具有一定学术意义，但通过中国式社会主义大幅允许私有制存在的事实来看，"公有化"并不能成为解决方案。因此在以私有制为基础的资本主义下，私有的"形态和方式"在多大程度上实现正当性和正义性是资本主义体制是否具有正当性和争议性的关键。

　　关于私有财产的正当性，首先来看"自由至上的自由主义者"的观点，他们主张私有财产是神圣不可侵犯的权利，并采取极端的保守立场。在自由至上的自由主义者的极端立场上讨论正义的私有，是为了说明私有财产的获取方式和过程如果不具备正义性，私有财产本身的正义性也不复存在。另外，他们将一切政府介入的分配形式看作对私有财产的侵犯。

　　自由至上主义的代表哲学家罗伯特·诺齐克（Robert Nozick）将个人的自由定位为不可侵犯的绝对价值，主张为了维护个人的自由，必须捍卫私有财产权，即将私有财产权看作保护个人自由的必要手段。诺齐克同时认为，私有财产在成为正义的私有之前，必须满足三个条件：第一，财产的获得过程必须正义；第二，财产的转移和转让过程必须正义；第三，规定在私有财产获取和转移的过程如果存在不正义现象，只有在得到纠正的情况下才可以算作正义的私有财产。[⑤]总结诺齐克的主张，私有财产权不可侵犯的神圣性必须以私有财产获取、转移和转让过程的正义性为前提条件，已经获取的私有财产如果存在不正义性，便无法认可其权利的不可侵犯性。诺齐克的主张是顺理成章的，被绝大多数公众接受。

诺齐克认为，针对所有正义的私有财产，任何对私有权的再分配都是对个人自由的侵害，包括政府的再分配政策。他对再分配持反对态度，认为政府通过收入再分配和福利制度介入分配的做法"限制了个人自由，对个人生活进行不当干涉"。[36]诺齐克将个人自由视作不可侵犯的绝对价值，在捍卫个人自由和捍卫私有财产权一致的基础上，定义了正义的私有权，并反对一切侵犯个人自由的人为再分配。而正义的分配与私有过程和方式的正义性相关。

资本主义体制下的私有财产不是天上掉下的馅饼，而是通过市场竞争和分配的过程获取。[37]然而，通过竞争和分配获取的任何私有财产，在实现完全保障个人自由的"完全正义"之前，原始的获取过程必须经过"完全竞争"。然而完全竞争在现实中不可能存在，也就是说，任何私有财产都无法实现完全的正义。诺齐克的理论中，正义的私有财产必须得到保护，同时反对对分配的任何干预，这在资本主义现实中是互相矛盾的。因此，由于竞争无法做到完全竞争，反而为了正义的私有，只能追求正义的分配。经济学教科书中描述的完全竞争，是指参与竞争的任何人都不会由于自身的决定和行动对竞争过程和结果产生影响。[38]然而这种完全竞争的状态不可能存在，全体竞争参与者都会对竞争过程和结果产生影响。在现实的市场中充满了"不完全竞争"，完全竞争只停留在理论层面。由不完全竞争获取的财产无法满足诺齐克界定的"完全正义"的私有财产条件。因为经济学中假设的完全竞争在竞争反复存在时会发生侵犯他人自由的情况，最终竞争自身具有自我消亡的矛盾。在反复持续的竞争中，为什么完全竞争存在自我消亡的矛盾呢？

资本主义下的竞争与正义

竞争的自我消亡

在竞争的起点，所有竞争者拥有共同的劳动能力和资本，并处于同一起跑线上，假设任何人都无法对竞争过程和结果产生影响，公正的完全竞争将反复持续。竞争的结果是获胜者占有更多份额的经济价值，这是竞争的基本原理。在最初竞争中的获胜者在竞争结果带来的附加值中占有最多的份额。而且最初的获胜者在后续的竞争中将拥有比其他竞争者更多的资源，并占据绝对优势地位。竞争的本性是在同等竞争条件下，资本多的一方具有更多的竞争力。在最初竞争中获胜的一方在后续阶段竞争中将拥有比其他竞争者更多的获胜机会。

竞争的本性决定，随着竞争反复进行，最初赢得资源的获胜者将持续占据越来越有利的位置，并反复成为获胜者。因此，即使在完全竞争下，竞争条件完全平等、竞争过程完全公正，随着竞争过程反复进行，在竞争起点的最初获胜者最终将掌控竞争过程，而他们的行动必将影响竞争过程和结果，最终竞争起点的完全竞争条件将不复存在。尤其是当获胜者独自享有竞争结果的时候，完全竞争将以最快的速度瓦解。在获胜者独自享有成果的竞争中，获胜者将获得绝对的资源优势并继续参与下一轮竞争，在竞争反复进行多次之后，财产将以几何倍数增长，迅速进入不完全竞争状态。最后竞争本身变得不再有意义，获胜则将拥有全部，竞争本身自我消亡。

反复进行的竞争将强化获胜者的既得利益，"完全竞争"变为"不完全竞争"，获胜者在竞争中获取最多份额的竞争原理，最终决定了竞争走向自我消亡的矛盾。竞争的根本目的不是为了让获胜者获取最多成果，而是为了提高效率。而获胜者优先享有分配只不过是维持竞争的手段，但是当维持竞争的手段令竞争本身失去存在的意义并将竞争引向灭亡时，就非常有必要纠正这个手段。换句话说，需要改变获胜者独自享有竞争成果的局面，而应进行合理分配，令所有竞争参与者可以以合理的比例共享竞争成果，并在下一轮竞争中将不公正性最小化。

通过调整分配条件和最大限度降低不公正性，在下一阶段竞争中创造公正公平的条件，不仅仅是为了提高效率，同时也是为了满足诺齐克口中所说的绝对价值——自由。如果任由竞争胜败决定分配，资本和资源只能在竞争反复过程中集中到获胜者手中，最终扩大的仅是胜利者的"自由"。但是，失败者的自由随着获胜者既得利益的扩大不断被约束和限制。在获胜者既得利益被强化的不完全竞争结构下，"自由"不是所有人的自由。按照诺齐克关于正义的理论，正义私有财产的第一个条件，是财产的获取过程不得侵犯或妨碍他人自由，而不完全竞争结构下获胜者取得的财产自然属于非正义的私有财产。假定个人自由是一种绝对价值，为了保护这种绝对价值，私有财产以不可侵犯性为前提，然而在竞争反复进行的现实中，资本主义市场经济自身否定了自由和正义的前提条件。[39]

在资本主义体系中，资本具有钱生钱的自我复制性。即使获胜者怀着一颗善良的心没有故意利用在第一轮竞争中获取的既得利益将下一轮的竞争局面导向有利于自己利益的结果，拥有资本本身也将有助于获胜者具有更强的竞争力，这便是资本主义的本质属性。而且在现实中，通过非正义的方式获取更多资本的既得利益群体将再次成为获胜者并拥有越来越多的资本。非正义的获胜者利用自身优势将竞争过程扭向有利于自身的局面，再次重复不公平竞争并巩固获胜者地位的案例比比皆是。竞争本质决定了在资本主义现实中，几乎不存在诺齐克定义的"正义的"私有财产。因此诺齐克以正义的私有财产的不可侵犯性为由反对对分配调整进行尝试，本身是一种理论矛盾。从反面说，诺齐克反对的政府分配政策反而保护了私有财产权的正当性，在实现自由方面具有正义性，政府对分配的干预和调整并非如诺齐克所言是侵犯个人自由的行为。

正义的竞争

所有竞争分为三个阶段，第一阶段是参与竞争的阶段，为竞争的开始。第二阶段为竞争进行阶段，第三阶段为竞争结果呈现并由参与者进行分配的阶段。三个阶段同时做到"公正"的竞争即可称之为"正义的"竞争。市场中的竞争公正性并非局限于经济上的利益关系，而是需要在政治社会的广泛领域应用自由和平等的公正性。然而，市场中的竞争不得不受"社会因素和自然因素影响"，满足"平等的自由原则和公正的机会均等原则"的竞争少之又少。[40]

为了实现正义的资本主义，为什么需要公平公正的竞争和分配？首先，从市场经济的层面来看，市场经济成立和持续的过程需要公平公正的竞争和分配；其次，从民主主义体制的层面来看，人们追求的生活价值不单纯局限于经济利益的最大化，追求的根本价值为自由和平等，维护这种根本价值的前提条件是民主主义体制，同时公平的竞争和分配正义是维持和发展民主主义的基本条件。而第二个层面与第一个层面相互关联，可以维护资本主义市场经济的政治体制是民主主义，而资本主义市场经济需要公平的竞争和分配。

劳动者合作社等共同体经济的核心原则是协作和连带关系，市场经济的核心原则是竞争。资本主义将竞争当作市场运行原则的理由是因为资本主义相信通过竞争可以获得有效率的结果。然而相互协作和互动的个体也可以创造出比竞争更具效率的结果，全世界范围内不乏成功的劳动者合作社案例，韩国也有成功的生产者合作社和消费者合作社。[41]由于参与竞争的个体不可避免地存在利己心，个人在市场经济中是碎片化的存在。与此相反，协作体制下的共同体成员为了实现"共同利益"互相合作提携，为了一个目标共同努力，并分享努力成果，与市场经济相比更具人性化。但是，共同体经济如果要取得成功，必须要求共同体成员之间超越经济上的利益关系，将个人目标与共同体目标统一起来，以协作和同质性为前提条件。共同体成员追求共同价值的同质性越高，在文化和地域方面的连带性越强，共同体经济成功的可能性便越高。在地域共同体或共同体成员追求同一价值和目标的小规模共同体中，合作比竞争更容易实现"和谐共生的正义"经济。

在市场经济的竞争体制下，虽然不是所有人都可以平等参与并获得平等分配，但个体可以做出自由选择。与此相反，合作体制下所有成员拥有平等的机会和公平的分配，但要求所有成员必须认可和追求"共同利益"，并在实现共同目标的过程中接受对个人自由的一定限制。在国家经济这种由个体公民组成的大规模的经济单位下，个人的价值观、需求和欲望各不相同，各方利益关系错综复杂，这种情况下确定全体公民认可的"共同利益"几乎不可能。如果国家规定特定的共同利益并要求全体公民共同遵守，同时遏制脱离共同利益的个人行为，这便陷入限制个人自由的"极权主义"。因此，以个人自由选择为基础的市场经济只有在保障个体自由的民主主义下才可能成立。尽管合作体制具备很多优点，但依然选择市场经济的根本原因正是在于"自由"和"民主主义"。

在市场经济持续发展的过程中，个人的实质自由需要得到保障，不仅需要实行程序民主主义，还必须实行实质民主主义。[42]而个人的实质自由得到保障的基本条件是赋予所有人参与竞争的平等机会，并保证竞争过程公平进行，保证竞争结果公平分配。同时必须限制侵害他人自由的不公平竞争，消除由竞争带来的不平等，进而实现实质民主主义。然而，充满不公平竞争的市场经济下，不仅不可能实现竞争产生效率的本来目标，反而可能限制个人的实质自由，进而阻碍实质民主主义的实现。这种方式的竞争无法持续，非持续性的竞争将造成市场经济无法实现。因此，市场经济和民主主义若要取得持续性的发展，必须在竞争开始阶段、经济发展阶段和竞争分配阶段三个阶段全部实现公正性。

公平的开始

由于每个人和每个企业处于不同的环境和条件下，不是所有人都拥有竞争的参与机会，而且不是参与竞争的每个人都站在同一起跑线上。如果只有少数人拥有参与竞争的机会，竞争本身和市场机能将受到限制。而且起跑线位置不同的竞争中，过程和结果都无法实现公正。不具备竞争参与机会的人们可能会对市场持否定态度，在起跑线上处于不利地位的人们也可能对竞争结果不认可或拒绝竞争。比如马拉松比赛，如果起跑线位置不同，选手和观众恐怕都不会认可比赛结果，而且如果比赛规则不公平，从一开始选手也许不会报名参与。因此在竞争的开始阶段，必须在两个方面确保公正性。一方面，竞争机会必须向所有人公平开放；另一方面，所有人必须站在相同的起点。

向所有人提供均等的竞争机会并不能完全保证竞争开始阶段的公正性。竞争机会均等表面上似乎体现了形式正义，但实际上强化了竞争起点的不公正性。[43]在个人参与竞争之前，由于生活环境等社会结构因素不同，造成个人能力和竞争力存在差异。而人力资源和资金不足的中小企业和创业型企业在与大企业的竞争中同样处于弱势地位。如果无视个人和企业在参与竞争之前存在的不平等，而一味追求机会均等，反而可能助长起点的不平等。

韩国最有代表性的绝对均等机会制度是大学入学考试。虽然大学入学考试制度相对公正，但韩国的大学入学考试竞争早在娘胎里就开始了，比如进行英文胎教。[44]读小学之前学习所有古文，小学阶段预先学习完中学课程，这一切都是为大学入学考试做准备。而且父母的收入水平越高，在孩子私人教育方面的投入越大，[45]将来孩子考入名校或医学院的可能性越大。[46]可以说出生环境优越的孩子从娘胎出来直到考入大学的 19 年间都在为大学入学考试做准备，而且一直处于领先地位。因此大学入学考试的结果没有悬念，而非竞争的开始。大学入学考试仅仅具备程序上的公正性，而非实质公正性。另外，在重视学历的韩国，名校毕业生比普通学校毕业生更具就业优势。[47]

大学入学考试不应该仅仅停留在形式上的机会均等，而应该发展成为实质的机会均等并具备公正性，必须为所有学生提供平等的教育机会，而与学生所处的地域和父母的经济能力无关。然而，目前韩国社会私人教育压倒公立教育的局面从源头上阻断了教育的机会均等。只有所有学生在公立教育的同一起跑线下，大学入学考试才可能实现真正意义上的机会均等，而即使在这种情况下，也应该针对那些由于社会结构因素无法享受平等教育机会的学生单独实行入学考试政策，这同时是一种社会关怀的体现。现在很多韩国大学针对经济欠发达地区和农村渔村出身的学生采取社会关怀政策，然而这些政策仅是针对极少数学生，绝大部分学生需要在体育考试和文化考试中全部合格后才有机会进入大学。韩国目前离实质的大学入学考试机会均等依然存在较大差距。美国大学综合考虑地域、阶层、人种等因素进行新生选拔，并针对父母的收入水平收取差别化学费。美国大学通过所谓的"平权行动"来确保大学入学考试的实质性机会均等，平权行动是一种优惠性差别待遇的扶持行动，是防止对"肤色、宗教、性别或民族出身"等少数群体或弱势群体歧视的一种手段，通过给予这些群体特殊优待来消除歧视，从而实现平等。

起跑线上的不平等与个人的意志和努力无关，可能来自周边环境，也可能来自社会结构。比如，政府不均衡的投资引导政策令企业之间出现差异，政府颁布的奖励大企业和出口导向型企业的各项政策自然会导致大企业与中小企业、出口企业和内销企业之间的差异。计划经济时代，韩国实施的以蔚山、浦项、釜山等岭南圈为中心的产业化政策直接导致岭南区域和湖南区域的经济差距，并进一步扩大了地域不平等。另外，由社会歧视、腐败等问题引发的不平等则来自社会结构方面的因素。[48]

最大程度降低竞争起点上的差别并保障公平竞争的主体最终只能是政府。政府应该有所作为，降低市场准入门槛，保障公民平等参与市场竞争的机会，并为公民提供参与义务教育和享受基本福利制度的机会，进而从源头上缩小不平等。另外，为社会弱势群体创造参与市场竞争的平等条件，同样是政府义不容辞的责任。在企业竞争中，中小型企业在与大企业竞争的过程中通常处于弱势地位，政府通过金融政策鼓励和支持研发型企业和创业型企业，并通过公平交易政策限制垄断和市场操纵，将有利于从源头上控制不平等。开放的竞争环境有利于吸引潜在竞争者充分参与竞争，从而提高竞争的公正性和效率性，最终有利于市场经济的持续发展。

公正的过程

虽然政府在一定范围内实施积极政策，从源头上降低不平等程度，但现实中竞争者从源头无法以完全均等的条件参与竞争，而这个现实无法改变。但参与竞争的个人和企业即使知道自己在竞争中可能已经处于劣势，依然趋之若鹜，因为他们期待通过自己的努力可以改变竞争局面，鹿死谁手只有在最后关头才能见分晓。因此，竞争过程的公正性是决定市场经济成败的关键因素。

竞争真正的奇妙之处在于竞争局面和位次的变化。一路领先的竞争者为了不被后来者超越，马不停蹄向前飞奔，后面的竞争者为了赶超前者，同样咬紧牙关奋力前行，在互相赶超的过程中效率性提高，总体产出增多。而如果起跑线上的第一名同时是决赛中的第一名，偶尔一次成为获胜者便永远成为获胜者，那么竞争便会失去意义。竞争是一种打破原有结构，重塑均衡关系的"动态创新"（dynamic innovation）过程。如同"龟兔赛跑"，竞争参与者选择相信即使不具备先天优势，只要坚持后天努力，也一样可以像乌龟一样走向胜利。

在竞争动态创新的过程中，公正的过程是首要条件。市场经济比共同体经济更具效率性的重要原因之一是个人的动态创新性努力。在共同体成员互相协作的连带关系中，个人的创新能力往往受到限制。在竞争体制中，竞争公正过程得不到保障的动态创新犹如无源之水。前一轮竞争中获胜的一方如果以已经取得的利益作为手段，让自己在竞争中持续处于优势地位，那么竞争的过程便丧失了公正性。竞争过程的不公正性不仅无法保障动态创新，反而强化既得利益群体的利益，并加剧最初的不平等竞争局面，起点的位次无法通过后天努力发生改变，最终削弱市场经济。

所谓竞争过程的公正性，概念非常简单，只需要遵守一定的原则，比如不允许优势竞争者控制竞争局面，不允许任何竞争参与者以违规的方式妨碍其他竞争参与者。然而，在现实生活中，控制市场的大企业和既得利益群体妨碍正常竞争的不公正竞争比比皆是。尤其在韩国，财阀集团企业从服装、食品、电子、汽车等制造业，到运输、广告、餐饮店、糖果店等服务业，几乎无所不能，不公平的竞争格局在韩国早已根深蒂固。

资本主义下的分配与正义

分配的公平和正义

关于正义的哲学论证中，定义正义的最核心要素是"分配"。公正的分配是为了同时建设"和谐共生"的社会和"正义"的社会。之所以将公平的竞争和分配的正义区分强调，是因为如果没有公平的竞争保障机会均等和过程公正，分配也无法做到公平与正义。

胜者为王和胜者多得是竞争的本质属性，但是并不意味着胜者可以占有一切，而是有必要制定关于如何分配的规定。关于所有竞争者符合社会竞争正义的同时获得公平分配的规定，既是政治选择，同时也是哲学问题。哲学史上被称为"正义论"始祖的亚里士多德曾指出，"给予人们应当所得的"是分配的正义。[49] 但是制定分配规则来界定每个人应得的份额绝非易事，从赢家通吃的极端到所有人平均分配的另一个极端之间，存在很多不同的分配规则。赢家通吃的分配方式在今后的竞争格局中将胜者的既得利益绝对化，竞争本身被破坏。与此相反，所有人平均分配的方式扼杀了个体的积极性，也同样丧失竞争本身应有的体系。因此赢家通吃和所有人平均分配的分配规则无法成为培育持续竞争的方法。

如果说"给予人们应当所得的"是正义的分配，此时每个人应得的分配与每个人在竞争中的作用相关。也就是说，亚里士多德既主张分配上的平等原则（每人一份），又主张分配上的等级原则（就专门职能和角色而言的平等）。对于亚里士多德而言，公正就是一种适合。分配权力也就是为了寻找社会制度的目的，是为了使人们符合那些适合于他们的、能够使他们实现自己本性的职责。给予人们其应当所得的，就意味着给予他们应得的职务和荣誉，以及那些与他们的本性相符合的社会职责。而按照每个人在竞争中的作用和贡献进行正义分配，给予人们"应得的一份"，虽然是合情合理的，但个人作用和贡献无法成为正义分配的绝对标准，也很难适用于现实。首先因为个人作用和贡献是非常主观的问题，客观上无法定量分析，而且即使可以定量分析，在适用方式方面也很难界定是采取计数式的标准还是几何式的标准。其次，虽然可以从现实中对个人作用和贡献进行客观评定，但由于"无法区分由天赋和后天努力带来的贡献和作用"，贡献和作用无法成为分配正义的绝对标准。[50]另外，根据个人能力来决定贡献和作用时，由于能力本身与遗传和天赋相关，或者受家族、地域和社会环境影响较大，因此以能力为标准衡量的作用和贡献具有偶然性，不足以成为界定正义分配"应得的一份"的合理依据。

以贡献为依据的分配不是公平分配

普遍观点认为，"根据贡献度进行分配是正义合理的"，因此很难接受标题中的结论。但是上述结论不仅属于哲学范畴，且更具现实意义。究其原因，首先个人的贡献和作用取决于个人的能力和努力，而个人能力和努力通常受制于不平等的社会结构。以韩国大学入学考试为例，学生的实力不仅取决于先天遗传性因素，还受父母的竞争力和地域等社会因素的影响。首尔市江南区房价之所以高于其他区，其中一个原因是教育集中在江南区。很多时候，不平等的社会结构因素反而比个人能力更具有决定性作用。如果说分配正义是"缩小不当贫富差异并实现平等"，[51]那么在已经存在的不平等结构中根据贡献进行分配，既无法实现缩小贫富差异的平等，也无法实现正义的分配。

2013 年韩国银行职员的平均年薪为 7560 万韩元，[52]韩国统计厅调查的城镇劳动者年均收入为 3600 万韩元，银行职员的年均收入为城镇劳动者年均收入的两倍。大企业和中小企业劳动者的收入差距同样如此。以 2013 年韩国汽车行业 17 年以上工龄的劳动者收入来看，大企业生产部门劳动者年薪为 6853 万韩元，而作为汽车行业供应商的中小企业生产部门劳动者平均年薪仅为 4056 万韩元。[53]工龄同样超过 17 年，但中小企业劳动者的收入仅为大企业劳动者收入的 60%；银行职员年薪为中小企业劳动者年薪的两倍。但是，并不能说银行劳动者和大企业劳动者对经济的贡献是小企业劳动者贡献的两倍，也没有理由说银行劳动者和大企业劳动者的能力一定超过小企业劳动者。银行业是在政府特批制度下享受一定垄断性收益的产业，银行职员的高收入中很大一部分来自许可制的垄断性收益。而汽车行业大企业劳动者和小企业之间的收入差异来自甲方企业和乙方企业的不平等竞争结构。银行职员和大企业职员可以获得高薪，与个人能力高低无关，而是取决于既得利益群体的结构性收入。社会结构性因素作用于韩国社会的各个角落，由此引起的正式员工和临时员工之间的收入差异、毕业院校不同带来的就业差异、出身不同带来的人生差异无处不在。

下面通过西班牙蒙德拉贡劳动者合作社的案例，可以得知根据竞争贡献度进行分配的情况下保持公正性的难度。成立劳动者合作社的目的是为了消除资本的弊端，并由劳动者作为企业主人。在世界上最成功的劳动者合作社蒙德拉贡，曾发生工人罢工事件，在劳动者作为主人的企业发生劳动者罢工，等同于劳动者罢了自己的工。而罢工原因正是对劳动者劳动参与进行差别化分配。1974 年，蒙德拉贡取得快速发展，在生产工厂对新入职员工实施岗位分流，并根据业务评价实行不同的工资标准，一部分合作社成员要求实施同等工资标准并开始罢工。[54]最终参与罢工的工人被解雇，之后差别化工资标准却成为理所当然的制度在蒙德拉贡固定下来。蒙德拉贡规定所有合作社成员必须缴纳一定数额的会费，所有合作社劳动者同时进行劳动参与和资本参与。虽然不管出资额大小，蒙德拉贡内部实行一人一票的民主决议制，但是关于利益的分配并非平等结构。合作社成员的工资和劳动参与的利润根据每个成员的工作和贡献等参与水平进行差别化分配。蒙德拉贡成立之初社内最高工资与最低工资相差 3 倍，现在收入差距扩大为 8 倍。可见即使在劳动者作为主人并享有平等决策权的企业，合理进行经济分配亦非常有难度。

正义的分配

亚里士多德将"给予人们应得的一份"定义为分配的正义，他认为在市场中"共同参与竞争的人们既可能享有同等的分配，也可以享有不同的分配"。或者说，平均主义的分配不能称之为分配正义。"在正义的分配中，每个人得到其应得的分配是更符合正义概念的。"⑤关于正义的原则，罗尔斯指出，"财产和收入的分配没有必要完全均等"，即经济不平等本身虽然不能被称为非正义，但这种不平等"必须可以照顾到所有人的利益，职位与职责必须向所有人平等开放，并令所有人有机会拥有"，⑥或者说，规定了容忍不平等的前提条件。如果将这个理论应用到市场经济中，虽然现存的所有不平等可以通过人为手段控制，但随着竞争持续发生作用，不平等会卷土重来，并成为市场经济中潜在的不可分离的一部分。因此，与其说平均主义的分配平等是分配正义，不如说认可分配的差别化并"给予人们应得的一份"是分配正义。换言之，给所有人提供公正平等的机会，并保障所有人的正当利益得以实现，实行民主主义的平等，虽然无法实现完全均等的分配，但至少是正义的分配。⑦

分配的正义强调针对竞争中的弱势群体和后进分子进行分配。对于社会弱势群体的关照不仅关系到竞争的持续性，还关系到社会正义问题。除了根据每个人的贡献获得应得的份额之外，还有按照每个人需要程度的差异进行分配的问题。⑧当然，此处的"需要"不是指需要多的人得到更多分配的单纯需要，而是指社会需要，与社会成员的个体贡献无关，意味着每个社会成员拥有满足生活基本需要的分配权利。尤其是针对处于不平等地位的社会弱势群体，给他们分配多少视为正义分配，是界定分配正义的重要因素。

罗尔斯在《正义论》中提出了关于正义的两条原则：第一条原则是所谓平等的自由原则，即每个人应该在社会中享有平等的自由权利；第二条原则包括差别化原则与机会平等原则。前者要求在分配的时候，如果不得不产生某种不平等的话，这种不平等应该有利于境遇最差的人们的最大利益。就是说，利益分配应该向处于不利地位的人们倾斜，后者要求将机会平等的原则应用于社会经济的不平等，使具有同等能力、技术与动机的人们享有平等的职位获取机会。关于正义的第二条原则，罗尔斯指出"社会不平等和经济不平等应该使社会中处境最不利的成员获得最大的利益"。[59]这条原则也被称作"差别化原则"，是指"如果认可社会和经济不平等，应该实现对社会最弱势群体有利的不平等"。[60]罗尔斯认为，民主主义平等对不平等进行一定程度的容忍，是"平等自由原则和差异化原则相结合共同发生作用的结果"。[61]换言之，对竞争结果进行差异化分配时，首先必须对所有人开放均等的机会，分配竞争结果时，令不平等结构中处于最不利地位的人群获得最大化利益，是为分配正义。罗尔斯所说的"最大化利益"，没有表明是"收获最多"，还是"社会可以提供的最大值"。但不管何种情况，由于应用分配正义原则的现实过程中，具体方法和程序本身非常困难，不可避免地存在纷争。[62]

那么，在现实中韩国社会可以接受何种程度的不平等，该如何界定分配给社会最底层弱势群体的满足最小生活需求的社会最大值，这些属于现实的政治问题。在政治制度上选择民主主义，是因为民主主义可以保障公民的基本权利和自由。但是，"不能以社会经济平等分配为前提的（政治）自由平等分配不过是一句空话"，"要在实质上实现自由，要求社会经济分配的平等化"。而且，"不仅仅停留在基本权利和自由有名无实的形式自由阶段，必须从现实中探讨应该选择何种形态的经济体制，从而确保实现有效自由"。[63]罗尔斯认为"分配正义的核心问题是社会体制选择的问题"。[64]选择民主主义作为政治体制是全社会达成合议和共识的结果，与此相同，选择相应的经济制度实现公平分配，进而实现实质上的民主主义，亦是社会的政治决定。

应该怎样对贫困阶层提供可以保障其最小生活需要的最大利益？企业创造的利润中应该拿出多少分配给劳动者？大企业和中小企业的工资收入差异范围该怎样限定？正式就业和临时就业之间的工资差异范围该如何限定？这些问题关系到是否可以实现真正意义上的分配正义，因此不是可以完全放任市场自身去解决的问题，而是需要政治出面解决的问题。为了实现分配正义，需要确定多少累进所得税，需要确定多少遗产税和赠予税？该如何缩减地域间贫富差距？应该将基础福利提高到何种程度，在哪些部门需要实施全面福利，在哪些部分可以实施选择性福利？教育和医疗等共同部门可否容许自由市场的存在还是由政府主导？上述诸多问题应由政治来决定，而非市场。市场至上主义者认为政府出台政策干预和调控上述问题的行为是一种反市场、反资本主义的行为，然而，这些问题关系到自由和正义，无法任由市场自行做主。如果市场本身必然带来的不平等与韩国社会指向的价值目标相悖，那么抵制这种不平等正是民主主义需要履行的职能。另外，竞争本性决定了不平等的存在，如果对不平等不加干预，竞争本身将走向消亡。可以说，合理的再分配政策不仅是实现分配正义的必要手段，也是挽救资本主义市场经济的必经之路。

实现分配正义的过程中应该制定何种具体政策并付诸实践的问题，是如何将民主主义和资本主义市场经济相结合的问题。全球金融危机之后，包括韩国在内的所有重新审视资本主义的国家都在为这一问题绞尽脑汁，并不断探索，试图找到解决方案。本书的最后部分将讨论这一问题，为了实现公平竞争和公平分配的"和谐共生的正义资本主义"，在此之前，首先将讨论韩国资本主义的特征并在此基础上寻找解决方案，特别针对韩国特有的财阀结构和财阀问题进行探索。

第七章　非正义的韩国资本主义

韩村的故事

在韩村有一位"政氏"村民，祖上是桑树村地主家的长工。有一日，桑树村地主被驱逐出韩村。匆匆逃离韩村前，地主将土地和财产暂时托付给政氏长工，并约定他日局势缓和后再重返韩村。然而，桑树村地主再也没有回来，从此政氏拥有了大量土地，成为韩村大地主。

韩村只有少数人拥有自己的土地且规模较小，大多数韩村村民需要作为佃农租种政氏的土地维持生计，或者需要在政氏家中做长工。韩村有一位做舂米生意的金氏，一位开百货商店的李氏，还有一位开饭馆的崔氏。本来政氏地主土地上收获的粮食全部送至金氏舂米所，某天，政氏决定自己直接成立一家舂米所，仅是政氏土地上的粮食便足以维持政氏舂米所的正常运营，后来政氏决定以低于金氏舂米所的价格对外提供舂米服务。村民们纷纷转向政氏舂米所，最终金氏舂米所倒闭。而政氏舂米所并没有因此提高价格，继续以低廉的价格为村民服务，村民们纷纷感念政氏的"善行"。

在粮食种植和舂米业务中获利丰厚的政氏后来成立了一家米酒酿造厂，以自家大米为原料酿造米酒，并开了一家销售政氏牌米酒的店铺，韩村村民全部来政氏店铺购买政氏酿酒厂酿造的政氏牌米酒。随着生意扩大，政氏将店铺扩大，改为经营多种产品的超市。政氏超市里的物品比起李氏百货商店的物品更加物美价廉，因此韩村所有村民只光顾政氏超市，最终李氏百货商店也不得不关门。后来政氏开了一家饭馆，以自家农田里的农作物为食材对外经营，价格低于崔氏饭馆，最终崔氏饭馆也破产关门。而全韩村的村民一面享受着政氏舂米所、政氏超市和政氏饭馆的低价服务，一面感慨"政氏真是位大善人"。

政氏的生意像滚雪球一样不断发展壮大，先后成立了与民生关系紧密的制糖厂、糕点厂、制鞋厂和服装厂等。韩村的全体村民都购买和使用政氏企业生产的产品。不仅如此，政氏企业还向江对面的牛棚村"出口"产品。后来韩村政氏企业规模进一步扩大，新建电子工厂和汽车工厂，并"出口"到山那边的瓷器村。政氏企业进一步设立了农村储蓄银行，全村村民在政氏的储蓄银行存款。政氏从小农户手中购买土地，由于政氏付给小农户的土地款高于市场价格，因此突然暴富的小农户非常感谢政氏的"善举"。于是，政氏成立了房地产开发建筑公司，在从小农户收来的土地上开发公寓项目，韩村村民从政氏的农村储蓄银行获得贷款，用于购买公寓。最终，韩村的全体村民在政氏企业工作，随着韩村的发展，村民生活水平也不断提高。

后来，政氏企业又成立了运输公司和快递公司，使用的是自家汽车工厂生产的汽车。而政氏旗下的所有工厂和超市，全部使用政氏运输公司和政氏快递公司作为物流服务商。政氏相继成立了报社和广播电台，全村村民读着政氏报纸，听着政氏广播。后来政氏企业又成立了保安公司，整个韩村的治安环境变得越来越好。政氏企业为了韩村的文化发展事业，建设了美术馆、音乐厅、宾馆和剧场，另外为美术馆、音乐厅、剧场开设了咖啡厅和甜品店等娱乐休闲配套设施。而政氏并没有就此满足，成立了助学基金会、医院等，继续进军教育事业、福利事业和慈善事业。韩村全体村民对政氏企业尊敬有加，交口称赞。

政氏令其儿女担任旗下重要公司的总经理，令其女婿和侄子担任旗下小公司的总经理。美术馆馆长和博物馆馆长分别由政氏夫人和儿媳担任。报社总经理由政氏亲家担任，广播电台总经理由政氏小舅子担任。政氏农村储蓄银行行长、政氏学校校长、政氏医院院长分别由政氏的哥哥、弟弟和政氏的连襟担任。而韩村警察署署长、法院院长和税务署署长人选是从政氏助学基金会的获奖优秀生中选拔的。有一天，曾任政氏企业高管的李氏去参加"郡守"选举，得到了政氏家族和全体韩村村民的大力支持，从而顺利当选。最终，政氏成为整个"韩村"的所有者和统治者。而韩村在政氏企业带动下实现显著的经济发展，韩村村民的生活日益幸福美满。

然而，有一天，一个叫约翰·罗尔斯的人彻底打破了韩村的平静与幸福。罗尔斯是 20 世纪美国著名的政治哲学家、伦理学家，主要著作有《正义论》《作为公平的正义》。在这些著作里，罗尔斯提出了一个融汇西方正义概念的基本含义，并又极大丰富了其内涵的当代社会正义理论，即公平的正义的理论。公平的正义在这些著作中被诠释为在一个宪法民主制社会中，人们关于一个健全的、持久的社会合作体系的条件的共同观念，因而是一种内含于关于一个健全持久的社会合作体系的观念中的正义观。总体来说，罗尔斯基于公平的正义观念是在自由主义框架内阐发的一种正义理论，在这个理论中，核心的概念是平等的自由。有的评论家把罗尔斯与柏拉图、阿奎那和黑格尔等思想泰斗相提并论，诺齐克曾经提到，政治哲学界出了罗尔斯之后，你可以跟着他思考、可以针对他思考，可是不能不理会他而思考。罗尔斯政治哲学的特色，莫过于他对于"公平"意义下的"正义"这项政治价值的强调。此前的政治哲学，往往局部强调自由、平等、幸福、效率等某一项价值。罗尔斯坚持认为，一个社会是否公平，乃是最根本的问题所在。正因为公平是社会生活的最高价值，所以剥夺个人自由、歧视他人、以多数为名迫害少数或者坐视个人之间的命运差距，都违反了正义。

罗尔斯向那些村民宣传，自由更重要，而这些村民在不久前才刚刚忘记饿肚子是什么滋味。罗尔斯表示："我们坚定地认为，在民主主义的立场上，公民的基本自由既不是在政治上讨价还价的结果，也不取决于社会利益的衡量。这种自由反而可以制约政治交易，并确定衡量社会利益的范畴。"①罗尔斯的理论是说经济利益只有在自由得到保障的前提下才有意义，因为在民主主义体制下，个人的基本自由是不容侵犯的绝对价值。韩村村民的经济利益虽然得到提高，但失去了自由，因此韩村是一个非正义的村庄。

韩村还来了一位叫约翰·斯图亚特·穆勒（John Stuart Mill）的客人，他是自由主义政治历史上的元老级人物，对西方自由主义的思潮影响甚广，尤其是其著作《论自由》（On Liberty），更被誉为自由主义的集大成之作，同时也与弥尔顿的《论出版自由》一道，被视为报刊出版自由理论的经典文献。这部著作的要义可以概括为：只要不涉及他人的利害，个人（成人）就有完全的行动自由，其他人和社会都不得干涉；只有当自己的言行危害他人利益时，个人才应接受社会的强制性惩罚。这就是穆勒划定的个人与社会的权利界限。针对韩村村民失去自由的情况，穆勒力挺罗尔斯的观点。穆勒奉劝韩村的村民："你是想做一头吃饱肚子的猪，还是一个饿肚子的人？是想做一个吃饱肚子的傻瓜，还是饿肚子的苏格拉底？"②而保守自由主义者弗里德里希·奥古斯特·冯·哈耶克（Friedrich August von Hayek）则对韩村的情况展开尖锐的批判。哈耶克是新自由主义代表人物，1974年获诺贝尔经济学奖，代表作有《通往奴役之路》《个人主义与经济秩序》等。他对市场经济理论、市场机制的运行过程研究得十分深入彻底，以坚持自由市场资本主义、反对社会主义、凯恩斯主义和集体主义而著称。但极端的自由主义，也令他被贴上了"保守主义""反理想主义"的标签。哈耶克认为为了经济利益而放弃自由权利的韩村村民正在选择一条"通往奴役之路"。③在穆勒看来，韩村全体村民为了眼前的经济利益而甘愿在政氏的统治下放弃自由，在这种背景下发展的韩村经济实际是一种浅薄的资本主义，而韩村村民无异于吃饱肚子的猪。在哈耶克看来，政氏拥有一切、统治一切的局面下，韩村村民与奴隶无异。

继续介绍韩村的故事。韩村有几家公司不属于政氏，比如 NAVER 和 DAUM 等门户网站公司。这几家门户网站公司是由几个对互联网通信技术充满好奇心的年轻人成立的。这些年轻人读书时不用功读书，被称为"网虫"。而对此后知后觉的政氏后来命令其儿子也成立了一家政氏互联网公司。那些与政氏助学基金会奖学金无缘的"网虫"们④压根没有将政氏放在眼中，在他们大刀阔斧、自由奔放地经营互联网公司并取得成功的同时，政氏儿子运营的互联网公司破产倒闭。政氏广播电台和政氏报社对穆勒和哈耶克的批判意见闭口不谈，但 NAVER 和 DAUM 在网站最显眼的位置向韩村村民报道了穆勒和哈耶克对韩村非自由状态的尖锐批判。

针对穆勒和哈耶克的批判意见，韩村村民一派予以反驳，一派予以认可。经历过饥饿年代的韩村老一辈村民们持反对意见，反驳穆勒和哈耶克，说"正义可以让我们吃饱肚子吗？但政氏让我们大家有饭吃"。这期间，有一位在政氏助学基金会得到奖学金并出国留学归来的学者向政氏报社投稿，称颂政氏"发展事业之余大力回馈社会，积极投身慈善事业、教育事业和文化事业"，并称穆勒和哈耶克不了解"韩村在政氏的帮助下脱困并繁荣发展的事实，所以才如此尖锐地对政氏进行批判"。当然，也有韩村学者认同穆勒和哈耶克的观点，但这些学者拿着从政氏公司获取的研究经费一心投身研究工作，对世事漠不关心，只忙着"在核心刊物发表研究论文"。而政氏向 NAVER 和 DAUM 发出警告，如果继续大篇幅报道穆勒和哈耶克的观点，就停止所有广告业务。此时，不知饥饿感为何物的年轻人们开始犹豫彷徨，一方面，他们觉得长辈的话有道理，老师们对他们的迷茫视而不见；另一方面，自己将来毕业后可能还需要在政氏企业谋取职位。同时，这些年轻人又不愿意继续像父母一样生活，而是希望可以创造一个不受政氏统治的自由的新韩村。

此时，最开始在韩村掀起这场风波的罗尔斯站出来发话了，他说："当平等的自由受到组织侵害时，公民将变成不服从统治的对象，而在正义的优先性以及正义保障下的平等的自由面前，不服从统治变得合理化。"⑤韩村的年轻人们明白了罗尔斯的意思，也就是说，正义和自由是压倒一切的价值观，韩村村民虽然在政氏的帮助下过上好日子，但并不能因此失去正义和自由，因此他们有权利对政氏进行反抗。对于罗尔斯的观点，民主主义理论的著名政治学家罗伯特·达尔（Robert Dahl）举起支持的旗帜，他表示"自由的必要条件是对权力实施的强烈制约，权力过度集中时，自由便容易出故障"。⑥听了罗尔斯和达尔的话，备受鼓舞的韩村年轻人打起"你幸福吗"的大字报，大字报上还写道，"为了物质而抛弃自由的你，最终将同时失去物质与自由；为了自由放弃物质的你，最终将拥有更多物质与自由"。⑦大字报上的内容在互联网上如燎原之火迅速蔓延，在DAUM网站一个叫作"毛小子"的论坛引起热议，大家甚至成立了一家叫作"幸福年代"的市民团体并开始示威游行。与此同时，韩村老一辈人和部分支持政氏的年轻人站出来与"毛小子"论坛和"幸福年代"针尖对麦芒，他们分别成立了"父辈联合"和"饱腹运动本部"团体，并在DAUM网站开通了一个叫作"老爷子"的论坛。他们在网上高声呼喊："简单善良地生活""没饿过肚子就没有发言权，没饿过肚子就没有资格谈论自由""反对政氏者即左匪"。一时间，韩村陷入一片大混乱之中。

正值局面一片混乱之时，曾任政氏企业高管并任现任地方官"郡守"的李氏迎来了竞争者朴氏。朴氏向政氏进言，一味对不满势力进行打压不是本事，何不顺着他们的意思来。朴氏向韩村村民们提出实现所有人自由和正义的"经济民主化"，并以此作为竞选承诺，最终顺利就任新一届"郡守"。韩村年轻人对新任郡守朴氏寄予厚望，而韩村老一辈人则语重心长地给予朴氏忠告，告诫他当初竞聘时的承诺别太当真。总之，韩村陷入更大的混乱。

马克思主义革命家列夫·达维多维奇·托洛茨基看到韩村的情况，向韩村年轻人和朴氏提出忠告："在政氏作为唯一一个雇主的地方，所有反对政氏的势力都将渐渐饿死。过去不劳动没饭吃的原则被不服从没饭吃的新规矩取代。"⑧托洛茨基是与列宁一起发起十月革命，推翻了以克伦斯基为领导的资产阶级俄国临时政府（俄罗斯共和国），成立俄罗斯苏维埃联邦社会主义共和国的人物，他这句话是批判自身建立的俄罗斯苏维埃联邦社会主义共和国拥有一切统治一切的极权主义体制。在托洛茨基看来，政氏拥有韩村的一切，政氏家族负责韩村所有公司的经营，政氏助学基金会资助的学生毕业后掌握韩村所有政治权力，总之政氏左右韩村一切的事实，在托洛茨基眼中无异于极权的社会主义。将自由民主主义市场经济作为企业信条的政氏在其旗下的广播电台和报社大体报道了托洛茨基的忠告，报道的大标题是："韩村村民们，如果不想渐渐饿死，就追随政氏吧！"

非正义的私有

韩国资本主义特殊的发展历程

纵观韩国历史，20 世纪初朝鲜王朝在日本帝国主义侵略下走向灭亡，韩国封建王朝的灭亡不像西方国家一样经过阶级分化或市民运动的历史过程。韩国打败日本侵略者实现解放后，韩国政府成立不到两年的时间，又经历了朝鲜战争。整体来说，韩国根本没有来得及建立资本主义和市场经济基本框架。直到 20 世纪 60 年代初韩国正式进入工业化进程之前，由于战争经济一片没落，大多数韩国人生活在贫苦与饥饿之中，而且韩国社会没有形成明显的经济阶层。而工业化之后的韩国在朴正熙独裁政府的彻底统治下，自由市场经济在计划经济体制下没有发芽的土壤。第二个经济开发五年计划结束后，经济进入正式发展阶段的 1971 年，韩国人均国民收入仅为300 美元，人均国民收入超过 1000 美元是从 1977 年开始。[⑨] 截至 20世纪 70 年代，大多数韩国人的目标是脱离贫困，生存下来，而这个目标到底是通过市场经济实现的，还是通过计划经济实现的，不是问题的关键。

　　韩国实质上达到可以讨论资本主义市场经济的经济水平开始于20世纪80年代。韩国人均国民收入超过2000美元开始于1983年，人均国民收入超过5000美元开始于1989年。直到20世纪90年代中期，韩国政府正式废止计划经济，开始向市场经济转型时，韩国的经济体制仍然停留在计划经济时代水平。计划经济时代，经济增长目标由政府设定，资源与资本配置由政府确定，市场由政府统治，甚至市场价格也由政府负责确定。计划经济体制下，并不是说不存在市场，而是在官办计划经济体制下，经济官员直接替代市场，市场"看不见的手"几乎被政府的"看得见的手"全部取代，市场功能和作用与资本主义本来的面貌完全不同。

　　资本主义比社会主义的"正义"体现在两个核心要素，一是"私有财产制度存在与否"，一是"竞争市场存在与否"。社会主义体制下也存在市场，但社会主义体制下的市场不一定遵循竞争原则，资本主义体制下的市场与竞争原则下的市场经济无法分离。从这个意义上说，韩国虽然在计划经济体制容许私有财产，但由于没有竞争市场的存在，实质上不能称为健全的资本主义市场经济。⑩换言之，正如"无私有财产权的资本主义"不成立一样，计划经济体制下的"无竞争市场的资本主义"同样不成立。

　　伴随着市场本位主义和新自由市场主义政策的全面实施，20世纪80年代初，美国和欧洲社会收入不平等和贫富两极分化现象开始抬头。这个时期，瑞典等北欧福利国家开始走向亲市场的第三条道路——"社会民主主义"体制。然而，同一时期下韩国政府仍然统治一切，实施计划经济，竞争的市场没有启动，福利制度也没有实行。⑪韩国开始探索向市场经济转变的20世纪90年代中期，是美国和欧洲新自由主义经济的负面作用开始显现并进一步诱发社会矛盾的时期，也是英国试图从新自由主义政策转向第三条道路的时期。也就是说，美国和欧洲开始反省新自由主义市场经济政策弊端的时期，韩国才刚刚起步迈入市场经济。而且，在韩国市场经济步入正轨发展之前，适逢国家面临破产边缘的1997年外汇危机，国家干预不可避免。由于外汇危机，国家实行极权主义计划经济体制的旧自由主义政策，即竞争市场的框架形成之前，重新退回政府介入市场进行调控的阶段。

美国和欧洲的资本主义在长达250年的发展历程中，内部经过阶级斗争，外部经过与社会主义的对立阶段。但是，韩国的资本主义省略了阶层间斗争和资本与劳动间斗争的过程。在韩国，资本和劳动的对立始于1987年"六月抗争"民主主义事件，而劳动者阶层政治势力的形成开始于十年后，即1997年。[12]韩国资本主义发展时期非常短，与其他发达国家的资本主义相比，呈现特殊性，尽管反映出的资本主义矛盾现象可能相似，但资本主义结构与发展原因必然不同。尤其是韩国财阀集团经济力过度集中的问题、韩国大企业与中小企业之间的两极分化问题，在其他发达资本主义国家中很少见，这些不同源自韩国资本主义发展过程的特殊性。

劣迹斑斑的非法敛财

在进行关于"正义资本主义"的讨论之前，首先应该讨论韩国资本主义过程积累的财产是否是"正义"的，因为如果无视现在存在的矛盾，就无法设计将来的正义。20世纪70年代和80年代的韩国社会机会较多，"草窝里飞出金凤凰"不只是传说。当时梦想成为财阀，成就创业神话的年轻人大有人在，但现在草窝里再也飞不出金凤凰。20世纪90年代中期到21世纪初，除了信息技术行业有NAEVER、DAUM、NCSOFT、NEXON等互联网公司创业成功之外，其他行业和企业创业成功的案例非常少。[13]美国排名前100名的富豪中，有71名是当代的创业者，而韩国排名前100名的富豪中，76名是父辈财富的继承人。[14]韩国上市公司排名前100位的富豪中，不是财阀家族成员的仅有15名。[15]这个现象从侧面反映出"草窝里飞出金凤凰"的时代在韩国已经一去不返。

韩国大部分财阀起源于日本殖民统治时期和朝鲜战争时期，但他们能取得今天的成绩，关键在于20世纪60年代以后韩国政府采取的特定政策。或者说韩国财阀是韩国计划经济时代的产物，韩国财阀紧跟政府政策，并享受各种优惠政策和补贴。在朝鲜战争之后，韩国成了全世界最贫穷的国家之一。美国十几年里向韩国提供了大约21.5亿美元的物资援助，价值相当于韩国政府财政收入的40%。政府将许多援助物资卖掉，将换来的钱用于对工商业投资和发放贷款，那些与政府有密切关系的官商就利用这一机会，通过外国援助分配和政府在金融等方面给予的特惠政策发展起来，形成一批特权财阀，如三星、LG、大韩、东洋等，因此被称为"特惠财阀"。韩国向市场经济体制转变之后，财阀集团的经营依然被非法行为充斥。在排名前30位的财阀集团中有13名财阀掌门人因选举政治金、财务造假、挪用公款、行贿受贿等问题受到刑事处罚。政企勾结的典型案例是，1997年和2002年总统大选时，韩国财阀企业向候选人提供选举政治金。2002年总统大选时，大国家党从各大财阀集团收取政治金共计705亿韩元，其中，三星集团300亿韩元、LG集团150亿韩元、现代汽车集团100亿韩元、韩华集团（Hanwha Corporation）50亿韩元、大韩航空公司10亿韩元、大宇建设集团15亿韩元。[16]第二代、第三代财阀从家族继承财产时不按照规定缴纳继承税，确保所继承财产的正当性的情况反而令人感到意外。

韩国首富三星集团李健熙董事长的公开财产是12.9万亿韩元，[17]李健熙的父亲李秉喆于1978年创立三星，李健熙继任三星集团掌门人时缴纳遗产税176亿韩元、赠予税5亿韩元，共计181亿韩元。当时三星集团的总资产为11.6万亿韩元，扣除负债之后的纯资产规模为1.4万亿韩元，李健熙上缴了181亿韩元继承税之后，同时继承了三星集团的经营权，而李健熙的兄长李昌熙缴纳的遗产税为254亿韩元，远远高于李健熙。2008年，三星集团因为选举政治金一案接受检察院特别检察时，李健熙通过三星集团前任及现任高管人员名义开设1199个借名账户隐匿遗产的事实被公之于众。隐匿遗产规模为4.5万亿韩元，之后李健熙追缴1.8万亿韩元的税金，但不是遗产税，而是转让所得税。以上，说明韩国首富李健熙逃税的事实。[18]

韩国史上最高遗产税诞生于2004年，大韩电线公司（Taihan Electric Wire Co.，Ltd.）薛元亮董事长的遗属缴纳遗产税共计1355亿韩元，排名第二的遗产税金额为1338亿韩元，[19]由教保人寿保险公司（Kyobo Life Insurance Co.，Ltd.）慎镛虎董事长的遗属缴纳。子女从父母那里继承财产是资本主义体制下私人财产受保护的权利，遗产在成为合法的"正义的财产"之前，缴纳遗产税是继承人的基本义务。但当时在财阀集团中排名40位和排名50位以外的大韩电线公司和教保人寿保险公司继承人缴纳的遗产继承税至今为止仍未被超越。这一事实说明遗产规模高于大韩电线和教保人寿保险公司的财阀集团的继承人没有足额缴纳遗产税，同时说明很多财阀集团继承人的财富不具备最基本的合法性与"正义"性。

第二代财阀向第三代财阀移交财产的过程比第一代财阀向第二代财阀移交遗产的过程更加不堪。三星集团李健熙董事长的儿子李在镕1995年从父亲手中获得60亿韩元财产赠予，缴纳了16亿韩元的财产赠予税。扣除赠予税之后的45亿韩元用于购买即将上市的三星S1集团、三星工程（Samsung Engineering）、第一企划等子公司的股票，两年后随着这些公司的成功上市，李在镕获利高达600亿韩元。[20]1996年李在镕购买三星爱宝乐园（现在的"三星第一毛织"）发行的可兑换债券，1997年购买三星电子发行的可兑换债券，并将其转换为股份，从中获取大量利差。1999年又以低价购买三星SDS发行的新股认购权可兑换债券，获取不当收益1540亿韩元。[21]这些事实在三星集团接受最高检察院特别检察时被披露。2009年，李健熙董事长等人被法院判决渎职罪和逃税漏税罪。2014年三星SDS成功上市，李在镕预计获利1.2万亿韩元。如果上述情况完全属实，那么李在镕通过非法途径获取的不当收益15年间增长了约20倍。[22]

2000年，李在镕成立了E-三星、E-三星互联网、价值网络等企业，并持股 50% 以上，成为这些公司的大股东。但这些互联网公司经营业绩不佳，出现亏损后，李在镕以高价将这些公司出售给三星集团子公司来减少自己的损失，但接盘的三星集团子公司却蒙受了高达 380 亿韩元的巨额损失。[23]于 1995 年获得 45 亿韩元财产赠予的李在镕，2014 年的财产规模预计达到 3.9 万亿韩元。[24]李在镕的财产规模 19 年内增长了约 880 倍，而这些财富的增长没有一例来自李在镕自己的事业。截至目前，李在镕并没有正式职位向外界展示自己的领导能力和经营能力，反而将自己成立的烂摊子企业甩手给三星集团子公司。李在镕的个人财产中，直接来源于父母赠予的部分仅为极少数，大多数财产为不当收入，即利用不当手段将三星集团子公司的公司资产转移到自己名下。

第二代财阀向第三代财阀过渡财产过程中存在的逃税漏税问题，使用非法的、不当的手段获取非正义性财产的问题，并不仅仅存在于三星集团一家。因为三星集团的问题比较集中，因此列举了三星集团第三代继承人李在镕的例子，但类似的情况在其他财阀集团不胜枚举。在最近十年间，像过去一样通过逃税漏税的方法继承财产，或将公司财产转变为个人财产的行为受到诸多制约。作为替代手段，将财阀集团的业务交由掌门人家族成员自己设立的企业，通过不公平交易和不当交易实现自己公司的发展，是比较常见的情况。从李在镕的三星爱宝乐园，到现代汽车集团第三代继承人郑义宣的现代 GLOVIS 物流公司，从 SK 集团崔泰源总裁的 SK C&C 到乐天集团辛东斌总裁的乐天铝箔公司（Lotte Aluminium Co., Ltd.）等几乎所有的财阀集团，无一幸免。[25]

在韩国，"受人尊敬的富豪"非常罕见。在韩国民众的心目中，"富豪""财阀"等词汇多少带有否定色彩，甚至成为获取不当财富的代名词。这些负面形象与财阀集团家族通过非法手段逃税漏税或令自己财产增值的不当行为有关，但这些问题并不是财阀独有的问题，政府官员在任命听证会上也经常碰到财产来源和纳税与否的问题。土地开发之前提前购入获取高额价差；利用住宅虚假交易套利；

律师事务所聘请长官级法官和检察官退休人员当顾问，并提供在职时的待遇；私人医生诊所、律师事务所偷税漏税；每当选举时就暴露出来的政治金等一系列问题都让国民对富豪们充满了怀疑。近年来，全职高官退休后会进入相关领域的利益团体、协会、大企业或大型法律公司任职，充当政府部门说客的角色，或者作为"官僚黑手党"为企业"出谋划策"，帮助企业逃避政府管制，从而牟取暴利。

财阀集团的创始人生活在计划经济时代，在那个政府特殊优惠和官商勾结的时代，他们创造了白手起家的神话。虽然他们的财产积累过程充斥着非公平性和非公正性，但绝大多数韩国公民认为这是时代的产物，对此持有宽容的态度。但是第二代和第三代财阀却积极通过各种非法手段继承财产的"非正义"行为被社会大众唾弃。而且财阀集团掌门人即使被判决有罪，随后通常以"为国际经济发展做出过突出贡献"为由获得缓刑，"有钱无罪，无钱有罪"的说法映射了法律在韩国如何屈服于财权的现实。

自由至上主义者诺齐克为"正义的拥有"界定了三个条件，第一个条件是"正义的获得"，第二个条件是"正义的转移和让渡"，第三个条件是"对不义之财的纠正"。而在韩国经济中占有压倒性地位的财阀掌门人和家族通过非法手段增加自身财富的过程，既不符合诺齐克提出的第一个条件和第二个条件，也没有对不义之财进行纠正，甚至连处罚都如同毛毛雨，起不到真正的惩戒作用。诺齐克最知名的著作是在 1974 年撰写的《无政府、国家与乌托邦》一书，书中他从自由意志主义的观点出发，反驳了罗尔斯在 1971 年出版的《正义论》一书。他主张任何物资的分配，只要是通过人们之间的自愿贸易，同时财产基于正当的基础，那么这种分配便是正义的，即使这种分配数量极大也不影响正义性。但从韩国财阀和富豪的敛财过程来看，即使是以主张保护私人财产的自由至上主义者界定的正义的私有财产条件来衡量，韩国财阀与富豪也不符合正义的基本条件。㉖

不公平的竞争

业务被"抢"

"现在看来,我们的公司太依存于财阀了,像长工一样。"白手起家并创造了成功神话的周星工程公司(Jusung Engineering Co., Ltd.)创始人黄喆周在三星电子单方面终止合作致使周星工程公司陷入经营危机时发出如此感慨。[27] 周星工程公司是三星电子的半导体配件供应商,2001 年三星电子以"供应舞弊"为由将供应商公司的所有资料带走检查,国税厅也出面参与调查,最终调查结果显示了供应商的清白。但是,三星电子依然单方面终止合作,并直接成立了子公司生产周星工程公司供应的半导体配件。这是供应商业务发展壮大后,甲方企业将其业务砍掉,自己成立公司的典型案例。

黄喆周针对与财阀集团合作过程中的无奈,还表示:"三星电子还要求我们办理其旗下三星信用卡的业务,无奈我们公司全体员工都使用三星信用卡……现代电子公司的办事处要求我们购买现代君爵等十台现代汽车,无奈我们公司以全价购买后半价转让给员工。"黄喆周指出,"20 世纪 90 年代末,很多风投企业共同将德黑兰路(IT 企业聚集的首尔市江南区德黑兰路一带)区域的移动电话技术发展到世界级水平,三星(电子)进军移动电话业务之后,将这些移动电话的技术型企业纳入旗下,成立了三星手机 Anycall"。因此,在黄喆周看来,"三星(电子)今天创造的'Anycall 神话'并非三星(电子)的一己之力"。[28] 虽然黄喆周曾经没有被三星电子"看上眼",也曾一度陷入企业经营危机,但他的"一面之词"多少可以反映韩国大企业和下游供应商企业之间的不公平交易情况。

内部交易行为

大多数财阀集团通过内部交易的行为,几乎在所有领域增设子公司，也就是说，根据韩国目前的市场结构，如果新成立一家公司进入市场，则不可避免地与财阀集团的子公司竞争。而新一代创业者们在与财阀子公司竞争的过程中，首先需要考虑的事情不是能否取得巨大成功，而是能否存活下来。那些经济利润比较好的产业和领域，财阀集团必定会成立子公司涉足，财阀集团子公司成功的秘诀不在于其在该领域掌握了核心竞争力，而在于集团层面分配给他们的内部业务。财阀集团子公司之间的内部交易，不按照市场价格买入卖出，从而获取不当收益。即使以"正当的"市场价格交易，也不一定可以实现公平交易。财阀集团子公司之间进行内部交易时，等于剥夺了其他竞争企业的机会，类似的不公平竞争案例比比皆是。以 2013 年的数据为基准，财阀集团销售额的 12.5% 来自子公司之间的内部交易，子公司中上市公司销售额中的内部交易比例为 8.1%，非上市公司的内部交易比例为 23.0%。[29]财阀集团子公司中非上市公司之间内部交易比较高，大多来自掌门人家族成员拥有的子公司，通过内部交易的方式帮助这些公司迅速发展壮大，将来上市成功后掌门人家族成员将获得巨额利润。

以三星集团为例，李健熙及其家族成员持有非上市公司三星爱宝乐园 45.6% 的股份，2012 年三星爱宝乐园销售额中与三星集团其他子公司之间的内部交易比例为 44.5%，自 1997 年开始三星爱宝乐园销售额中内部交易比例超过 40% 以来，内部交易比例持续维持在 40% 以上。如此看来，三星爱宝乐园的发展是三星集团子公司内部交易的结果。[30]三星爱宝乐园的发展没有悬念，上市后李健熙及其家族成员可以获取的股市利差大约超过 2 万亿韩元。[31]三星爱宝乐园 1996 年开始发行可兑换公司债券，当时作为三星爱宝乐园股东的三星集团子公司有意放弃购买机会，而是将这个机会让给李在镕本人。李在镕斥资 48 亿韩元购买三星爱宝乐园可兑换公司债券，之后将这些债券转换为公司股份，成为三星爱宝乐园大股东。当时三星爱宝乐园的发展是可以预见的，作为股东的三星集团子公司没有理由放弃获取巨额利差的获利机会，唯一解释只能是他们可能故意为三星太子李在镕开绿灯。三星爱宝乐园如果上市成功，李在镕以 48 亿韩元兑换的股票价值将高达 1.3 万亿韩元，获利规模超过 270 倍。之前提到的李在镕以非法手段获取三星 SDS 股份的情况也与此相同。三星 SDS 销售额中与三星集团子公司的内部交易占比 72.5%，[32]三星 SDS 如果上市成功，预计李在镕获取的上市利差将高达 1.2 万亿韩元。[33]

随着三星爱宝乐园和三星 SDS 上市，李在镕本人将获得的上市利差共计约 2.5 万亿韩元。股东在公司上市后获取上市带来的巨大利差本无可厚非，但李在镕在三星爱宝乐园和三星 SDS 的股份是通过不正当手段购买公司可兑换债券和新股购买权公司债券的方式获取，获取过程不具备"正当性"，而且三星爱宝乐园和三星 SDS 的发展壮大是建立在子公司内部交易基础之上的。最终，我们可以得出结论，李在镕预计可以获取 2.5 万亿韩元股市利差并非个人努力所得，而是通过不当股权和内部交易实现的不正当财产。

阻碍公平竞争的财阀集团内部交易并不是三星集团特有的现象。SK 集团内部交易占比 22.5%，现代汽车集团内部交易占比 21.3%，STX 集团内部交易占比 27.5%，如果不将出口额计算在内，仅计算韩国国内部分的销售额，财阀集团内部交易的情况则更为严重。现代汽车集团内部交易占比 39.1%，现代重工业集团内部交易占比 35.2%，STX 集团内部交易则高达 63.6%。[34]财阀掌门人家族作为大股东的公司，是内部交易现象的重灾区。其中，现代汽车集团第三代继承人郑义宣作为最大股东的现代 GLOVIS 物流公司，86% 的销售额增长来自集团内部交易，[35]从事广告业的现代子公司 INNOCEAN 的内部交易比例为 48.8%，从事技术咨询服务业的现代 AUTOEVER 信息技术有限公司的内部交易比例高达 78.2%。乐天集团的乐天信息通信公司和广告公司大兴企划的内部交易比例分别高达 80% 和 73.9%。[36]SK 集团崔泰源董事长作为大股东的 SK C&C 公司销售额 68% 的增长来自集团子公司之间的内部交易。[37]

不正当的内部交易

内部交易中，高价买入或低价卖出的不正当内部交易是扰乱市场和竞争体系的代表性犯罪行为。首先介绍几个案例，从而帮助大家更好地理解子公司之间的不正当交易。SK 集团的 7 家子公司与 SK C&C 签订高于市场价的采购合同，SK 集团掌门人家族成员通过这种方式牟取私利的同时，实际令 SK 集团蒙受损失。2008 年到 2012 年四年期间，建立在不正当交易基础之上的 SK C&C 的销售额高达 1.8 万亿韩元。当韩国公平交易委员会开始着手介入调查时，SK C&C 的员工集体做伪证，妨碍调查取证。韩国公平交易委员会对 SK C&C 的不正当交易征收 346 亿韩元的附加税，并对 SK C&C 职员妨碍公务的行为处以 2.9 亿韩元的罚款。[38]但是，SK C&C 通过不正当交易发展成为大企业，意味着 SK C&C 的竞争企业失去了公平竞争的机会，而对于高价购买 SK C&C 产品的 SK 集团子公司，本应归劳动者和股东所有的利润成为崔泰源个人的囊中之物。虽然韩国公平交易委员会对此征收了附加税和罚款，但 SK 集团各子公司蒙受的损失没有人买单，遭到破坏的市场竞争秩序也无法恢复应有的模样。

乐天集团旗下从事自动取款金融服务业务的子公司乐天 PS NET 公司本可以从自动取款机（ATM）制造厂商直接购买自动取款设备，但在采购过程中却指定陷入经营困境的乐天铝箔公司为中间商，为乐天铝箔公司留出一部分利润空间。[39]乐天铝箔公司在整个过程中没有起到任何作用却白白享受利润，而多出来的费用最终由 ATM 消费者买单。乐天电影院内部的零食饮品部本可以由乐天电影院直营，却交由慎镛虎董事长夫人和女儿设立的私人公司经营，为此，媒体曾一度指责"财阀集团掌门人家族成员获取不当收益变本加厉，连爆米花业务都不放过"。[40]最终，本应由乐天电影院获取的利润转移到家族成员的个人腰包。另外，在现代汽车和起亚汽车分期付款的业务中，给予现代资本（Hyundai Capital Services, Inc.）较低的分期付款利率，同时提高现代信用卡结算额度，从而令其他信用卡结算处于不利地位。[41]

垄断企业勾结

像子公司之间不正当的内部交易一样，少数企业形成垄断、联合操纵价格的行为同样严重破坏市场竞争秩序，是一种损害消费者利益的反市场行为。首先来介绍垄断企业相互勾结、操纵价格的案例。韩国四大方便面企业农心、三养食品、不倒翁、养乐多从2001年到2010年的10年间，互相串通共同提高方便面价格，获取不当利润。针对这一行为，韩国公平交易委员会虽然征收了1354亿韩元的附加税，但对消费者和其他方便面企业造成的损失却无法挽回。[42]李明博政府提出的国家战略产业"四大江流域综合开发"中，从业务资格、价格，到投标中标等全过程充满了垄断企业的勾结和操纵。其中，三星、现代汽车、SK、GS、乐天等财阀集团旗下的19家建筑公司互相串通，事先设定好投标价格，事后按照约定好的比例进行分配。上述建筑公司参与串通和勾结的不当行为被发现后，被韩国公平交易委员会处罚，缴纳1115亿韩元的附加税。[43]

SK能源、GS加德士、现代石化公司（OIL BANK）、S-OIL等石化公司为了维持市场占有率，共同决定限制加油站之间的竞争。虽然国家规定允许同一家加油站使用两家石化公司的油品，但石化公司共同约定，当同一加油站发生两种油品价格竞争时，将取消加油站同时使用两家石化公司油品的资格。通过限制加油站竞争的方式，石化公司控制加油站油价走低，最终控制油品零售价格走低，从而获取高额不正当收益。韩国公平交易委员会于2011年责令这些石化公司停止不正当行为并给予4326亿韩元附加税的经济处罚。[44]四大石化公司于2001年和2007年因为共同提高加油站挥发油油品价格曾经受到韩国公平交易委员会的处罚，但他们互相串通垄断市场的不正当行为却屡禁不止。

CJ希杰第一制糖、三养社、大韩制糖等三大制糖企业从1991年到2005年的14年间，共同控制糖成品出库量和价格，维持远远高于成本价的销售价格，2007年韩国公平交易委员会对此予以披露，并处以511亿韩元附加税的经济处罚。[45]CJ希杰第一制糖、三养社、大韩制粉、东亚制粉（现更名为东亚园）等八大面粉企业从2000年到2006年间互相串通，通过操纵和控制面粉供应量和价格获取不正当收益，2006年韩国公平交易委员会对此进行披露，并处以435亿韩元附加税的经济处罚。[46]

保险企业也存在共同操纵保险价格获取不正当收益的情况。三星火灾海上保险公司、现代海上火灾保险公司、东部火灾海上保险公司、韩华损害保险公司等十大损害保险公司从2002年到2006年的4年期间由于共同操纵保险费率，被韩国公平交易委员会处以508亿韩元附加税的经济罚款。[47]

"作威作福"的甲方企业

作为"甲方"的企业和作为"乙方"的企业之间发生的不公平交易比比皆是。[48]其中，发生在甲乙企业间最典型的不公平交易类型是甲方延迟付款的行为或通过借条支付的行为。另一种更严重的不公平交易现象是甲乙双方在交易之前不签订书面合同。甲方企业通过口头订单令乙方企业先行生产，之后要求乙方企业降低价格并签订合同，而乙方企业已经进入生产阶段，不得已只能以低价为甲方企业供货。如果乙方企业在生产之前要求签订书面合同，会被甲方企业视为一种不信任甲方的傲慢行为。在没有合同保护的前提下，乙方企业为甲方企业供货，当市场发生变化时，甲方企业或者单方面终止合作，或者拒收乙方已经发运的产品，或者即使收到乙方供货，却不办理入库证明，从而延迟付款，总之，甲方会通过各种方式向乙方转嫁损失。

在交易进行到一半时，甲方企业要求乙方企业降价并以此转嫁损失的情况也时有发生。同时拥有很多乙方供应商的甲方公司，可能会对照往年合作价格一律要求乙方公司降价，对此持反对态度的乙方企业将在今后的合作中处处受限或干脆被取消供应商资格。或者，甲方公司不考虑原料上涨和劳动力上涨等因素，数年间维持同一价格水平的情况也时有发生。在竞标的情况下，甲方企业通常会设定最低价中标，并进一步和最低价中标的企业再次磋商要求其降价，或者作为压价的另一种手段，和没有参加投标的企业或未中标的企业进行再次磋商，承诺以低价给予其一部分订单。更有甚者，甲方企业会列举一堆理由单方面要求乙方企业降价，比如工艺流程改善、生产效率提高或单位规模成本摊薄等，不管这些因素在乙方企业是否实际发生。"甲"和"乙"的关系不仅存在于用户企业和一级供应商之间，在一级供应商与二级供应商之间也存在同样的情况。当用户企业要求一级供应商降价时，一级供应商可能会要求二级供应商降价，甚至在用户企业那里争取到价格上涨后，不仅不给二级供应商提高价格，还可能继续压价。

还有一种不公平交易的类型是，甲方企业将自己公司的积压产品强卖给乙方企业，或强迫乙方企业与甲方企业集团公司的其他子公司发生业务关系。制造企业之间相互购买产品本是人之常情，但如果将滞销产品与畅销产品绑定在一起出售，便是强卖行为。几乎所有的韩国财阀集团都设立了自己的高尔夫球场并对外运营。而不仅参与高尔夫球场建设的建筑公司，有业务合作的其他乙方企业也被要求购买高尔夫会员卡。对于经济实力有限的中小企业来说，一个会员卡账户花费数亿韩元，甚至同时购买多个会员卡，他们之中又有几家是自愿购买的呢？再以建筑业为例，当设计发生变化产生额外费用时，甲方企业拒绝支付额外费用的情况时有发生；而流通业中要求乙方企业无偿提供劳动力到卖场帮忙的情况自不必说；制造业中，当甲方企业人员因故不在岗时，要求乙方企业派遣劳动力到生产现场补缺的情况也不稀罕。甲方企业发生劳动纠纷及工人罢工时，通常将由此引发的损失通过订单调整的方式转嫁给乙方企业。甲方企业以会计审核为名获取乙方企业的生产成本并以此为依据压低价格，更有甚者，甲方企业要求乙方企业提供技术资料并窃取乙方商业机密。由于甲方企业单方面的不公平交易行为，乙方企业不胜其扰，但很少有乙方企业到韩国公平交易委员会投诉。当然，对于不得不服从甲方企业"作威作福"的乙方企业来说，到韩国公平交易委员会投诉只能是忍无可忍的最后一步，因为那意味着彻底得罪甲方企业并与之断交。

阻挡正义的拦路虎

正义与义理之间

最近迈克尔·桑德尔的著作《公正：该如何做是好》成为大众畅销书，而约翰·罗尔斯的《正义论》再度成为人们茶余饭后讨论的话题，可能与韩国社会日益严重的经济不平等、贫富两极分化有关。哲学中对于正义的界定大多与分配有关，尤其是 2008 年全球金融危机之后，随着资本主义不平等的结构问题日益凸显，人们对分配和正义的关注度空前提高。在 2012 年总统大选时，保守党新国家党的候选人朴槿惠提出进步势力常提的"经济民主化"并以此当选的背景，很大程度上与人们对分配与正义的关注度有关。然而桑德尔的《公正：该如何做是好》一书在韩国畅销了 100 万册以上，后续却没有人基于"韩国的现实"展开讨论，如同朴槿惠总统就任以来不再提及"经济民主化"，而韩国民众仿佛全体失忆一般对此没有异议。

根据笔者的主观认识，韩国国民虽然在理论上关心关于竞争和分配的正义问题，却不怎么关心正义问题在现实中该如何实现。或者说，韩国民众也许隐约之间害怕在公共场合谈论公平和正义的问题。如果笔者的主观认识是正确的，那么原因何在呢？首先，韩国社会似乎是一个基于血缘关系、地缘关系和学缘关系的裙带主义社会，在错综复杂的社会关联中，对分配和正义问题高谈阔论仿佛多有不便。或者如果进行更深层次的探讨，相互之间维持一种现有的利益关系，仿佛也是传统"义理"的需要。在韩国，"不讲义理的人"等同于忘恩负义的"背叛者"。如此看来，在韩国，"正义"的反义词不应该是"不义"，反而应该是"义理"，因为人们讲了"正义"仿佛就失去了"义理"。而裙带主义和地域主义鲜明地体现在选举中，尤其是岭南圈（庆尚道一带）和湖南圈（全罗道一带）最为明显，选举时的投票与投票人的政治理念无关，带有浓重的地缘色彩。

　　基于血缘关系、地缘关系和学缘关系的韩国社会存在着像蜘蛛网一样密不可分的关联，有研究结果表明，两个完全不认识的人，中间通过三四个人便可能牵上线。[49]可能每个韩国家庭最终都与财阀集团关联，或者家中有某位亲戚在财阀集团就职，或者在财阀集团的供应商企业或合作企业中就职。总之，最终大家发现，仿佛有关生计的就业问题多少都与财阀扯得上关系。公职人员的裙带主义已经成为众所周知的事实，直接到大企业任职的"空降人士"和帮助企业逃避政府管制的"官僚黑手党"成为见怪不怪的社会现象。公职人员卸任或退休后的情况也与此相同。金融监督院的退休公务员到银行或金融界任职，[50]警察退休后到保险公司任职，检察官退休后到大企业任职，[51]长官、次官和局长级别的政府官员退休后作为大企业集团或财阀集团的外部董事，[52]比较知名的教授也作为大企业的外部董事。在这样一个像连环套一样的社会，正义虽然是正确的，但比起正义，恐怕更多的人将选择人之常情的"义理"吧。

现实与正义之间

　　韩国民众不关心现实中的正义的另一个原因，也许与不同年代的不同经历有关。在过去的半个世纪，韩国社会不断处于社会剧变中，不同年代的人拥有明显不同的时代体验。70岁以上的韩国人既拥有饥饿和战争的记忆，又亲身经历了工业化大潮。他们这一代人一辈子为子女呕心沥血，却要遭受老来贫困；50—60岁的一代人作为经济开发时代产业化进程的主力军，先后经历过朴正熙军事独裁政府和民主化的政治冲突；40—50岁的一代人在面临就业时遭受了外汇危机的痛苦洗礼；30—40 岁的一代人虽然成长于相对富裕和民主化的社会，却在少年亲眼看到父母在外汇危机时期的艰辛，成年后同样疲于生计，即使夫妻双方都进入职场仍然需要承担子女抚养和教育的巨大压力，人生的梦想渐行渐远，生活的苦楚与其父辈没有什么不同；20—30 岁的年青一代没有经历过政治上的社会矛盾，虽然成长于经济富足、文化繁荣的开放社会，却必须面临大学一毕业便失业，或是只能选择临时性就业岗位的严峻形势，明明生活在富足的社会却一无所有，他们的未来充满了令人不安的未知和不确定性。

　　在没有完全脱贫的产业化时代，生存是第一要义。而且，韩国的民主化不是依靠大多数民众或劳动者力量实现，而是通过学生、民主化运动势力、在野党政治势力和一部分劳动运动家而实现的"没有人民革命的民主化"。[53]因此，在民主化运动时期，大多数民众对民主的态度是"民主可以填饱肚子吗？"的犬儒主义（cynicism）。另外，在维新时代对朴正熙的计划经济和独裁统治大加赞扬的人们，在民主化的今天，又以建立"自由民主主义"市场经济的元老自处，同时又重新陷入"朴正熙乡愁"，他们简直成为双重反讽甚至是三重反讽的对象。但 40 岁以下的人们大多不知道独裁时代是何物，不知道维新时代是何物，而且处于生活艰辛中的他们根本无暇顾及独裁时代与维新时代的故事。而青年一代目前正面临着就业难的问题，同样自顾不暇。不同时代的经历和现实情况，也许决定了他们关于现实中"正义"的消极态度，"正义"固然是个好东西，可"正义可以让我吃饱肚子吗"？"我正生活在水深火热之中，无暇顾及正义。"

　　在韩国社会错综复杂的关系网和结构下，即使过程不公平，也可以被动接受。不公平的竞争如果可以比公平的竞争给我带来更多好处，即使过程中存在"不义"，也可以对结果逆来顺受。虽然笔者的结论来自主观判断，但韩国国民仰财阀鼻息的态度也可能与这种逆来顺受的情怀有关。

财阀与韩国经济的矛盾

财阀倾斜与财阀两极分化

韩国经济中的财阀问题主要集中在三个方面。第一，韩国财阀在国家经济中占据的比重过大。第二，财阀几乎涉足所有产业和领域。第三，财阀集团缺乏透明性和责任感。韩国财阀在韩国经济中占比过高的问题和财阀结构性的问题，金尚朝（音译）教授在其著作《韩国经济纵横》中做了详细论述。笔者在其基础上进行简单论述，建议想了解具体内容的读者可以阅读此书。[54]

不论从哪个角度来看，韩国经济对韩国财阀集团的依赖程度都过高，而且一直呈现上升趋势。以 2011 年的数据为准，韩国排名前 30 位的财阀集团销售额在全国企业销售额中的占比为 40%，财阀资产在国家总资产中的占比约为 37%，而他们的资产规模为 GDP 的 95%。这个比例与 20 世纪 90 年代相比大幅提高，尤其自 2008 年全球金融危机以来急速增加。[55]

除韩国经济高度依存财阀集团的现象之外，财阀集团内部排名前四位的四大财阀与其他财阀集团之间两极分化问题也日趋严重。[56]四大财阀集团中尤其向三星集团和现代汽车集团倾斜的现象日益明显。泛三星、泛现代、泛 LG 和泛 SK 集团等泛四大财阀[57]拥有的资产占国家总资产的 26%，占排名前 30 位财阀集团总资产之和的 68%；泛四大财阀集团的销售额占韩国企业总销售额的 20%，占排名前 30 位财阀集团总销售额之和的 52%。泛四大财阀在前 30 位财阀集团中的占比相当于 50%。[58]每当韩国经济面临困境时，韩国总统都会向财阀掌门人家族求助，请求加大投资和增加就业。韩国经济对大企业的依存度日益攀升，而且排名前列的大企业与排名后位的大企业之间两极分化的现象日益严重。[59]

韩国经济高度依存于韩国财阀集团的现象在股票市场尤为突出。

2014 年 5 月，三星、现代、LG、SK 四大集团的上市公司在股票市场全部市值总额中占比 46%，将近一半，与 2008 年 25% 的比例相比有大幅提高。2014 年 5 月，三星集团上市公司独自在股票市场总市值中的占比为 25%，现代汽车集团占比 11%，这两大财阀集团在市场中 36% 的占比便超过 1/3 的经济体量。2008 年三星集团占比 19%，现代汽车集团占比 4%，可见近年来排名前两位的财阀集团占比急速增长。[60]

结构的矛盾：效率理论与竞争的效率

经济学中与效率有关的两个理论有规模经济和范围经济。规模经济是指通过扩大生产规模而引起经济效益增加的现象。规模经济反映的是生产要素的集中程度同经济效益之间的关系。规模经济的优越性在于随着产量的增加，长期平均总成本下降的特性。但这并不仅仅意味着生产规模越大越好，因为规模经济追求的是能获取最佳经济效益的生产规模。一旦企业生产规模扩大到超过一定的规模，边际效益就会递减，甚至趋向跌破零，乃至变成负值，引发规模不经济现象。范围经济指由厂商的范围而非规模带来的经济，即当同时生产两种产品的成本低于分别生产每种产品所需成本的总和时，所存在的状况就被称为范围经济。只要把两种或更多的产品合并在一起生产比分开来生产的成本要低，就会存在范围经济。

另外，经济学中还有"经营多元化"的理论，是指企业经营不只局限于一种产品或一个产业，而实行跨产品、跨行业的经营扩张，从而降低风险、提高效率。一种是垂直多元化经营战略，也称为纵向多元化经营战略。它又分为前向一体化经营战略和后向一体化经营战略，具有协同效应。前向一体化多角经营，是指原料工业向加工工业发展，制造工业向流通领域发展，如钢铁厂设金属家具厂和钢窗厂等。后向一体化多角经营，指加工工业向原料工业或零部件、元器件工业扩展，如钢铁厂投资于钢矿采掘业、汽车制造商投资于零配件生产领域等。垂直多元化经营的特点，是原产品与新产品的基本用途不同，但它们之间有密切的产品加工阶段关联性或生产与流通关联性。一般而言，后向一体化多角经营可保证原材料、零配件供应，风险较小；前向一体化多角经营往往在新的市场遇到激烈竞争，但原料或商品货源有保障。另外一种是水平多元化经营战略，也被称为横向多元化经营战略，指企业生产没有相关性的不同产品。比如同时生产冰激凌和雨伞，但可以不受天气制约实现销售。比如某食品机器公司，原生产食品机器卖给食品加工厂，后生产收割机卖给农民，以后再生产农用化学品，仍然卖给农民。水平多元化经营的特点是，原产品与新产品的基本用途不同，但它们之间有密切的销售关联性或可以实现不受制约的销售。

但是，将企业效率性有关的上述理论应用到市场时，和通过竞争实现效率性的市场经济竞争原理似乎存在矛盾。按照规模经济的理论，由一家大企业组织集中生产的效率高于几家小企业的分散生产，因此无法实现规模经济效应的小企业应该被淘汰，取而代之的应该是可以实现规模经济的大企业，而如此一来，市场结构必然走向垄断。

如果将范围经济和垂直多元化经营的理论应用于市场，比起单一经营范围的企业，电子和汽车、钢铁制造和汽车、汽车和轮胎、轮胎和重化工、钢铁制造和造船、家具和宾馆等实现垂直多元化经营结构的企业将更具有效率性。然而如果只有多元化经营范围的企业在市场存活下来，最终仍将走向垄断的市场结构。按照范围经济和垂直多元化经营的理论，同时从事电子、汽车、轮胎、重化工、钢铁制造、造船、宾馆、家具，以及建筑业和房地产业的公司将更具效率性和竞争力。

如果将规模经济、范围经济、多元化经济的理论同时应用于市场，那么只有生产范围涵盖原材料、中间材料和成品所有领域的大企业集团，即财阀集团才可以拥有竞争力，才可以在市场中存活下来。将上述与效率性相关的理论结合使用得出的结论是，少数多元化经营的大企业在市场中形成垄断的结构反而具有效率性。然而，这个结论与完全市场竞争促进效率的竞争原理相悖。完全竞争市场是指竞争充分而不受任何阻碍和干扰的市场结构。在这种市场类型中，买卖人数众多，买者和卖者是价格的接受者，资源可自由流动，信息具有完全性。完全竞争市场全面排除了任何垄断性质和任何限制，完全依据市场的调节运行，因而可以促使微观经济运行保持高效率。因为在完全竞争市场条件下，生产效率低和无效率的生产者会在众多生产者的相互竞争中被迫退出市场，生产效率高的生产者则得以继续存在，同时，又有生产效率更高的生产者随时进入市场参与市场竞争，生产效率更高的生产者则在新一轮的市场竞争中取胜，因而，完全竞争市场可促使生产者充分发挥自己的积极性和主动性，进行高效率的生产。

那么，是理论错了吗？不是理论错了，而是理论被应用错了。关于效率性的各个理论本身没有问题，而如果将它们应用于国际经济和全体市场经济的层面，便会出现错误。关于个体企业效率性的微观理论与市场竞争的宏观理论存在冲突，个体企业在企业经营战略层面上实现效率并不意味着在国家经济和全体市场层面实现效率性。这种现象在经济学中，叫作合成谬误（fallacy of composition），合成谬误是萨缪尔森提出来的观点，它是一种谬误，对局部说来是对的东西，仅仅由于它对局部而言是对的，便说它对总体而言也必然是对的。在经济学领域中，十分肯定的是，微观上是对的东西，在宏观上并不总是对的；反之，在宏观上是对的东西，在微观上可能是十分错误的。而这恰恰是韩国经济结构的写照。

当然，关于个体企业效率的理论并非在任何情况下都成立。规模经济在超出一定的规模时，效率会下降，范围经济或经营多元化的情况亦然，当超出一定业务范围时出现效率低下。然而，更严重的问题在于，少数大企业几乎在所有领域形成市场垄断，在不公平竞争普遍化的市场结构中，即使实际有大企业超出一定规模引发整体市场效率下降，也无法论证垄断市场的非效率，因为不存在可比较的竞争对象。尤其是韩国的财阀集团为其子公司提供内部交易的机会，将业务指定给子公司操作，即使没有效率，这些子公司也一般不会走向倒闭的命运。这种现象在市场中被称作"大而不倒"。

纵观韩国的经济结构，财阀集团以垂直多元化经营战略参与从原材料到成品的所有生产，以水平多元化经营和范围经济的方式参与相互没有关联性的业务范围，并在规模经济的指导思想下形成市场垄断。

韩国财阀集团的市场支配力已经形成结构化，而且日益强化。韩国大企业和中小企业之间的两极分化日趋严重，"首位财阀"和"其他财阀"之间的两极化亦愈加明显。外汇危机时期倒塌的"大而不倒"的神话被重新构建。韩国经济的发展与分配现在已完全取决于财阀集团，新创业企业成功的神话不再出现。只由少数财阀参与竞争的韩国市场已经陷入"竞争的自我矛盾"。但对财阀集团来说非常有效率性、非常完美的市场结构对韩国经济来说不具备任何效率性，财阀与韩国经济的关系陷入典型的结构性矛盾。

如果不从政治上对陷入"大而不倒""经济的自我矛盾""结构性矛盾"的韩国经济结构进行纠偏，韩国经济将来可能会像韩村一样走向财阀拥有一切、统治一切的局面。

无所不能

一提到"三星"，大多数人认为是三星电子，但殊不知三星集团除了三星电子之外，还有71家子公司。[61]三星电子作为世界手机业务中首屈一指的拥有全球竞争力的公司，一直是韩国的骄傲，或许因为如此，在韩国人心目中，一提到三星，隐隐认为"三星做的事都是好事"，"对三星有利的事就是对大韩民国有利的"。但是，三星集团从事的业务范围不仅仅限于电子产业，三星业务范围之广甚至已经超出读者想象。作为对读者朋友们想象力的挑战，现将三星集团从事的业务范围列举如下。

首先，我们当然想到三星电子生产的电子产品。除了手机之外，三星还生产电视机、冰箱、空调、洗衣机、吸尘器等几乎所有的电子产品，半导体和半导体生产中需要的设备和原材料也由三星自己生产。除此之外，三星涉足的业务领域和产品还有：造船、化工、机械、建筑设计、摄像机等光学产品、医疗器械、坦克等武器和军事装备、机器人、化学材料、制药、金融信用社、钟表、胶卷、建筑工程、液化石油气体、资源开发、制鞋、服装、信息技术咨询服务、互联网系统、金融结算系统、餐饮、宾馆、糖果、广告、贸易、游乐场、免税店、高尔夫球场、快餐店、物流运输、保安警卫装备与服务、互联网安全装备、保健业务和服务、游戏、代购服务、企业培训、证券、资产运营、信用卡、保险、不动产管理、不动产信托、礼品、投资、风险投资、运动等。非营利公共职能的业务有：医院、大学、小学、研究所、奖学金财团、美术馆、博物馆等。经营范围无所不包的韩国财阀集团并非只有三星集团一家。

现代汽车集团、LG 集团、SK 集团与三星集团情况类似，同样几乎"无所不能"。仅从子公司的数量来看，现代汽车集团有 57 家子公司，LG 集团有 61 家子公司，SK 集团有 80 家子公司。^②为财经界代言的社会团体或学者指出，财阀并不是韩国特有的现象。当然，其他国家也存在经营领域不同的财阀集团，但没有财阀集团像三星集团、现代汽车集团、LG 集团、SK 集团一样无所不能。如果将韩国排名前十位的财阀集团从事的领域全部列举出来，恐怕将涵盖全世界所有的经营领域。韩国财阀除了矿业和农渔业之外，业务范围涵盖第一产业到第三产业几乎所有的领域。排名前列的大企业中有个别不属于财阀集团的公司，但绝大多数与财阀集团存在业务关系，要么是财阀集团的供应商，要么是财阀集团的合作企业。在这种结构下，中小企业和新创业的企业如果想进入财阀已经涉足的领域，无异于自杀行为。市场日益陷入不公平的竞争，韩国在过去 20 年间，没有出现过当代创业成功的神话。

是全能手吗？

前面提到三星集团的经营范围达到无所不能的程度，那么是否每项业务都很出色呢？三星集团 74 个子公司之中，很多子公司未能取得良好的经营业绩，甚至有些子公司只能依靠与集团其他子公司之间的内部交易苟延残喘。像三星电子一样取得巨大成功的三星集团子公司少之又少，甚至大多数子公司在国际市场没有存在感。众所周知，三星集团李健熙董事长主导的三星汽车业务以失败告终，李在镕主导的互联网公司以失败告终，在海外市场的业务也出现过大规模失败。[63]其他财阀集团和三星集团的情况类似，很多子公司只能依靠内部交易艰难度日，并且在国内外遭受重大损失的情况时有发生。

三星的汽车业务是李健熙董事长个人的平生夙愿，在他的亲自主导下进行。[64]他说："从事汽车产业是发于爱国心，并非出于政治需要或个人兴趣的目的。"[65]李健熙将自己从事汽车产业归结为四方面原因：第一，"本人比任何人都关注汽车产业"，并"于十年前开始做了大量研究准备工作"[66]，因此非常有信心；第二，他认为"汽车是电子产品"[67]，将来 50% 以上的汽车零配件将是电子产品，并致力于将三星电子产品的技术与汽车行业相结合，即垂直多元化经营战略；第三，汽车行业的成功与出口业务息息相关，三星电子在全世界的销售网络和人力资源可以推动三星企业在全世界的出口销售，即"规模经济"和水平多元化经营战略；第四，"三星进军医疗事业后，将医院理念和服务水平提高到一个新高度，同理，三星进军汽车产业后，也可以提高业界现有品质及服务水平"，即竞争创造效率的理论。

李健熙董事长认为自己带领三星集团进军汽车产业不是心血来潮，而是基于自己多年来对汽车产业关注和研究的自信，以及对规模经济、多元化经营战略和竞争效率的把握。他同时表示，"对于本人和三星集团来说，没有必要进军汽车行业自讨苦吃"，但"在国家层面开展汽车产业"是他的夙愿和决心。[68]然而，李健熙董事长显然没有意识到"效率的矛盾"。当时韩国已经有现代汽车、大宇汽车、起亚汽车和双龙汽车四大汽车巨头，即使包含海外市场在内，韩国的汽车行业已经呈现产能过剩的势头。也许三星汽车可以使用三星电子的电子产品，可以利用三星电子的销售网络和人力资源，可以动员三星集团所有子公司的员工购买三星汽车，并通过这些优势条件获得比其他汽车企业优越的生产效率。三星汽车成立之初，三星电子等三星集团的子公司通过不正当手段给予三星汽车一定的资金支持。假设三星汽车在占领韩国汽车市场领域取得成功，那么其他没有资金支持和没有集团公司员工作为潜在用户的汽车企业又该何去何从呢？另外，如果三星电子为汽车行业供应零配件，那目前现有的汽车配件供应商企业又该何去何从呢？届时，三星将完全控制电子行业和汽车行业，韩国经济几乎全部依存于三星。韩国经济绝对依存于三星的结构对于三星和李健熙董事长本人当然是有效率的，但是对韩国整体经济却没有效率可言，反而不利于韩国整体经济的健康发展。

李健熙董事长强调将依托三星集团的内部优势成就三星汽车的成功，并通过与其他汽车企业的竞争提高整个汽车行业的品质和服务，这是有利于国家的事业。借助三星集团内部力量发展三星汽车事业对于三星汽车本身是具有效率的，却属于不正当竞争，对韩国汽车产业和国家经济来说是非效率的。李健熙将个体企业的效率混同于市场和国家经济的效率，没有正确认识到"结构的矛盾"。尤其是当个体企业以不公平竞争手段实现企业效率，这种效率越高，对市场和国家经济的危害越大。最终三星汽车没有度过外汇危机，在外汇危机中丧生的还有大宇汽车、双龙汽车和起亚汽车。而三星汽车到底是死于外汇危机，还是死于效率矛盾，不得而知。

别人休想分一杯羹

韩国财阀集团之间有很多重叠的业务领域，比如系统集成、物流运输、广告、高尔夫球场等业务犹如"春秋战国时期的逐鹿局面"。韩国排名前10位的财阀集团中，有9家财阀集团成立子公司专门从事系统集成业务，前20位财阀集团中有16家，前30位财阀集团中有 22 家成立子公司直接开展系统集成业务。建筑业的情况类似，前 10 位财阀集团中有 7 家，前 20 位财阀集团中有 16 家，前 30 位财阀集团中有 23 家直接从事建筑业务。而前 10 位财阀集团中有 9 家，前 20 位财阀集团中有 16 家，前 30 位财阀集团中有 20 家涉足物流运输业。前 10 位财阀中有 7 家成立了专门的广告公司。另外对于高尔夫球场，不知道是韩国财阀集团出于经济发展的需要，还是管理层高管的个人喜好，前 10 位的财阀集团旗下全部经营高尔夫球场，前 20 位的财阀集团中有 16 家，前 30 位财阀集团中有 22 家运营高尔夫球场。酒店业领域，前 10 位财阀集团中有 8 家，前 20 位财阀集团中有 12 家涉足。

系统集成业务、建筑业、物流运输业、广告业等是依靠需求规模生存的业务，财阀集团将本集团内部的需求交由自己集团旗下的子公司，就可以保障子公司的正常运行。三星集团旗下的广告公司三星第一企划和现代汽车集团旗下的广告公司现代 INNOCEAN 便是依靠本集团内部业务发展起来的公司。SK 集团旗下从事系统集成业务的 SK C&C 也是类似的情况。另外，财阀之间的不公平竞争现象也比较常见。希杰集团旗下主营物流运输业务的希杰 GLS 公司收购了物流运输专业公司大韩通运，但是收购后前六个月的销售收入下降 1 万亿韩元。其中一个重要原因是三星集团突然终止了与希杰集团的物流业务往来，因为三星集团旗下从事系统集成业务的子公司三星 SDS 在不久的将来要进军物流运输业。三星 SDS 的最大股东是李在镕，该公司当时还是非上市公司，正处于筹划上市的阶段。不管三星集团突然终止与希杰集团合作的内幕如何，突然抛弃合作多年的物流公司，而转向自己集团内部一个毫无物流运输业务经验的子公司，从一个侧面反映出韩国财阀集团子公司内部交易的情况。

在韩国的上述业务领域，没有绝对的强者，企业的竞争力与经营能力和效率无关，而是取决于自己集团内部的需求规模。其他从事这些领域的企业很难获得平等的竞争机会，大多只能作为这些财阀子公司的最下游乙方企业苟延残喘。韩国"物流运输费用占 GDP

的比例为11%，高于美国和日本的7%～8%的水平，说明韩国物流运输费用还有缩减的余地"。[70]但目前韩国各大财阀集团分别成立子公司运营物流运输业，在国家层面很难减少物流运输费用的浪费，而且很难在物流运输领域产生像 DHL 和 UPS 一样的国际性物流企业。

像物流企业一样依托财阀集团内部需求生产的领域非常广泛。如果财阀集团以集团内部所有员工以及所有子公司为消费对象运营餐饮店，或者开展代驾服务、鲜花配送等业务，内部需要和内部交易足以维持公司运营。如果财阀集团的内部交易行为不断扩大，韩国财阀集团的业务范围中多出一项鲜花店业务也不是稀奇事。在个体企业效率与韩国市场和国家经济效率之间存在的矛盾在韩国经济结构中由来已久。

看不见出发点和终点的迷宫

如前所述，韩国财阀结构问题的根本症结在于所有权结构。财阀掌门人和家族成员拥有财阀集团极少的股份，却试图世世代代掌握企业控制权。SK 集团掌门人和家族成员持股 0.5%，现代掌门人及其家族成员在现代重工业集团的股份占比为 1.2%，三星集团掌门人和家族成员持股 1.3%。[71]三星电子的所有者被公认为是李健熙董事长，但李健熙董事长在三星电子不过持股 3.4%，李在镕持股 0.6%，董事长夫人洪罗喜持股 0.7%，李健熙家族共计持股 4.7%。[72]

以下图 7.1 和图 7.2 分别为三星集团和乐天集团的企业结构，这些结构就像三星电子生产的半导体线路图纸一样复杂，如同看不到出发点和终点的迷宫。尤其是三星集团旗下 72 家子公司，有多处循环出资交叉点，要找出哪家公司是哪家公司的母公司，难度堪比求解高次方程。在这样盘根错节超级复杂的企业结构下，韩国财阀集团可以在多大程度上实现经营的透明度和责任度，读者可想而知，笔者在此不做赘述。

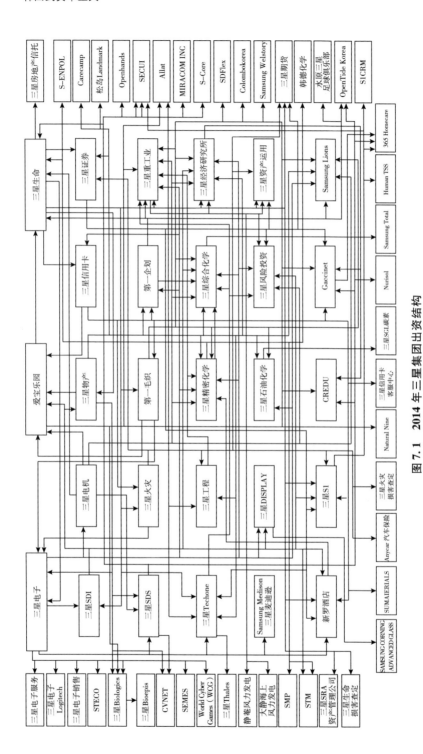

图 7.1　2014 年三星集团出资结构

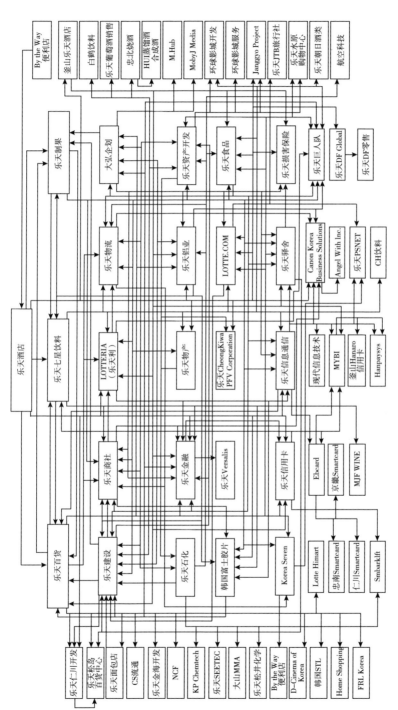

图 7.2　2014 年乐天集团出资结构

财阀是不是韩国经济的未来？

三星电子和现代汽车是韩国的未来

"财阀是韩国经济的未来吗？"答案取决于两个问题。第一个问题，目前韩国财阀涉足所有领域的局面是否会持续？第二个问题，财阀集团的继承人是否遗传了创始人的经营才能？第一个问题与市场结构和经济结构有关，第二个问题与自然规律有关。第一个问题的答案取决于韩国社会进行怎样的政治选择，第二个问题的答案只有上天知道。

三星电子和现代汽车是韩国经济的未来，LG 电子和 SK 能源也是韩国经济的未来。但是三星 SDS、三星第一企划、现代 GLOVIS 和现代国际广告公司 INNOCEAN 无法作为韩国经济的未来，不是因为三星 SDS 和现代 GLOVIS 经营的物流运输产业在韩国经济中不重要，也不是因为两家广告公司的员工力量不够强大。在韩国 10 大财阀集团中有 9 家直接从事物流运输行业，20 大财阀中有 16 家直接从事物流运输行业，韩国财阀集团将本集团的物流运输生意交给自己的物流运输公司，这些子公司仅依靠本集团内部的生意便可生存发展。现代 GLOVIS 和三星 SDS 本可以通向韩国经济的未来之路，但财阀集团"即使撑死也要留着自己吃"的做法阻断了这条路。

LG G2GROUP、LG CNS 和 SK C&C、SK PLANET 也许分别是 LG 集团和 SK 集团的未来，但不是韩国经济的未来。因为从事系统集成业务的 LG CNS 和 SK C&C 无论在本领域多么优秀，也许只能拿到本集团内部的订单，其他财阀集团的业务通常交给自己的子公司。由于同样的原因，从事广告业的三星第一企划、现代 INNOCEAN、LG G2GROUP、SK PLANET 无法成为韩国经济的未来。三星爱宝乐园现在从事的时尚产业、餐饮产业、休闲娱乐产业和不动产管理产业是否可以成为李在镕个人的未来不得而知，但它们不能成为三星集团的未来，更不能成为韩国经济的未来，除非它们在国际市场取得成功。物流产业、广告产业、系统集成产业、时尚产业等服务业不需要像制造业一样的巨大投入，却可以创造更高的附加值并提供多于制造业的就业机会。如果它们可以以出色的竞争力在世界市场取得成功，将成为韩国经济新的未来。而培养竞争力的途径是在激烈的竞争中得到历练。但韩国财阀集团的子公司依靠集团内部交易和业务生存，尚未经历过激烈的市场竞争，在世界市场的激烈竞争中是否可以取胜，情况不容乐观。

前面虽然提到三星电子、现代汽车、LG 电子和 SK 能源是韩国经济的未来，但这些企业的发展在提供就业岗位方面没有做出明显贡献，而且这四大财阀制造业在创造就业机会方面的作用越来越小，因为很多投资和生产已经向海外市场转移。三星电子 90% 以上的手机在海外工厂生产，三星电子 60% 以上的员工为海外工厂的当地劳动者。[73]2013 年三星电子总投资的 90% 以上投向海外市场，[74]包含智能手机在内的手机技术从尖端技术发展成为普遍技术，现在很多中国企业也生产智能机并不断提高市场占有率。技术本身的竞争力越来越不重要，价格竞争力要求企业不断降低人工费等生产成本，因此韩国财阀企业纷纷在中国、越南等国家建立生产基地，如同前些年向中国、越南转移服装鞋帽的生产。现代汽车在海外的产量将近50%，总投资中的 30% 以上为海外投资。[75]物流费用、当地市场需求和关税等因素决定了在海外市场直接建立生产基地并面向当地市场的选择更具有竞争力，因此现代汽车在海外市场的产量逐步扩大。

韩国制造业在 GDP 中占的比重在 OECD 成员中偏高，排名第二，但服务业在 GDP 中占的比重偏低，排名倒数第三。[76]美国、德国、日本等发达资本主义国家的服务业比重远远高于韩国，制造业比重远远低于韩国。韩国制造业在 GDP 中的比重越来越高，但三星电子、现代汽车、LG 电子、SK 能源等制造业企业的发展在创造韩国就业机会和附加值方面作用甚微。三星 SDS、三星第一企划、现代 GLOVIS 和现代国际广告公司 INNOCEAN 等服务业产业的发展为韩国创造了更多的就业机会和附加值，如果在这些领域可以建立像三星电子、现代汽车一样拥有世界级竞争力的大企业，将成为韩国经济的新未来。

三星集团、现代汽车集团、LG集团和SK集团如果将分配给各个子公司的内部业务交由第三方专业企业，便成就了韩国经济的未来。如果将所有交由LG G2GROUP、LG CNS和SK C&C、SK PLANET的各大财阀集团内部业务交由第三方专业企业，可能会诞生具有世界级竞争力的广告公司。三星SDS、LG CNS、SK C&C等30大财阀集团中，有22家财阀集团将本集团的系统集成业务交由子公司处理，如果这些系统集成业务都由第三方专业企业承担，可能会诞生具有世界竞争力的系统集成公司。30大财阀集团中，有20家财阀集团的物流运输业务由本集团物流子公司处理，如果这些物流业务都由第三方专业企业承担，可能会诞生具有世界竞争力的物流运输公司。

其他发达国家的大企业不像韩国财阀集团一样无所不为，苹果不从事餐饮行业和时尚产业，通用也没有涉足广告领域和金融证券领域，索尼不经营百货商场，也不从事建筑行业，而宝马不经营宾馆和高尔夫球场。关于财阀是否可以成为韩国经济的未来，第一个问题是目前韩国财阀涉足所有领域的局面是否会持续？目前韩国财阀无所不为，但又无法在每个领域做好，这样下去不可能成为韩国经济的未来。如果将韩国财阀集团子公司内部交易的业务交由独立的第三方公司操作，可以在服务业创造更多就业机会和附加值，在服务行业也有可能出现像三星电子、现代汽车、LG电子和SK能源一样具有世界竞争力的专业企业。如果如此，韩国财阀可以继续承担成就韩国经济未来的使命。

系身于财阀二三代的韩国经济

"财阀是韩国经济的未来吗？"在找到这个问题的答案之前，还需要搞清楚第二个问题："财阀集团的继承人们继承父辈财产的同时，是否同时继承了父辈的经营才能？"虽然这个答案只有上天才能回答，但笔者希望通过历史经验找出些许端倪。虽然个人能力的大小与遗传因素相关，但大量事实表明，很多伟大的天才和历史人物的后代并未取得同样被世人关注的丰功伟绩。

20 世纪最伟大的天才阿尔伯特·爱因斯坦（Albert Einstein）有两个儿子，大儿子汉斯（Hans）是美国名校伯克利加州大学水利工程系的教授，一生留下很多研究成果。二儿子爱德华（Edward）钟情于音乐和艺术，同时热爱创作诗歌，但患有精神疾病。两个儿子虽然一定程度上遗传了父亲的才能，但均未能像父亲一样取得划时代的业绩。亨利·福特（Henry Ford）是世界上第一位使用流水线大批量生产汽车并实现汽车产业革命的人，他的独子埃德索尔·福特（Edsel Ford）继承了父亲的事业并成为福特汽车的首席执行官，但于 49 岁英年早逝。埃德索尔·福特的儿子，即亨利·福特的孙子亨利·福特二世随着父亲的突然离世，于 1945 年继任福特汽车的首席执行官，亨利·福特二世从 28 岁担任福特汽车首席执行官到 1979 年 62 岁退休，执掌福特汽车 34 年。从亨利·福特 1903 年创办福特汽车到亨利·福特二世 1979 年退休，福特汽车在福特家族三代掌门人手中历经 76 年。之后 20 年期间，虽然福特家族仍然为福特汽车理事会成员，但没有直接参与经营管理。直到 20 年后的 1999 年，亨利·福特二世的侄子威廉·克雷·福特（William Clay Ford）通过激烈的内部竞争重新登上首席执行官的位置，威廉·克雷·福特在担任了 7 年首席执行官后于 2006 年卸任，之后福特家族成员无人再次担任福特汽车的掌门人。

20 世纪初，与"汽车大王"亨利·福特一同载入美国史册的还有美国著名企业家"钢铁大王"安德鲁·卡内基（Andrew Carnegie）和"石油大王"约翰·戴维森·洛克菲勒（John Davison Rockefeller）。卡内基和洛克菲勒在美国经济史上的地位如同韩国现代汽车创始人郑周永和三星电子创始人李秉哲在韩国经济社会的地位。像亨利·福特一样三代人执掌企业最高经营权的情况在美国非常少见，卡内基和洛克菲勒与亨利·福特的做法不同，他们没有将企业交给儿孙辈的继承人，而是将几乎全部财产回馈社会。尤其是卡内基，在美国工业史上写下永难磨灭的一页。他征服钢铁世界，成为美国最大钢铁制造商，跃居世界首富。而在功成名就后，他又将全部财富捐献给社会。他生前捐赠款额之巨大，足以与死后设立诺贝尔奖奖金的瑞典科学家、实业家诺贝尔相媲美，成为美国人心目中永远的英雄和个人奋斗的楷模。还有美国的"铁路巨头"威廉·亨利·范德比尔特（William Henry Vanderbilt），他的儿子虽然参与企业经营，但最后仍然将所有财产捐献给社会。通用汽车的成立晚于福特汽车，创始人威廉·杜兰特（Willian C. Durant）同样没有将企业交给家族继承人，而是采用职业经理人经营的体制实现了与福特汽车相媲美的发展。美国商业巨头的创业和发展上，有很多企业的家族成员不参与经营，也有很多企业将财富捐献给社会，更有很多企业创始人的后代子孙没有遗传到父辈的经营才能。

韩国的财阀集团的第二代和第三代持续掌握最高经营权或直接参与经营，绝大多数韩国第二代财阀曾经是父辈创业阶段的直接参与者并立下汗马功劳，可以说他们至少拥有一半的成功创业经验，但第二代财阀在接过父辈的接力棒之后，有的带领企业发展更上一层楼，有的带领企业走向破产。尤其是韩国外汇危机期间，排名前30位的财阀集团有18家破产解体。[77]而韩国第三代财阀是在企业的发展期参与到企业经营中，绝大多数没有经历过企业创始阶段的艰辛，大多数与经营相关的经历仅限于获取了某国外名校的工商管理硕士（MBA）学位，或在企业内部接受过管理课程培训。世界上最有名的管理商学院为宾夕法尼亚大学的沃顿商学院和哈佛大学商学院，从沃顿商学院和哈佛商学院毕业的 MBA 不计其数，但几乎没有人能够在毕业后成功晋级大企业的首席执行官。而且 MBA 课程或皇太子式的管理课程培训本身并不能代表第三代财阀拥有管理能力，或者说还没有充分的案例展示他们在管理实战中的能力，在新闻媒体上反而经常可以看到第三代财阀结婚离婚、财产争夺战、家族丑闻等负面报道。总之，不是所有韩国第二代财阀都拥有父辈一样出色的管理才能，也没有证据表明第三代财阀全部继承了祖父的创业者才气，但第三代财阀却继承了比第二代财阀更多的财产和既得利益，可以坐享其成。

素有"股神"之称的沃伦·巴菲特作为全球最成功的股票投资商和美国排名第二的富豪，曾经表示，父母将财产交给儿女继承的做法好比"选择 2000 年奥运会金牌获得者的儿子作为 2020 年奥运会的金牌潜力参赛选手"，他认为这种行为是非常"可怕的失误"。[78]而韩国第三代财阀继承的不仅仅是财产，还有企业经营权，以企业掌门人的身份同时继承财产和经营权已经成为韩国财阀集团的必修课程。按照正常的选拔程序，应该首先是能力被公众认可后成为企业掌门人，而第三代财阀是先登上掌门人位置后，再试图证明其拥有掌门人能力。这种做法无异于将韩国经济的未来置于赌桌之上。

随着李健熙董事长生病入院，三星集团将李在镕的接班事宜提上紧急日程，社会上关于李在镕管理能力的质疑声不绝于耳。"李在镕副董事长走上'评审台'，是否具备管理能力"（《联合新闻》），"管理能力是个大问号"（《京乡新闻》），"李在镕作为财阀非企业最高管理者首席执行官的资历和经验显然不足，而且不具备其父李健熙董事长身上的领袖气质"（《朝鲜周刊》）。[79]韩国人从早上睁开眼到夜晚入睡，从摇篮到坟墓的整个生命过程中，都无法摆脱财阀的影子，不仅全体韩国公民的生活在经济上离不开财阀，韩国经济的未来也身系于财阀集团，并成为第三代财阀管理能力的陪练场。

"财阀是韩国经济的未来吗？"答案不容乐观。韩国财阀既不可能放弃既得利益，又没有能力在所有领域取得成功业绩，韩国财阀和经济结构的矛盾几乎无法解决。未来三星电子、现代汽车、LG 电子和 SK 能源可以在韩国经济中扮演怎样的角色，是否能够成为韩国经济的未来，这个问题只能留给读者朋友了。

第八章　追求和谐共生的正义资本主义

我们该做些什么？

社会合议政策及实践

"和谐共生的正义资本主义"不是停留在理论层面的理想型社会，而是基于韩国资本主义实情的现实的解决方案。为了实现和谐共生的正义资本主义，需要做到以下三个方面。第一，和谐共生的正义资本主义代表韩国社会的新价值观，需要达成社会合议及共识。第二，针对和谐共生的正义资本主义的实现过程，需要出台具体的政策和措施。第三，政治领导人需要有将政策落到实处的决心与实践。

目前广泛的社会共识认为，韩国资本主义必须改变当前的混乱状态，但是针对公众期待怎样的资本主义，该如何改变的问题，还没有达成一定的社会共识。在过去的总统选举中，曾经只被进步左派提出的经济民主化和社会福利等问题，如今被保守右派的新国家党候选人朴槿惠作为最重要的选举承诺提出，并获得广泛拥护。这一事实充分说明，韩国民众可以超越政治坐标，针对韩国资本主义必须进行改变的问题达成社会共识。但是，关于经济民主化的具体实施政策和方法，不同政党意见不同，民众的看法也存在差异。

2011年，首尔市民针对是否全面实施小学免费午餐进行投票，而全面实施小学免费午餐是"普遍性社会福利"政策的一项举措。居民投票率最低不得低于33.3%，投票结果才视为成立，而当时投票率不足 33.3%，却依然得出"大多数居民同意全面实施小学免费午餐政策"的结论，并开始全面实施小学免费午餐。[①]根据当时不同区域的投票率来看，收入水平相对低的区域，投票率非常低。而收入水平较高的区域江南三区（江南区、瑞草区、松坡区）的投票率较高。通过是否全面在小学实施免费午餐的事例可以看出，居民虽然对社会福利的必要性表示赞同，但对于实施社会福利的范围和方法，不同阶层之间存在差异，不同坐标的政治群体也存在差异。

民众之间存在意见差异，对于民主主义社会来说是一件积极健康的事情，可以通过民主主义程序引导大家进行社会协商。与具体的政策和制度相关的意见差异，通过选举、公民投票或其他社会协商手段得出结论。比如由公民投票决定或成立劳资厅委员会达成劳资间的政策协商等方式。但是，"和谐共生的正义资本主义"等社会价值和目标靠投票或委员会是决定不了的，唯一的方法是通过支持或反对这种社会价值与目标的政党传递，并由在国会议员选举和总统选举中胜出的政党执政，达成社会协商。因此，实现"和谐共生的正义资本主义"是关于民主主义制度、程序和实践的问题，本书中最后将集中讨论。

如果"和谐共生的正义资本主义"可以取得韩国全社会的共识并作为韩国社会的发展方向，那么需要在经济、政治、社会、教育、文化等各个与市场经济相关的领域进行具体的政策设计。其中，首先应该重新理顺市场领域和公共部门的界限，明确区分市场与政府的作用与性质。具体的政策中需要优先考虑的最重要的部分是分配。分配政策是解决收入不平等和贫富两极分化、构建正义经济的第一步，另外，必须培育制定竞争政策的公平竞争环境，建立合理的市场结构和秩序。除此之外，应将包容性市场政策与福利政策、税收政策相结合，以实现经济发展与分配的良性循环。而如要实现以上关于经济结构和分配的框架，需要一系列配套政策形成有机联动，关于产业结构、企业结构、劳动结构、金融结构和教育结构的体系政策需要与"和谐共生的、正义的"社会结构相匹配。

在产业结构和企业结构方面，政策的制定应该考虑如何改善财阀结构，如何缩短大企业与中小企业的差距，如何扶持和培育中小企业、创业企业和个人经营企业等现实问题。而且这些政策的制定应该同结构发展政策和劳动政策形成有机整体。在劳动结构方面，政策的制定应该着重考虑如何解决临时性就业问题和收入差距的问题，如何在搞活劳动市场的同时确保劳资关系的稳定等。另外，人口政策应该包含维持长期劳动供给和国内需求的生育政策。考量公司治理结构政策除了考虑企业经营的透明化和责任制之外，应与社会总体的反腐败政策和公平竞争政策相关联。在金融结构方面，金融应发挥其作为产业结构和企业结构后盾的作用，实现服务业产业金融自身的发展，以及金融体系的安全性和稳定性，并以此为基础制定政策。在社会结构方面的政策制定，应当包含缩短首都圈和地方发展差异的地方分权制、国土资源均衡发展和可持续发展的能源与环境政策。当然，这些政策既相辅相成，又互相冲突。

举例说明，教育与科学技术几乎是所有领域的根基和出发点，教育政策和科学技术政策的制定应该与产业、企业、福利、劳动、国土资源均衡发展等各项政策存在连贯性。地方分权制政策、女性政策、育儿政策等同样应与其他政策有机结合。对于那些相互冲突的政策，比如互为补充同时存在冲突的企业政策与劳动政策，应成立类似于劳资厅委员会等社会协商机构予以协调解决。另外，大部分政策的实行伴随着财政支出，在确定政策的优先顺序时应同时考虑财政上的制约。同时，政策的有效实行还需要税制改革和确保执法公正的法制改革作为后盾。

本书中无法将所有的政策一一列出并详细说明，本书中最核心的课题将围绕解决收入不平等和贫富两极分化的政策、解决韩国财阀经济力集中问题的主要政策进行重点讨论。韩国在实现"和谐共生的正义资本主义"的进程中，首先需要解决的问题是进行分配制度改革以减少收入不平等，巩固中产阶层结构。分配政策需要同时满足以下三个条件：第一，企业的利润中，必须扩大分配给居民家庭收入的份额；第二，缩短工资收入水平差距；第三，强化政府的收入再分配政策。而财阀问题的解决，需要从根源上改变所有制结构，并建立透明的有责任感的经营形态。下面首先讨论关于解决收入不平等和贫富两极分化的几项政策。

超额内部留置税：不知疲倦的内部盈余[2]

劳动者实际工资和居民家庭收入没能随着经济发展而增长，究其原因，在于企业创造的利润没有分配，而是留置在企业内部。企业利润分配一般有三种途径，一是作为工资支付给员工，二是作为股利分红支付给股东，三是留存于企业内部。而工资和股利分红是提高居民家庭收入的直接来源，是缓和不平等收入和贫富两极分化现象的直接手段。与经济发展和繁荣程度无关，韩国企业的劳动分配率持续走低，股利分红也未见增长，企业内部留存的资金反而增高。前面第一章中提到过，韩国不同于欧美国家，韩国企业分配给劳动者的工资收入不见增长，并不是因为股东的股利分红占据了较高分配份额。而且，韩国企业将利润作为内部盈余金也是大股东和子公司常用的避税手段。

当内部盈余金用于再次投资时，应该创造更多的就业机会，同时未来的劳动分配和政府税收应当有所增加，但是韩国企业内部留存利润产生的投资并没有成为创造就业的投资，[3]增加就业机会和未来劳动分配的效果非常有限。企业的利润用来支付工资和股利分红时，居民家庭收入相应增加，同时需要缴纳个人所得税。反之，如果企业利润没有用来支付工资和股利分红，居民家庭收入和政府的税收会同时减少。另外，企业利润用来支付工资和股利分红的份额越高，需要缴纳的法人税越少。而劳动者工资越高，需要缴纳的个人所得税越高，对于政府来说，税收并不会减少。在企业所有权集中于少数特定股东的企业，大股东往往不倾向于分配股利分红，对于大股东来说，股利分红带来的个人所得税不仅高于企业法人税，最高累进税率也会增加。可以说，避税是大股东不愿意分配股利分红的内在原因。对于大财阀集团，不分配股利分红同样被他们当作避税的一项重要手段，大财阀子公司之间存在衔环式的复杂交叉持股结构，对于他们来说，比起互相支付股利分红，将利润留存于企业内部的方式既可以起到避税作用，又可以留存资金。

为了缓解收入不平等现象，必须认真考虑减少企业内部留存金，增加工资和股利分红份额的政策。作为解决企业内部留存金的方法之一，可以对一定规模以上的内部留存金征收"超额内部留置税"。韩国在 2001 年之前曾经征收过类似的"内部留置税"，美国和日本也有针对内部留存金的征税制度。韩国的内部留置税制度不是针对过去一定时期内一定数额以外的超出部分，而是针对全额内部留存金征税，同时不管股利分红是否分配，将股利分红计入实际收入对股东征收个人所得税，对非上市公司股份的出让人征收利差税。[④] 韩国的内部留置税制度于 2002 年废止，随后韩国企业的内部留存金呈现急速增长态势。制造业企业利润盈余金与总资产的比例在 2001 年内部留置税制度存续期间为 2.8%，2002 年随着该制度的废止，这一比例急速增加到 11.1%，随后于 2003 年和 2004 年持续增长到 14.6% 和 22.2%，三年期间上涨 10 倍。利润盈余金是企业内部留存金的累计金额，利润盈余金持续大幅增长意味着企业内部留存金持续增长。这一比例在 20 世纪 90 年代在 3%～7% 之间浮动，2002 年开始急速上涨，截至 2012 年达到历史最高水平 34%。[⑤]

鉴于韩国以往的税制经验，针对一定范围外的企业内部留存金征收超额内部留置税，控制企业内部留存金规模的同时扩大工资和股利分红分配比例，由此产生的收入再分配效果值得期待。韩国企业内部留存金大多不是实施具体的投资计划之用，而是将其作为一种"未雨绸缪式"的内部保险。这种情况与企业从事与主营业务无关的不动产投资的情况相似。另外，大股东为了强化对管理权的控制，将企业内部留存利润用于购买子公司股份的事例不胜枚举。在无投资计划的情况下过度留存利润，或者即使有再投资计划但无法创造就业机会，将内部留存金用于非业务性支出或子公司持股，这类资本被称为闲置资本，从宏观经济的层面来看，对国家整体经济有百害无一利。

当然，也有企业出于长期投资目的根据投资计划进行利润内部留存，作为超额内部留置税制度的有效补充，针对这类企业，可以采取事前备案并实行超额内部留置税的减免制度，或在一定期限内根据投资完成进度实行投资税抵扣或退税等制度。[⑥]超额内部留置税的征收，虽然在内部留存金限额的客观标准和适用企业规模界定方面存在不确定性，但这是一项技术问题，鉴于韩国之前的税制经验，可以根据企业实际情况做出调整。

缴纳超额内部留置税的企业会在留置税负担与工资和股利负担之间做出最佳选择，如果企业将留置税的份额用于增加工资和股利分红，可以在提高劳动者居民家庭收入方面起到立竿见影的收入再分配效果，企业法人税也会随之减少，而政府在个人所得税方面的税收增加。如果企业宁愿缴纳超额内部留置税，那么政府可以将这部分税收用于教育、福利等领域，从而实现间接性的收入再分配作用。

将留存金分配在工资支出、股利分红上也很关键。大企业的股东股利分红如果增加，最高适用高达38%的个人所得税。但是，如果大股东的股利分红提高、员工的福利待遇支出提高，企业既可以减少法人税的支出，同时又可以作为激励方案，留住优秀员工提高企业生产力。尤其是当企业提供更多的正式员工岗位，将临时性的非正式员工升级为正式员工而增加工资支出的情况，不仅可以减少法人税和享受超额内部留置税减免待遇，同时还起到内部激励作用。总之，如果企业在没有具体投资需要和计划的前提下一味提高内部留存金规模，只能导致收入再分配机制和总体经济的效率低下，超额内部留置税是非常必要的调控手段。这个制度同样适用于医生、律师等高收入的专业性行业，通常高收入的专业性企业股东由一名或几名合伙人组成，企业内部留存金的做法可以直接逃避个人所得税。超额内部留置税在防止这类企业从业人员逃税方面的作用同样值得期待。

取消非正式职位：从"人"到"事"

不正规量产的非全日制劳动者保护法

解决日益增大的工资差异和威胁过半劳动者的临时性非正式就业问题，是缩小收入不平等和两极分化的关键。临时性非正式就业问题关乎就业稳定与否，是分配政策的核心。关于缩短工资差异，原则上已经提出"同劳同酬""同值同酬（同等劳动价值，同等报酬）"并受到广泛热议。但是由于这项提议没有具体的方案，实行起来存在很多现实的困难。因为造成工资差距的社会文化方面的原因多样，有正式岗位和临时性非正式岗位等雇用形态上的差异、大企业和中小企业的工资差异、发包企业和分包企业的差异以及学历不同带来的工资差异等，很难出台一项"包治百病"的政策。其中，临时性非正式岗位的问题可以通过立法修订案寻找解决方案。

在临时性的非正式就业岗位中非全日制劳动者的比重最大，现行保护非全日制劳动者的法律规定："雇用非全日制劳动者超过两年的情况，非全日制劳动者等同于签订无限期劳动合同的劳动者。"⑦换言之，非全日制劳动者的雇用年限被限定在两年以内，同一劳动者作为临时性非正式就业员工工作两年以上，便自动转为固定的正式员工或无期限合同制员工。表面上看这项规定有利于保护临时性非正式就业劳动者的权益，但实际上却令他们陷入更不稳定的就业处境。因此企业为了满足法律需求，将临时性非正式就业岗位的雇用期限限定于两年之内，两年时间一到便与现有劳动者解除合约，重新雇用新的临时性非正式就业员工。

企业为了节省费用会避免签订长期劳动合同，而是以两年为单位重复频繁雇用低收入的临时性非正式就业员工，而且因此拥有了根据企业需求随时解除合约的权限。事实上，企业在雇用固定的正式员工之前，经常以临时性非正式员工的形式签订合同，之后再决定是否雇用为正式员工。甚至一个正式员工岗位招聘之前，会先以实习生的身份招聘两三名员工薪酬低的临时性非正式员工，然后由这几名实习生竞争上岗应聘正式岗位员工。尤其是青年一代在首次踏入职场时，如果第一份工作是临时性的非正式就业岗位，这不是通向正式就业的垫脚石，反而是临时性非正式就业恶性循环的陷阱，因为两年之后他们可能要重新寻找临时性的非正式再就业岗位。

非全日制劳动者保护法实行六年之后，截至 2013 年临时性非正式劳动者在全体劳动者中占比从 55.8% 下降到 46.1%，而临时性非正式劳动者非全日制劳动者的比例仅在保护法实行的第一年大幅降低，之后没有减少过，而且兼职劳动者反而呈现持续增加的趋势。[⑧]非全日制劳动者仅在保护法实行首年减少的现象不能说明非全日制劳动者转为正式员工，而意味着企业纷纷将两年期的非全日制劳动者解约，重新雇用新的非全日制劳动者。在劳动保护法实行之前，工作四年期的非全日制劳动者转为固定正式岗位的比例为 9%[⑨]，现行劳动保护法反而缩短了非全日制劳动者的雇用时间，而转为固定正式岗位的比例也没有增加。

从"同一劳动者"到"同一工作"

改善上述问题，可以考虑对非正式员工到正式员工的转换时间做出新的界定。根据现行法律的规定，两年是指"同一劳动者的工作时间"，如果重新将两年界定为"同一工作的存续时间"，那么将大大提高法律时效性。现行法律以小时制劳动者为标准考量，新的法律以工作为标准考量，只要公司的工作持续存在且这项工作岗位持续需要劳动者，最终企业会在这项工作岗位上雇用长期的正式员工。站在公司的立场上，如果某项"工作"是暂时性的短期行为，必然会选择雇用小时制劳动者，但现在长期的工作需求岗位也经常会雇用临时性的非正式劳动者。"工作"需求持续存在，必然持续需要"劳动者"，但现行的小时制劳动者保护法却起到反作用，将存在长期工作需求的岗位雇用短期劳动者的行为合理化，本应持续需要劳动者，变成每两年一更换。如果将非正式员工和正式员工的转换时间的界定标准从"同一劳动者"更换为"同一工作"，那么小时制劳动者可能在最初的两年被雇用为临时性的非正式员工，但其从事的工作岗位会在两年之后被强制性地雇用正式员工。

现行制度的制定目的是保护小时制劳动者，但却适得其反，不仅没有起到保护小时制劳动者的作用，反而加剧了解雇的风险，巩固了临时性非正式雇用的局面。事实上在现行法律背景下，非正式员工转为正式员工的比例极低，临时性非正式劳动者在全体劳动者中的比例也没有降低，也没有取得劳动市场的稳定效果。将现行转换时间标准界定为"同一工作"时，即使目前岗位上的劳动者没能转为正式雇用职位，但接任这项工作的其他劳动者会获得正式工作岗位的机会，两年之后临时性非正式雇用劳动的整体比例必然大幅下降。而且，对于公司来讲，既然必须雇用正式员工，与其聘用新员工，不如继续留用之前有两年经验的老员工，从而促使非正式雇用行为向正式雇用行为转变。因此，标准转换为"同一工作"不仅可以减少非正式雇用劳动者的数量，还可以比现行法律更有效地起到保护劳动者权益的作用。

非正式员工到正式员工的转换时间如果重新界定为"同一工作的存续时间"，那么没有必要必须遵循原来的两年。工作的存续时间即使设定为三年或四年，只不过是转换时间推迟，但一定可以转换为固定的正式雇用。另外，也可以采取原有"劳动者工作时间"和"同一工作存续时间"的并行标准，企业可以根据实际情况进行选择。

当然，解决了小时制劳动者就业正式化的问题，并不能完全解决临时性非正式就业的问题。但小时制劳动者在临时性非正式就业劳动者的占比超过40%，因此解决小时制劳动者就业正式化的问题依然可以对临时性非正式就业问题的解决起到决定性作用。另外，随着正式就业的比例提高，非正式就业和正式就业之间的工资差距问题可以同时得到缓解。另外，对于那些业务水平高的小时制劳动者，可以取得稳定就业的效果。比如说，对于那些有某些特长教授特殊科目的小时制教师，可以通过这种制度实现正式长期的就业。

当然，关于"工作连续性"的标准，不同产业不同企业规模可能存在差异，需要考虑企业和工作的特征或采取渐进的方式，但标准的制定是一个可以实现的技术性问题。

有必要提高税收

有能力者承担

作为解决韩国收入不平等和贫富两极分化的方案，提高工资和股利分红的比例属于企业力所能及的范畴，而政府可以通过财政政策将资源用于就业和社会福利等领域，调整收入再分配结构。但韩国财政的传统做法是将焦点放在经济增长，而非收入再分配，福利政策的再分配收效甚微。收入再分配政策的关键是确保充足的税收资源。韩国保守右派经常列举财政危机或税收困难等理由对收入再分配等福利政策采取极端的消极态度。与其他国家相比，韩国的福利水平与财政收入严重不成正比，在税率低的韩国完全有必要有能力提高税收，从而提高福利水平。

朴槿惠政府为了提高税收，提出"地下经济合法化"，其对提高税收必要性的认识是值得肯定的，但由于地下经济规模认定存在难度，提高税收的实际效果非常有限。而且，如果地下经济合法化可以补充不足的财政，将带来更多问题，因为这不仅是提高税收的单一问题，还意味着国家经济结构本身可能存在漏洞，或者说政府的集权力出现问题。

韩国税收负担率与GDP的比例低至25.9%，在OECD 34个成员中排名第31位，低于OECD成员的平均水平33.8%。[10]另外，由于不同收入水平的人群适用于同一种税率，具有累退性的间接税所占比重呈现持续降低的趋势，与OECD成员平均水平接近。[11]这意味着韩国与其他国家相比，具有承担额外税收的能力。因此，如果强化所得税和法人税的累进结构，解决收入不平等问题可以取得更快更好的成效。

然而，"提高税收"这一说法不管是在发达国家还是在韩国的政治圈，都等同于一种禁忌。韩国的保守右派从原则上坚决反对提高税收，一部分进步左派也对税收问题闭口不谈。最近一部分学者和政客主张"富人增税"，这不是对所得税结构的改革，而是仅针对富人阶层提高税收。"富人增税"与"地下经济合法化"一样，虽然可以在一定程度上起到补充税收的作用，但都属于治标不治本的方法。最近《21世纪资本论》的作者法国经济学家托马斯·皮凯蒂提出的"资本税"引起热议，资本税虽然有由头，但实际征税效果值得商榷，在后面会针对资本税的问题做详细讨论。如果要从根本上解决现有的矛盾结构，需要全社会全民共同担当做出努力，首先应改变税收体制。保守右派以阻碍经济增长为由尤其反对提高法人税，甚至主张法人税应当不增反降。但是在收入不平等和贫富两极分化严重威胁体制本身时，提高税收阻碍经济发展的讨论没有任何意义。提高税收是解决目前结构性矛盾的必要条件和必经之路。虽然短时期内体制上的整体改革不可能一蹴而就，但至少可以从提高高收入阶层税收、强化累进税结构开始做起。

韩国的个人所得税和法人税采取累进结构，与收入水平挂钩，收入水平越高，需要缴纳的个人所得税和法人税越高。韩国的个人所得税分为五个等级，最低水平的税收标准为6%，适用于1200万韩元之内的个人收入；最高的税率高达38%，针对1.5亿韩元以上的收入水平。[12]法人税分为三个等级，针对2亿韩元以下的利润征收10%的税收，针对2亿到100亿韩元的利润，征税水平在20%，200亿韩元以上利润规模适用于22%的税率。而企业实际缴纳的税收随着各种税收减免政策和收入扣除制度远远低于规定的标准。

强化所得税累进

所得税是指以纳税人的所得额为课税对象的各种税收的统称。税法规定的所得额，是指纳税人在一定时期内，由于生产、经营等取得的可用货币计量的收入，扣除为取得这些收入所需各种耗费后的净额。所得税的课税对象是纳税人的纯收入或净所得，而不是经营收入，所得税实际税率通常低于所得税名义税率。根据收入水平实行的实际累进税率差异不大，累进税在解决收入不平等问题方面收效甚微。金尚朝对 2012 年国税厅统计的收入资料进行分析，研究结果表明，年收入 3000 万韩元时，实际税率约 1.7%，年收入 6000 万韩元时实际税率约 4.3%（以下关于所得税实际税率的讨论均以金尚朝的分析结果为基础）。[13] 3000 万韩元年收入翻一番时，所得税实际税率仅上涨 2.6%。实际税率是实际缴纳的税额在总收入中的占比，3000 万韩元年收入的纳税人实际缴纳税收额为 51 万韩元，6000 万韩元年收入的纳税人实际纳税额为 258 万韩元。对于收入水平排名前列占比 12% 的 6000 万韩元收入群体来说，4.3% 的所得税实际税率属于非常低的水平。附加价值税与收入水平无关，所有纳税人适用同一税率，具有累退性质，韩国附加价值税为 10%，收入所得税实际税率不足附加价值税的一半。收入水平排名前列占比 5% 的 9000 万韩元年收入群体的所得税实际税率约为 8%，依然低于附加价值税。所有纳税人的平均实际税率约为 5.9%，所有纳税人的平均年收入为 2900 万韩元，与此相对应的实际税率约为 1.6%。OECD 的分析结果表明，韩国与个人收入增长成正比的累进增长程度非常低，在 OECD 34 个成员中累进增长程度排名倒数第五。OECD 的分析方法虽然不同于金尚朝的研究方法，但呈现相似的研究结果。[14]

　　收入阶层排名首位占比 1% 的收入阶层实际税率为 23.5%，排名第二位占比 1%～2% 的收入阶层实际税率为 12.6%，排名第三位占比 2%～3% 的收入阶层实际税率为 9.8%。收入水平排名前三位的累进税率差异为 13.7%，说明一定程度上存在累进效果。另一方面，收入水平排名前列占比 4%～5% 的收入阶层实际税率为 7.4%，占比 9%～10% 的收入阶层实际税率为 4.8%，占比 29%～30% 收入阶层的实际税率为 1.7%。这些数据意味着 5%～10% 收入阶层的实际累进税率差异为 2.6%，10%～30% 收入阶层的实际累进税率差异为 3.1%。可见累进税的实际效果仅局限于收入排名前列占比 5% 的收入阶层，其他阶层累进税的实际效果不显著。尤其是排名前列占比 3% 的高收入阶层的实际税率依然远远低于累退性的附加价值税率，意味着所得税的累进结构不具备消减收入不平等现象的功能。特别是对低收入阶层来说，累退的附加价值税引起的收入不平等恶化效果反而大于累进的收入所得税带来的收入不平等改善效果。[⑮]

现在所得税的累进结构无法充分发挥消减收入不平等现象的机能，首先是由于各种所得扣除制度的累退性，以及对于高收入阶层课税的累进性不足。为了便于理解收入扣除的累退性，下面计算无收入扣除情况下的实际税率。此时 3000 万韩元收入的实际税率将从现在的 1.7% 增长到 6.0%，6000 万韩元收入的实际税率将从现在的 4.3% 增长到 13.2%，两者之间的实际税率差异将从现在的 2.6% 增长 3 倍到 7.2%，实际累进效果显著呈现。[⑯]收入扣除制度不仅没有缓解收入不平等现象，反而加剧了不平等程度。2012 年对收入结构的分析研究结果表明，实际上收入扣除制度加剧了收入不平等现象的恶化。[⑰]这种现象的发生是由于"本应适用于高课税标准的高收入阶层通过收入扣除制度避免了应承担的大部分税额"。为了避免这种情况，应该赋予收入扣除累退效果，收入越高，收入扣除的效果应该越减少，其中一项解决方案是将收入扣除转换为税额扣除。[⑱]

收入税的累进结构无法正常履行消减收入不平等现象的第二个原因是，针对高收入阶层，尤其是针对超高收入阶层的累进结构不具备累进效果。正如之前提到的，所得税的实际累进效果仅停留在收入排名前列占比 5% 的收入阶层。在收入排名前列占比 10% 的收入阶层和最底层的收入阶层之间实际税率差异仅为 5%，对于 90% 的纳税者群体来说没有累进效果。"在大多数收入申报群体的实际税率仅为 1% ~2% 的情况下，只针对少数高收入阶层集中提高税收的方式，即所谓的'富人增税'的方式很难解决财政问题。"[⑲]因此，为了对排名前列占比 30% 的收入阶层实施所得税累进效果，必须调整累进税率结构，同时提高排名前列占比 10% 的收入群体的累进税率，尤其需要提高超高收入阶层的累进率。年均收入为 3.2 亿韩元的排名首位的高收入阶层约占比 1%，虽然适用于这个阶层的最高税

率达到 38%，但实际税率只有 23.5%。而且 10 亿韩元收入和 1000
亿韩元收入的群体适用于 38% 的同一税率，考虑收入扣除之后的实
际税率差异非常微小，对于超高收入阶层来说，几乎没有税率累进
效果可言。金尚朝在其报告中指出，"收入顺序排名前 100 名和排名
前 900 名的富人阶层的综合收入实际税率更低，这在税收结构上来
说问题相当严重"。[20]因此针对收入排名前列占比 1% 的超高收入阶
层，更应该提高累进税率。比如针对 10 亿韩元以上的超高收入阶层
实行 50% 的最高税率。

法人税改革

所得税累进结构中出现的问题在法人税中同样存在。现行法人
税制度分为三个等级的累进结构，针对利润在 2 亿韩元以下的企业
征收 10% 的法人税，针对利润在 2 亿韩元到 200 亿韩元之间的企业
征收 20% 的法人税，200 亿韩元以上利润的适用法人税税率为 22%。
根据李恩静对国税厅资料的分析结果，2011 年韩国企业的平均实际
税率为 16.6%，与最高税率 22% 存在 5% 的差异（以下关于法人税
实际税率的讨论均以李恩静的分析结果为基础）。[21]这项分析结果表
明，在韩国不仅法定税率低，实际税率更低。企业利润排名最前列
占比 1% 的企业法人税实际税率为 17.6%，和所有企业平均法人税
实际税率 16.6% 相比，仅存在 1% 的差异，可见对于收益排名最前
列的企业来说，法人税累进效果更微。另一方面，排名前列占比
9%~10% 的企业法人税实际税率为 12.7%，大约存在 5% 的累进效
果。与个人所得税收入相比，排名最前列的企业间累进率差异更小。
除排名最前列占比 10% 的企业之外，剩余 90% 企业间的法人税累
进率差异仅为 3%，几乎没有实际的累进效果。总之，企业法人税的累
进效果低于个人所得税的累进效果。[22]

法人税无累进效果的局面是由于现行法人税累进结构造成的，
举例说明，年度课税标准 10 亿韩元的法人税累进税率为 20%，课税
标准 1 万亿韩元的企业法人税累进税率为 22%，企业利润增长高达
1000 倍，税率却仅增加 2%。而且法定的最高法人税税率 22% 仅适

用于200亿韩元以上利润规模的企业，利润规模最高的1%企业即使享受完减免政策，实际税率预计也不会远远低于22%。因为收益巨大的企业没有太多积极适用于减免政策的正当理由。但17.6的实际税率仅比22%的法定税率低4.4%，是由于利润排名最高位的企业反而可以享受到投资税扣除等税金减免优惠政策。由于税金扣除制度减免的税额中，排名前列1%的企业减免税额占比72.8%，剩余99%的企业减免金额仅占总体减免税额的18.2%。收益规模大的企业反而可以享受更多的减税待遇，这属于税金扣除制度的结构性问题。[23]仅以上市公司为例，2013年纯利润规模超过1000亿韩元的上市公司有80家，但这几家企业的纯利润额超过全体上市公司纯利润总额的80%。纯利润规模小于200亿韩元的企业虽然高达1000家，但纯利润额仅为全体上市公司纯利润总额的4.1%。这说明上市公司中两极分化的情况非常严重。企业间的利润水平呈现两极分化的极端结构，但法人税累进结构的税率差异仅为2%。

通过降低法人税和增加企业收入来拉动投资和就业的所谓"涓滴效应"早已被美国的实践证明为是一种失败的政策。尽管如此，李明博政府依然采取降低法人税的措施，但其期待的效果并没有在韩国出现。[24]韩国的名义法人税是法定法人税22%与地方税的总和24.2%，这在OECD的34个成员中处于排名第21位的低水平。韩国的法定法人税与其他国家相比处于中等水平，但平均实际税率仅为16.6%，处于较低水平。现在的法人税累进结构与企业规模失衡，不产生实际的累进效果。因此，法人税累进结构应针对利润规模超大企业实行高于22%的法人税，并根据企业两极分化的现实，针对200亿韩元以上利润规模的企业细化累进结构。

集团诉讼制和惩罚性赔偿制

从根本上解决不公平交易，应该强化预防性的事前规定，同时针对非法行为采取问责和处罚措施。对非法行为问责和处罚的最核心控制手段，是制定由受害当事人可以直接恢复其损失的制度。集团诉讼制、惩罚性赔偿制和多股东代表诉讼制是其中具有代表性的制度。集团诉讼制在 2005 年以证券非法行为为对象开始实行，但由于诉讼对象范围受限和程序烦琐，在过去 10 年间，韩国全国范围内仅有四例集团诉讼。㉕由不公平行为引起的大规模受害案例不计其数，但大多数以罚款或附加税的方式结束，而且必须由直接受害人股东、劳动者、消费者和竞争者分别提起诉讼才可以得到赔偿。但个人对企业或大股东提起诉讼几乎不可能，因为诉讼费用相当高，诉讼程序烦琐，直接受害人得到赔偿的情况极其少见。因此有必要扩大集团诉讼制度，由一个或数个代表人，为了集团成员全体的共同利益，代表全体集团成员提起诉讼，并扩大集团诉讼的适用范围。

　　针对不公平交易，韩国公平交易委员会采取没收其不公平交易收益的方式，并征收附加税。在一般的经济犯罪行为中，法院一般也采取没收不当收益并处以罚款的形式予以判决。然而因为犯罪者非法行为造成的损失不仅是经济上的，当不当交易横行市场时，被破坏的市场结构是无法修复的。如果仅仅以罚款等方式处以经济上的处罚，那么有可能加剧用罚款换取非法占领市场的局面，而非法行为和不当交易的受害企业和消费者的受损利益将可能被忽略。因此，对非法行为的处罚不应只局限于没收不当收益的经济处罚，而应该采取"惩罚性赔偿制"，要求犯罪者对市场结构和秩序的破坏带来的经济损失进行进一步赔偿。为了更好地理解惩罚性赔偿制，下面讨论一项美国案例。

　　20 世纪美国金融界非常有影响力的风云人物迈克尔·米尔肯（Michael Milken）在 1990 年利用内幕消息进行非法交易，被判有罪锒铛入狱。公诉人以内幕非法交易不当收益 470 万美金（约 48 亿韩元）对其提起公诉，初审法院对迈克尔·米尔肯除了判处 10 年监禁外，还处以 2 亿美元（约 2040 亿韩元）的罚款。㉖罚款高达非法所得的 40 倍。终审法院认可初审法院的有罪判决和追加性罚款，但判处两年监禁，罚款和对受害人的赔偿金额共计 13 亿美元（约合 1.33 万亿韩元）。罚款高于非法所得 270 倍。㉗不仅如此，迈克尔·米尔肯还被判终身禁止从事与证券相关的行业。自此需要强调的是，美国大企业的经济犯罪行为低于韩国大财阀集团，并不是因为美国人比韩国人更具道德性和自律性，而是因为美国法律对于经济犯罪行为处以数十倍甚至数百倍的赔偿处罚。

前面有所论述，韩国的SK C&C（原大韩电信）曾经在四年期间因为不当交易增加了1.8万亿韩元的销售额，韩国公平交易委员会对此征收346亿韩元的附加税。但附加税税额仅相当于销售额的2%，无法从根本上阻断不当的内部交易行为，而且其他企业也陆续出现类似行为。如果引入"惩罚性赔偿制"，对不当收入征收相当于5倍或10倍的1500亿韩元和3000亿韩元附加税，将有可能对其他企业的类似行为起到震慑作用。

财阀政策，改变什么？

第七章中提到的韩国财阀问题，可以大体归为四类。第一，从宏观经济上来看，财阀集团在韩国经济中占比过高，尤其是韩国经济对于少数财阀集团的经济依存度过高。第二，财阀产业结构存在问题，可以归纳为"什么产业都涉足，什么产业都做不好"。第三，所有制结构问题，子公司之间通过互相交叉出资，巩固掌门人家族对企业的经营控制权。第四，经营形态的问题，关于经营透明性和责任感的缺失。

解决以上所有问题的政策和措施并非易事，对策必须涉及产业政策、企业政策、公平竞争政策、金融政策和司法政策等多个领域。虽然各个领域的政策已经开始运行，但没有形成有机整体，因此收效甚微。而且在政权更替时，实行政策的方法差异性大，也丧失了政策的时效性。以上四类财阀问题日益严重，也间接证明政策的无效。将来如果有机会，笔者会针对全部财阀改革政策进行梳理，本书中只重点讨论财阀的所有制结构和经营形态等财阀问题中的根源性问题，并提出几种解决方案。当然，并不是说改善了财阀所有制结构和经营形态，所有的财阀问题便会迎刃而解，但至少可以期待给财阀机构带来一定程度的改变。

所有制结构的改善

非业务性和非收益性的循环出资问题

关于财阀集团的所有制结构，饱受诟病的是子公司之间循环出资现象，但事实上存在循环出资问题的集团不在多数。存在子公司循环出资问题的财阀集团，首先当属三星与乐天，其次是东洋集团、永丰集团和韩松集团。[28]其他财阀集团的子公司虽然也存在一定程度的循环出资问题，但没有严重到无法解决的程度。[29]尽管如此，朴槿惠政府对循环出资问题置之不理，而只是禁止新出现的循环出资行为，而没有提出其他改善循环出资结构的方案，或者说朴槿惠政府似乎没有解决循环出资问题的意愿。但是，财阀经济力集中的问题已达到史上峰值，如果不从根源上改善财阀所有制结构，那么现有的公平交易政策和各企业融合发展委员会的活动将变得没有用武之地，最终无法解决现有的财阀结构问题。

韩国财阀集团子公司之间互相持股的循环出资结构的根本问题，在于公司动用大规模资金持股出资不是出于业务发展需要，而是为了给掌门人家族巩固经营控制权。子公司持股资本从本质上来说是非业务性和非收益性的资产。当公司发生财务困难时，不可能通过出让子公司股份来筹措资金，而且财阀企业的股利分红率甚至低于银行储蓄。对于子公司的持股投资不仅降低资金效率，而且会降低整个经济层面的资本效率。

三星电子、三星 SDI、三星人寿保险持有的新罗饭店的股份即为非业务性投资。三星电子持有新罗饭店 5.1% 的股份，但酒店业务与电子业务没有任何关联性。2013 年三星电子从新罗饭店得到的股利分红为 3 亿韩元，而 2013 年三星电子纯利润高达 17.9 万亿韩元，新罗饭店投资带来的收益仅仅占比 0.002%，[30]没有理由说三星电子投资新罗饭店是看好其高收益性。三星电子持股第一企划广告公司 2.6% 的股份也属于类似情况。第一企划广告公司最近两年纯利润收入不佳，没有进行股利分红，即使第一企划广告公司将所有的纯利润用于分红，三星电子可以得到股利分红也不过为纯利润总收益的0.008%。[31]电子产品业务与广告公司有很强的关联性，三星电子的业务分包给自己持股的广告公司，反而不利于公平竞争的市场建设。另外，也有财阀集团对子公司的投资出于业务和投资需要。比如三星电子对三星显示器、三星SDI、三星电子销售、三星电子售后、三星SEMES、三星LOGITECH、三星医疗器械等子公司的持股明显是业务用途。这些都是为三星电子生产配件或配套产品的子公司，但是财阀子公司持有非业务性的其他子公司股份的行为，除了巩固掌门人家族的经营控制权，没有其他经济方面的原因。

控股公司制度

解决财阀所有制结构的根本方法是禁止子公司为了巩固掌门人家族经营权持有其他子公司的非业务性股份，或者在允许子公司互相持股的前提下，在一定程度上强制提高其义务性持股比例。这项政策可能会被批判为干涉企业自由投资行为的非现实性的规定，但如此正说明持批判态度的人恰恰是不了解现实情况。关于禁止持股非业务性子公司股份或提高其持股份额的制度，有三种方案可以采用，分别为"控股公司制度"、"内部公司制度"和"子公司股份义务收购制度"。其中，只允许持有业务性子公司股份的制度已经实行，即控股公司制度。控股公司结构是指集团公司持有子公司股份，子公司持有孙公司股份，控股公司—子公司—孙公司的连接结构通过持有所有相关业务的股份来实现。因此在控股公司结构中，所有子公司的持股都是业务性投资。完美实现业务性子公司持股的控股公司代表是LG集团。LG集团于2003年开始脱离LS集团，并于2005年完成GS集团的脱离，从而实现现有的控股集团体制。LG集团过去的所有制结构盘根错节、错综复杂，与三星集团现在的所有制结构相似，但是通过控股集团公司的体制实现完美变身。

图8.1和图8.2展示了LG集团改制为控股集团之前和之后的结构。

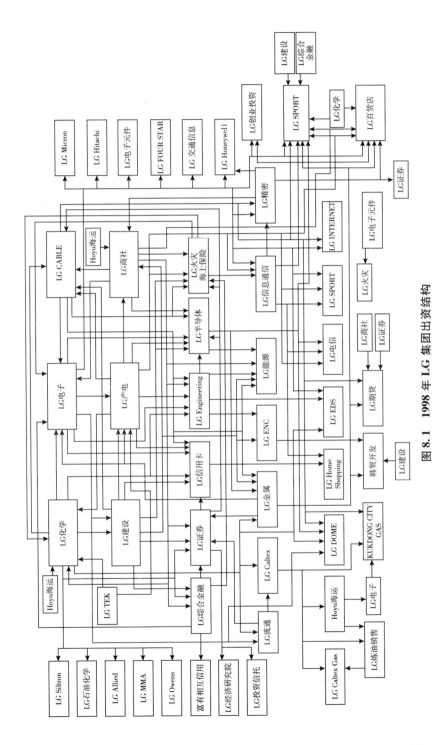

图8.1 1998年LG集团出资结构

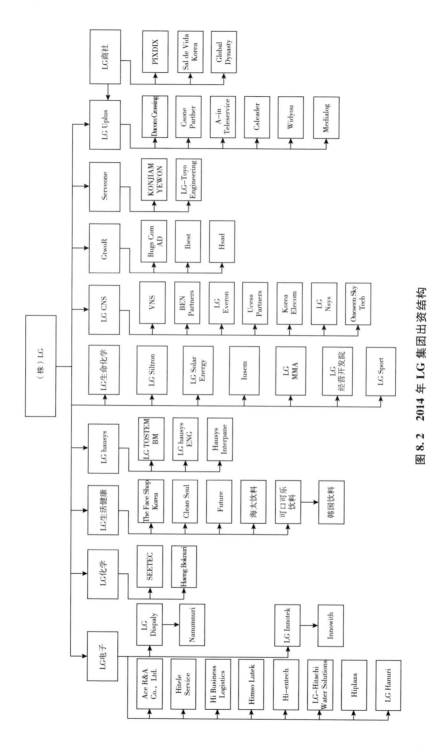

图 8.2　2014 年 LG 集团出资结构

内部公司制度

第二个解决方案"内部公司制度"是指集团拥有子公司100%股份，实现子公司的全资内部化。三星电子有一部分子公司已经实行内部公司制度，三星电子LOGITECH公司和三星电子销售公司是三星电子的全资子公司，三星电子还拥有三星售后公司99%的股份，在生产半导体设备的三星SEMES公司持股90%。三星电子将这些子公司剩余股份全部收购具有现实可操作性，对于新罗饭店和第一企划广告公司，也可以用同样的方式将其变为全资子公司，这样三星电子就可以通过子公司内部化将电子业务之外的酒店业和广告业纳入经营范围。

美国通用集团GE的结构与此相似，GE原本从事与电力业务关联性小的金融业务，控股集团GE持有子公司GE金融控股公司100%股份，GE金融控股公司持有孙公司各个金融公司100%的股份。[32]另外一个相似结构的案例是飞机制造企业美国波音（The Boeing），通过持有子公司波音金融公司100%的股份，实现金融业务的内部化。[33]

子公司股份义务收购制度

第三个解决方案是"子公司股份义务收购制度"，是指在以固定经营权为目的的子公司持股中，强制性要求集团公司收购子公司50%+1股的制度。"子公司股份义务收购制度"是将已经在很多国家实行的义务公开收购制度应用于财阀集团对子公司的持股投资中。义务公开收购制度是为了企业并购设计的制度，是在企业并购中要求收购方义务性持有50%+1股，从而进一步明确实际所有制关系。"义务公开收购制度"在各个国家应用的内容略有差异，在美国、英国和欧盟比较常见，日本、中国内地、中国香港、新加坡、印度尼西亚和泰国等亚洲国家和地区也在实行。[34]事实上也有韩国企业以这种方式并购外国企业的案例。2010年韩国石油公社收购英国石油开发工程公司达纳石油公司（Dana Petroleum PLC）时，遵守英国的义务公开收购制度，在最初收购达纳石油公司29.5%的股份之后，增资持股 64.3%，同年共计持股达 90.2%。[35] 韩国曾于 1997 年在《证券交易法》中引入义务公开收购制度，但一年之后便以阻碍并购市场发展为由将其废止。当时的《证券交易法》规定，"持股高于 25% 时必须增持至 50% +1 股"。[36]

财阀集团如果引入子公司股份义务收购制度，首先可以起到集中子公司股权的作用。子公司在互相持股时，会侧重于在与本公司业务关联性强的子公司集中持股，从而集团内部会形成业务关联性强的小业务群，非业务性持股会转变为业务性持股，子公司间的所有制结构和所有—支配关系趋于明确化。比如说，三星电子不选择将新罗饭店和第一企业广告公司内部化的情况下，最佳方案是持股 50% +1 股，从而明确实际的所有—支配关系。

控股公司制度、100% 持股的内部公司制度和 50% +1 股的子公司股份义务收购制度之间不存在排他性，财阀集团和子公司可以根据自身的实际情况选择最佳方案。现行控股公司制度规定，非上市公司持有子公司股份需超 40%，上市公司持有子公司股份需超 20%。不设立控股公司的集团的子公司如果要收购其他上市公司子公司的股份，必须收购 50% 以上的股份，也可以取得与控股公司相同的效果。另外，100% 全资子公司内部化的情况下，实质相当于同一公司结构，子公司可以看作集团的业务部门，不需要额外的规定和约束。采取措施限制非业务性持股，可以改变财阀集团以占比非常小的股权结构进行毫无节制的集团多元化扩张。

经营状态改善

透明性和责任感的问题

财阀经营形态存在的主要问题是经营的透明性、责任感不足以及不公平交易行为。为了改善经营的透明性和责任感，之前有过很多制度性的尝试。比如说，公司外部董事制度便是为了通过对管理层的监督监视来提高管理责任感。另外，一定规模以上的内部交易在经过董事会批准后需要进行公示的制度，也是为了防止子公司之间的不公平内部交易，提高经营的透明性。通过这些制度性的尝试，企业经营的透明性和责任感不足的问题得到缓解。但是目前市场上的不公平交易依然存在，韩国企业经营透明性和责任感在世界企业中的排名在最末端。洛桑国际管理学院的《世界竞争力年度报告》显示，在"董事会是否可以有效监督管理层"的评价项目中，韩国在 60 个调查对象中排名第 58 位。[37]另外，世界经济论坛的《全球竞争力报告》中，关于"董事会是否可以有效监督管理层"的同一项评价项目，韩国在 148 个调查对象中排名第 130 位。[38]对已经迈入发达国家门槛的韩国来说，这是一项令人汗颜的调查结果，暴露了韩国企业公司治理结构的落后。

有名无实的董事会

董事会无法有效监督管理层的原因是公司外部董事不具备独立性。虽然为了提高公司外部董事的独立性，对公司外部董事资格的规定一直在强化，但没有取得实际成效。究其原因，在于既得利益群体之间的关系像蜘蛛网一样密密麻麻，在盘根错节的裙带主义文化背景下，"关系"凌驾于"正义"之上，公司外部董事往往只在形式上符合独立性条件，但实际上不具备独立性。[39]大多数公司外部董事为退休官员、教授、律师等社会名流，现在公司外部董事职位正在沦为这些社会人士的业余财源，公司外部董事会变质为社会活动家的聚会。

关于内部交易的认可制度虽然持续强化，但通过各种方式进行掩盖或回避的情况时有发生。对公司外部董事的主观判断的规定存在局限性，而且最初组成董事会的成员缺乏独立性，董事会无法有效行使对管理层的监督在所难免。监事会制度同样有名无实，监事会虽然对经营现状和管理层负有监督职能，但现实中却经常将那些有影响力的董事敬为上宾，甚至对管理层委任自己为监事满怀感激之情。

集中投票制

韩国大部分公司的外部董事由管理层选择，虽然名义上是公司外部董事，实为公司管理层的右翼部队。如果没有任命管理层和独立外部董事的制度，现存的问题将持续存在。由管理层选择独立外部董事的方案有两项，一个是由股东提名和选择外部董事候选人的"集中投票制"，一个是劳动者参与董事会。

集中投票制是在由股东任命几名公司外部董事的情况下，不仅大股东，小股东也被赋予任命一名董事的权利。⑩虽然一名董事不足以左右整个董事会的决定，但至少一名董事可以代表小股东在董事会参与意见，在防止董事会独断专行方面起到作用，最大限度地提高经营透明性。很多国家实行集中投票制，韩国也引入了这种制度。但是韩国商法同时规定允许企业根据实际情况不采用集中投票制，实际上大多数公司没有采用集中投票制，这种制度在韩国同样有名无实。⑪集中投票制是所有改善韩国财阀集团等大企业公司治理结构的制度中最容易实行的制度。韩国商法只需要修订其中关于"允许企业根据实际情况不选择集中投票制"的单项规定，集中投票制在韩国便可以顺利普及。

劳动者参与董事会

选任独立的公司外部董事的另一个方案是劳动者参与董事会。同股东与企业的关系相比，劳动者与企业存在最长期的利益关系，在居民家庭收入中劳动收入所占比例绝对高于股利分红收入的占比，从宏观层面上来看，劳动者是企业最大的利益相关者。劳动者参与管理在瑞典、德国等北欧国家由来已久，劳动者参与管理的方式或制度虽然根据不同国家的企业环境和社会条件有所差异，其中最具代表性的制度是劳动者参与董事会制度。每个国家工会的代表性和谈判力不同，劳动市场的结构性差异较大，不同国家的劳动者参与董事会的方式也随之不同。德国和瑞典实行的劳动者参与董事会的制度为共同决策制，但两个国家具体的制度不同。德国采取董事会和监事会分离的双重结构，劳动者代表仅参与监事会。瑞典与韩国相同，劳动者代表参与单一的董事会。另外，瑞士劳动者参加工会组织的参与度为68%，在OECD成员中处于最高水平，而德国劳动者参加工会组织的参与度为18%，是OECD成员的平均水平，两个国家在过去 20 年间工会参与度均呈现下降趋势。[42]

韩国工会的参与度不足 10%，在 OECD 成员中排名第 30 位。而且无法得到工会保护的非正式劳动者在所有劳动者中占比近半，工会代表劳动者利益的代表性减弱。另外，全国总工会或产业总工会对大企业工会的统率力非常弱。因此本书不得不对适合韩国劳动市场结构的劳动者管理参与制度做出讨论。关于韩国劳动者管理参与制度的研究非常成熟，探讨具体方案不是难事。[43]韩国目前实行"本公司持股劳动者工会制度"，赋予本公司劳动者比一般股东更有利的条件。目前有超过 3000 家韩国企业内部建立了本公司持股劳动者工会，其中，科斯比股票交易所上市公司中有 87% 的公司成立了本公司持股劳动者工会，柯斯达克股票交易所的上市公司中成立本公司持股劳动者工会的公司占比 82%。非上市公司中大约有 1500 家企业成立了本公司持股劳动者工会，但是持股本公司股票的劳动者占比仅为 34%，工会活动不够活跃。[44]应该可以探讨合理的方案令本公司持股劳动者工会发挥其积极作用，确保劳动者代表或劳动者推荐的独立董事参与董事会决策。尤其是集中投票制和本公司持股劳动者工会制度可以有效结合，探讨更多劳动者参与管理的方案。

资本税争论：皮凯蒂资本税和韩国现实

发达国家与韩国的差异

最近法国经济学家托马斯·皮凯蒂的著作《21 世纪资本论》风靡欧美国家，成为人们茶余饭后的火热话题。[45]皮凯蒂是长期研究收入不平等的经济学家，该书中关于收入不平等的内容也引用了皮凯蒂的论文和著作。2007 年皮凯蒂编著并出版了《20 世纪最高收入》（*Top Incomes over the Twentieth Century*），将很多学者的文章收录在内。[46]这本书中仅讨论了收入不平等的问题，《21 世纪资本论》中包含了资产不平等问题。2008 年全球金融危机之后，收入不平等重新成为人们关心的话题，皮凯蒂向人们展示了100年间美国和欧洲收入与财富不平等的结构变迁，20世纪初欧美国家极度严重的收入和财富不平等现象在100年之后卷土重来。同时皮凯蒂发出警告，现在的收入不平等仅是表象，实质是资本主义结构性的问题。他的警告基于对100年历史资料的实证分析，不仅可信，也可以帮助人们以史为鉴，为未来的对策和方案指明方向。

韩国也有研究收入不平等的学者和著作，但没有长期研究对象，无法与皮凯蒂的研究相比拟。因为韩国国税厅不公开收入资料，《国税统计年报》中收录的一部分收入统计资料时间较短，资料非常有限。皮凯蒂分析研究的对象是美国、英国、法国、德国等少数发达国家，韩国等新兴国家没有包含在他的研究之内。也许是因为新兴国家的情况与韩国相似，很难收集到关于收入不平等的公开资料。

关于收入不平等问题，皮凯蒂提出了两项解决方案。第一，强化收入所得税的累进结构，以改善收入不平等问题。第二，引入资本税，以改善资产不平等现象。强化收入所得税的累进结构，作为直接解决收入不平等问题的标准政策，没有新内容。笔者在前面章节也针对没有实际累进效果的韩国所得税和法人税的累进结构进行分析，并提出解决方案。皮凯蒂将累进税的最高税率确定为80%，但并没有说明为什么要确定为80%。笔者认同超高收入阶层必须适用高于现行标准的累进税率，也提出可以将韩国所得税最高税率确定为50%。但由于韩国没有公开关于收入分布情况的资料，因此很难确定标准去界定应该对1%比例的超高收入阶层征收多少最高税率。笔者像皮凯蒂一样，也很难对最高税率的标准做出合理说明。如果可以分析韩国超高收入阶层的收入结构，那么便可以确定与此相符的合理的累进分级和最高税率。

皮凯蒂关于"资本税"和"资产税"的提案比较引人注目。在探讨皮凯蒂资本税制度的合理性之前，需要先讨论资本税的原理。皮凯蒂认为资本收益率如果高于经济增长率，那么意味着资本以高于实体经济的增长速度增长，资本持有者如果持续比实体经济投资者多享用经济发展的成果，那么不平等现象将日益严重。皮凯蒂在书中用"资本收益率（r）"＞"经济增长率（g）"表示。[47]皮凯蒂的研究基于对美国和欧洲资料的分析，并对资本税的原理提供了大量的数据支持，而这本著作之所以会引起广泛的社会关注并具备说服力，也正是因为其提供了大量客观资料对其观点进行支撑，引入资本税制度的建议同样基于大量的客观数据。

当然，每个国家资本主义发展历史和现实不同，不能生搬硬套。皮凯蒂分析的对象是欧美等发达国家，"资本收益率（r）"＞"经济增长率（g）"的情况在韩国等新兴市场国家不一定成立。

发达国家早在 19 世纪开始积累了大量资本，而新兴市场国家的资本积累过程不过三四十年。皮凯蒂提出，1820 年到 1913 年世界资本收益率为 5.0%，经济增长率为 1.5%。[48]这个时期的韩国正处于走向衰落的朝鲜时代，先后经历了朝鲜纯祖、朝鲜宪宗、朝鲜哲宗、朝鲜高宗统治时期，是一个不知资本收益率为何物的时代。皮凯蒂的研究显示，1872 年法国巴黎市民使用积蓄购买住宅，56% 的资产用于投资股市和证券等金融资产。[49]1872 年是"辛未洋扰"事件发生的第二年，辛未洋扰事件指 1871 年美利坚合众国武装侵入朝鲜王朝的历史事件。1866 年 8 月，发生了"舍门将军号事件"，美国商船"舍门将军号"在平壤大同江横行霸道，终于被平安道监司朴珪寿指挥朝鲜军民将其击沉，船员全部死亡，造成重大国际争端。1871 年美国为了追究 1866 年"舍门将军号事件"的责任及打开朝鲜国门，于 1871 派军队开赴朝鲜并与朝鲜军队发生冲突。辛未洋扰之后，排外情绪达到顶峰，兴宣大院君下令朝鲜各地竖立"斥和碑"，并写亲笔下"西舶烟尘天下晦，东方日月万年明"的对联，开始实行闭关锁国政策。皮凯蒂计算的资本收益率为 5% 的资本主义时期，欧美国家正在大肆掠夺殖民地国家，实现资本积累和资本高收益率。

2012 年韩国居民家庭资产中，住宅资产占比 78%，金融资产占比不过 22%。而法国巴黎市民 142 年之前金融投资资产在所有资产中的占比就已经达到 56%。2012 年美国、荷兰、日本和加拿大金融资产在全部居民家庭资产的占比分别为 65%、59%、54%、46%，与韩国之间存在很大差距。另外，美国金融资产中高收益—高风险的股市和证券的比例为 71%，韩国仅为 27%。[50]资本主义在 200 年发展历史中积累了巨大资本，以金融资产占比高的发达国家为研究对象得出的结论，如果直接将其嫁接到韩国现实中，不仅不能解决韩国社会收入不平等的问题，反而很有可能陷入误区。

皮凯蒂资本税的理论基础

皮凯蒂计算的资本收益率是租赁收入、利润、股利分红、利息等所有资本性收益除以国民净资本总值得出的数值。[51]由于韩国的很多数据不公开，使用与皮凯蒂同样的计算方法只能计算出韩国 2011 年和 2012 年的资本收益率。按照皮凯蒂的计算方法，韩国 2011 年的资本收益率为 -0.4%，2012 年资本收益率为 1.2%。[52]2011 年的经济增长率为 3.7%，2012 年的经济增长率为 2.3%，韩国这两年的资本收益率远远低于经济增长率。按照皮凯蒂的计算方法，即使不考虑资本管理费用，韩国的情况与欧美国家相反，"资本收益率（r）" ＜ "经济增长率（g）"。[53]虽然无法计算 2011 年之前韩国资本收益率与经济增长率的对比情况，但通过过去 35 年股市、证券和存款等金融资产的收益率和不动产价格增长率，可以推算出韩国资本收益率小于经济增长率。[54]因此，基于"资本收益率（r）" ＞ "经济增长率（g）"理论的皮凯蒂资本税无法直接应用于韩国。

但是，并不是说由于韩国资本收益率低于经济增长率，资本税在韩国就没有意义或一定存在副作用。即，"资本收益率（r）" ＞ "经济增长率（g）"并不是资本税的充分必要条件。当然，资本税的征收虽然可能会给资本持有人带来负担，但也可以将资本税用于收入再分配，问题在于持续的可能性。按照皮凯蒂的理论继续推论，即使发达国家引入资本税，经济持续增长的可能性也不会遭到破坏。

发达国家经过 100 年的资本积累，资本竞争过程空前活跃。此时"资本收益率（r）"＞"经济增长率（g）"意味着资本收益增长的速度高于生产发展的速度。因此，即使将资本收益的一部分用来缴纳资本税并进行社会收入再分配，经济发展依然可能保持持续性增长。

当资本收益率低于经济增长率时，征收资本税可能会产生何种结果？首先，可以预见的是投资率下降，产生"资本罢工"。而发达国家资本收益率高于经济增长率，即使发生资本罢工，资本罢工的影响也非常有限。而韩国等新兴市场国家的"资本罢工"意味着投资减少，连锁效应对经济发展的影响高于发达国家，且无法预判连锁效应影响的范围和程度。

资本税之外的当务之急

韩国资本最大的问题在于资本效率极度低下，主要反映在资本利用少或不会利用。企业更多关注劳动生产，对于自身拥有的资本效率不敏感。如同前面章节中提到的，持有相当于注册资金数十倍现金资产的企业便是这种情况。三星电子作为超一流企业，虽然拥有高收益率，但众多直接间接依靠三星电子支持的子公司和三星集团的总收益率远低于三星电子。大部分韩国财阀集团情况类似，整个集团依靠个别经营状况良好的公司养活。从整体经济层面上来看，将供给其他分公司的资本集中用于更具效率和竞争力的部门将更有利于创造就业和收入分配。

比起通过资本税提高政府税收后进行再分配的政策，实行积极的劳动政策和工资政策是改变收入不平等结构的当务之急。韩国收入不平等现象加剧的根本原因在于企业分配给工资的份额过低的企业经营形态，和工资低、就业不稳定的临时性非正式就业劳动者和个体经营劳动者比重过高的劳动机构。因此，如果想要解决韩国收入不平等问题，应该优先实行超额内部留置税和以工作存续时间为基准的正式就业转换制等政策。另外，需要对财阀掌门人家族强化征收赠予税或继承税，而不是资本税，或者至少应该严格执行现行的法律规定。

如果无视皮凯蒂研究的对象国家与韩国现实完全不同的事实，而认为资本税可以改变韩国收入不平等现象，那么将脱离韩国现实，和"全球化减少就业机会""劳动对财阀的大妥协"等理论一样陷入"进口的理论"和"学术上的盲从主义"误区。

另外，皮凯蒂提议的资本税如果可以实现时效性，必须在全世界范围内所有国家，或者说至少在达到 OECD 成员经济水平的国家统一实行才可以。事实上，皮凯蒂在书中对这一可能性做出了回应。"在全球统一征收资本税是一个乌托邦式的想法"，"很难想象全球所有国家可以在不久的将来达成如此共识"。⑤笔者完全认同皮凯蒂的上述观点，认同的理由可以从托宾税（Tobin's Tax）中找到答案。

托宾税是指对现货外汇交易课征全球统一的交易税，在外汇交易中征收 0.1% ~1% 的税金，旨在限制短期投机资本的跨国流动性，减少纯粹的投机性交易。这一税种是美国经济学家，1981 年诺贝尔经济学奖得主詹姆斯·托宾（James Tobin）在 1971 年的普林斯顿大学演讲中首次提出的，他建议"往飞速运转的国际金融市场这一车轮中掷些沙子"。该税种的提出主要是为了缓解国际资金流动，尤其是短期投机性资金流动规模急剧膨胀造成的汇率不稳定。托宾税的特征是单一税率和全球性，用以抑制投机、稳定汇率。实施托宾税可以使一国政府在中短期内依据国内经济状况和目标推行更为灵活的利率政策而无须担忧它会受到短期资金流动的冲击。而且，托宾税是针对短期资金的往返流动设置的，它不仅不会阻碍反而有利于因生产率等基本面差异而引致的贸易和长期投资，有助于引导资金流向生产性实体经济。

支持托宾主张的人指出，世界金融市场单纯靠汇率波动和利率差别谋求暴利的投机行为扰乱了国家预算、经济计划和资源配置。而托宾税有助于减少汇率的脆弱性，削弱金融市场对国家政策的影响力，有利于维护政府在决定预算和货币政策方面的权力，而且税金可以在社会发展方面贡献力量。反对托宾税的人则认为，这项税收妨碍投资，所以"经济上不正确"，只有"看不见的手"才能最佳配置资源；其次，托宾的想法虽好，但行不通，因为资金流动的速度"近乎光速"，只有全世界所有国家都接受才行得通，而这很难实现。事实上，从托宾税的主张提出到现在 40 多年过去了，托宾税没有从理论走向现实。

2008 年全球金融危机后，托宾税曾再度成为人们关心的话题，但是在不久的将来，没有实行托宾税的迹象。实际上，托宾税只是行政干预金融市场的一种形式，也可以另觅适当对策。资本主义经历了金融危机这一顽疾依然没有考虑实行托宾税，这便是 21 世纪世界资本主义的现状。托宾税的税率低于资本税税率 1%～2%，且程序简单，不像资本税那样需要建立复杂的金融资产信息体系，这样的托宾税尚且没有进入操作阶段，何况是资本税呢？总之，资本税也许会成为下一个托宾税，再等 40 余年，也不一定能完成从理论走向现实的漫长历程。

如何实现新资本主义？

改变目前资本主义的颓废局面，需要三个前提条件。第一，首先必须搞清楚构建新资本主义的价值和目标是什么。第二，必须讨论针对新资本主义指向的价值和目标，如何寻求民众的共识和社会协商。第三，必须实行实现新资本主义的具体政策、手段和方法。

如果民众达成共识选择"改善资本主义"，不是仅仅要求新资本主义的概念性讨论，而是需要实实在在解决现有资本主义问题的具体措施和方法，那么目前面临的课题核心是如果克服现有问题，并将新资本主义指向的价值和目标现实化，而不是证明新资本主义理论的优越性。另外，关于如何实现新资本主义的社会共识，必须首先基于对目前资本主义颓废局面发展过程的反省。从结论上说，民众期待的社会或资本主义能否达成社会共识，最终是一项政治选择的问题。

"改善资本主义"虽然是一项全世界都在探讨的问题，但归根到底解决问题的主体在地区或国家。资本主义发展过程的经验、社会主义的历史经验、各个国家特定的经验等都可以成为改善资本主义的参考和借鉴。但是，欧洲和美国等发达资本主义国家的经验很多时候并不适用于其他国家，甚至出现反作用。韩国与其他发达国家的资本主义发展历程和经济结构明显不同，虽然在改善资本主义方面存在共同的借鉴部分，但最终韩国资本主义的改善必须基于韩国的现实。即使在发展历程和经济结构相似的国家，由于各自的经济环境和条件不同，资本主义解决方案也应该具体情况具体分析。如果以不符合韩国现实的"进口理论"为基础寻找改善方案和途径，不仅可能起不到推进作用，很可能会成为寻找真正解决方案的绊脚石。

不存在对财阀的社会大妥协

"进口理论"的典型案例是关于财阀企业的社会大妥协理论，主要观点是将瑞典的"劳资大妥协"经验应用于韩国，认可韩国大财阀集团的现实，承认财阀掌门人家族对财阀集团的实际支配力和经营控制权，提高财阀在增加就业和福利待遇方面的积极性，最终实现财阀—政府—工会之间的阶级妥协或国民大妥协。⑩

"瑞典模式"的一个突出特点是政治妥协和阶级合作，并且也是贯穿于瑞典社会民主党执政过程的。他们"坚信在自由市场社会中确实还存在着某种和谐"，这种和谐来源于"对社会所有成员来说都是共同的、压倒一切的经济利益，促使经济增长"。瑞典社会民主党前领袖帕梅尔明确指出，"企业主和工人有共同的利益；发展生产、增加产品、提高劳动生产率和增加收入等，归根到底是大力造福整个社会"。社民党的阶级合作政策之所以取得成功，与其国家、民族状况和历史传统等条件是密切相关的。瑞典人口结构单一，几乎全体居民都讲同样的语言，居民同属路德教派，在民族和宗教问题上不存在某些西方国家那样的矛盾，也不存在任何尖锐的地区性对立。瑞典执行"平时不结盟、战时守中立"的和平外交政策，自1814年以来既无内战又无外战，长期的和平环境为妥协政治提供了良好的社会条件。瑞典具有悠久的民主传统，在封建制度向资本主义制度的转变过程中没有出现暴力革命和资产阶级与贵族的公开冲突，资产阶级与贵族双方都愿意走互相让步的道路。而且阶级合作政治有其经济制度保障，以分配为核心的社会福利政策，是瑞典社会民主党执政的主要政策，它追求社会公平，关注社会弱势群体。自执政以来，这个政策一直是社会民主党在历次大选中区别于其他政党的主要标志。另外，阶级合作政治有其组织保障，绝大多数的蓝领工人都参加了工会，工会联合会内部没有种族、宗教的冲突，纪律严明。

然而，"瑞典虽然与韩国一样在资本市场开放后外国投资者的比重越来越高，瑞典企业被很多外国投资者控股的同时，在海外的直接投资规模也不断增长，但是瑞典模式中劳资大妥协发生于20世纪30年代和20世纪50年代，20世纪80年代之后该种模式逐渐走向解体，当时的经济环境与现在完全不同"。[57]总之，韩国与瑞典的发展历程不同，资本市场的环境各异，财阀问题的起因与状况不同，将50年前的瑞典劳资大妥协模式应用于现在的韩国非常困难。尽管如此，财阀与社会形成大妥协局面的主张在一部分进步势力中却被作为现实的提案广受关注。

如上所述，瑞典模式的大妥协之所以可能取得成功，在于统一的全国性工会组织在大企业与政府面前拥有强有力的谈判力。与此相反，在韩国国内掀起关于财阀与社会大妥协热议的21世纪初期，韩国工会组织的参加率不足11%，仅为OECD成员工会参加率平均水平的1/2。而瑞典同期的工会组织参加率虽然高达79%，是OECD成员工会参加率平均水平的两倍，但劳资大妥协已经走向解体。[58]另外，韩国工会组织的谈判力仅限于大部分企业工会，作为大妥协主体的全国性工会组织交涉力缺失，只有一部分劳动者加入全国性工会组织，不仅不存在实质上的谈判力，也缺乏对全国范围内企业工会的统率力。而且，虽然全国性工会组织加入了劳资厅委员会，但在解决劳资问题方面不起任何作用的劳资厅委员会不具备对工会组织的约束力，劳动者、雇主和政府长期以来对劳资厅委员会的权威性不予认可。而从企业层面来看，三星集团甚至将"无工会组织"作为企业的经营方针，企业与劳动者的自主权利处于对立面上。除了现代汽车集团之外，其他韩国财阀集团的工会组织大多名存实亡，在韩国很难找到拥有交涉力的工会组织。

即使韩国的劳资关系允许大妥协的局面发生，大妥协在韩国不具备现实性的更重要的原因在于韩国的"劳劳关系"。正式就业的劳动者工会无法为占比一半的临时性非正式劳动者提供保护，甚至同一职场的正式就业劳动者与非正式就业劳动者之间摩擦不断。总之，社会性的大妥协争论忽视了韩国与瑞典在时代背景与社会条件方面的差异，不具备实际操作性，而且韩国不具备有代表性和谈判力的劳动者团体组织，或者说不存在实施社会大妥协的主体。

另外，财阀与其代言机构全国经济人联合会针对财阀社会性大妥协事宜，没有做出任何回应。尤其是卢武铉政府时期，青瓦台政策研究室室长李厅宇（音译）教授曾在政府政策层面提案财阀与社会妥协的课题，但是财阀集团方面没有任何企业做出任何回应。单方的妥协本身是不成立的。

韩国资本主义虽然与欧美国家资本主义具有相似性，但财阀问题和劳资问题是韩国仅有的结构性顽疾。而且韩国资本主义市场经济的发展历程完全不同于欧美等发达资本主义国家，照搬欧美国家经验引进"外国产理论"的做法无异于拿别人的错误惩罚自己。当然，欧美国家的经验可能在"改善大韩民国资本主义"具有参考作用，但最终韩国问题的解决必须基于对韩国现实和历史发展过程的省察。

美国经验

平等与不平等的历史

在借鉴发达资本主义国家的历史经验时，比起研究它们"做了什么"，更应该将关注点放在它们"如何做"。资本主义的代表国家美国在过去 100 年的历程中，在收入不平等与平等、市场机构垄断与竞争、大企业和中小企业的矛盾与调和的过程像游乐场过山车一样反反复复。一部分马克思主义者认为美国具有最矛盾的资本主义结构，预言美国资本主义将最先走向灭亡。虽然无法断言美国资本主义在将来何去何从，但至少现在美国资本主义在各种矛盾与冲突中不断发展完善。下面从"如何做"的角度解读美国经验。

资本主义极度收入不平等和贫富两极分化的矛盾日益凸显，在探索改善资本主义解决方案的过程中，有必要首先回顾资本主义的先驱者美国变成世界上最不平等的国家的历史进程。回顾美国经验具有两点现实意义，第一，通过比较韩国和美国资本主义发展和收入不平等发展历程的差异，探索适合韩国国情的资本主义改善方案。第二，有助于确认目前韩国面临的收入不平等难题是资本主义固有的本质矛盾造成的，还是在实行资本主义的方式方法上出现了错误。在回顾美国经验之后，将讨论韩国的探索方案。

目前美国虽然是发达国家中收入不平等现象最为严重的国家，[59]但至少截至 20 世纪 80 年代初期，并非处于收入不平等水平严重的国家之列，当时美国的经济发展成果广泛被坚实的中产阶级共有。[60]当时在美国，机会面前人人平等，通过努力工作可以跻身中产阶级的事例比比皆是，截至 20 世纪 70 年代，"美国梦"的称谓象征着机会平等与美国中产阶级的繁荣。"美国不平等现象扩大开始于 20 世纪 80 年代，截至 1983 年与 1984 年（收入不平等与贫富两极分化虽然稍有恶化），围绕当时的统计数据可以反映出多大程度的偏离并有征兆，曾有过学术上的争论。"[61]也就是说，当时的学者们都没有预想到，收入不平等和贫富两极分化呈现长期性发展趋势，大多数学者认为不平等现象是短期的结构性行为。

当然，美国发展史上收入不平等和贫富两极分化曾达到和今天一样严重的水平，比如20世纪初与20世纪40年代。排名前10%的高收入阶层收入在全部收入中占据的比重在2000年为47.6%，2010年为48%，1930年为43.8%，1940年为45.3%。而排名前1%的高收入阶层收入在全部收入中占据的比重2000年为21.5%，2010年为19.8%，1930年为17.2%，1940年为16.5%。[62]美国收入不平等现象得到显著改善开始于20世纪40年代，这一时期不过三四年的时间，收入不平等水平急剧下降。排名前10%的高收入阶层收入在全部收入中占据的比重从1940年的45.3%下降到1944年的32.5%，排名前1%的高收入阶层收入在全部收入中占据的比重从1940年的16.5%急速下降到1944年的11.3%。[63]

美国从20世纪40年代到20世纪70年代的35年期间，稳定维持了相对平等的收入分配结构，并直接导致中产阶级成长为社会中坚力量。在美国收入不平等重新陷入恶化情况之前，20世纪70年代排名前10%的高收入阶层收入在全部收入中占据的比重维持在32%到35%之间的稳定水平，尤其是排名前1%的高收入阶层收入在全部收入中占据的比重持续萎缩，1975年达到20世纪100年期间的最低水平8.9%。维持长期稳定局面的美国收入不平等现象从20世纪80年代开始急速加剧，短短几年时间不断恶化，排名前10%的高收入阶层收入在全部收入中占据的比重从1979年的34.2%急速上升到1986年的40.6%，排名前1%的高收入阶层收入在全部收入中占据的比重从1979年的10.0%急速上升到1986年的15.9%。

那么，20世纪80年代美国社会收入不平等现象和贫富两极分化突然加剧的原因是什么呢？20世纪80年代初期是美国政府政策变化巨大的时期，随着1981年代表共和党执政的里根政府上台，20世纪40年代以来长期担任"市场调停者"角色的美国政府职能发生了根本变化。限制政府作用的同时，主张最大化发挥市场自由调节职能的市场原教旨主义，或者说新自由主义政策开始登上政治舞台。自里根政府上台后持续 12 年执政的美国共和党政府一系列的新自由主义政策成为加速美国社会收入不平等和贫富两极分化恶化的直接和间接原因，比如减少政府管制的政策、针对高收入阶层的减免税政策、政府服务民营化政策、削弱工会组织力量的政策和金融自由化政策等。[64]可以说，"美国的收入不平等不是偶然发生，而是人为所致"。[65]因此，美国在享受了 35 年收入相对平等的稳定局面后而重新陷入不平等结构，起因于美国政府的失败政策。

政策性努力的结果

那么，美国在 20 世纪 40 年代上半期是如何改善收入不平等局面并实现了 35 年之久的稳定局面呢？起因同样在于美国政府的政策。美国中产阶层的成长也并非偶然发生，是美国政府政策性努力的结果。美国的"中产阶层社会开始形成于美国第 32 任总统罗斯福执政时期，作为其执政政策的重要一环，（第二次世界大战期间）战时工资控制政策实施的几年间，美国中产阶层诞生。首次披露这一令人吃惊的事实的经济史学家克劳迪娅·戈尔丁（Claudia Goldin）和罗伯特·马戈（Robert A. Margo）将这一时期称为'大压缩'（Great Compression）"。[66]之所以将其命名为"大压缩"的美好时代，是因为这个年代的所得分配远比现在平均，收入不平等现象在很短的时期内得到迅速控制，国民生活普遍较好。第二次世界大战期间，政府实施的战时工资控制政策的主要内容是，控制高收入阶层工资上涨的同时，提高低收入阶层的最低收入保障。同时扩大低技术劳动者的就业，保障战时物资生产供给，进而缩小劳动收入差距。得益于上述同时控制超高收入和超低收入的政策，美国 20 世纪 40 年代的收入分配得到改善，就业岗位增多，从而实现了收入分配的平等局面。[67]

在战争期间寻找就业岗位的非熟练劳动者逐渐变身为熟练劳动者，并在战后美国产业竞争力发展中起到了火车头作用。战后随着美国产业发展进入"黄金时代"，美国坚实的中产阶层诞生，此时形成的"产业发展—中产阶层形成—平等的收入分配"的良性发展结构一直持续到 20 世纪 70 年代后期。[68]美国分配结构从 20 世纪初的收入不平等结构发展为 20 世纪 40 年代上半期的平等结构，之后重新陷入 20 世纪 80 年代初的收入不平等结构的经历，全非偶然发生，均为政府行为的政策性结果。从美国经验来看，目前的收入不平等结构并非资本主义竞争导致的本质矛盾。"市场的力量仅是导致收入不平等结构的原因之一，并非唯一因素"[69]，反而放弃调控市场职能的政府及其失败的政策是导致收入不平等与贫富两极分化的重要原因。所谓市场竞争，只是提高效率的手段，对于公平平等的结果没有保障作用。竞争导致不平等分配的结果，产生排名与胜负是竞争理所当然的本质属性。针对市场结果进行公平与平等分配的职能可以通过改善竞争不平等属性的人为政策来实现，而这一定是依托政府职能而非市场职能。通过"美国经验"，可以看到正确的政策性努力可以带来相对平等的收入分配结果。

搬起石头砸自己脚的选民

美国社会收入不平等和平等反反复复的历史事实说明，即使资本主义市场经济的根本矛盾无法被完全克服，至少通过明确的政策手段可以在很大程度上解决收入不平等问题。那么，为什么美国政府的政策没有将美国资本主义引向更加光明的未来，却将美国陷入目前更加严重的收入不平等结构？答案当然要从美国政府实施的政策中寻找。美国的政治结构为两党轮流执政，一方为富有阶层和财界大力支持的保守右派共和党，一方为中产阶层、劳动者和贫民阶层大力支持的进步左派民主党。

美国保守右派共和党执政时期的收入不平等结构程度比进步左派民主党执政时期的收入不平等程度严重，[70]甚至有美国进步派学者认为美国目前的收入不平等结构是美国共和党一手造成的。美国的代表性进步派经济学家保罗·克鲁格曼（Paul R. Krugman）作为自由经济学派的新生代，认为极端不平等正在毒害美国，这个社会宣称要让最优秀、最聪明的人得到回报，不论他们有着怎样的家庭背景。但实际情况是，令富家子弟受益的机会和关系总是与来自中产及工人阶层的孩子无缘。在美国社会，横亘在任人唯贤的理想与日趋寡头垄断的现实之间的鸿沟，正让人产生深深的挫败感。他指出："企图遏制罗斯福新政成果的激进右翼势力掌握共和党，与民主党冲突不断，民主党反而是真正意义上的保守派，长期以来充当平等制度的守护者。日益强势的右派势力对工会组织运动实施打压政策，大幅瓦解劳动者的交涉能力，同时扫除一切限制管理层管理人员超高薪制度的政治性和经济性障碍，大幅降低富有阶层的纳税率，并通过不同方式导致不平等现象扩大化。"[71]另外一位代表性的进步经济学家约瑟夫·斯蒂格利茨在经济学领域中是一名无可争议的巨人，他提倡突出政府在宏观调控中的作用，认为获得持续增长和长期效率的最佳方法是找到政府与市场之间的适当平衡，使得世界经济回到一个更加公平、更加稳定的增长进程中，使人人都受益。斯蒂格利茨认为"企业家们总是试图掩盖市场的透明性，通过不完全竞争令自身利益最大化"[72]，金融企业"借助政治力量令政府不能行使纠正市场失灵的职能，金融部门的相关人士同样无视自身的社会职能为自己谋取丰厚的报酬"[73]。斯蒂格利茨同时指出，甚至在全球金融危机之后，"针对金融危机罪魁祸首之一的衍生金融产品的限制政策，金融界人士依然采取抵制态度"[74]。针对这些进步左派代表学者的主张，20世纪80年代初开始主张市场本位主义或新自由主义政策的保守右派学者们在全球金融危机之后无法提出任何有意义的反驳。

美国共和党从1981年里根总统上台到全球金融危机发生的2008年，28年期间共执政20年。[75]尤其是从1981年到1993年的12年期间，共和党连续三届执政时期美国社会的收入不平等现象持续恶化。共和党执政期间社会收入不平等程度加剧，共和党为何还能够成功连任？对此有很多不同的见解。总的来说，这些观点可以归纳为美国白人劳动者逐渐保守化、选民在政党选择方面更注重"道德价值"、宗教性因素优先于经济因素发挥作用等几个方面。[76]

　　然而，美国进步学者认为，共和党在社会收入不平等现象持续恶化的背景下依然可以成功连任的原因，在于美国政治上的失败，或者说更广泛意义上的美国民主主义的失败。[77]尤其是中产阶层和贫困阶层目光短浅地将票投给美国共和党，搬起石头砸了自己的脚。[78]另外，富有阶层的主张可以像经济问题一样反映在实际政策中，但中产阶层和低收入阶层的道德价值、爱国主义等诉求无法与实际政策产生关联性。[79]同时有观点认为，富有阶层对于政治圈人士具备相当大的影响力，贫困阶层几乎没有干预政治的任何能力，不同经济阶层的政治影响力差异是美国政治不平等的诱因之一。[80]

　　另有观点认为，目前不平等的资本主义是由人们的贪欲所致，大多数的人们贪心不足，希望拥有更多。但是，在收入不平等加重的过去 30 年期间，没有证据表明美国人比以前更贪心。与其说美国人比过去更加追求物质上的所得，不如说现在满足贪欲的机会比过去增多了。而像衍生金融产品和通信等满足贪欲的技术手段比以前更加发达，或者说政府放松管制和限制贪欲的机制后退加剧了目前的社会不平等，这是更加中肯和合理的评价。随着实现贪欲的机会增多，满足贪欲的技术手段发展，如果对此不加限制和制止，人们将做出更加贪婪的行为。其中，最具代表性的事例是，美国政府放任华尔街金融家们大量发行连金融专家都看不透的衍生金融产品，最终导致难以收拾的局面。而美国之所以沦落为不平等国家，不是因为美国公民的贪欲之心更甚之前，而是因为错误的政治性选择所致。

韩国政策力量充足

　　关于如何实现"和谐共生的正义资本主义"的必要政策，前面进行了客观说明并提出几种具体方案。关于韩国社会应该指向的价值和目标，实现有机统一的政策体系化具有很强的现实可操作性。笔者曾经两次有机会主导改善韩国经济结构的政策设计，第一次机会是在金大中总统刚刚当选的准备期 1997 年 12 月，笔者担任政策团队负责人，主要负责组建团队并制定金大中政府上台后将要实施的危机克服方案和经济改革政策框架。第二次机会是 2012 年总统大选期间，担任总统候选人安哲秀的国民政策本部负责人，统领统一、外交和安保之外的所有领域的政策制定。

　　第一次经历与挽救国家于破产边缘的水火之中，克服经济危机、构建经济新结构的政策有关，第二次经历的背景有关韩国经济收入不平等和贫富两极分化加重，国民诉求指向经济民主化和福利扩大等新的国家政策。第一次经历发生于在总统选举中胜出即将出马的新政府时期，第二次经历发生于总统选举的竞争时期，虽然两次经历的主要工作内容都是有关政策制定，但由于所处的时期和情况完全不同，对笔者来说，是完全不同的两种体验。笔者通过这两次经历切实体会到，不管是哪一种情况，只要是为了实现国家目标而制定的政策，就极有可能可以借助韩国专家的力量变成现实。为了方便读者理解，现将第一次关于金大中新政府出马前的政策制定经历做如下简单介绍。

　　金大中总统当选是 1961 年 "5·16 军事政变" 之后 37 年期间首次实现在野党和执政党的政权交替，但不幸的是，在总统选举之前韩国经济因为受到 1997 年外汇危机冲击濒临国家破产的边缘。金大中总统在当选时期与韩国国民进行的对话中提到 "打开国家金库发现没钱，只有厚厚的负债资料"，[①] 国家处在摇摇欲坠的破产边缘。在这种情况下，笔者组建的团队必须担负起探讨有效政策改变韩国经济结构的职责。这个团队虽然不是类似当选总统直接任命特别成立的 "总统职位过渡委员会" 或 "非常经济对策委员会" 等公开组织，但与 "总统职位过渡委员会" 或 "非常经济对策委员会" 保持非常紧密的协作关系，除了制定新政府的政策性框架，还必须向 "总统职位过渡委员会" 或 "非常经济对策委员会" 提供具体的政策提案。由大学教授、国策研究机构人员和经济官员出身的数十名专家组成的该团队于金大中总统就任前两个月对新政府政策进行了确认和梳理，完成了名为 "国民政府经济改革政策"

的报告，并于总统就任仪式的前一天召开了新闻发布会。当时"总统职位过渡委员会"已经开始行使政府职能，我们的团队每天必须处理紧急事务并提供实务方面的帮助，当时是韩国民众日子最难过、整个国家最困难的时期，而制定改变国家经济框架的政策需要非常用心和细心。即使处于经济危机的紧迫关头，韩国的专家和专业人士们共同努力制定具体的系统的政策也并非不可实现之事。

在紧急危机时期制定的政策虽然存在不足，但自认为在方向把握和当下重点关注点方面没有偏离重心。比如说，当时向韩国提供美元贷款的国际货币基金组织和世界银行要求新政府实行改革政策，并制定《谅解备忘录》，但国际货币基金组织和世界银行的专家们仅限于理论层面，对韩国现实不甚了解，有时会出现政策上的错误。关于谅解备忘录上的内容，他们甚至需要经常征求我方政策团队的意见。而我们的政策团队也非常乐意将韩国改革需要的政策内容体现在《谅解备忘录》上，从而对政策执行取得曲线救国的促进效果。

笔者通过上述经历，更加坚信，韩国的问题必须韩国人自己解决。当时参与金大中预备政府政策团队的专家中，有很多后来成为副总理、长官、国会议员和青瓦台首席秘书等活跃在国政决策舞台上的政治人物。但其中大多数人不是在金大中政府时期展露于政治舞台，而是参与了现在作为在野党的新国家党。可见与个人的政治取向无关，在国家的大是大非、大灾大难面前，为了克服国家经济危机的共同目标，各领域的力量可以精诚合作，共渡难关，而参与者的主要动力源自紧迫的民族危机感和爱国心，在国家危机面前，没有必要区分个人政治取向。也就是说，在韩国当务之急的改革中，关于左派与右派、保守阵营与进步阵营的争论没有任何实际意义。同样的道理，在构建"和谐共生的正义资本主义"的进程中，只要达成社会合议与共识，相信超越个人政治坐标，为了实现共同目标而努力的专家力量将无处不在。

通向和谐共生的正义资本主义的道路

平等与不平等的调和

资本主义虽然存在本质上的矛盾，但历史经验告诉我们，可以通过运行资本主义的不同方式将资本主义引向更加美好的未来。美国 20 世纪初自由放任的资本主义带来的大恐慌局面，最终是通过政府的市场干预政策予以解决。美国极端不平等的结构在 20 世纪 40 年代得到改善，并形成坚实的中产阶层，也得益于政府在改善不平等方面的政策性努力。从 20 世纪 80 年代到 21 世纪初，美国社会重新陷入极端不平等结构同样由于市场本位主义政策所致。欧洲在过去 30 年间持续遭受不平等问题的折磨，和美国一样是由市场原教旨主义政策带来的结果。而瑞典之所以成为世界上最平等的福利国家，源于其成功的政策，与此相反，如果不是将福利制度看作为了改善低收入阶层和贫困阶层现状的制度，而是当成所有人应该享有的福利制度，即所谓的"第二代问题"（Second Generation Problem）㉒造成过度的财政负担，同样是政策的失败。

现在的市场失灵和资本主义失败是政策的失败与政府的失败，在更广泛意义上，是无法牵制市场和资本主义的政治失败和民主主义失败。市场发生偏离，政府可以进行干预，政策发生错误，可以重新修正。政府的政策是意志的表现和实践手段，政策会随着市场与资本主义的发展不断改善。

民主主义虽然实行一人一票的平等制度，但资本主义与市场总是奉行优胜劣汰的不平等竞争机制。因此民主主义与资本主义的结合是"平等机制"与"不平等机制"的结合、政治性平等和经济性不平等的结合。"平等"与"平等"的结合是社会主义和民主主义的结合，但社会主义的历史性实验——共产主义与民主主义的结合非常困难。欧洲的社会民主主义是在资本主义和民主主义的结合中添加了社会主义因素。社会民主主义除了追求"平等"之外，同时追求"自由"的价值。韩国的情况如何？韩国在实现产业化之后实行民主主义，1987 年发生的韩国民主化运动高潮事件"六月抗争"之后，韩国开始了真正意义上的程序民主主义。韩国资本主义市场经济萌生于韩国整体脱贫的 20 世纪 70 年代后期，正式开始于 1995 年社会主义式的计划经济结束，正式向资本主义市场经济体制转变。程序民主主义在韩国大约有 30 年历史，资本主义市场经济在韩国也走过了 20—40 年的历程。韩国民主主义与市场经济的结合在韩国不到 30 年的时间，现在有必要重新审视民主主义的"平等"与资本主义的"不平等"结合的现实结果将韩国社会引向何方，并做好迎接变革新时期的准备。

问题在于政治

关于韩国民主主义和资本主义的结合结果，崔章集（音译）认为"韩国的程序民主主义取得很大发展，但实质民主主义的成果在韩国不但不明显，反而显著退步，并且仍然呈现退步态势"。[83]崔章集指出，"实质民主主义在自由与平等的原则下扩大社会经济发展水平，增强社会弱势群体的利益保护，并通过公平分配制度和福利制度改善分配结构"。[84]韩国"程序民主主义是实质民主主义向社会经济领域延伸的需要，这里的民主主义可以理解为从政治上的民主化转变为经济上的民主化"。[85]而且实质民主主义是构建和谐共生的"正义资本主义"的必经之路。

收入不平等与贫富两极分化等资本主义问题是民主主义失败的结果，并不是韩国一个国家面临的问题。关于美国社会中产阶层破产的不平等问题，罗伯特·赖克（Robert B. Reich）曾经指出"资本主义的胜利和民主主义的退步相互关联，是民主主义式的资本主义失败的结果"[86]，而杰弗里·萨克斯（Jeffrey Sachs）认为"美国的经济失败同时是政治失败，现在美国的政治需要做出改变"。[87]保罗·克鲁格曼指出"政治变化处于不平等的中心地带，美国回归中产阶层社会的道路在于重新整理基于自由竞争的民主主义"。⑧美国的政治失败，即民主主义的退步将美国中产阶层从富足的"美国梦"中惊醒，而美国的经济学家异口同声地给予美国国民当头一棒，让他们认清"问题在于政治"的事实真相。

韩国不像美国一样拥有坚实的中产阶层，20世纪90年代韩国民众的生活刚刚走向富足，中产阶层的美梦便被外汇危机打碎，而日益严重的收入不平等和贫富两极分化问题令年青一代不堪其扰。至少应该从现在开始考虑构建和谐共生的正义资本主义，而在这个过程中，政治和民主主义必须正常发挥作用。崔章集认为，"民主主义可以实现更好的分配效果"，"在收入与财富分配结构中处于中低层的人们基于政治上的平等自主组建保护其社会经济利益的团体，尤其是组建可以代表阶层利益的政党，实现这一目标的方案不在于民主主义本身，而在于作为保障民主主义存在的制度性机制的政党"。将正义的韩国资本主义作为需要韩国民众共同实现的目标，并创建可以将其变为现实的政党，公民行使选举权赋予新政党执政权利，相当于向实质民主主义迈进了一大步。

笔者认为，将韩国资本主义引向和谐共生的"正义资本主义"是立足韩国现实的正确诊断，而且韩国人完全有能力探寻到实现正义资本主义的政策性方案。那么为何现在韩国没能改变目前的收入不平等结构呢？和前面提到的欧美国家一样，原因在于韩国在实现实质民主主义方面的政治性失败。在韩国，高比例的企业利润被用作企业盈余金，而限制这一现象的政策被废除。企业收入提高的同时，居民家庭收入处于静止状态，政府不考虑出台提高企业利润分配率的政策和降低临时性非正式就业的政策。卢武铉政府将国家经济政策的基调依托于财阀集团，"将权利完全交给市场"，政府对既得利益群体和市场起不到任何调控作用。李明博政府降低法人税，甚至实行为富人阶层减税的"亲财阀、亲富豪"政策，反而加剧了收入不平等和贫富两极分化。朴槿惠政府虽然凭借"经济民主化"和"福利政策"的参选承诺在总统选举中获胜，但上台后并未兑现。

韩国不平等结构持续严重的原因，不在于韩国没有缓解不平等现象的政策，而在于没有执行政策的实践，甚至有些政治实践反而加速了韩国收入不平等的恶化程度。

新千年民主党与新政治道路民主党

为了实现和谐共生的正义资本主义，需要有实际可以引导民主主义的韩国政党存在，而且这个政党必须可以得到广大民众的认可，那么这个可能性有多大？从政治学家的分析来看，目前韩国的政治结构希望渺茫，反映在韩国政党结构和国民投票取向方面。首先，构成现在韩国两党结构的新国家党和新政治民主联合之间代表经济阶层的保守派与进步派的划分不明确。1987 年韩国实行民主化之后，两党几乎每次选举时都更换党名，其中新国家党五次更名，新政治民主联合的聚散离合非常复杂，大约更名八次。[89] 韩国实现民主化之后的 27 年间，新国家党平均每五年更换一次党的门脸，新政治民主联合平均每三年半更换一次门脸。这种变化"不是由于政策路线发生变化或政策联合方面的变化，纯粹是由于选举派系之争的结果"。[90] 尤其是呈现相对进步面貌的新政治民主联合聚散离合的历史证明，"新政治民主联合无法发展成为一个拥有持续性组织结构和高度责任感的政策结构的政党"，因为"他们不是拥有共同信仰和理念的党派，更像是围绕在少数派系领导者周围的乌合之众，是以政治权力和个人政治功名主义为中心的政党竞争结构的产物"。[91]

由两党执政理念模糊带来的政策性混乱在第 18 届韩国总统选举中暴露无遗。新国家党在选举时摒弃李明博政府一直坚持的"亲财阀、亲富豪"立场，急速"向左转"，抢占了民主党长期以来的执政主张"经济民主化"和"福利扩大化"的先机，向选民做出经济民主化和福利夸大化方面的承诺。而民主党被新国家党"剽窃"了政见成果的同时，陷入总统候选人单一化的不利局面。仅从经济政策来看，总统大选期间，朴槿惠候选人不应该成为"新国家党"，而应该称作"新国家民主党"的候选人。当然，选举承诺不过是为了在总统大选中胜出而提出的战略性短期口号，一旦选举成功，朴槿惠候选人重新回归到"新国家党"的本来面目，没有再涉及关于经济民主化的执政内容。民主党在总统选举中败北后，为了在地方性选举中获胜，虽然将党名更改为"新政治民主联合"，但在党的主体性和政策机构方面没有任何变化，除了安哲秀候选人之外没有其他候选人成员，实际上民主党应算作"新政治道路民主党"。

新国家党和新政治民主联合虽然全部将"为了中产阶层和贫民阶层利益"像口头禅一样挂在嘴边，但笔者不认为两者在不久的将来可以成长为实现"正义资本主义"的政党，也没有可能在不久的将来期待出现第三党承担改变韩国政治结构的媒介作用，并将"正义资本主义"作为自身的执政目标。韩国两党结构目前的局面是选民选择的结果，虽然韩国的广大选民没有第三种选择，只能在两党之间做出投票。通过几轮国会议员选举和总统选举来看，选民们对现有政党改革和发展第三方政党的诉求并不强烈。

江北右派和丧失记忆的投票

政治学家的分析结果显示，韩国选民的投票倾向中存在两大问题。第一，以韩国经济阶层为单位的投票倾向不明显。第二，对掌握政权的现有执政党的评价无法反映在选举中。对于同一项分配和福利政策，低收入阶层可以积极支持，但高收入阶层可能持消极支持态度或反对态度，便是以经济阶层为单位的投票倾向，政治学家将此种投票形态称为"阶级投票"。

韩国曾经一度发生过关于"江南左派"的纷争。"江南"是首尔市的一个区，以富人区著称，而韩国的"社会指导层"大多也分布在江南区。社会指导层指具有相当的社会地位、经济实力和话语权的阶层，政府高官、企业高管、医生、法官、检察官、教授等，都可划归此阶层。拥有强势话语权的他们，占有韩国社会的大部分资本，大多拥护传统资本主义，政治立场偏向保守。近年来，作为江南富人阶层的少数，"江南左派"脱颖而出，拥有高学历、高收入和进步理念是"江南左派"的典型特征，他们对自己所属的阶层利益持反对的政治倾向，而与"江南左派"相对立的低收入阶层中也有人不支持积极的分配和福利政策。这两个阶层对应地被称为"江南左派"和"江北右派"。

针对低收入阶层在政党选举投票中不支持与自身阶层利益相符的政党，而将选票投给反对立场的政党和候选人的情况，政治学家称其为"阶级背叛性投票"。根据总统大选和国会议员选举中投票结果的分析来看，韩国实际存在"阶级背叛性投票"。最近几轮总统大选和国会议员选举中，低收入阶层大量投票给保守的新国家党候选人和大国家党候选人，而高收入阶层反而很少投票给新国家党候选人和大国家党候选人。[02]另外，以财产和房产等资产为标准划分的经济阶层虽然可能影响选民的进步—保守倾向，但类似的倾向在政党支持和候选人选择中没有太大影响。[03]当然，也存在不同的结果，分析结果显示，以收入和工作内容等客观标准分类的阶层不影响政治倾向，选民自身认识和选择的阶层在投票中产生影响。[04]这意味着很多选民没有正确认识自身所处的阶层。另外，对经济前景持消极态度的选民和不稳定居住条件下的选民在选举中弃权的倾向明显。[05]综合以上政治学家的研究结果，选民投票大体呈现三种倾向。第一种是对于积极实行有利于低收入阶层利益的分配和福利政策的政党和候选人，低收入阶层的选民反而不予支持，呈现"阶级背叛"的倾向。第二种是不能正确认识自身所处阶层利益的"盲目性"投票倾向。第三种是不参与选举的投票弃权倾向。

选民投票倾向中存在的第二个问题是对执政党国政业绩的评价无法影响到选举。本届执政党如果国政业绩突出，选民可以在下一届总统选举中继续投票给现有执政党，但如果本届执政党的业绩无法令民众满意，广大选民可以在下一届选举中投票给在野党候选人，政治学家将其称为"回顾性投票"。2012 年 4 月，在韩国第 19 届国会议员选举中，对李明博政府业绩做出的具有审判性意味的投票便是"回顾性投票"。㊱但同年在第 18 届总统选举中，回顾性投票没有出现。"尽管对李明博政府国政业绩的评价非常低，但执政党候选人朴槿惠依然当选，说明对现有政府和政党的回顾性评价在选民投票中产生的影响非常有限"，"对李明博政府之前的卢武铉政府的回顾性评价反而在朴槿惠候选人投票中产生较大影响"。㊲

对于现有执政党进行"丧失记忆的投票"，却对之前政权进行"记忆性投票"的现象有悖常理。但朴槿惠候选人将党名更换，与李明博政府的"亲财阀、亲富豪"政策完全划清界限，打出"经济民主化和福利"的旗号，在选举中不是依靠政策性的执政理念和实践，而是依靠"卢武铉乡愁"在投票中取胜。问题的关键在于朴槿惠候选人是否提出了具体可行的"经济民主化和福利"政策。但笔者认为朴槿惠候选人并没有提出有价值的政策，那么问题变成"选民的认识可以在多大程度上客观反映候选人的政策"。而选民受参选人口号和塑造形象的影响，"做出主观判断和认识时，政策投票的意义只能减半"。㊳事实上，"拥有政治性常识的选民反而不会受到候选人关于经济民主化的参选承诺的影响，因为到目前为止，在总统选举中胜出的候选人在执政后往往将参选承诺抛之脑后，这也反映了韩国政治的现实。㊴另外，在第 18 届总统大选中，选民们"不是将选票投给予自己理念相同的政党，而是根据对个人的喜好做出投票决定"，而"候选人个人的能力不会影响选民的喜好"。㊵

总之，简单总结选民们的投票行为，可以归结为"阶级背叛性投票""盲目性的投票"和"弃权票"三种情况。另外，针对执政党的执政成果和政党理念，进行"丧失记忆的投票"，对具体的政策和候选人能力不做客观评价，而是仅凭个人喜好进行主观性投票。韩国选民的以上投票行为从一定程度上反映了韩国政治的现实，而韩国政党在韩国实行民主化之后频繁更换党名到让人眼花缭乱的程度。虽然新国家党号称保守党，新政治民主联合号称进步党，但两党候选人的参选承诺却没有进行两党区分，像"新千年民主党"选出的两名候选人一样让人混乱。而且参选承诺仅是为了在总统选举中胜出而做出的演讲而已，在当选总统之后往往不会兑现。

韩国单一的总统选举制度也存在问题，在选举期间表现得像世界救世主一样似乎可以解决所有问题，一旦上台却无法兑现承诺。而且上台后常常按照总统个人的偏好"自信满满"地处理国政，但这些"自信"也许在一般民众眼中代表的是"偏执"与"冥顽不化"。最终选民对自己的选举结果表示后悔。执政党也是如此，往往在当选总统执政初期给予大力支持，在后期则推举出新的总统候选人，与现任总统保持距离，表现得好像现任总统不是自己的党内人士，并诱导选民进行"丧失记忆的投票"。总之，选举中无法反映对执政党和总统执政业绩的评价结果。基于以上的韩国政治现实，韩国选民的非理性投票可以得到谅解。

民主主义的希望

崔章集认为，"程序民主主义早已在韩国扎根，现在在韩国实现现实民主主义的时候到了，民主主义应该成为带有民众色彩的政治制度和体制，并对市场竞争和不平等起到调和作用"。[⑩] 如果要实现现实民主主义，需要一个以"正义资本主义"为目标的政党存在，而且这个政党要得到民众的广泛支持并以切实的政策实践作为对民众的回报。但目前韩国政党和选举中出现的韩国政治现实表明，这些问题并不是政治可以解决的，或者说政治本身就是问题。当然，不能因此放弃希望，纵观欧美国家的资本主义政治史，引入合理的分配和福利制度并不是依靠激进左派，反而是依靠俾斯麦、丘吉尔和罗斯福等贵族阶层的保守主义者。而他们不是为了破坏资本主义，反而是为了挽救资本主义而选择保护中产阶层利益的福利政策。[⑫] 即使第三方政党在韩国不存在，但至少现有政党可以打破目前的既得利益圈，突破保守或进步的界限，为实现和谐共生的正义资本主义做出努力，而广大民众可以通过投票对此进行表决。

资本主义市场经济中，"竞争"是最核心的因素，但市场不会自动实现公平的竞争，而且即使市场实现了公平竞争，公平分配也无法自动实现。在市场竞争中胜利者将拥有更多，即使站在平等财富和机会的同一起跑线上，最终竞争的结果是从"公平"走向"不公平"，从"平等"走向"不平等"。市场只不过是有效制作大蛋糕的体制，而关于劳动者分配的问题、缩短工资差距的问题、临时性非正式就业向正式就业转变的问题等都是民主主义需要解决的问题，而非可以托付给市场的问题。而累进税率的制定、缩小区域间贫富差距、扩大基础福利、福利普及化范围、扩大教育和医疗等公共职能问题，同样需要依靠民主主义解决，而非市场。市场同时是价值中立的制度，给市场赋予社会价值和理念性意义的主体是公民，维持市场公平秩序，决定是否可以公平享有市场成果的主体依然是公民，而非市场。而实现和谐共生的正义资本主义的主体同样不是市场，而是运行市场的政府、政治和民主主义。

资本主义历史是劳动者资本不断调和、不断冲突的历史过程。为了顺利实现生产过程，劳动与资本必须互相结合和合作，但是在分配生产附加价值的阶段，劳动与资本不可避免地发生冲突。所谓的资本，是指钱生钱的细胞分裂式的自我复制。然而劳动是不可复制的，劳动的唯一扩张手段在于扩大生产力。而且资本具有移动性，可以跨越国界自由流动，但劳动没有。资本与劳动的本质属性决定了当劳动与资本发生冲突时，劳动常常处于不利地位。因此，必须借助民主主义的力量。民主主义政治学家罗伯特·达尔指出，"没有任何一个法律体系将财产权认可为自然权"，而且"财产权不是单一性的权利，它是权利与特权、义务与责任的结合体"。[103] 消除收入不平等和贫富两极分化，构建美好新社会是关于资本社会的义务与责任。韩国的社会成员"通过民主化的程序追求民主主义、公平和效率等价值，确保个人收入"[104]，从而实现正义分配和福利的权利，是为民主主义。

实现韩国"和谐共生的正义资本主义"的希望在于民主主义。资本和劳动发生利害冲突时，导致不平等的资本主义站在资本一方，但是创造平等的民主主义站在劳动一方。资本主义属于既得利益势力、富有阶层和财阀一方，但民主主义站在中产阶层和贫民阶层、社会弱势群体和中小企业一方。如果说资本主义的武器是"金钱"，那么民主主义的武器是"一人一票的投票"。绝大多数公民不是资本的拥有者，而是劳动的从事者。在民主主义政治体制中，当资本主义和民主主义发生冲突时，民主主义拥有的"投票"武器可以战胜资本主义的武器，或者至少可以对资本主义起到牵制作用。没有民主主义的资本主义将自动灭亡，"投票"战胜"金钱"，实现"正义资本主义"不是民主主义战胜资本主义，反而是民主主义对资本主义的挽救与发展。韩国充分拥有实现"正义资本主义"的符合韩国现实的政策力量，如果大多数公民可以正确进行"阶级投票"和"记忆性投票"，和谐共生的正义资本主义在韩国便有可能变为现实。

后　记
最终归结为"人"与"钱"的问题

　　世间万事无外乎"人"与"钱"。世间富饶，你可以拥有的东西却几乎没有，可能身无分文生活艰难；芸芸众生中，在你身处困境时，身边可以给予帮助的朋友却没有几个。

　　世间万事中，钱解决不了而且必须依靠人来解决的问题是最难的事，另外，世间万事中可以通过钱解决的问题都不算问题。

　　虽然古语有云，"人生钱，钱不生人"，但世间看钱不看人的情况犹如家常便饭，必须依靠人解决的问题，却试图用钱解决。世间万事不过如此，国家经济也不例外。

　　在经济上，"人"是劳动力，"钱"是资本。经济发展实现于劳动和资本结合下的生产活动。然而，关于如何分配劳动和资本共同创造的价值，存在错综复杂的利益关系。劳动和资本在分配的问题上相互对立，资本主义历史充满了资本对劳动的支配和压制。

　　实现和谐共生的正义资本主义过程中，最重要的是首先确保资本的正义性。资本带来的问题，是资本持有者的问题，不是资本本身的问题，如同杀人凶手是持刀的人，而非刀本身。大韩民国实现正义资本主义的第一步，首先应该确保绝大多数通过劳动谋求生计的国民享有政治民主，并制约和规范资本家在正确的方向和范围从事经济活动。

　　国家经济通过劳动和资本的结合得以发展，因此拥有优秀劳动力和丰富资本的国家通常国民生活富裕。而韩国资本和资源匮乏，经济发展仅仅依靠劳动力起家。现在韩国资本有一定的积累，国民对美国生活的诉求依然强烈，而且传承了勤奋的优良传统。相信大韩民国可以克服资本主义危机，实现更美好的发展。

本书通过"实践和谐共生的正义资本主义"的展望和探讨，希望大韩民国实现美好未来，而"和谐共生的正义资本主义"是笔者热血沸腾的梦想和期待。

张夏成

2014 年夏

于京畿道加平郡马日里

注　释

第一章

① 世界银行关于经济增长率的统计资料显示，美国和英国 2008 年的经济增长率分别为 - 0.3% 和 - 0.8%，2009 年的经济增长率分别为 - 2.8% 和 - 5.2%。同时，世界经济增长率 2008 年为 1.4%，2009 年为 - 2.1%。

② 世界银行的统计资料显示，世界经济的年均增长率 20 世纪 60 年代为 5.5%，20 世纪 70 年代为 4.0%，20 世纪 80 年代为 3.1%，20 世纪 90 年代为 2.7%。金融危机爆发之前，2000 年到 2007 年世界经济平均增长率为 3.3%。

③ 世界银行关于经济发展不同阶段国家经济增长率的统计资料显示，2008 年到 2013，世界经济年均增长率为 1.8%。同期高收入国家的年均经济增长率为 0.8%，中间收入国家的年均经济增长率为 5.3%，低收入国家为 5.9%。

④ 关于美国收入不平等变化趋势的内容参考以下资料。

Larry Bartels，《不平等的民主主义》，魏善珠（音译）译，21 世纪书局出版社，2012，第 65 页。

托马斯·皮凯蒂，《21 世纪资本论》，哈佛大学出版社，2014，第 291—294 页。

⑤ 关于韩国在外汇危机之后收入不平等恶化的变化趋势，参照以下资料。

金落年（音译），《韩国的收入不平等，1963—2010：以劳动收入为中心》，《经济发展研究》第 18 卷第 2 号，2012 年。

洪硕哲、全汉京（音译），《人口高龄化和收入不平等的加剧》，《韩国经济分析》第 19 卷第 1 号，2013，第 79 页。

白雄基（音译），《缓解经济两极化的经济政策方向》，《金融研究》12 - 02，韩国金融研究院，2012。

⑥ OECD 的报告数据是以 1985 年到 2008 年可支配收入为基准的统计。22

个调查对象的平均基尼系数从 1985 年的 0.29 增加到 2008 年的 0.31，除土耳其与希腊两国，剩余 20 国的基尼系数全部有所增加。基尼系数是评定收入不平等情况的指标，评定结果数值从 0 到 1，结果数值越大意味着收入不平等情况越严重。韩国 20 世纪 80 年代中期没有可支配收入的相关资料，因此没有包含在此次统计中。作为参考数据，韩国 2008 年的基尼系数为 0.31，相当于 OECD 报告数据的平均水平。

OECD，Divide We Stand：Why Inequality Keeps Rising，2011，第 22—38 页。

⑦ OECD（2011），同前书，表 1。

⑧ 瑞典的基尼系数从 1985 年的 0.2 增加到 2008 年的 0.26，是增长幅度最大的国家。但 2008 年瑞典以 0.26 的基尼系数成为世界上基尼系数最小的国家。（OECD，*Divide We Stand*：*Why Inequality Keeps Rising*，2011）

⑨ 关于金融危机之后收入不平等严重恶化的情况，参考以下报告。

OECD，Crisis Squeezes Income and Puts Pressure on Inequality and Poverty，2013.

⑩ 关于 1990 年之后 20 年期间收入不平等持续恶化的趋势，参考以下论文资料。

洪硕哲、全汉京（2013），同前书，第 79 页。

白雄基（2012），同前书。

⑪ 2010 年以可支配收入为基准的韩国基尼系数为 0.31。OECD 成员的平均基尼系数为 0.314，二者水平相当。韩国在 34 个 OECD 成员中排名第 17 位，处于中等水平。由于韩国的总收入资料严重失实，以总收入为基准比较基尼系数将失去比较意义，因此将以可支配收入为基准的韩国基尼系数与国际基尼系数做比较分析。政府公开资料显示，2010 年以包含税金和公共补助的总收入为基准的韩国基尼系数为 0.34，这个数据处于 OECD 成员中的最低水平。同期以高福利著称的北欧代表国家瑞典为 0.44，挪威为 0.42，丹麦为 0.43，韩国 0.34 的基尼系数远远低于北欧国家，从侧面反映出当时韩国政府公布的收入资料严重失实。基尼系数资料参照 OECD 统计系统网站 http://www.oecd.org/statistics/。

⑫ 如果将富有阶层高收入者漏报或低报的收入计算在内，2010 年韩国的基尼系数将从 0.31 上升到 0.37。这个高数据在 OECD 成员中排名第 6，与发达国家收入不平等现象最严重的美国（基尼系数 0.38）水平旗鼓相当。关于韩国总

收入统计资料严重失实的情况，参照以下论文。

金落年、金钟日（音译），"关于韩国收入分配指标的再探讨"，《韩国经济分析》第 19 卷第 2 号，2013 年。

⑬ 洪硕哲、全汉京（2013），同前书，参考第 72 页。

⑭ 2010 年 OECD 可支配收入资料。其中，智利、匈牙利、爱尔兰、新西兰、瑞士、土耳其六个国家没有 2010 年的可支配收入资料，使用 2009 年数据。拿最顶端前 10% 的收入和最底端后 10% 的收入为基准进行比较，比韩国收入不平等现象严重的国家有墨西哥、智利、以色列、土耳其、美国、西班牙与日本。

⑮ 分析不同来源的收入不平等原因的以下论文中阐明，劳动收入不平等是引起总收入不平等的最主要原因，其次是产业收入（个体经营收入）不平等。分析 1982 年到 2009 年期间收入不平等现象的成明宰（音译）在其论文中阐明，20 世纪 90 年代虽然产业收入（个体经营收入）不平等和劳动收入不平等一样严重，同样成为总收入不平等的重要原因，但 2007 年以后，劳动收入不平等成为主要原因。金载浩、郑株衍（音译）对 2005 年到 2011 年期间收入不平等情况进行分析研究表明，2011 年劳动收入不平等占总收入不平等的 83%。

金载浩、郑株衍，"金融危机以后收入再分配政策的效果"，《韩国政策学会学报》第 22 卷第 2 号，2013 年。

成明宰，"韩国收入分配结构的主要特征和原因"，财政论坛，2010 年。

⑯ 洪硕哲、全汉京（2013），同前书，第 94 页。

⑰ 详见 OECD 统计系统 http://www.oecd.org/statistics/。该统计体现了全职正式劳动者的总收入分布情况，排序基于 2011 年的数据。2011 年没有公开数据的国家使用其 2010 年数据。如果使用所有成员 2010 年的数据分析比较最顶端前 10% 的收入与最底端后 10% 的收入差距，韩国在 33 个成员中排名第四。

⑱ 白雄基（2012），同前书，参照第 29 页，表 4。

⑲ 白雄基（2012），同前书，参照第 27—30 页。

⑳ 判定贫富两极分化的指数，主要使用以下论文中提出的两类指数，沃尔夫森指数（Wolfson Index）和 ER 指数（Esteban and Ray）。

Wolfson, Michael, "When Inequalities Diverge", *The American Economic Review*, vol. 84 no. 2, 1994.

Esteban, Joan‐Maria and Debraj Ray, "On the Measurement of Polarization",

Econometrica, vol. 62 no. 4 1994.

㉑ 白雄基（2012）的研究表明，韩国在 1983 年到 2010 年的 28 年期间，收入不平等和贫富两极分化同时恶化的次数为 11 次，同时改善的次数为 9 次。仅收入不平等恶化的次数为 6 次，仅贫富两极分化恶化的次数为 2 次。2001 年之后，收入不平等和贫富两极分化同时改善的次数只有 2010 年 1 次。

㉒ 申关浩、申东均（音译），《收入分布两极化的特征及经济社会影响》，《韩国经济分析》第 13 卷第 1 号，2007 年，参照第 65 页。

㉓ 20 世纪 80 年代初到 1997 年外汇危机前后，两极分化的趋势参考如下论文。

崔基甲（音译），《外汇危机和收入分配的两极化》，《国际经济研究》第 8 卷第 2 号，2002 年。

申东均、全炳由（音译），《收入分布的两极化趋势》，《劳动经济论文集》第 28 卷第 3 号，2005 年。

李正雨、李成林（音译），《经济危机和贫富差距：1997 年危机前后的收入分配与贫困》，《国际经济研究》第 7 卷第 2 号，2001 年。

南尚浩、林炳仁（音译），"收入、消费结构变化与两极化分析"，《经济学研究》第 56 辑第 1 号，2008 年。

㉔ 定义中产阶层的典型标准为中等收入的 50%～150% 范围内的收入阶层，这里说的中等收入不是指平均收入，而是全体家庭成员收入和个人收入分布中处于中间水平的收入。除了 OECD 组织常用的这种定义方法，另有定义方法将中产阶层标准确定为中等收入的 80%～125%、66.7%～133.3%、50.5%～200%。李正雨、李成林 2001 年的论文表明，采用这四种标准中的任一标准进行分析，所得结论均为中产阶层规模正在缩小。

㉕ 申东均，《外汇危机以后收入分配两极化的趋势、原因及政策》，《经济学研究》第 55 辑第 4 号，2007 年，参照第 506 页和第 526 页。

㉖ 根据金落年 2012 年的研究，对统计厅的居民家庭调查和统计厅收入税资料进行综合分析的结果表明，中等收入 50%～150% 的中间收入阶层 2000 年所占比例为 51.5%，但 2012 年降低了 5.8%，为 45.5%，中产层规模缩小大约 11%。中等收入 150% 以上的高收入阶层同期从 30.3% 增加到 32.5%，上升了 2.2%，中等收入 50% 以下的低收入阶层则上升了 3.6%，所占比重从 18.5% 增加到 22.1%。

金落年（2012），同前书，参照第 158 页表 3。

㉗ 金载浩、郑株衍（2013），同前书。

㉘ 申东均 2007 年的研究表明，虽然经济变化会对两极分化产生短期影响，但外汇危机之后两极分化长期恶化的趋势与经济变化无关。

㉙ 经济不景气将导致就业萎缩，而就业将随着经济回温有所恢复，这是经济与就业之间正常的循环关系。但是 20 世纪 80 年代的欧洲和 20 世纪 90 年代的美国在经历了经济萎缩之后，就业并没有随着其经济增长恢复到之前的水平。这种现象被称为"无就业恢复"或"无就业增长"。世界劳动机构（ILO）2014年的《世界雇用趋势报告》（Global Employment Trends，2014）中指出，全球金融危机之后，世界经济虽然呈现圆满的恢复趋势，雇用并没有增加。报告对现在这种经济情况深表担忧，将报告副标题定为"无就业经济恢复的风险"（Risk of jobless recovery）。

㉚ 关于韩国存不存在"无就业增长"的问题，根据不同的研究方法、研究对象和研究期限，结论不同。不同的意见与结论参考以下研究资料。

许在准、高英雨（音译），《就业弹性测算和政策启示点：基于非稳定性的时系列分析方法》，《劳动经济论文集》3—4 月刊 3 号，2011 年。

刘景均、申石河、柳德玄（音译），《经济增长、就业、失业的关系研究》，《实现经济增长与就业良性循环的范式转换》，韩国开发研究院报告 2011－2，2011 年。

金荣炫（音译），《无就业增长是现实吗?》，《劳动政策研究》第 5 卷第 3 号，2005 年。

㉛ 裴基俊（音译），《实物经济与就业指标之间的沿革变化》，《劳动审查月刊》2013 年 9 月。

朴世均、朴昌现、吴荣岩（音译），《经济—就业结构性变化的原因分析和政策启示点》，BOK Issue Review，第 2 卷第 2 号，2013 年．

㉜ 韩国在过去的二十余年中，除了外汇危机之后的两年，均为 OECD 常任成员中失业率最低的国家。韩国 2012 年和 2013 年的失业率为 3.2% 和 3.1%，在 34 个 OECD 成员中水平最低，在从低到高的排序中，金融危机爆发当年的 2008 年排名第四，2009 年和 2010 年排名第二。外汇危机之前的 1994 年到 1997 年期间，韩国在 OECD 成员中也属于失业率最低的国家。2002 年被视为韩国摆脱外汇危机的新元年，按照从低到高的排序，2012 年韩国失业率在 OECD 成员

中排名第四，2003 年排名第三，2004 年排名第二，之后低失业率持续维持在第二或第三的低水平。关于失业率的统计详见 OECD 统计数据网站 http：//stats. oecd. org/index. aspx。

㉝ 韩国 2013 年的就业率为 64.4%，在 OECD 成员中位列第 20 名。2012 年韩国就业率排名为 20 位，2011 年为 22 位，2010 年为 21 位，2009 年为 22 位，2008 年为 23 位，持续处于低位。关于就业率的统计数据详见 OECD 统计网站，http：//stats. oecd. org/index. aspx。

㉞ 就业率是指劳动就业人数占满 15 周岁具备生产能力的人口总数的比例。失业率是指失业人口占经济活动人口的比例，失业人口不包括具备经济活动能力的人口中自动放弃就业机会的人口数。换言之，失业率是指具备就业意愿的失业者比例。非经济活动能力人口包括学生、家庭主妇、无就业意愿者和待业者。

㉟ 1998 年和 1999 年韩国失业率分别为 7.0% 和 6.8%，在 OECD 成员中的排名分别为 13 位和 12 位。

㊱ 关于韩国失业率统计问题的讨论参考以下论文。

黄秀景（音译），《失业率测定的问题与失业补充指标研究》，《劳动经济论文集》，第 33 卷第 3 号，2010 年。

㊲ 制造业的就业弹性指数从 2000 年的 10.4 降低到 2011 年的 5.5，十余年下降一半水平。服务业的就业弹性指数从 2000 年的 16.2 降低到 2011 年的 11.5，下降幅度约 30%。就业弹性指数参考如下资料。

产业研究院，《主要产业动向指标》通卷第 24 号，2013 年。

㊳ 韩国银行公布的数据显示，2012 年制造业占 GDP 的比重为 31.1%，服务业所占比重为 58.2%。2002 年制造业占 GDP 的比重为 26.5%，服务业所占比重为 59.8%。

㊴ 2007 年、2008 年、2009 年韩国制造业占 GDP 的比重分别为 27.3%、27.9% 和 27.8%，但 2010 年、2011 年、2012 年的比重分别增长到 30.3%、31.3% 和 31.1%。2007 年、2008 年、2009 年韩国服务业占 GDP 的比重分别为 60.0%、60.8% 和 60.4%，但 2010 年、2011 年、2012 年的比重反而分别降低到 58.5%、58.0% 和 58.2%。制造业就业在全部就业中的比重 2008 年为 16.8%，2012 年为 16.6%，没有明显变化，服务业就业在全部就业中的比重 2008 年为 67.7%，2012 年增长到 69.6%。GDP 比重数据参考韩国银行国民账

户资料，就业比重数据参考劳动研究院资料。

㊵ 根据 OECD 网站公布的统计数据，2011 年韩国制造业（含能源产业）占 GDP 的比重为 33.8%，仅次于排名第一位的挪威（36.4%），在 OECD 成员中位居第二。2009 年和 2010 年同样排名第二。

㊶ 2011 年 OECD 成员中服务业占 GDP 的比重最低的国家为挪威（56.3%），处于低水平第二位的是智利（57.5%）。

㊷ 最初将"经济的服务业化"现象理论化的学者是美国著名经济学家 William J. Baumol。代表性研究参考以下资料。

Baumol，W. And Bowen，W.，*Performing Arts*：*The Economic Dilemma*，*Twentieth Century Fund*，1966.

㊸ "无工资增长"的说法出现在以下研究报告中，恰当描述了韩国目前面临的经济状况，因此加以引用。

朴钟圭（音译），《韩国经济的结构性课题：无工资增长和企业储蓄的悖论》，《KIF 研究报告》2013 - 08，韩国金融研究院，2013 年。

㊹ 依据韩国银行经济统计系统 http：//ecos. bok. or. kr/的公示资料，用物价增长率将各工种的平均工资转换为实际工资。经济增长率为 GDP 的增长率。依据韩国统计厅（http：//kosis. kr）公布的数据，在矿业制造业调查中，可以将年度总供给额除以劳动就业者总数得出平均工资。但由于该系统没有 2007 年之前的数据，因此本书中使用韩国银行的统计数据。如果使用韩国统计厅的数据系统，换算成消费者物价指数的实际工资，2008 年到 2012 年全球金融危机之后的五年期间，账面工资年均增长率为 3.8%，消费者物价指数的年均增长率为 3.3%，实际工资增长率为 0.5%。

㊺ 人均国民收入的实际增长率由现时价格人均国民收入和 GDP 紧缩指数转换为不变价格计算得出。关于经济增长率、人均国内收入、GDP 紧缩指数的统计数据详见韩国银行经济统计系统。

㊻ 劳动收入分配率是指企业创造的附加值中分配给劳动者的比重。韩国银行的国民账户统计数据显示，韩国的劳动收入分配率近十年来长期处于停滞状态，没有明显变化。但此数据很难反映正确的劳动收入分配情况。因为个体经营者收入的大部分应该看作个体经济者个人的劳动收入，特别是零纳税的个体经营者的收入。但是，韩国国民账户统计系统将个体经营者的收入全部计入产业利润，因此基于该系统计算得出的劳动收入分配率不能真实反映韩国劳动收

入分配情况。而且，韩国个体经营者占所有劳动者的比重非常高，每十名劳动者中有三名为个体经营者，如此高的比重在 34 个 OECD 成员中排名第四。根据 OECD2012 年的统计数据，韩国个体经营者占所有劳动者的比重为 28.2%，比此数据高的国家仅有三个，土耳其为 37.1%、希腊为 36.4%、墨西哥为 28.2%。OECD 成员个体经营者占所有劳动者的比重平均数据为 16.2%。因此，韩国银行国民账户统计系统中的数据不仅不能够真实反映韩国劳动者收入分配情况，也不能反映个体经营者收入萎缩的趋势。如果想要得到准确的劳动收入分配率，必须将个体经营者的一部分收入计入劳动收入。笔者关于补充修订劳动收入分配的所有研究都将个体经营者的比例因素考虑在内。

㊼ 关于补充修订劳动收入分配率的统计，韩国劳动研究院的洪民基（音译）研究员在以下报告中有所体现。作为补充修订劳动收入分配率的方法，该报告中将个体经营者收入的 2/3 划分为劳动收入，1/3 划分为资本收入，由此得出的劳动收入分配率 1998 年为 77.0%，1999 年为 67.5%，呈现明显下降趋势。（参考报告第 54 页）

李炳熙、洪民基、李炫株、江新玉、张智妍（音译），《经济不平等和劳动市场研究》，《韩国劳动研究院研究报告》2013 第 01 号，韩国劳动研究院，2013 年。

㊽ 关于个体经营者收入中补充修订劳动收入的情况，同时参考以下论文。该论文针对 1975 年到 2010 年的劳动收入分配率进行测算，与测定方法无关，2010 年为 1990 年之后比率最低的一年。

金裴根（音译），《关于劳动收入分配率测算与决定因素的研究》，《经济分析》第 19 卷第 3 号，韩国银行经济研究院，2013 年。

㊾ 关于经济增长率和居民家庭收入增长率差距的讨论参考以下报告。以下报告中仅分析了截至 2010 年的数据，本书中将 2011 年与 2012 年的数据并入分析。

江斗荣、李尚浩（音译），《韩国经济中居民家庭收入和企业收入增长不均衡问题：现象、原因、含义》，*Issue Paper*，2012 年第 296 期，产业研究院。

㊿ 经济增长率为实际经济增长率，居民家庭收入增长率亦为经消费者物价指数换算为不变价格的居民家庭收入的实际增长率。

(51) 2003 年到 2012 年期间，韩国经济的年均增长率为 3.6%，扣除物价上涨因素的实际居民家庭可支配收入年均增长率为 2.8%，经济增长率与家庭可支配收入增长率之间的差距为 0.8%。OECD 34 个成员中，有 26 个成员公开了 2003 年到 2012 年期间经济增长率与家庭可支配收入增长率之间的差距数据，其中，韩国的差距排名第五位。经济增长率与家庭可支配收入增长率之间的差距高于韩国的国家为匈牙利、荷兰、斯洛伐克、波兰。关于 OECD 成员经济增长率与家庭可支配收入增长率的数据，详见 OECD 网站 http：//stats. oecd. org/。2008 年到 2012 年的五年，韩国年均经济增长率为 2.9%，年均家庭可支配收入增长率为 2.1%，这个数据在金融危机后有公开数据的 28 个 OECD 成员中排名第七位。28 个成员中有 16 个即使在金融危机时期平均家庭可支配收入增长高于经济增长。

(52) 2008 年到 2012 年的五年间，英国和美国的年均经济增长率分别为 -0.24% 和 0.63%，年均实际居民家庭可支配收入的增长率分别为 1.01% 和 1.51%。

(53) 劳动收入占居民家庭收入的比重 1989 年、1990 年、1991 年、1992 年、2000 年、2001 年分别为 86.3%、85.8%、85.1%、85.3%，84.1% 和 84.2%，虽然 2000 年和 2001 年连续出现下降趋势，但之后重新反弹。

(54) 根据非正式就业岗位范围的界定标准不同，非正式就业岗位规模的统计结果亦不同，关于这一内容参考以下张新哲（音译）2012 年的研究资料。企业界关于非正式就业岗位界定方式的内容，参考以下金由善（音译）2013 年的资料。

张新哲，《关于非正式就业岗位范围和规模的再考察》，《产业关系研究》第 22 卷第 1 号，2012 年。

金由善，《非正式就业岗位的规模与实况》，*KLSI Issue Paper*，2013 -07，韩国劳动社会研究所，2013 年。

(55) 非正式就业岗位的问题无法与其他国家进行比较。因为不同国家的就业形态不同，关于非正式就业岗位的界定也不同。与“非正式就业岗位”相似的概念，国际上有两类可比较的数据，一类是以每周 30 个小时的工作时间为标准分为全职与兼职（或非全职）的统计数据，一类是关于长期雇用与临时雇用的统计数据。如果依据第二类数据，韩国的临时性就业率在 2011 年高达 23.8%，在有统计数据的 30 个 OECD 成员中排名第四。

(56) 韩国劳动研究院的统计。

(57) 金由善（2013），同前书。

㊺ 政府的正式统计资料见韩国劳动社会研究院网站 www.klsi.org。

㊉ 企业界统计资料见韩国劳动社会研究院网站 www.klsi.org。

⑥ 根据金由善 2013 年与 2009 年的资料，非全日制劳动者的比重 2007 年为 15.9%、2008 年为 14.7%、2009 年为 17.1%、2010 年为 14.6%、2011 年为 15.2%、2012 年为 15.3%、2013 年为 15.1%。

金由善（2013），同前书。

金由善，《非固定工作岗位的规模与实况：统计厅经济活动人口调查补充调查（2009.8）结果》，韩国劳动社会研究所，2009 年。

⑥ 青年层首次就业中不满一年期的非固定工作岗位所占的比例 2006 年为 8.7%，但 2013 年急剧上升到 21.2%。青年层首次就业中虽为固定工作岗位但没有规定合同期限的情况 2004 年为 69.6%，2013 年减少到 61.6%。以上关于青年层就业情况的统计数据参考以下资料。

金斗纯（音译），《青年层首次就业形态分析》，《就业动向简报》，2014 年 5 月，韩国就业信息院，2014 年。

⑥ 韩国银行经济统计系统中公示的企业经营分析全产业资料始于 2004 年，因此仅对 2004 年至 2012 年期间的数据进行分析。

⑥ 以韩国银行企业分析系统的调查企业数据为依据，笔者计算得出的股利分红总额 2004 年为 14.2 万亿韩元、2005 年为 14.4 万亿韩元、2006 年为 13.3 万亿韩元、2007 年为 16.7 万亿韩元、2008 年为 8.3 万亿韩元、2009 年为 13.8 万亿韩元、2010 年为 20.2 万亿韩元、2011 年为 18.0 万亿韩元、2012 年为 15.7 万亿韩元。2009 年，企业分析系统扩大了调查企业的范围，开始针对更大规模的企业进行统计分析。

⑥ 以韩国银行企业分析系统的调查企业数据为依据，笔者计算得出的年度股利分红总额与人工费总额的比率分别如下。2004 年为 9.7%、2005 年为 8.3%、2006 年为 7.6%、2007 年为 8.8%、2008 年为 3.1%、2009 年为 5.0%、2010 年为 6.7%、2011 年为 5.6%、2012 年为 4.5%。2009 年，企业分析系统扩大了调查企业的范围，开始针对更大规模的企业进行统计分析。

⑥ 韩国银行的企业分析系统中，股利分红与人工费比率是股利分红总额和人工费总额的比值。人工费在资产损益表中包括工资、退休费、福利费，在制造成本明细表中包括劳务费、福利费。股利分红是由资产损益表中的纯利润和损益关系比率中的股利分配倾向计算得出。每年度股利分红与人工费的比率情

况如下。2004 年为 9.7%、2005 年为 8.3%、2006 年为 7.6%、2007 年为 8.8%、2008 年为 3.1%、2009 年为 5.0%、2010 年为 6.7%、2011 年为 5.6%、2012 年为 4.5%。2010 年企业经营分析的调查方法发生变动，因此 2010 年以后为采用新方法计算得出的数据。2004 年之前的制造业资料显示，制造业股利分红与人工费的比率与全产业情况一样没有增长。2012 年制造业股利分红与人工费的比率为 8.3%，这一数值均低于 2004 年的 11.3%、2005 年的 10.1%、2007 年的 10.7%、2010 年的 12.4% 和 2011 年的 10.3%。

⑥⑥ 实际人工费总额是在账目人工费总额基础上考虑消费者物价指数因素，以 2010 年的数据为基准，转换为不变价格计算得出。2012 年的股利分红总额低于 2004 年到 2007 年每年度的股利分红总额，实际股利分红总额反而减少。

⑥⑦ 韩国银行企业经营分析系统中关于全产业股利分配倾向的资料自 2002 年开始提供。2012 年的股利分配倾向为 20.2%，意味着纯利润中大约有 1/5 用作支付股利分红。2012 年的股利分配倾向略低于 2003 年的 21.1% 和 2004 年的 20.9%，2005 年之后的股利分配倾向降低了一段时间后略微反弹，到 2012 年达到 20.2%。过去十年的股利分配倾向虽然在回落后重新增长，但依然低于 2003 年的水平。

⑥⑧ 股利分红与资本金的比例在韩国银行企业经营分析系统中用"股利率"来定义。2002 年到 2012 年的股利率与股利分配倾向一样，每年根据情况有所上升或下降，并非全部是增长的趋势。举例说明，2012 年的股利率为 6.0%，略高于 2002 年的 5.9%，但均低于 2009 年以外的其他年份，并且呈现降低趋势。企业的资本金远远高于账簿资本金价值，因此以账簿资本金为基准计算的股利率高于比以市价为基准计算的股利收益率。

⑥⑨ 将企业利润用于买入公司内部股时，股东的利润将随着股价上涨而上涨。但是，韩国企业并不热衷于将企业利润用于购买公司内部股。韩国上市公司中利用企业利润增持内部股的比例大约为 5% 左右，股利分红与购买企业内部股同时进行的公司比例不到 20%。

⑦⓪ 上市公司的工资总额与股利总额的增长率，是笔者以 2000 年以后韩国证券交易所和科斯达克 1800 余个上市公司资料为依据进行分析得出的结果。关于工资与股利分红的资料，参照韩国上市公司协会的企业信息数据库 TS2000 系统。

⑦① 上市公司 2000 年股利工资与工资总额的比例为 10.3%，2001 年为

9.3%，2002年以后开始飞速增长，2002年、2003年分别为11.2%和15.2%，到2007年高达20.7%。但是，金融危机爆发的当年2008年开始急剧回落到11.5%，2012年跌落到10.4%。以上比率为笔者计算得出，参考资料同注释第51条。

(72) 非上市公司大股东进行过度股利分红的事件见以下新闻报道。

《财阀董事一家，通过非上市的子公司攫取巨额股利……继上市公司之后的“股利大餐”》，《京乡新闻》，2014年4月14日网络新闻。

《财阀非上市公司，只属于他们的“股利”……鲸吞纯利润的13倍》，《世界日报》，2014年4月14日网络新闻。

《必须对财阀通过非上市子公司享用“股利豪宴”喊停》，《朝鲜日报》，2014年4月15日网络新闻。

(73) 洪庄彪，《韩国制造业劳动收入分配率变动因素分析》，《产业劳动研究》第19卷第号，2013年，第30页。

(74) 2005年到2011年期间，韩国企业的现金股利分配倾向为22%，发达国家的平均水平为49%，新兴市场国家的平均水平为41%，韩国仅为新兴市场国家的一半水平。利用纯利润买入本公司股票的情况也属于股利分配，包含现金股利和公司内部股票买入总额的韩国企业股利分配倾向为32%，远远低于西方发达国家的平均值71%，也低于新兴市场国家的平均值44%。关于主要国家上市公司股利分配现状的资料参照以下报告。

江绍炫、金准硕、杨真英（音译），《韩国上市公司股利政策：评价与启示点》，《时事与政策》13－10，资本市场研究院，2013年。

(75) 笔者将以下论文第31页的内容进行了修正引用。

江斗荣、李尚浩，《富有的企业，困难的居民家庭生活：外汇危机之后韩国经济增长不平衡现象与原因解析》，《国际经济研究》第19卷第2号，2013年，第31页。

(76) 居民家庭收入是劳动工资收入、存款利息、投资收入等收入的总和。企业收入是指营业利润、存款利息以及证券市场投资收入的总和。政府收入为税收等政府筹集的财政收入。

(77) 国民总收入（GNI）、居民家庭收入、企业收入等扣除通货膨胀价格因素之后以2010年的数据为基准转换成实际价值计算增长率。

(78) 关于居民家庭收入、企业收入和政府收入在国民总收入中所占比重的内容参照以下论文，对里面的统计数据笔者进行了重新核算。

金英泰、朴真浩（音译），《居民家庭收入的现象与问题》，《*BOK Issue Review*》第2卷第1号，韩国银行，2013年。

(79) 韩国不仅居民家庭收入减少，经济增长率和居民家庭收入增长率之间的差距也是OECD国家中最大的。可以说，韩国是国家经济发展对国民生活水平提高最没有发挥出积极作用的国家。参照以下报告。

江斗荣、李尚浩，同前书，第65页。

(80) 韩国银行2005年国民收入统计资料显示，金融危机之后，2008年、2009年、2010年、2011年、2012年企业收入占国民收入的比例分别为21.0%、22.2%、23.5%、23.7%、23.3%，家庭居民收入占国民收入的比例分别为63.7%、63.4%、62.0%、62.0%、62.3%。

(81) 企业收入占国民总收入的比重从2000年的16.5%增加到2012年的23.3%，居民家庭收入所占比重从2000年的68.7%降低到2012年的62.3%。

(82) 根据韩国银行的统计数据，2011年韩国居民家庭收入占国民收入的比重为62.0%，企业收入占国民收入比重为23.7%。但是本段落中“2011年韩国居民家庭收入占国民收入的比重为61.6%，企业收入占国民收入比重为24.1%”的数据是引用自金英泰、朴真浩（2013）比较韩国与其他国家居民家庭收入比重的论文第25页内容，OECD成员的平均比重数值也引用自该论文。

(83) 江斗荣、李尚浩（2012），同前书，参考第21页。

(84) 韩国银行企业经营分析全产业分析的统计资料显示，全产业统计数据2002年开始公开，无法与2002年之前的时期进行比较。

(85) 企业储蓄率是指未分配的企业可支配利润盈余占国民收入的比率。企业可支配利润盈余为国民可支配总收入的一部分。

(86) 韩国银行经济统计系统于1975年开始统计企业储蓄率，1975年、1980年、1990年、2000年的韩国企业储蓄率分别为8.0%、11.5%、12.8%、12.8%。之后急剧增加，2001年的企业储蓄率为14.2%，2002年的企业储蓄率为16.1%。金融危机之后韩国企业储蓄率持续增高，2008年为16.8%，2009年为18.1%，2010年为19.7%，2011年为19.3%，2012年为18.7%，这期间韩国企业储蓄率持续维持在史上最高水平。

(87) 2010年企业年平均储蓄率排名第二，2011年排名第四，金融危机之后2008年到2011年期间的企业年平均储蓄率为18.5%，排名第二。

⑧⑧ 基于韩国规划财政部国家竞争力统计资料，34 个 OECD 成员中，仅有 25 个国家公开了储蓄率数据。

⑧⑨ 基于 OECD 的统计资料，34 个成员中，2012 年仅有 28 个国家公开了居民家庭储蓄率的相关数据。

⑨⓪ 根据 OECD 的统计资料，其中有 12 个国家金融危机之后的 2008 年到 2012 年期间年平均居民家庭储蓄率比金融危机之前的 2000 年到 2007 年期间有所降低。2008 年到 2012 年期间韩国经济的年均增长率为 2.9%，比韩国居民家庭储蓄率低的国家中年均经济增长率的情况分别是希腊为 - 4.4%，意大利为 - 1.4%，斯洛文尼亚为 - 1.0%，荷兰为 - 0.1%，墨西哥为 1.9%，波兰为 3.4%。

⑨① 总储蓄率是指总储蓄额在国民可支配总收入中所占的比重。韩国规划财政部国家竞争力统计资料显示，韩国 2000 年的总储蓄率为 33.0%，2005 年为 32.1%，2008 年为 30.5%，2010 年为 32.1%，2011 年为 31.6%。

⑨② 居民家庭储蓄率降低的原因，除了居民家庭可支配收入增加动力不足外，还有其他很多因素。比如储蓄倾向低的高龄人口所占比重增加，教育费、通信费、交通费等在居民生活支出中成为固定支出项，个人办理银行贷款比过去简易化，国民年金等公共支出负担加重，医疗保险等消费支出增加等。上述内容参照以下资料。

林进（音译），《居民家庭储蓄率下降趋势与政策研究》，《金融简报周刊》，第 21 卷 50 号，韩国金融研究院，2012 年。

现代经济研究院，《居民家庭储蓄率的急剧下降与波及效果》，《难题与课题》第 13—14 期，2013 年。

⑨③ 基于韩国银行经济统计系统公示的数据，对经济增长的贡献度是指支出项占国内总生产增长率的比重。国内总生产的支出项大体由最终消费支出（消费）、资本形成总额（投资）、出口与进口四部分组成。最终消费支出分为民间支出（民间消费）和政府支出，资本形成总额分为固定资本形成总额和库存增减。固定资本形成总额是建设投资、设备投资和无形资产的和。消费和投资的贡献率可以由最终消费支出和固定资本形成总额在国内总生产中所占的比重来表现。1990 年到 1999 年的十年间，最终消费支出的平均贡献率为 65.1%，固定资本形成总额的平均贡献率为 47.9%。另外，1990 年、1991 年、1999 年固定资本形成总额的贡献率更高。

㉔ 基于韩国银行经济统计系统公示的数据，从2000年到2009年的十年间，最终消费支出（消费）对国内总生产增长率的平均贡献率为78.8%，固定资本形成总额（投资）的年均贡献率为6.1%。从全球金融危机之后到2012年的五年期间，固定资本形成总额（投资）的贡献率除了2009年，其他四年均为负数。

㉕ 基于韩国银行经济统计系统公示的数据，2008年、2009年、2010年、2011年、2012年的民间消费支出贡献度分别为30.4%、0.0%、38.1%、35.1%、45.0%，设备投资的贡献度分别为负4.3%、负300%、35.1%、10.8%、负10.0%。

㉖ 全球金融危机是由于放宽管控引起市场失败的典型代表，因此有利于营造公平公正的竞争机会的管控是市场经济的"抗癌药与朋友"。关于竞争与限制管控的内容，在本书的第二章将另行论述。

㉗ 金尚昭，《韩国经济纵横》，OHMYBOOK 出版社，2012年，参照第71页。

㉘ 金泰庭、李正易（音译）认为韩国2008年金融危机之后渐低的投资比重"与发达国家的同期发展阶段相比，比当时的美国、德国、英国等主要发达国家水平略高，比日本略低"，因此不可以下结论说韩国目前的投资水平偏低。另外，韩国国内总生产与设备投资关系的分析结果显示，"最近韩国设备投资的规模没有脱离经济长期均衡发展的轨道，设备投资水平没有明显低于需求"。

笔者修正引用的以上部分来自第135页，第136—137页内容。

金泰庭、李正易，《韩国固定投资的评价与问题》，*BOK Issue Review*，第二卷第1册，韩国银行，2013年。

㉙ 笔者将以下论文的第23—24页内容进行修正引用。

江斗荣、李尚浩（2013），同前书。

⑩ 罗升浩、郑千秀、林准革（音译），《结构性消费节约的制约因素和政策》，*BOK Issue Review*。

⑩① 江斗荣、李尚浩（2013），同前书，第24页。

⑩② 朴钟圭（2013），同前书，第60页。

⑩③《关于企业现金持有水平的判定与启示点》，*Issue Paper*，三星经济研究所，第1—5页。

⑩④ 根据以下研讨会资料（第41页）的研究结果，大企业提取的内部公积金每增加100元，速动资产增加14元，子公司股票等证券资产（研讨会资料中

将此项资产界定为投资资产，是不同于实物投资的证券资产）增加 15 元，共计增加的 29 元用于与有形资产、无形资产投资无关的部分。相反，企业内部公积金每增加 100 元，有形资产（设备投资）增加 12 元，库存资产增加 2 元，无形资产增加 1 元。因此，包括库存资产在内的广泛意义上的投资共计增加 15 元。黄仁泰、江先民（音译），《如何看待企业的内部公积金和现金资产?》，韩国经济研究院对外研讨会，2011 年 12 月 13 日。

⑩⑤ 韩国银行的统计系统对韩国的公司债务利息率和负债率有所公示。2013 年年末的公司利息率为 3.19%，这一数据比起 2000 年的年末数据 9.35%，2005 年的年末数据 4.68%，以及金融危机爆发当年 2008 年的年末数据 7.02% 明显偏低，处于韩国银行有统计资料以来的最低水平。虽然韩国银行的企业经营分析调查对象在 2000 年以后变更了三次，无法得到关于企业负债率的连贯性的统计数据，但是金融危机爆发的 2008 年，负债率一致升高，之后逐渐回落。

⑩⑥ 根据韩国证券交易所（KRX）资本市场统计门户网站公示的资料，2000 年韩国上市公司的整体负债率为 157%，之后急剧降低，2007 年刷新了上市公司的最低纪录 79.5%。金融危机爆发的 2008 年虽然上升到 97.9%，之后又重新回落，到 2013 年降到 90.0%。

⑩⑦ 负债融资需要支付利息，发行股票需要分配股利，利息作为会计费用，股利是不作为费用支出的。因此负债融资有利于减少法人税。负债融资和股票融资在相同的破产条件下，负债融资不仅具有针对长期法人税的减税效果，费用也低于股票融资。以韩国的代表性企业三星电子、现代汽车等企业为例，由于破产危机极低，可以看作负债融资的费用低于股票融资。

⑩⑧ 通过股票发行进行外部融资的过程中会产生手续费，与此同时，内部资金虽然可以节省外部融资环节产生的手续费，但由于缺失外部监管和监督而产生道德危机风险偏高，也意味着将来可能需要承担一定的道德风险金。由于每个企业情况不同，我们很难比较外部融资的手续费与道德风险金的高低。但是，如果不将道德风险金的因素考虑在内，那外部融资与内部融资将由于权益资本相同，产生的资本费用亦相同。

⑩⑨ 除银行、保险公司等金融公司以外，以 2013 年年末的数据为依据，总市值排名前十位的企业分别是三星电子、现代汽车、现代 MOBIS、浦项制铁、SK 海力士、NAVER、起亚汽车、韩国电力公社、LG 化学和现代重工业。

⑩⑩ 总市值排名第四的浦项制铁公司最后一次通过股票发行进行融资是在

1998 年，总市值排名第五的 SK 海力士公司于 2012 年最后一次发行股票进行融资。总市值排名第六的韩国最大的门户/搜索引擎网站 NAVER 在上市之前于 2004 年发行过股票，2008 年上市成功之后便没有进行过一次股票发行。总市值排名第七位的起亚汽车最后一次发行股票为 2002 年，排名第八位的韩国电力公社为 1995 年，排名第九位的 LG 化学在 1990 年之后便没有进行过有偿增资，即没有对新股缴付现金的增资，公司没有对发行的新股以优惠的价格配售或按照当时市价向社会进行公募。总市值排名第五的 SK 海力士于 2012 年发行股票时，不是面向一般投资者的公募，而是向其关联公司 SK 通讯进行第三方定向增发，以便于 SK 通讯对 SK 海力士进行收购。

⑪ 金钟仁，《今日之经济民主化》，同和出版社，2012 年，第 39—40 页。

⑫ 金钟仁（2012 年），同前书，第 39 页、第 41 页。

⑬ 约翰·罗尔斯，《作为公平的正义》，黄景植、李仁击、李民秀、李汉九、李宗日（音译）译，曙光出版社，1988 年，第 98 页。

⑭ Michael J. Sandel，《正义是什么》，李昌信（音译）译，金宁出版社，2010 年，第 199 页。

第二章

①一部分经济学家习惯将韩国的计划经济称为"官制经济"，这一说法无法准确概括韩国过去四十年间国家主导的经济运营框架，因此，本书中笔者统一使用传统的概念"计划经济"。

②金尚早（音译），"财阀问题的现实与认识：20 世纪八九十年代内外自由化政策的意义与结果"，《朴正熙模式与新自由主义之间》，刘哲圭（音译）编著，和阅出版社（音译），2004 年，第 138 页。

③《9 月 1 日开始实行洗浴费、住宿费全免自由化》，《联合新闻》，1990 年 8 月 27 日新闻，NAVER 网络检索内容。

④《围绕洗浴费上涨问题，私营业主与行政机关发生摩擦》，《联合新闻》，1996 年 11 月 5 日新闻，NAVER 网络检索内容。

⑤《引导首尔市饭店降价》，《联合新闻》，1991 年 11 月 8 日新闻，NAVER 网络检索内容。

⑥ 政府为了实行特别管理设计了 MB 物价指数，MB 物价指数包含 52 种生活必需品，其中 32 种的物价增长率高于全体物价增长率。

《五年间 MB 物价指数 52 种商品中 32 种高于平均增长率》，《KUKI 新闻》，2012 年 10 月 5 日。

⑦ 赵顺（音译），"增长萎缩的开始与开发战略的落地：20 世纪 60 年代"，《韩国经济的历史性分析》，李圭忆（音译）编著，韩国开发研究院，1991 年，第 174 页。

⑧ 1961 年 "5·16 军事政变" 后军事政府掌握政权成立军政府，朴正熙政府于 1963 年 12 月 17 日成立。军政府为国家再建最高会议，由朴正熙出任议长，集立法、司法、行政三大权力于一身，下设政治、经济、社会与文化、再建与计划、法律等委员会，是一个超宪法机构。然而此军政府于 1963 年底解散，恢复文人政治，但此军政府时期确立了朴正熙长达 18 年的独裁统治。朴正熙之后亦长期维持其独裁统治，直至 1979 年被暗杀身亡。1962 年 12 月 17 日，韩国修订宪法规定实施由公民投票选举产生总统的总统制，第二年 1963 年 10 月 15 日进行总统选举，朴正熙当选为总统，12 月 17 日朴正熙政府正式上台。

⑨ "第一个五年经济开发计划" 始于 1962 年军事政府时期，截至 1981 年，"第四个五年经济开发计划" 完成。之后全斗焕、卢泰愚政府时期，将名称改为 "经济社会发展五年计划" 并连续实行了三届，即第五个经济社会发展五年计划、第六个经济社会发展五年计划、第七个经济社会发展五年计划。1993 年金泳三政府将名称改为 "新经济五年计划"，于 1996 年提早结束。

⑩ 郑泰献（音译），《20 世纪韩国经济史问答》，历史批评出版社，2010 年，第 233 页。

⑪ 黄亦觉（音译），《朝鲜经济论：朝鲜与韩国经济的现状与比较》，罗南出版社（音译），1992 年，参考第 53—59 页。

⑫ 郑泰献（2010），同前书，参考第 263 页。

⑬ 根据联合国的统计，截至 1973 年朝鲜人均国民生产总值高于韩国，1974 年两国水平相当。（资料来源：UNData, http://data.un.org）但是，根据黄亦觉《朝鲜经济论》的描述，"从美元国民生产总值的绝对规模上看，韩国虽然从 1976 年以后超过了朝鲜，但人均国民生产总值直到 1986 年才超过朝鲜"。黄亦觉（1992），同前书，第 140—141 页。

⑭ Joan Robinson, "Korean Miracle", < Monthly Review > vol. 16 no. 9, January, 1965.

⑮ http://en. wikipedia. org/wiki/Five – Year_ Plans_ for_ the_ National_ Economy_ of_ the_ Soviet_ Union.

⑯ 引用赵顺第 173 页的内容："1948 年制定的韩国宪法规定，韩国实行以主要产业国有化、企业利润分配由劳动者决定等为核心的社会民主主义经济体制，1954 年修订的韩国宪法规定韩国将转换为以自由企业为原则的资本主义体制。"

赵顺（1991），同前书，第 173 页。

⑰ 人口在一百万名以下（以 2012 年联合国的人口统计数据为标准）的国家不包含在内。人均国民收入和经济增长率的数据来自对世界银行世界发展指标数据库资料的分析。（资料：http：//databank. worldbank. org/data/）朴正熙总统 1961 年 5 月 16 日发动军事政变夺取政权，1979 年 10 月 26 日被时任中央情报部（现在的国家情报院）部长的金载圭暗杀。朴正熙时期人均国民收入从 1961 年的 91. 6 美元增加到 1979 年的人均国民收入 1747 美金，人均国民收入翻了 19 倍的同时，年均经济增长率高达 8. 3%。

⑱ 韩国人均国民收入首破一万美元是在 1995 年，1986 年到 1995 年的十年间韩国经济年均增长率为 8. 7%，1996 年到 2005 年的十年期间，年均经济增长率为 4. 5%。2007 年韩国的人均国民收入突破两万美元，1998 年到 2007 年的十年期间年均经济增长率为 4. 4%，2008 年到 2012 年期间年均经济增长率为 2. 9%。人均国民收入和经济增长率的数据来自对世界银行世界发展指标数据库资料的分析。（资料：http：//databank. worldbank. org/data/）

⑲ OECD 31 个成员中，有 23 个国家的人均国民收入突破一万美元的时间持续长达十年以上。这些国家在人均国民收入突破一万美元之前十年的年均经济增长率为 3. 66%，突破一万美元之后十年的年均经济增长率为 2. 92%，年均经济增长率下降了 0. 73%。在这 23 个国家中，将人均国民收入突破一万美元之后的十年和之前的十年进行比较，其中 6 个国家的年均经济增长率有所上升，17 个国家的年均经济增长率有所下降。另外，31 个成员中，有 18 个国家的人均国民收入突破两万美元的时间长达二十年以上。这些国家在人均国民收入突破两万美元之前十年的年均经济增长率为 2. 82%，突破两万美元之后十年的年均经济增长率为 2. 51%，年均经济增长率下降了 0. 32%。在这 18 个国家中，将人均国民收入突破两万美元之后的十年和之前的十年进行比较，其中 7 个国家的年均经济增长率有所上升，11 个国家的年均经济增长率有所下降。人均国民收入和经济增长率的数据来自对世界银行世界发展指标数据库资料的分析。

（资料来自 http：//databank. worldbank. org/data/。）

㉑ Sen, Amartya, "Public Action and the Qulity of Life in Developing Coutries", *Oxford Bulletin of Statistics and Economics*, vol. 43 no. 4, 1981, p. 287 – 319.

㉑《总统颁布紧急措施 7 号令，命高丽大学停课，军队进驻》，《东亚日报》，参考 1975 年 4 月 10 日报道内容。

㉒ 关税及贸易总协定体制下的针对发展中国家实行特殊优惠的适用内容参考 "GATT1947，ⅩⅧ条款，Special and Differential Treatment"。

㉓《记者手册，劣迹斑斑的通商战略》，《每日经济》，2000 年 6 月 8 日网络报道；《韩中大蒜纷争的妥协》，《联合新闻》，2000 年 7 月 31 日网络报道。

㉔ 新世界党党章第二条（目的）中明确标明，新世界党"以自由民主主义和市场经济为根本理念"，而代表保守右派经济势力的"全经联（全国经济人联合会）"则以"自由市场经济的实现"为使命。

㉕ 韩国 2011 年全体国民的贫困率为 15%，而 65 岁以上老龄人口的贫困率为 49%，几乎一半的老龄人口处于贫困阶层。OECD 成员的老龄人口平均贫困率为 13%，而韩国老龄人口的贫困率是平均水平的 4 倍，在 OECD 成员中是最高水平。

OECD Economic Surveys Korea，2014 年，参考第 38—39 页。

㉖《放宽管制，修改宪法的必要性》，《每日经济》，2002 年 11 月 5 日网络报道。

㉗ 全国经济人联合会，《管制改革综合研究：以强化市场经济和国家竞争力为目的的管制改革蓝图》，韩国经济研究院，2007 年 10 月 9 日。

㉘ 全国经济人联合会，《改善企业经营环境的管制改革综合建议》，管制改革系列丛书，12 – 03，2012 年 9 月。

㉙ 全国经济人联合会，《韩国管制现状及改善方案》，2013 年 6 月 7 日。

㉚《韩经院长崔丙日（音译）：满足于 1% 低速经济增长的公职人员，摘掉你们的乌纱帽!》，《朝鲜日报》，2013 年 7 月 26 日网络报道。

韩国经济研究院是全国经济人联合会下属的研究所。

㉛ 李胜哲（音译），《停止逆运行的经济政策》，*KFI Economy Focus*，第 42 号刊，2013 年 6 月 27 日。

KFI Economy Focus 由全国经济人联合会发行，李胜哲为全国经济人联合会的常务副会长。

㉜《甩掉管制肌瘤，玄旿锡让企业家奋起》，etoday（韩国经济媒体）2013年8月1日网络资料。

㉝ 全国经济人联合会，《韩国管制现状及改善方案》，2013年6月7日。

㉞ Klaus Schwab，"The Competitiveness Report 2012 – 2013"，World Economic Forum.

世界经济论坛是以研究和探讨世界经济领域存在的问题、促进国际经济合作与交流为宗旨的非官方国际性机构。总部设在瑞士日内瓦。其前身是1971年由现任论坛主席、日内瓦大学教授克劳斯·施瓦布创建的"欧洲管理论坛"。1987年，"欧洲管理论坛"更名为"世界经济论坛"。论坛会员是遵守论坛"致力于改善全球状况"宗旨，并影响全球未来经济发展的1000多家顶级公司。由于在瑞士小镇达沃斯首次举办，所以日后也称其为"达沃斯论坛"。

㉟ IMD，*IMD World Competitiveness Yearbook*，25th Edition，2013.

瑞士IMD商学院承担MBA教育职能的同时，从事竞争力研究，是国际竞争力评价的两大权威机构之一，另一个权威机构是世纪经济论坛。

㊱ Klaus Schwab（2012—2013），1. 20 Efficacy of Corporate Board.

㊲ 以下论文主张韩国如果对劳动市场进行改革，每年潜在的生产增长（经济增长）率为1%。

Selim Elekdag，"Social Spending in Korea：Can It Foster Sustainable and Inclusive Growth？"，*IMF Working Paper*，Wp/12/250，October 17，2012，p. 6 – 7.

㊳ 世界经济论坛报告中关于与企业没有直接联系的调查项中，除了全经联指出的三项之外，韩国仍有多项处于较低水平。其中，与公共领域相关的调查项"政府的政策、规定与管制是否透明"？韩国排名第133位；"政府财政是否可以得到有效应用"？韩国排名第107位；"国民对政治人士的认可与信任"方面，韩国排名第117位；"司法界是否可以免于政府、企业、公民的影响，独立施行影响力"？韩国排名第74位。

㊴ 全国经济人联合会，《韩国管制现状及改善方案》，2013年6月7日。

㊵ 全国经济人联合会，《改善企业经营环境的管制改革综合建议》，《管制改革》系列丛书，2012年第3卷，2012年9月。

㊶ 笔者将207个管制改革项目进行整理分类，结果如下。关于减税和降低费用的内容有33项，占比15.9%；与垄断、不公平交易、支配结构相关的内容

为 45 项，占比 21.7%；关于进入门槛和退出门槛的管制有 27 项，占比 13%；与开发管制相关的内容为 20 项，占比 9.7%；与程序改善相关的内容为 54 项，占比 26.1%；与环境管制相关的内容为 12 项，占比 5.8%；与安全相关的管制有 6 项，占比 2.9%；与能源相关的管制为 3 项，占比 1.4%；其他内容 7 项，占比 3.4%。

㊷ 2013 年《全球竞争力报告》中，韩国的"企业税负率"为 22.0%，在 60 个调查对象中排名第 26 名，处于较低水平。2012—2013 世界经济论坛 WEF 的世界竞争力报告中包含关于利润的税率、关于劳动者的税金、其他税率、准租税负担等在内的韩国税负率为 29.7%，在 141 个调查对象国（其中有三个国家没有相关数据）中排名第 34 位，处于较低水平。

㊸ 魏平良、蔡亦裴（音译），《关于上市公司失效法人税的分析：长期趋势与产业方面、企业规模方面》，《经济改革报告》，2010 年第 09 号，经济改革研究所，2010 年 7 月 20 日。

㊹ 金均（音译），《弗里德里希·哈耶克与新自由主义》，《全球化与新自由主义的理念、现实与应对》，安炳英、林革百（音译）编著，罗南（NAN-AM）出版社，2000 年，第 85 页。

㊺ 笔者阅读了以下关于新自由主义历史的著作之后，更感觉给新自由主义下一个简单明了的定义并非易事。

David, Harvey, *A Brief History of NeoLiberalism*, Oxford University Press, 2005.

㊻ 金基原（音译），《金大中—卢武铉政权是市场万能主义吗？》，《新自由主义对策论》，崔泰坞（音译）编著，"创作与批判"谈论丛书 3，创作与批评出版社，2009 年，第 301 页。

㊼ 为了适合本国读者的阅读习惯或吸引大众眼球，译著与原著题目不同的情况时有发生。但是在原著中从头到尾没有出现过"新自由主义"的字样，译著题目中却使用"新自由主义"，误导普通民众出现新自由主义"不是什么好东西"的潜意识。这样的译著不在少数，在此只列举以下两部译著。

克里斯·哈曼（Chris Harman），《新自由主义经济学批判》，沈仁淑（音译）译，书标（CHAEKGALPI）出版社，2001。

理查德·波斯纳（Richard Posner），《波斯纳眼中的新自由主义危机》，金圭镇、金基坞、朴冬哲（音译）译，宇宙（HANOL）图书出版社，2013。

㊽ 金世均（音译），《新自由主义和政治结构的变化》，金成九、金世均

(音译),《资本的全球化与新自由主义》,文化科学理论新丛书7,文化科学社,1998年,第61—62页。

㊾ 金成九,《资本的全球化与新自由主义攻势》,金成九、金世均,《资本的全球化与新自由主义》,文化科学理论新丛书7,文化科学社,1998年,第55—58页。

㊿ 南九炫(音译),《全球化与德国的"社会国家"》,金成九、金世均,《资本的全球化与新自由主义》,文化科学理论新丛书7,文化科学社,1998年。

(51) 李宗姬(音译),《新自由主义攻势与民主化运动的展望》,金成九、金世均,《资本的全球化与新自由主义》,文化科学理论新丛书7,文化科学社,1998年,第203页。

安炫孝(音译),《从华盛顿共识到后华盛顿共识的进化:对主流发展经济学的方法论批判》,首尔社会经济研究所,《新自由主义和全球化》,社会经济研究丛书13,宇宙(HANOL)图书出版社,2005,第73页。

(52) 金成九(1998),同前书,第58页。

(53) 金世均(2000),同前书,第85—86页。

(54) 英国社会学家安东尼·吉登斯(Anthony Giddens)认为市场的自由主义不仅保障经济的效率性,还保障社会的连带性,而新自由主义者将其看作维持自发的社会秩序的基本保障。

刘宗日(音译)则将新自由主义定义为"以对市场无条件的信任为前提,认为市场不仅是解决经济问题的良药,也是解决所有社会问题的良药,是市场万能主义或市场自由资本主义意识形态的现代化形态"。

金世均认为"革新自由主义试图将市场经济关系产生的所有问题与弊端通过分配问题等国家介入和干涉进行解决,而新自由主义与革新自由主义不同,新自由主义试图将社会关系的总体再现为市场经济关系,并令其最大限度地从属于市场经济关系"。

以上观点参考了以下著作:

安东尼·吉登斯,《超越左与右》,金炫玉(音译)译,宇宙图书出版社,1997年,第48页,

刘宗日,《进步经济学:哲学、历史和对策》,主题图书(MOTIVEBOOK)出版社,2012年,第263页,

金世均(1998),同前书,第61—62页。

(55) 理查德·波斯纳（Richard Posner，1987）主张在维持法律与秩序方面需要一个强有力的政府，在经济管制、计划方面需要一个弱政府。

南九炫（1998）认为新自由主义“通过引入市场与竞争的原则恢复资本主义自身的调节力，国家对经济的介入与干预应该只局限于创造维持市场竞争机制的外部环境”。

大卫·哈维（David Harvey，2011）认为“政府只应在维护私有财产权和市场制度方面发挥作用”。

安东尼·吉登斯（1997）将新自由主义定义为“保证政府仅在资源物资和服务等生产调节机制正常运行方面发挥作用”。

Richard Posner，“The Constitution as an Economic Ducument”，*The George Washington Law Review* vol. 56，1987，p. 28.

南九炫（1998），同前书，第 108 页。

大卫·哈维，“新自由主义的历史与资本主义的未来”；诺姆·乔姆斯基（Avram Noam Chomsky），《资本主义和它的敌人们》，韩尚衍（音译）译，石枕出版社，2011 年，第 93 页。

安东尼·吉登斯（1997），同前书，参考第 49 页。

(56) 江尚九（音译），《新自由主义的历史与现实》，文化科学社，2000 年，参考第 94—95 页。

(57) 安东尼·吉登斯（1997），同前书，参考第 48 页。

江尚九（2000），同前书，参考第 94—95 页。

(58) 李勤（音译），“李明博政府和新自由主义：政治、经济、言论权力的三位一体”，《新自由主义对策论：超越新自由主义或市场万能主义》，崔泰坞编著，“创作与批判”谈论丛书 3，创作与批评出版社，2009。

(59) 林元革（音译）（2009）认为这是一种“试图将资本家自由发挥到最大化的思想”。

江尚九（2000）认为市场中自由的“个人”是指“资本家”，不包含只能出卖自己劳动力的无产者，因此新自由主义中的市场扩大，是为了资本家的自由。

林元革，“世界金融危机之后的新自由主义趋势”，《新自由主义对策论：超越新自由主义或市场万能主义》，崔泰坞编著，“创作与批判”谈论丛书 3，创作与批评出版社，2009。

江尚九（2000），同前书，参考第 90 页和第 220 页。

李宗姬（1998），同前书，参考第 203 页。

⑥⓪ 金成九（1998）不认同"将新自由主义（德国式新自由主义）和自由主义（英美式新自由主义）"统一用"（新）自由主义"来表现（第 58 页），不赞同将"新自由主义的概念在内容上等同于英美式的新自由主义政策（实际上是旧自由主义的政策）"这一关于新自由主义的"通俗的理解方式"。

金成九（1998），《资本的全球化与新自由主义攻势》，金成九、金世均，同前书，第 56、58 页。

⑥① 李宇进（音译），《从平等主义的视角重新分析韩国发展的争论焦点》，《新自由主义和国家的再次挑战》，《社会经济评论》第 15 号刊，韩国社会经济学会，绿光（PULBIT）出版社，1999，第 18 页。

"在美国比起新自由主义的说法，保守自由主义（Libertarian）的说法更为普遍，保守自由主义有别于积极自由主义（Liberal），现在所说的积极自由主义，通常不是指传统的自由主义（Classical Liberalism），而是新自由主义。本文中，将新自由主义和保守自由主义的说法进行混用。"

⑥② 安东尼·吉登斯（1997），同前书，参考第 53—54 页。

"撒切尔主义与自由放任的自由主义者不同，撒切尔主义不主张在经济、社会各个领域将政府介入和干预最小化。撒切尔主义将国家干预区分对待，一是否定的拒绝，一是肯定的接受。市场体制虽然否定地拒绝全面计划或统一主义形式的国家干预，但是需要维护法律和社会秩序或者需要提高防御能力时，国家强有力的积极干预是非常必要的。"

全炳由（音译），"新自由主义和社会两极化"，《新自由主义对策论：超越新自由主义或市场万能主义》，崔泰坞编著，"创作与批判"谈论丛书 3，创作与批评出版社，2009 年，第 99—100 页。

"新自由主义可以定义为国家政策的运用方式，是将现有的与劳动亲近的凯恩斯主义国家政策转变为与资本（大资本）亲近的形态，对市场、竞争、全球化、自由化等在意识形态方面和实践方面加以灵活运用的方式。从这个意义上来说，新自由主义与单纯的自由放任主义和市场主义不同。"

⑥③ 金基原（音译）（2009），同前书，第 81 页。

"新自由主义不同于资本主义盛行初期的旧自由主义，这一点说明资本针对西方强大的工会组织和福利政策发起了强烈的反攻。"

㉔ 金基原（2009），同前书，第 78 页。

㉕ 曾担任过克林顿政府时期劳工部长的罗伯特·赖克教授在对美国经济进行分析时认为，"新自由主义的称号虽然多种多样，被称作新自由主义、新古典派经济学、新保守主义或华盛顿共识，但总而言之，这种立场更侧重于市场效率，而非侧重于自由贸易、撤销管制、民营化以及对市场的依存与市场平等"。

Robert Reich，《超级资本主义》，邢善浩（音译）译，金永（GIMMY-OUNG）出版社，2008 年，第 19 页。

㉖ 崔尚辑、朴赞彪、朴尚勋、徐福经、朴秀行（音译），《存在争议的民主主义》，博爱（HUMANITAS）图书出版社，2013 年，第 56 页。

㉗ Anatole Kaletsky（2011），同前书，第 75 页。

刘宗日（音译）（2012），同前书，第 263 页。

㉘ David Schweickart（2011）将新自由主义定义为没有被凯恩斯自由主义（Keynesian Liberalism）消灭的自由放任的保守主义（Laissez – faire conservatism）的回归与复活。

David Schweickart, *After Capitalism*, Rowman & Littlefield Publishers, Inc. 2011，参考第 168 页。

安东尼·吉登斯（1997）认为"新自由主义的胜利随着西方凯恩斯主义和东方共产主义的崩溃而同时实现"。

安东尼·吉登斯（1997），同前书，第 52 页。

金成九（1998）将新自由主义定义为"出现于 20 世纪 80 年代的保守旧自由主义的现代形态，新自由主义除了在理论构成方面作为对凯恩斯实践批判的媒介存在外，其他方面与旧自由主义没有根本的不同"。

金成九（1998），同前书，第 56—58 页。

江尚九（2000）认为一般意义上的新自由主义潮流与旧自由主义相同，而社会市场经济论才是与旧自由主义对立的"真正的新自由主义"。社会市场经济论主张即使在以德国瓦尔特·欧肯为中心的资本主义盛行时，政府也应该发挥作用维持和巩固自由竞争的市场秩序。

江尚九（2000），同前书，参考第 92—93 页。

㉙ Andrew Glyn，《放纵的资本主义：20 世纪 80 年代之后》，金秀行、郑尚准（音译）译，笔脉（PHILMAC）出版社，2008 年，第 240 页。

⑦ 张尚焕（音译），《韩国经济危机和民主劳动党的对策》，《全球化时代的韩国资本主义》，李炳哲编著，宇宙图书出版社，2007 年，第 102 页。

⑦ 李庭宇（音译），《新自由主义的后退与韩国经济对策》，韩国社会经济学会，《新自由主义时代的韩国经济与民主主义》，安先孝（音译）编著，善仁出版社，2012 年，第 250 页。

⑦ 金基原（2009），同前书，参考第 80 页、第 301—302 页。

⑦ 全炳由（2009），同前书，第 100 页。

⑦ 金尚祖（2012），同前书，第 36 页。

⑦ 金尚祖（2004），同前书，第 163—164 页。

⑦ 刘宗日，《新自由主义、全球化和韩国经济》，《新自由主义对策论：超越新自由主义或市场万能主义》，崔泰坞编著，"创作与批判"谈论丛书 3，创作与批评出版社，2009 年，第 56 页。

⑦ 金基原（2009），同前书，第 83 页，笔者将该部分内容进行了节选引用。

⑦ 金基原（2009），同前书，第 80 页。

⑦ "从朴槿惠的立场看待卢武铉"，《记者协会报》，2013 年 7 月 17 日网络报道。

⑧ "韩美创业投资 24:71"，《东亚日报》，2010 年 11 月 1 日网络报道。

⑧ WEF, "The Global Competitiveness Report 2012 – 2013", Table 4 & Table 6. 02.

⑧ IMD, "World Competitiveness Yearbook", 2012.

⑧ "第 17 届公平交易委员会委员长卢大来与企业的'紧密联系'……经济民主化后退白热化"，《京乡新闻》，参照 2013 年 8 月 21 日网络报道。

⑧《亲 YS 派、亲李派、亲朴派等全面接受——"KT 是降落伞集散站"》，《民族同胞》，参照 2013 年 8 月 21 日网络报道。

⑧《挥别"四大天王"的金融控股公司董事长》，《朝鲜商业》，2013 年 6 月 6 日网络报道。

⑧《重新陷入官治金融混乱的 KB 金融》，《联合新闻》，2013 年 7 月 18 日网络报道。

《釜山官治金融谴责呼声高涨》，《联合新闻》，2013 年 6 月 10 日网络报道。

⑧ "金融监督院要求'李昌浩 BS 金融控股公司董事长退位'……'官治

金融'批判再次来袭",《韩国经济》,2013 年 6 月 5 日网络报道。

⑧⑧ 2002 年信用金库更名为储蓄银行,之后截至 2011 年,有 39 家储蓄银行接受了停业处理。在 1999 年到 2002 年期间,储蓄银行更名前使用"信用金库"和"综合金融"的名称,有 14 家公司接受了停业处理。

⑧⑨ 金融监督员、金融委员会、财经部、国税厅退休官员在金融公司出任理事职位的比重分别为金融控股公司 15%、银行 15.7%、证券公司 20.6%、保险公司 14.9%,平均比重为 17%。

⑨⑩ 金尚祖(2004),同前书,第 161 页。

⑨① 郭井秀、金尚祖、刘钟日、洪宗学(音译),《韩国经济重新洗盘》,MODELHOUSE 出版社,2007 年,第 29 页。

⑨② 金尚祖(2012),同前书,第 39 页。

第三章

① 2010 年末申报基本法人税的 440023 个公司中,股份有限公司占比 95%,有限会社占比 4.0%,合资会社占比 0.9%,合名会社占比 0.2%。(《国税统计年报》,2011,国税厅)

占比紧跟股份有限公司之后的有限会社相比于股份有限公司来说,组织相对单纯,成立程序比较简单,但是由于有限会社属于相对封闭型的公司组织形态,不像股份有限公司可以筹集到规模较大的资本,因此比较适合于小规模企业。[郑赞行(音译),《商法讲义(上)第 14 讲》,博永出版社,2011,参考第 1147—1148 页。]

2008 年商法修订案中,废除了"有限会社的注册资本不低于为 1000 万韩元"和"公司员工不超过 50 名"的条款。在商法修订前,由于有限会社在注册资金和创始人的要求方面宽松于股份有限公司,因此很多公司创始人选择将公司注册为有限公司。[吴树根、金成爱(音译),《关于企业形态选择的实证研究》,《商事法研究》第 21 卷第 1 号,2002。]

② 韩国银行经济统计系统(http://ecos.bok.or.kr/)中关于企业经营分析的统计数据显示,2012 年韩国全产业负债资本与自有资本的平均比例为147.6%。也就是说,企业每拥有 100 元股东资本的同时,需要使用 147.6 元的负债资本。大企业负债资本与自有资本的平均比例为 140.1%,中小企业负债资本与自有资本的平均比例为 174.3%,信用度相对低的中小企业更多依赖于

负债资本。

③ 企业在股票市场扩大股东资本是在最初发行股票时。因此企业发行股票时，作为股市投资，个人购入股票的资金是对企业直接贡献的资本，而通过股票交易在购入股票时，个人购入股票的资金不属于直接贡献于企业的资本。当然，不能说在股票市场购入股票不是为企业供给股东资本。企业在首次发行股票时购入股票的行为可以带来直接的股东资本，在股票市场购入股票的行为是继首次发行股票购入之后间接的资本供给。也就是说，如果某家企业的股票在股票市场表现欠佳，没有人愿意购入该企业的股票，那么这家企业不仅不可以发行新的股票来追加股东资本，现有的股东资本也将失去其价值。因此，实现在股票市场的活跃交易是企业扩大股东资本的前提条件，即使不是首次发行股票，在股市市场的股票交易不仅可以实现对首次发行股票时股东资本的间接资本补充，也是实现将来股东资本的基础。除了银行储蓄和投资股市，个人还可以进行黄金或不动产等替代投资，但是本章将仅仅围绕股东资本和负债资本进行讨论。

④ 受 1997 年外汇危机的影响，韩国大企业出现连锁破产，银行无法偿还存款。股价正在上涨的大型企业连续倒闭。在这段时间里，韩国国内企业无论怎样贷款推广事业也无济于事，因为韩国国内经济持续恶化，企业不仅不能创造价值，连利息支付都无法保障，而无可避免地出现大规模的倒闭。而且不透明的经营导致了极其低效的重复过剩投资。由于大企业相继出现经营危机，银行贷款无法正常收回，产生大量不良资产。而金融机构有倾向于向大型企业贷款的习惯，随着大型企业的相继倒闭，韩国银行共同陷入危机，最终银行持有的资产低于储户存款金额，而丧失了偿还储户本金的能力。当时的存款保险制度开始于 1995 年，存款保险公司大多数成立于 1996 年，由于成立时间短，存款保险公司预留的保险赔付金储备不足，而且在所有大型银行出现破产的情况下，就算保险赔付金储备充足，也无力偿还如此严重的赔付。而人们普遍认为银行返还储户的存款是天经地义的事情，最后政府不得不采取极端措施，出面承担了所有的存款偿还。

⑤ 由于股市的风险高于债券风险，股市的平均收益率也高于债券。股市收益率和债券收益率差异被称为风险溢价。韩国从 1975 年到 2013 年期间，年均股价上涨率为 13.5%，同期的公司债券年均收益率为 12.5%，定期存款的年均利率为 9.3%。股价上涨率、公司债券收益率和银行定期存款分别以综合股价

指数、AA 等级的三年期公司证券和一年期定存为基准。

⑥ 受 1997 年国际货币基金组织经济危机的影响，韩国的股价收益率跌至 -42.2%，几乎一半的股价见底。但是 1998 年，在经济危机的克服过程中，股价上涨了 49.4%，1999 年，随着韩国逐渐走出外汇危机的泥潭，股价更是经历了 82.7% 的暴涨。与此同时，银行存款金率在国际货币基金组织危机发生后的 1998 年虽然超过了 13%，但进入 21 世纪以来，先是基本稳定在 4%~5% 的水平，2008 年金融危机时上升到 5.7%，之后回落到 3% 的水平。

⑦ 在美国市场的长期投资中，股市投资的收益率高于债券投资。1962 年到 2011 年的五十年期间，美国股市的年均收益率为 9.2%，美国政府发行的十年期联邦债券收益率为 6.85%。但是，包括 2008 年金融危机在内，从 2002 年到 2011 年的十年间，股市的年均收益率不过 2.88%，联邦债券的年均收益率为 6.49%，债券的收益率反而高于股市收益率。［参考 Aswath Damodaran 教授的网页资料（http：//pages. stern. nyu. edu/~adamodar）。］

⑧ 现代汽车在 2011 年 10 月 6 日发行了 3000 亿韩元五年期的公司债券，发行目的是为了用这笔债券资金偿还 2006 年发行的五年期到期债券。国民银行于 2012 年 1 月 30 日发行了 1400 亿韩元的两年期公司债券作为贷款和有价证券投资的运营资金，新韩银行于 2012 年 1 月 20 日发行了 969 亿韩元的一年期公司债券作为运营资金。

⑨ 关于股利分红的决定需要在股东会得到大多数股东的认可。但是在实际操作层面，股利分红通常首先得到董事会决议通过，在股东会召开的前两周进行公示，因此股利分红通过股东会决定仅是形式。当然，股东会可以拒绝通过董事会决议的股利分红率，但股东会行使该否决权的情况极其少见。

⑩ 东洋证券，《韩国企业的经营结构》，2012 年，第 17 页。

报告显示，20 个调查对象中，韩国的股利分红率最低。20 个国家的平均股利分红率为 3.9%，韩国不足 2.0%。UBS 的证券分析师调查显示，2010 年韩国投资对象企业的平均股利分红率为 1.2%，在 50 个投资对象国家中排第 48 名。UBS 证券分析师报告同时显示发达国家市场的平均股利分红率为 2.3%，新兴市场国家的平均股利分红率为 2.4%。比韩国股利分红率低的国家是印度尼西亚和俄罗斯，均为 1.0%。

⑪ 2000 年和 2001 年三星电子美国的股利分红分别为 3000 韩元和 2000 韩元，2002 年和 2003 年增长到 5500 韩元，2004 年到 2011 年期间为 5000 韩元。

现代汽车 2000 年和 2001 年每股的股利分红分别为 600 韩元和 750 韩元，2002 年为 850 韩元，2003 年大幅增长到 5000 韩元，之后截至 2011 年一直保持在 5000 韩元的水平。不仅三星电子和现代汽车，大部分韩国上市公司的股利分红与企业的利润规模无关。

⑫ 三星电子，2013 年企业年报。

现代汽车，2013 年企业年报。

⑬ 从定义上或现实中区分投资和投机均非易事。像超短期投资者一样不是以长期持股为目的，纯粹为了交易而交易的行为，无异于投机。但是无法仅以持股时间的长短来判断是投资还是投机，不能简单地将持股一个月的行为划定为投机，将持股一年的行为划定为投资。在供给受限制的实物市场，比如不动产市场的投机，不同于在供给不受限制的金融市场的投机。调节受限供给的行为也属于投机。

⑭ 2013 年以股票市场交易量为基准的韩国股票周转率是 318.5%，该周转率意味着每股一年交易 3.2 次，相当于把 12 个月分成 3.2 份，平均持股时间 3.8 个月。2012 年股票周转率是 468.8%，相当于平均持股时间 2.6 个月。2011 年股票周转率为 390.3%，大约相当于平均持股时间 3.1 个月。

⑮ 企业将投资计划、新产品或新市场的开发等利好消息向市场披露后会对股价上升产生影响。但是，企业每三个月发布利好消息提升股价是不现实的。

⑯ 19 世纪后期代表性的经济学者 W. S. Jevons 和 Alfred Marshall 关于短期功利主义的批判以及 20 世纪初期代表性的经济学者庇古和凯恩斯关于短期功利主义的批判，相关介绍参考以下论文第 2—4 页。

Andrew G Haldane and Richard Davies，"The Short Long"，*Bank of England*，2011.

⑰ 关于短期功利主义的争论在沉寂了一段时间之后，以 2008 年经济危机为契机，在《金融时报》（*Financial Times*）和《经济学人》（*Economist*）重新活跃起来。

⑱ 对短期功利主义进行具体性实证研究开始于 20 世纪 90 年代，关于短期功利主义研究的论述参考以下文献或论文。

Marsh，P.，"Short Termisn on Trial"，Instituional Fund Managers Association，London，1990.

Miles，D.，"Testing for Short Termism in the UK Stock Market"，*The Economic*

Journal Vol. 103， Nov. 1993， p. 1379 – 1396.

Demirag， Istemi S.， "Boards of Directors Short Term Perceptions and Evidence of Managerial Short – Termism in UK"， *The European Journal of Finance* 4， 1998， p. 195 – 211.

⑲ 金融危机之后，关于短期功利主义最有说服力的研究是霍尔丹·戴维斯（Haldane Davis，2011），他将短期定义为五年进行分析。20 世纪 90 年代对短期功利主义进行先驱性研究的代表性人物迈尔斯（Miles，1993）以五年及五年以上为单位进行研究。以国家为单位对短期功利主义进行比较分析的弗雷泽（Black Fraser，2002）以五年为单位进行研究。

⑳ 韩国证券交易所、韩国礼物交易所、韩国科斯达克委员会、韩国科斯达克证券市场等四家机构合并后于 2005 年 1 月 27 日成立的韩国交易所（KRX）公布的数据显示，以股票发行量为基准，2011 年韩国股票周转率是 390.34%，相当于平均持有股票的时间为 3.1 个月。不同的市场以交易量为基准的股票周转率分别为科斯比市场 254.09%，科斯达克市场 598.93%，相当于平均持股时间分别为 4.7 个月和 2.0 个月，可见科斯达克市场的短期投资行为要高于柯斯比市场。

㉑ 关于短期功利主义的国际比较研究比较少见，下面的论文中将美国、英国、德国、日本、澳大利亚五个国家进行对比分析并得出结论，英国是短期功利主义最严重的国家，而德国和日本的短期功利主义问题较小。以五年为期限的短期功利主义方面，美国与德国、日本水平接近，但从五年以上的长期来看，美国的短期功利主义倾向较为严重。

Black， Alan and Fraser， Patricia， "Stock Market Short – Termism – an International Perspective"， *Journal of Multinational Financial Management* 12， 2002， p. 135 – 158.

㉒ Alfred Rappaport， "The Economics of Short – term Performance Obsession"， *Financial Analysis Journal* ， vol1. 61 no. 3， 2005， p. 66。

㉓ 世界证券交易所协会 2011 年的统计显示，美国纽约证券交易所以市值总额为基准的股票周转率是 138.5%（平均股票持有时间 8.7 个月），德国证券交易所的股票周转率为 132.8%（平均股票持有时间 9 个月），日本的股票周转率为 123.7%（平均股票持有时间 9.7 个月），英国伦敦证券交易所的股票周转率为 69.2%（平均股票持有时间 17.3 个月）。没有相关资料显示以股票

发行量为基准的股票周转率，同时也缺乏各国股票持有时间的统计资料。世界证券交易所协会的统计数据，参考如下网址 http://www.world-exchanges.org/statistics.

㉔ Miles, David, "Testing for Short Termism in the UK Stock Market", *The Economic Journal*, vol. 103, 1993, p. 1379-1396.

㉕ 出现短期功利主义的原因之一是证券分析师或基金经理人重视短期业绩而向公司管理层施加压力，公司管理层迫于压力采取增加短期收益的经营措施。但是对于短期功利主义问题最严重的英国企业的研究结果呈现出两方面不同的结果。马斯顿克拉夫（Marston-Crave）针对英国500强企业的财务人员进行调查，调查内容为证券分析师和基金经理人是否过度关注短期收益。其中，认为证券分析师过度关注短期收益的比例占50%，认为基金经理人过度关注短期收益的比例占20%。另外，关于证券分析师和基金经理人是否充分关注公司的长期发展愿景的问题，回答证券分析师关注公司长期愿景的比例为40%，回答基金经理人关注公司长期愿景的比例仅为13%。与此相反，Demirag 以英国300多家企业的500余名董事为对象开展调查，比起风险高的长期研发计划，证券分析师和主要股东是否更偏好于风险低的短期产品研发？回答"是"的比例为51%，回答"否"的比例仅为20%。另外，33%的调查对象认为事实上迫于压力放弃长期研发计划。

Demirag, Istemi S., "Boards of Directors Short-term Perceptions and Evidence of Managerial Short-Termism in the UK", *The European Journal of Finance* 4, 1998. p. 195-211.

㉖ Haldane Davis（2011）的研究以十年为单位，分1985年到1994年、1995年到2004年两个阶段对英国企业进行分析研究。研究结果表明，1985年到1994年的十年间，为了短期收益而忽略长期规划的短期功利主义没有出现，但1995年到2004年的十年期间，包含金融产业在内的所有产业里都出现了短期功利主义。研究结果同时显示，金融产业的短期功利主义并非比其他行业严重。

Andrew G Haldane 和 Richard Davies（2011），同前书。

㉗ 世界证券交易所协会2011年的统计数据显示，韩国证券交易所以市值总额为基准的股票周转率在53个会员交易所中排名第四。2011年韩国证券交易所以市值总额为基准的股票周转率为194.2%。相对于以市值总额为基准的

股票周转率，以股票发行量为基准的股票周转率更能准确反映持股时间，但世界证券交易所协会没有针对以股票发行量为基准的股票周转率进行数据整理，因此很难比较不同国家之间准确的持股时间。

参考世界证券交易所协会统计数据网址（http：//www. world – exchanges. org/satistics）。

㉘ 关于期权激励引起的短期功利主义现象，参考以下论文。

Lucian A. Bebchuk，Alma Cohen，and Holger Spamann，"The Wages of Failure：Executive Compensation at Bear Stearns and Lehman 2000 – 2008"，*Yale Journal on Regulation*，vol. 27，2010，p. 257 – 282。

㉙ 从 2000 年到 2008 年期间，贝尔斯登银行和雷曼兄弟银行两家公司的 CEO（首席执行官）和 CFO（首席财务官），以及其他三名最高级别的五名企业管理层高管人员获得的报酬分别是 15 亿美元（约合 1.6 万亿韩元）、10 亿美元（约合 1.5 万亿韩元）。其中，大部分的报酬来自于期权激励的股份售价，贝尔斯登银行管理层高管人员和雷曼兄弟银行经营层高管人员获得的期权激励收入分别为 11 亿美元（约合 1.26 万亿韩元）和 8.5 亿美元（9780 亿韩元）。该内容参考以下论文。

Lucian A. Bebchuk，Alma Cohen，and Holger Spamann（2010），同前书，第 257—282 页。

㉚ 企业管理层高管人员过度享受股权激励时，反而有可能做出危险的投资行为。关于此内容参考以下论文。

Lucian A. Bebchuk，Alma Cohen 和 Holger Spamann（2010），同前书。

㉛ 原文英文如下："I buy on assumption they could close the market the next day and not re – open it for five years."

"Our favorite holding period is forever."

参考以下网站：http：//www. investingansers. com/education/fanous – investors/50 – warren – buffett – quotes – inspire – your – investing – 2310。

㉜ 引导长期投资的制度有很多种，比如在持股期间实行证券交易税差异化，资本所得税和税率差异化，根据持股时间长短实行决策权差异化，强化企业信息公开，提高经营透明度，扩大长期机构投资者范围，将会计法人的审计业务和其他业务分离等。

㉝ 2010 年韩国企业管理层向股东大会共计提交 9688 件提案，其中被机构

投资者投反对票的提案仅为32件，反对比例为0.33%。机构投资者在企业持股比例通常较高，或者说相对拥有较高的决策权，但韩国的现实情况表明机构投资者并没能正常得行使决策权。

㉞ 有些观点认为经营者是企业经营的主体，不把经营者看作利益相关者。但是经营者获取资本收益，也被划分为利益相关者的一部分。青木（Aoki）认为，投资者和劳动者是企业的主要利益相关者，经营者在这两类利益相关者之间担任仲裁者的角色，不属于利益相关者。

Aoki. M. *The Cooperative Game Theory of the Firm*，Oxford：Clarendon Press. 1984.

㉟ 韩国交易所，《2013年度12月决算法人现金红利现状（有价证券市场）》，2014年4月28日资料。

㊱ 2011年MSCI（Morgon Stanley Capital International）世界指数，在45个国家中韩国股东的分红收益率仅为1.4%，排名倒数第一。2013年不满6个月的短期定期存款利率为2.54%，6个月到1年的短期定期存款利率平均为2.72%（韩国银行资料），分红收益率远远低于银行储蓄利率。MSCI各国各地区投资分红收益率分别为美国2.0%，欧盟平均值4.3%，日本2.6%，中国3.4%，中国香港3.5%，新加坡4.0%，韩国不仅在全球，在亚洲国家中的投资分红收益率也处于下游水平。投资分红收益率数据参考MSCI和IBES（International Broker Estimate System）数据，定期存款利率参考韩国银行经济统计数据系统。

㊲ 三星电子，2013年企业经营年报。

㊳ 利益相关者理论在现实中有不同的应用。首次提出利益相关者理论的弗里曼的观点，参考以下论文第481页。

Robert Phillips，R. Edward Freeman and Andrew C. Wicks，"What Stakeholder Theory is Not"，*Business Ethics Quarterly*，Voiume 13，Issue 4. 2003.

㊴ Thomas Donaldson and Lee E. Preston，"The Stakeholder Theory of Corporation：Concepts，Evidence and Implications"，*Academy of Management Review*，vol. 20 no. 1，1995，p. 67.

㊵ R. Edward Freeman，J. S. Harrison，A. C. Wicks，B. L. Parmar and S. De Colle，*Stakeholder Theory：The State of The Art*，Cambridge Universtiy Press，2010，p. 6 - 9.

㊶ Robert Phillips，R. Edward Freeman，and Andrew C. Wicks（2003），同前

书，第 481 页。

㊷ Robert Phillips, R. Edward Freeman, and Andrew C. Wicks（2003），同前书，第 487 页。

㊸ Thomas Donaldson 和 Lee E. Preston（1995），同前书，第 67 页。

㊹ Robert Phillips, R. Edward Freeman, 和 Andrew C. Wicks（2003），同前书，第 488 页。

㊺ R. Edward Freeman, J. S. Harrison, A. C. Wicks, B. L. Parmar and S. De Colle（2010），同前书，第 9 页。

㊻ Robert Phillips, R. Edward Freeman, and Andrew C. Wicks（2003），同前书，第 489 页。

㊼ 关于利益相关者的理论各种各样，但学术界公认首次系统提出利益相关者理论的著作是弗里曼 1986 年出版的《战略管理：利益相关者方法》。

R. Edward Freeman, *Strategic Management：A Stakeholder Approach*, Boston：Pitman, 1986.

㊽ Giles Slinger, "Spanning the Gap：the theoretical principles that connect stakeholder policies to business performance", *Corporate Governance* vol. 7 no. 2, 1999, p. 137.

㊾ Robert Phillips, R. Edward Freeman, 和 Andrew C. Wicks（2003），同前书，p. 489, p. 491.

㊿ R. Edward Freeman, Kirsten Martin, Bidhan Parmer, "Stakeholder Capitalism", *Journal of Business Ethics* Springer, 2007, p. 303 – 314.

51 R. Edward Freeman, Kirsten Martin, Bidhan Parmer（2007），同前书，第 304—309 页。

52 R. Edward Freeman, Kirsten Martin, Bidhan Parmer（2007），同前书，第 311—312 页。

53 之所以称为"柠檬市场"，"柠檬"在美国俚语中表示"次品"或"不中用的东西"，"柠檬市场"同时是次品市场的意思。而且隔着柠檬的皮很难辨别柠檬本身是否完好，只要存在信息不对称就可能发生次品市场和劣币驱逐良币的行为。

54 R. Edward Freeman, Kirsten Martin, Bidhan Parmer（2007），同前书，第 312 页。

(55) 关于德国劳资协同经营制度（Codetermination）和企业结构的内容参考以下资料。

Jean J. Du Plessis, Berhard GroBfeld, Claus Luttermann, Ingo Saenger, Otto Sandrock, *German Corporate Governance in International and European Context*, Springer, Berlin Heidelberg, New York, 2007.

(56) Larry Fauver, Michael E. Fuerst, "良好的公司治理包括员工代表吗？以德国公司董事会为中心进行分析（Does Good Corporate Governance Include Employee Representation? Evidence from German Corporate Boards）", *Journal of Financial Economics*，82，2006，p. 675。

(57) Jean J. du Plessis et al.（2007），同前书，第119页。

(58) Jean J. du Plessis et al.（2007），同前书，第122—123页。

(59) Jean J. du Plessis et al.（2007），同前书，第70—75页，第113—118页。

(60) 在1951年修订的矿山、钢铁产业共同决议法（Mining, Iron and Street Industry Codetermination Act）的基础上实行的制度。矿山包含煤矿。这项共同决议法规定，根据资本金规模确定监事会的监事人数。1000万欧元资本金以下的企业，监事会人数规定为11人，1000万欧元到2500万欧元资本金规模的企业，监事会人数为11—15名，资本金规模在2500万欧元的企业，监事会人数为11—21名。

Jean J. du Plessis et al.（2007），同前书，第114—115页。

(61) Jean J. du Plessis et al.（2007），同前书，第82—84页。

(62) Jean J. du Plessis et al.（2007），同前书，第87—89页。

(63) 对于监事会不认可或封锁的提案，如果经营董事会向股东大会提交并以2/3的赞成票通过，可以驳回监事会决议。

Jean J. du Plessis et al.（2007），同前书，第88页。

(64) Jean J. du Plessis et al.（2007），同前书，第95页。

(65) Jean J. du Plessis et al.（2007），同前书，第74—75页。

(66) Jean J. du Plessis et al.（2007），同前书，第70页。

(67) Jean J. du Plessis et al.（2007），同前书，第81页。

(68) Jean J. du Plessis et al.（2007），同前书，第99—100页。

(69) 2000年英国移动电信公司沃达丰收购了德国移动电信公司曼内斯曼，在收购兼并完成之后，监事会的四名监事向曼内斯曼的前任经营董事、监事和前任经营层高管支付高达1亿欧元（约合1450亿韩元）的奖金。仅曼内斯曼的前首席执行官一人获得的奖金便高达3000万欧元（约合440亿韩元），一度成为舆论指责的热点。更严重的问题在于，监事会的四名监事在一名监事缺席的情况下，通过电话会议达成和议，其中一名监事是在工会组织中非常有战斗力和影响力的金融业工会的前任委员长。该工会委员长本应按照公众期待对其他监事的提议提出反对意见，但其反而起到推波助澜的作用。2003年，该四名监事因滥用职权罪受到审判，虽然在一审判决中以"失误"的名义被判无罪，但刑事大法院驳回一审判决，改由其他一审审判机构重审。2006年，该案件中被起诉的四名监事决定向慈善机构捐款，最终该事件得到平息。

Jean J. du Plessis 等人（2007），同前书，第132页。

另外一个代表事件于2005年发生在德国知名汽车公司大众汽车。经营董事会为工会代表（Shop Steward）的巴西豪华海外游买单，支付100万欧元（约合14.5亿韩元），并给曾经是全职工会代表的州议会议员们支付工资。另外，大众汽车的捷克分公司捷克斯柯达（Czech Skoda）在海外设立空壳分公司用于解决行贿费用。

Jean J. du Plessis 等人（2007），同前书，第133—134页。

⑦ Jean J. du Plessis 等人（2007），同前书，第125—128页。

⑦ 德国银行（Deutsch Bank）2011年的员工总数为100996名，其中德国国内员工为47323名，占比46.9%，外国员工总数为53673名，占比53.1%。

Deutsch Bank, Annual Report 2011, on SEC Form 20 – F。

⑦ Larry Fauver, Michael E. Fuerst, "Does good corporate governance include employee representation? Evidence from German cooperate boards", *Journal of Financial Economics*, 82, 2006, p. 673 – 710.

⑦ Larry Fauver, Michael E. Fuerst (2006), op. cit., p689.

⑦ Larry Fauver, Michael E. Fuerst (2006), op. cit., p697.

⑦ Gorton G., Schmid, F., "Capital, labor, and the firm: A study of German Codetermination", *Journal of the European Economic Association*, 2, 2004, p. 863 – 905.

⑦ 关于持股员工代表委员会的详细内容，参考韩国证券金融网站主页（http://www.ksfc.co.kr/）。韩国证券金融作为持股员工代表委员会的专业代理机构，负责持股员工所持内部股的信托与管理、持股员工代表委员会的组建和运行、为员工持股提供必要的资金支持等。关于持股员工代表委员会效果的评价，

参考韩国证券金融网站。

⑦ 公司向持股员工代表委员会赠予的本公司股票或现金，或通过持股员工代表委员会将本公司股票当作绩效奖奖励给员工时，内部员工的持股权益被认可，同时当持股总额不超过1800万韩元时，可以免交股息税。劳动者通过员工入股制使用自有资金或持股员工代表委员会的金融杠杆购买的股份必须至少义务持股一年以上。对于公司或股东向持股员工代表委员会赠予的本公司股票，有激励措施鼓励长期持股，规定持股三年以上的员工可以享受1/2持股金额的股息税减免。

韩国证券金融，《员工入股制度实务指南》，2005年。

⑦ 关于持股员工代表委员会公司的统计参考韩国证券金融发刊的《证券金融》328号2013年冬季刊，关于上市公司的统计参考2013年末交易所上市公司资料，关于公司的统计参考2013年《国税统计年报》。

⑦ 科斯比证券交易市场截至2013年末的股票总发行量为341亿200万股，其中员工内部持股数为3亿330万，相当于股票总发行量的0.89%；柯斯达克证券交易市场2013年的股票发行总量为208.12亿股，其中公司内部持股量为4450万股，相当于股票总发行量的0.2%。参考2013年的《证券金融》冬季刊资料。

⑧ 员工内部持股中最敏感的规定在于义务持股的期限。员工内部持股制度规定在持股初期到退休期间必须义务性持股，之后虽然将义务持股的时间缩短为7年，但大多数劳动者将内部员工持股制度看作增加财产的手段，长期持股的积极性不高。公司员工自己出资购买公司内部股份的情况下，义务持股期限为1年，由公司或股东赠予的公司内部股份，规定义务持股时间为4—8年。

⑧ 企业所有者不仅需要提供自身所有，还需要承担并赔偿所有损失的公司形态为无限责任公司，个人企业便属于这种类型。但如果向法院提交破产申请，可以免除部分义务。

⑧ 劳动者所有的企业中，劳动者和所有者角色不分离，劳动者所有的企业是在小规模个体经营商铺中比较常见的结构。商铺的主人自身从事直接劳动，根据需要雇用其他劳动力。此种情况下，商铺主人作为劳动者和企业所有者的角色没有分离。

⑧ 合作社有劳动合作社、消费者合作社、生产者合作社和信用合作社等多种形态的合作社。

㉘ 劳动合作社基本法于 2012 年 1 月 26 日制定，2012 年 12 月 1 日实行。

㉙ 国际劳动合作社联合（ICA，International Cooperative Alliance）的定义。

参考国际劳动合作社联合网站 http：//www. ica. coop/coop/principles. html。

㉚ Richard C. Williams，*The Cooperative Movement*：*Globalization from Below*，Ashgate Publishing Limited，Hampshire，UK，2007，Chapter 1.

㉛ 参考国际劳动合作社联合网站内容 "Co‐operative History"。

参考国际劳动合作社联合网站 http：//www. ica. coop/coop/history. html。

㉜ 股份有限公司的利润在劳动合作社中叫作盈余金。劳动合作社盈余金的 10% 以上用作法定公积金，直到公积金规模达到自有资本规模的三倍。除了法定公积金之外，企业可以根据实际情况留存任意公积金，股利分红在满足企业公积金需求之后分配。根据股东出资比例分红的股份有限公司也对股利分红有所限制。劳动合作社对股利分红没有限制。（商法第 462 条）

㉝ "蒙德拉贡"是西班牙北部巴斯克自治区的一个山区小镇。1941 年 2 月，蒙德拉贡合作社的创始人到该镇宣传合作经济思想，并于 1943 年创办了蒙德拉贡技术学校，为发展合作社培养人才。1956 年，这所学校毕业的 5 个年轻工程师共同发起成立了当地第一家工业合作组织。此后，一家又一家产业合作社陆续诞生。为融资需要和提高合作社的科技水平，1959 年、1974 年先后成立了合作社性质的劳动银行与技术研究中心。1991 年，为适应欧洲统一市场的竞争环境，该地区的众多合作社又联合起来，组建了蒙德拉贡联合公司。目前，蒙德拉贡联合公司已发展成为集工业、农业和农产品加工业、商业、金融、教育和培训、科研和信息、服务等 120 多个合作社为一体的跨行业合作制联合体。公司下设金融、产业、分销三大子集团。2004 年，蒙德拉贡联合公司在全球的营业额高达近二百亿欧元，成为欧洲乃至世界最大的合作社集团。蒙德拉贡联合公司合作社事业之所以取得巨大的成功，其关键在于实现了"合作社原则与市场经济相统一"，即坚持以国际合作社联盟确定的"罗奇代尔原则"为基础，根据市场经济的发展不断加以变革和调整，使合作社在现代市场经济条件下发展得更快更好。其核心价值发展观主要体现在四个方面。一是"合作"，社员既是劳动者，又是所有者，社员利益与企业发展荣辱与共、休戚相关。二是"参与"，人人持有"股份"，并参与管理，分享利益。三是"社会责任"，分配是建立在平等、稳定的基础上，集体利益优先，确保合作社和集体的发展；个人的目标与合作社的目标相一致，合作社的目标与其社会角色相一致；工作不

只是为了赚钱，而是为了自我价值的实现。四是"创新"，只有不断创新，才是合作社发展的不竭动力。

参考蒙德拉贡 Mondragon 的网站（Http：//www. Mondragon－Corporation. Com/Language/En－Us/Eng/Frequently－Asked－Questions/）。

赵银尚（音译）在下面的报告中将工资差异介绍为不得超过 7 倍。但蒙德拉贡集团内 120 余个劳动合作社工资结构不同，最近最高管理层管理人员和管理人员从外部聘请，需要支付有竞争力的工资。

赵银尚，《创造就业机会的蒙德拉贡劳动合作社复合体案例》，《Working Paper》2009－1，韩国工作能力开发院，2009，第 29 页。

⑨⓪ 蒙德拉贡，《2010 年企业年报》（2010 Annual Report）。

⑨① 在总人数为 83859 名的员工中，西班牙国内的劳动者为 67929 名，占比 81.0%，海外劳动者为 15930 名，占比 19.0%。（蒙德拉贡，《2010 年企业年报》）

⑨② Carl Davison（2011）将临时性非正式就业期限确定为六个月，而非一年。但以下关于 2010 年企业年报职员的采访资料中显示一年。

Jeffrey Hollender，"A visit to Mondragon：Interview with Mondragon's Director of Cooperative Dissemination"，http：//www. jeffreyhollender. com/.

⑨③ 制造业和建筑业的员工为 37839 名，占比 45.1%，零售业员工为 42260 名，占比 50.4%，金融业员工 2730 名，占比 3.3%，另外研究开发人员为 1030 名，占比 1.2%。（蒙德拉贡，公司 2011 年概况）

⑨④ Richard C. Wiliams（2007），op. cit.，Chapter 6.

⑨⑤ 参考蒙德拉贡 Mondragon 的网站（Http：//www. Mondragon－Corporation. Com/Language/En－Us/Eng/Frequently－Asked－Questions/）。

⑨⑥ Carl Davison（2011）将临时性非正式就业期限确定为六个月，而非一年。但 Jeffrey Hollender（2011）在采访蒙德拉贡的文章中介绍临时性非正式就业的期限为一年。

⑨⑦ 蒙德拉贡网站上介绍 2009 年的会员加入费是 13380 欧元（约合 1950 亿韩元），类似的差异可能来自公司营业业绩不同和资本金不同。

⑨⑧ Jeffrey Hollender（2011），同前书。

⑨⑨ 参考蒙德拉贡 Mondragon 的网站（Http：//www. Mondragon－Corpora-tion. Com/Language/En－Us/Eng/Frequently－Asked－Questions/）。

⑩⓪ Carl Davison（2011），同前书。

⑩ Jeffrey Hollender（2011），同前书。

⑫ Carl Davidson，"The Mondragon Cooperatives and 21ˢᵗ Centry Socialism：A Review of Five Books with Radical Critiques and New Ideas"，Solidarity Economy Network，2011.

http：//www. solidarityeconomy. net/2011/03/16/mondragon－as－a－bridge－to－a－new－Socialism/。

⑬ Jeffrey Hollender，"A Visit to Mondragon：Interview with Mondragon's Director of Cooperative Dissemination"，2011.

http：//www. jeffreyhollender. com/

⑭ 当时 3250 名员工中参与罢工的劳动者为 414 名。

Harvard Business School，"Harvard Business Case：The Mondragon Cooperative Movement"，p. 8.

⑮ ULGOR 是蒙德拉贡集团旗下劳动合作社中最核心的公司，发展势头迅猛，仅 1969 年一年就吸收了 900 名劳动合作社社员。在发展过程中管理层管理人员和合作社社员对于工资的决定意见不同。ULGOR 管理层管理人员决定在冰箱生产工厂进行劳动分流，并实行差别化工资水平，400 余名合作社社员随即要求实行同等工资水平并举行罢工。罢工持续了八天，其中 17 名合作社社员被解雇，400 余名社员受到处罚。关于 ULGOR 罢工的信息参考以下内容。

Richard C. Williams，2007 年，同前书，第 6 章。

Sharrin Kasmir，《蒙德拉贡的神话》（The Myth of Mondragon），纽约州立大学出版社，奥尔巴尼（State Univerity of New York Press，Albany），1996 年，第 4 章，"巴斯克工人阶级（Remaking the Basque Working Class）"

哈佛商学院（Harvard Business School），"哈佛案例：蒙德拉贡合作社运动（HBS Case：The Mondragon Cooperative Movement）。

⑯ Richard C. Williams，2007 年，同前书，第 1 章。

⑰ 参考蒙德拉贡网站 http：//www. mondragon－corporation. com/language/en－US/ENG/Frequently－asked－questions/。

⑱ Richard C. Williams，2007 年，同前书，第 6 章。

⑲ 民主化运动纪念事业会，《市民教育》5 号刊，2011 年，第 20—25 页。

⑩ 朴范龙，《合作社基本法说明书》，韩国劳动合作社研究所，2012 年。

⑪ 朴范龙，《啊！劳动合作社》，韩国劳动合作社研究所，2012 年，第

26 页。

⑪⑫ 第一个原则是自发开放的合作社社员制度，第二个原则是合作社社员主导的民主合作运营，第三个原则是合作社成员的资本参与和盈余金分配等经济参与。

参考国际合作社联合的主页 http：//www. ica. coop/coop/principles. html。

⑪⑬ 参考美国合作社经营协会（NCBA，National Cooperative Business Association）主页 http：//www. ncba. coop/ncba/about – co – ops/start – a – co – op/elements – of – success。

⑪⑭ Jeffrey Hollender，2011 年，同前书。

⑪⑮ Richard C. Williams，2007 年，同前书，第 6 章。

⑪⑯ 劳动合作社的成功典范西班牙蒙德拉贡合作社限制对非合作社成员的雇用，并雇佣大部分退休员工的结构可以缓解这一矛盾。

赵恩尚，同前书，2009 年。

⑪⑰ 1933 年沙特阿拉伯政府与美国美孚石油公司签订了原油开采权的转让协议，成立了加利福尼亚阿拉伯标准石油公司（Casoc，California Arabian Standard Oil Company），1944 年改名为阿拉伯—美国石油公司，也称阿莫科（Aramco，Arabian American Oil Company）。1973 年，沙特阿拉伯政府获得阿莫科 25% 的股份，到 1974 年前增加到 60%，最终在 1980 年完全控股阿莫科。1988 年 11 月该公司更名为沙美石油公司（Saudi Arabian Oil Company）。参考沙美公司（Saudi Aramco）主页 http：//www. saudiaramco. com/。

⑪⑱ 首尔牛奶是供应牛奶原料的畜牧业从业者成立的企业，是一种生产者劳动合作社。但是因为生产牛奶原料的畜牧业从业者同时也是供应商，首尔牛奶也是一种供给者劳动合作社。

⑪⑲ 首尔牛奶合作社，《2013 年首尔牛奶合作社现状》，2014 年。

⑫⑳ 新士奇（Sunkist）2011 年销售额 101. 9 亿美元（约合 1. 15 万亿韩元）。参考新士齐 2011 年企业经营年报。

⑫㉑ 最早的永久债券是 1751 年英国政府发行的金边债券，金边债券是经英国议会批准的以税收保证支付本息的政府公债，该公债信誉度很高。当时发行的英国政府公债带有金黄边，因此被称为"金边债券"。后来，"金边债券"一词泛指所有中央政府发行的债券，即"国债"。2010 年欧洲最大的银行香港上海汇丰银行发行了 34 亿美元的永久债券。［参考《布隆伯格在线》（Bloomberg

Online）2010 年 6 月报道]。

㉒ Ian Bremmer, *The End of Free Market*, Portfolio, New York, 2010, 第 51 页。

㉓ 墨西哥不是实行国家资本主义的国家，但是墨西哥宪法规定能源资源产业必须由国家经营，国有企业墨西哥国家石油公司是墨西哥最大的企业，在世界排名 34 强。墨西哥国家石油公司贡献了 40% 的国家收入，在墨西哥经济中占据重要地位，但该企业的预算需要国会通过，而且政府运营效率较低，长期投资和经营不足，生产和收入逐年萎缩。

Ian Bremmer, 2010 年，同前书，第 57 页。

㉔ 国际透明性机构（TI, Transparency International）发布的 2011 年腐败认知指数参考网址 http：//www. transparency. org/。韩国排名第 43 位。

㉕ 瑞士洛桑国际管理学院 2012 年发布的《世界竞争力年度报告》中，关于政府效率项目下受贿与腐败的排序。韩国排名第 32 位，处于中等水平。

㉖ 瑞士洛桑国际管理学院 2012 年发布的《世界竞争力年度报告》中，关于经营效率项目下的审计和会计行为的排序。韩国排名第 41 位，处于较低水平。

㉗ 在企业透明度排名中，中国最大的银行中国工商银行排名第 75 位，中国海洋石油总公司排名第 74 位，中国石油天然气股份有限公司排名第 69 位，排名均为下游水平。企业透明度排名第一位的公司是挪威国家石油公司（Statoil），挪威国家石油公司是北欧最大的石油公司和挪威最大的公司，是世界上最大的原油销售商之一和欧洲大陆天然气的主要供应商。韩国三星电子排名第 65 位，透明度处于中下游水平。关于企业透明度的调查报告，参考以下资料。

透明国际，《企业透明度报告：聚焦世界级大企业》（Transparency in Corporate Reporting：Assessing the World's Largest Companies），2012 年。

㉘ Ian Bremmer（2010），同前书，第 108 页。

㉙ 李明博政府上台之后，2009 年 1 月，当时浦项制铁的李久泽（音译）董事长任期未满便卸任，新董事长郑准杨（音译）继任，据报道是在李明博政府的主导下完成。

"浦项制铁董事长随着政府换届而换届……权利游戏重复上演"，《京乡新闻》，2012 年 5 月 21 日报道。

《浦项制铁前董事长告白》，《韩民族》，2012 年 6 月 2 日网络报道。

㉚ 2001 年，美国高盛公司首席经济师 Jim O'Neill 首次提出"金砖四国"这

一概念，特指新兴市场投资代表。"金砖四国"（BRIC）引用了巴西（Brazil）、俄罗斯（Russia）、印度（India）和中国（China）的英文首字母。由于该词与英语单词的砖（Brick）类似，因此被称为"金砖四国"。

⑬ 关于各国经济增长率的统计数据，参考世界银行资料，网址如下。

http：//data. worldbank. org. indicator.

⑬ Ian Bremmer（2010），同前书，第 52 页。

第四章

① 1997 年韩国接受国际货币基金组织的国际救援，1997 年 12 月的外汇储备量降低到 1993 年 12 月份以来的历史最低值。当时除黄金保有量和国际货币基金组织特别提款权（special drawing rights）以外的纯粹外汇保有量的最高值为 1996 年 6 月份的 357 亿美元。这个保有量在 1997 年 2 月韩宝钢铁公司破产事件发生后略有萎缩，然后重新反弹，到 1997 年 7 月达到 329 亿美元（资料来源：韩国银行经济统计系统 http：//ecos. bok. or. kr）。但是，1997 年 9 月起亚汽车破产后，经济状况急速恶化，外汇危机进一步发酵，在外汇危机达到最顶峰的 12 月 24 日，外汇储备量急剧下跌，仅为 87 亿美元。而这 87 亿美元的外汇储备量中，除了世界银行支援的 30 亿美元和亚细亚开发银行（ADB）支援的 20 亿美元，韩国自身所有的外汇仅为 37 亿美元。

《100 亿美元支援，外汇危机貌似迅速平复》，《联合新闻》，1997 年 12 月 25 日网络新闻报道。

② 1998 年 4 月 8 日，韩国政府历史上首次在海外直接发行外国平行基金债券，10 年期，筹措资金 40 亿美元。

③ 在外汇危机的背景下，政府从国际货币基金组织获取金融救济金，巩固外汇储备量的做法也属于政府筹措外国负债资金的类型。2008 年金融危机时期，韩国银行韩国银行与美国的中央银行美国联邦储备委员会进行韩元和美元的互惠外汇信贷来巩固外汇储备，韩国银行与美联储进行的互惠外汇信贷业务实质上是一种政府的海外借贷。韩国的韩元无法在国际市场上直接交易，无法成为国际结算手段。因此美国政府通过将美元和韩元互换，以韩国政府的信用为基础对韩元进行担保，借给其相应金额的美元。这种通过货币交换进入韩国的外汇资金应看作实际上的借贷。

④ 韩国银行经济统计系统中公布了国际指数统计，本数据来源为其中关于

对外债务的数据。韩国全额偿还完国际货币基金组织的救助贷款，正式脱离国际货币基金组织管理体制是在 2001 年 8 月。2001 年第三季度，在韩国正式脱离国际货币基金组织管理体制之后，即截至 2001 年 9 月，韩国的海外负债规模为 640 亿美元，与 1997 年 9 月外汇危机爆发当时相比下降了 39%。关于对外债务的统计资料是以季度为单位进行统计的，因此无法得到 2001 年 8 月末的数据，但笔者认为该数据与 2001 年 9 月末的相比差异不大。

⑤ 外汇危机爆发前夕，即 1997 年 9 月末，韩国短期负债占全部对外负债规模的 47.2%。

⑥ 韩国银行公布的海外负债统计数据中，将全部负债分为短期负债和长期负债两项进行分类统计。但关于民间部分的海外负债，没有进行短期负债和长期负债的分类统计。

⑦ 1998 年，短期海外负债减少了 241.8 亿美元，推测判断民间部分的海外负债减少了 270 亿美元，长期负债亦呈现下降趋势。1999 年，短期负债规模增长 34.8 亿元，与此相反，民间部分的海外负债减少到 53.9 亿美元，可以判定至少 90 亿美元以上规模的长期负债资金撤离韩国。

⑧ 参考韩国金融监督院发布的资料《1998 年韩国资本市场开放情况与分析 (1992 年 2 月)》《外国人投资年度动向分析（2000—2005 年)》《外国投资者的证券交易动向（2006—2011 年)》。

⑨ 韩国银行公布的外国人股市资金参考韩国银行经济统计系统中（http://ecos.bok.or,kr/）关于国际指数的统计数据。

⑩ 笔者关于外国投资者撤离股票市场的研究是以 1997 年 9 月末的股价总额为基准。外国投资者在外汇危机发生后仍然没有撤离韩国股票市场，当外国投资者在 1997 年 9 月以及之后在韩国股票市场的持股规模不变的情况下，就可以根据之后的股价变动推算出他们持有的股价总额。通过 1997 年 9 月末根据持股情况推定的股价总额和实际每月外国人持股的股价总额之间的差异，可以推算外国人持股情况的变化。关于外来股市资金的统计，不包括韩国科斯达克股票交易电子市场，而是以科斯比股票交易市场为基准。韩国科斯达克股票电子交易市场成立于 1996 年，1997 年外汇危机发生时，科斯达克的规模远小于科斯比股票交易市场，外国投资者的持股比重也低于科斯比。以 1997 年末的数据为基准，科斯比股票交易市场的股价总额为 71 兆韩元，而科斯达克证券市场的股价总额仅为 70.7 亿韩元，规模仅为科斯比市场的 0.01%，因此以科斯比市场的

数据为基准进行外来股市资金的统计，预计不会出现大的偏差。

⑪ 1997 年 10 月一个月期间外来股市资金在股票市场的撤资规模为 7%，计算如下。外汇危机爆发当月 1997 年 9 月末，外国人持有的股市股价总额为 16.5115 万亿韩元，一个月之后，即 1997 年 10 月末，外国人持有的股价总额下降到 11.1769 万亿韩元。但是，与此同期的综合股价指数下降了 27.2%，以此数据计算，在投资者总量不变的情况下，外国投资者在 10 月末持有的股价总额应该为 12.013 万亿韩元。但实际上外国人 10 月末持有的股价总额为 11.176 万亿韩元，也就是说一个月之内有 8361 亿韩元的外国人持股资金撤离韩国，这个数值与 12.013 万亿韩元相比，占比为 7%。

如果单纯以外购人持股数量的变动来推算外国投资者的撤资规模，不仅无法反映各类股市价值的差异，也无法反映股市价值的变动情况，因此最终无法反映出外来股市资金从股票市场上的撤资规模。尤其是外国投资者通常集中于高价且大宗的股票交易，金融危机发生之后股市抛售的情况集中，如果单纯以股票数量为依据进行推算，无法正确反映出外来股票资金的变化情况。

⑫ 本数据的计算与注释 3 中的方法相同，之后关于外来股市资金撤资规模的计算也使用同类方法。以 1997 年 9 月末为基准，10 月外来股市资金进入韩国的比例为负 7%，11 月该比例为负 6.9%，相较于 9 月没有明显变化，但 12 月外来股市资金进入韩国的规模相较于外汇危机之前有明显增长。1997 年 9 月末和 12 月末，外国人实际持有的股市股价总额分别为 16.5115 万亿韩元和 10.3580 万亿韩元。1997 年 9 月末到 12 月末期间综合股价指数下跌 41.8%，以此数据计算，在投资者总量不变的情况下，外国投资者在 12 月末持有的股价总额应该 9.6017 万亿韩元，但 12 月末外国人投资者实际持有的股价总额为 10.358 万亿韩元，因此与金融危机刚开始时相比，外来股市投资资金上涨了 7.9%。

⑬ 1997 年 9 月 30 日综合股价指数为 647.11，之后于 1998 年 6 月 16 日刷新了外汇危机发生以来的历史最低值，1998 年 6 月 16 日综合股价指数为 280，与 1997 年 9 月 30 日相比下降了 56.7%。之后综合股价指数徘徊在 300 点，1998 年 8 月和 1998 年 9 月再次跌落 300 点大关。1998 年 11 月，综合股价指数恢复到 400 点，1998 年 12 月末，以 562.46 的股指恢复到 1997 年 9 月末股指水平的 87%。

⑭ 1997 年 9 月末，外国人持有的股市股价总额为 1651.1 亿韩元，1998 年 12 月末外国人持有股股价总额为 2563.3 亿韩元，如果单纯进行金额上的比较，

1998 年 12 月的外国人持股股价总额比 1997 年 9 月末增加 55.2%。但是，由于从 1997 年 9 月末到 1998 年 12 月末期间，综合股价指数下跌了 13.1%，如果将下跌幅度一起计算在内，实际上 1998 年 12 月的外国人持股股价总额比 1997 年 9 月末增加的比例应为 78.6%。

⑮ 外国人持有的股市股价总额在外汇危机爆发当月 1997 年 9 月末为 1651.1 亿韩元，而在危机结束当时的 2001 年 12 月末，外国人持有的股市股价总额为 9369.8 亿韩元，较危机前增长幅度为 5.7 倍。但是，如果将外汇危机之后股价变动引起的持股价值的变化情况同样计算在内，增长幅度应为 5.3 倍。

⑯ 外国人持有的股市股价总额在 1997 年 6 月为 1867.8 亿韩元，占整个股票市场股价总额的 13.7%，1997 年 8 月，该数值为 1814.8 亿韩元，占整个股票市场股价总额的 14%。1992 年韩国开放股票市场以来，外来持有的股价总额刷新历史纪录是在 1997 年 6 月，外国人持股股价总额占整个股票市场股价总额的比重刷新历史纪录是在 1997 年 8 月。

⑰ 1997 年年初外汇危机没有任何征兆，以这个时间点为基准判定外国人股市资金的流出情况，外汇危机发生之后外来股市资金的规模仍然可以反映出综合股价指数的变动，外来股市资金的规模与 1997 年年初的水平相比持续增加，因此可以判定外来股市资金在这一时期没有实际上的净流出。

⑱ 外国人在股票市场卖出股票的情况下，由于卖出资金可能重新投资到股票或证券市场，因此也不能认定外国人出售股票后的资金会立即兑换成美元离开韩国股票市场。另外，外来投资资金的流入情况以韩国银行公布的国际数值统计数据为依据，这些数据没有考虑汇率变动和股价变动情况，而是美元基准金额，虽然这一数据无法反映外来股市资金离开韩国股票市场的情况，但是却可以作为判定撤离韩国的外来资金规模的依据。外国人资金的纯流入累积金额是将 1992 年 1 月韩国股票市场开放以来每月净流入金额和净流出金额之间的差额作为纯流入额进行累积。以外汇为基准的进出入资金包含了由股价变动引起的资本收益或资本损失，以及由汇率变动造成的资本收益或资本损失，因此在判定韩国股票市场上外国人实际投资的增长或减少情况时，存在由股价变动或汇率变动引起的误差。美元兑换韩元的汇率在 1992 年初为 758.2 韩元，1997 年初 1 美元可兑换 843.4 韩元，1997 年 9 月末可兑换 914.4 韩元，1997 年 12 月末则可兑换 1695 韩元。综合股价指数在 1992 年初为 624.23，1997 年 1 月初为 653.79，1997 年 9 月末为 647.11，1997 年 12 月末的数值为 376.31。1992 年的

数据参考以下资料。

金融监督院，《1998 年韩国资本市场开放情况与分析》，1999 年 2 月；

金融监督院，《2000 年外国人投资动向年度分析》，2001 年 2 月；

金融监督院，《2001 年外国人投资动向年度分析》，2002 年 2 月。

⑲ 外来股市资金的纯流出额的累积金额在 1997 年 7 月达到 190.8 亿美元，刷新了 1992 年韩国股票市场开放以来的历史最高值。但是，从 1997 年 8 月外汇危机的迹象开始明显化到 1997 年 11 月期间，外来股市资金净流出情况持续严重，截止到 1997 年 11 月份的四个月期间，外来股市资金共减少 19.5 亿美元，与 1997 年 7 月末相比，减少幅度为 10.2%。而 1997 年 12 月，外来股市资金净流入金额为 3.4 亿美元，截至 1997 年 12 月底，外来股市资金规模与 1997 年 7 月末相比减少 8.2%。1998 年 1 月，外国股市资金净流入金额为 18.3 亿美元，1998 年 2 月，净流入金额为 11.6 亿美元，截止到 1998 年 2 月底，累积净流入金额与 1997 年 7 月相比增加 6.3%，尤其是 1998 年的股价与 1997 年 12 月外汇危机最严重的时期相比进一步下跌，1998 年 6 月中旬，综合股价指数一度跌破 300 点，不到 1997 年 9 月外汇危机爆发初期的一半水平，尽管如此，外来股市资金仍然持续保持净流入的态势。

⑳ 1992 年 1 月韩国开放股票市场以来，外来股市资金的累积净流入额在 1997 年 9 月外汇危机开始时的数值为 186.6 亿美元，2001 年 12 月外汇危机完全结束时的数值为 467.1 亿美元，也就是说，在外汇危机期间外来股市资金共计增长了 280.5 亿美元。

㉑ 如果以股票市场的股价总额计算外来股市资金的流出情况，外来股市资金流出比例为 7%。根据韩国金融监督院公布的韩国银行的国际指数统计数据来分析，如果以其中美元为单位统计的外来股市资金来计算，外来股市资金流出比例 9 月末为 8.2%，7 月末为 10.2%。

㉒ 韩国政府没有正式公开关于海外负债期满延期率的资料，而且也没有关于外来负债期满规定的公开资料，无法推算出准确的外来负债资金规模。但是，《韩同胞》1997 年 12 月 24 日题为《外债包袱沉重，年末美元严重不足》的新闻报道中提到"期满延期率下降约 10%"，《东亚日报》1997 年 12 月 25 日的新闻报道"国家摆脱破产之忧"中也提到"期满延期率骤降 10% 左右"。

㉓ 1997 年 9 月 30 日的综合股价指数为 647.11，1997 年 12 月 24 日组合股价指数跌到 1997 年年内最低值，为 351.45，12 月末的综合股价指数为 376.31。

1997 年 9 月 30 日，1 美元兑换 914.4 韩元，12 月 24 日，1 美元兑换 1,836 韩元，12 月末的汇率兑换金额为 1695 韩元。与 1997 年 9 月末相比，1997 年 12 月 24 日的股价跌幅高达 45.7%，同期美元与韩元的汇率增长幅度为 100.8%，而外国投资者的投资价值损失率在外汇危机发生之后高达 73%。1997 年 12 月 25 日之后，随着 G7 国家向韩国提供美元支援，国际货币基金组织的金融救助贷款进入实际实施阶段，汇率开始急剧下降，外国人投资损失略有减少，截至 1997 年 12 月末，包括美元汇率在内的外国人投资损失率为 68.6%。

㉔ 20 世纪 90 年代末外汇危机时期，1997 年韩国经济增长率为 4.7%，1998 年为负 6.3%，而世界经济增长率 1997 年为 3.8%，1998 年为 2.4%。但是，21 世纪初金融危机时期，2008 年韩国的经济增长率为 2.3%，2009 年为 0.3%，而世界经济增长率 2008 年为 1.4%，2009 年为负 2.3%。

㉕ 对外负债的资料按照季度为单位公布，参考韩国银行经济统计系统中国际指数统计资料中关于对外债务的数据。

㉖ 外国人对韩国股市市场的撤离以 2008 年 9 月末为基准进行计算，计算方法与注释 355 中说明的 1997 年外汇危机时期外国人股市资金的计算方法相同。在 1997 年的数据计算中，由于科斯达克股票电子交易市场规模非常小，仅以科斯比市场的数据为计算依据。2008 年金融危机时期以科斯达克和科斯比两个股票交易市场的数据为计算依据。假定外国人股市投资者在危机发生后的股票持有水平与 9 月份的持股水平保持一致，以月为单位来推算危机发生后一定时期内反映科斯比市场和科斯达克市场股价指数变动情况的外国人股价总额，通过这个数据和每月外国人实际持有的股市股价总额之间的差额来判定外国人股市交易的股票出让规模。如果单纯以外国人持有的股票数量变动来判定外国人股市资金的撤资规模，不仅不能反映各类股市价值的差异，也无法反映股市价值的变化情况。外国人在韩国股市的投资主要集中在三星电子、现代汽车等高价优质股，金融危机发生后外国人的股票出让交易也大多集中在这类股票。

㉗ 由次级抵押贷款（Subprime Mortgagge）引发的金融危机实际开始于 2007 年 6 月，对冲基金贝尔斯登为其旗下管理的基金 Bear Stearns High – Grade Structured Credit Fund 提供 32 亿美元的担保。贝尔斯登是美国第五大投资银行与主要证券交易公司之一，主要从事资本市场、财富管理等领域的金融服务，公司业务涵盖企业融资和并购、机构股票和固定收益产品的销售和交易、证券研究、衍生工具、外汇及期货销售和交易、资产管理和保管服务。贝尔斯登还为对冲

基金、经纪人和投资咨询者提供融资、证券借贷、结算服务以及技术解决方案。在 2007 年的美国次级债危机中，贝尔斯登遭遇严重冲击而陷入困局，因为它在房贷抵押债务和衍生品市场投资太大——作为美国债券市场上最大的承销商和衍生品发行商，在房地产市场出现下滑之后遭受了严重损失。2008 年贝尔斯登出现资金流动性严重不足的危机，根源在于贝尔斯登债务的杠杆比率过高，在次贷危机中资产大幅缩水之后，客户出于谨慎纷纷撤出资金，使贝尔斯登像商业银行一样发生挤兑事件，导致资金断裂而破产。2007 年次贷危机发生时，还没有明显迹象表明随后将出现大规模的金融危机，因为通常将金融危机正式发展的起始点定为雷曼兄弟银行提交破产申请。

㉘ 计算方法与注释 355 中的方法相同。假定外国人股票持有水平与 2007 年 12 月末的水平一致，通过之后股价总额与 2007 年 12 月末股价总额之间的差额来推算外国人资金变动规模，并可以反映出综合股价指数和科斯达克指数的变动情况。如果不考虑股市价值，只单纯以股票数量为基准计算，那么包含科斯比和科斯达克在内的外国人持股股票数量从 2007 年 12 月到 2008 年 9 月末，减幅 14.6%，从 2007 年 12 月到 2008 年 12 月末的减幅为 20.5%，截至 2009 年 3 月末，减幅达到最高值，为 24.2%。以金额为基准和以股票数量为基准之所以出现差异，是因为在高价股票集中的科斯比股票交易市场上，股票数量减少幅度较小，而低价股票集中的科斯达克股票交易市场上，股票数量减少幅度较大。但是能够正确反映外国股市资金撤离韩国情况的计算方法却不是以股票数量为基准，而是以股价总额为基准来计算。

㉙ 1997 年外汇危机时期，除中国以外的大多数东亚国家的经济发展情况均为负增长。东亚各国和地区的经济增长率分别如下，中国香港 -6.0%、印度尼西亚 -13.1%、日本 -2.0%、马来西亚 -7.4%、新加坡 -2.1%、泰国 -10.5%、菲律宾 -0.6%。而同期欧美发达国家的经济发展情况良好，美国、英国、欧盟的经济增长率分别为 4.5%、3.8%、3.0%（EU 各国平均经济增长率）。参考世界银行公布的统计资料（http：//data. worldbank. org/indicator）。

㉚ 1997 年外汇危机时期，韩国的外汇储备量几乎见底，整个国家处于国家破产的危机边缘。而 2008 年金融危机时期，韩国的外汇储备量规模达到 2600 亿美元，之后虽然降低到 2000 亿美元的水平，但没有发展到外汇储备告急的阶段。

㉛ 外汇危机发生的第二年，韩国经济大幅萎缩，1998 年韩国的经济增长率

为负 6.9%，而金融危机发生的第二年，2009 年韩国的经济增长率为 0.3%。外汇危机之后，韩国企业的拒付票据贴现率从 1996 年的 0.14% 激增到 1997 年的 0.4% 和 1998 年的 0.38%。但是金融危机时期，企业拒付票据贴现率相对稳定，从 2007 年的 0.02% 到 2008 年的 0.03%、2009 年的 0.03%。外汇危机开始的当年 1997 年，失业率为 2.6%，失业者人数达到 56.8 万，1998 年失业率为 7.0%，失业者人数增加到 149 万名，出现劳动者大规模失业的局面。而金融危机时期，失业率从 2008 年的 3% 到 2009 年的 3.4%，失业者人数从 2008 年的 72.5 万名到 2009 年的 82.9 万名，涨势微弱。经济增长率和企业拒付票据贴现率参考韩国银行资料（http：//ecos. bok. or. kr/），失业率和失业者数量数据参考韩国统计厅资料（http：//kosis. kr/）。

㉜ 2008 年东亚各国经济增长率如下，中国 9.6%、中国香港 2.3%、印度尼西亚 6%、马来西亚 4.8%、菲律宾 4.2%、新加坡 1.5%、泰国 2.5%；

2009 年东亚各国经济增长率如下，中国 9.2%、中国香港负 2.7%、印度尼西亚 4.6%、马来西亚 – 1.6%、菲律宾 1.1%、新加坡 – 0.8%、泰国 – 2.3%。

参考世界银行统计资料（http：//data. worldbank. org/indicator）和经济合作与发展组织（2011）统计资料"Real gross domestic product forecasts"，*Economics：Key Tables from OECD*，no. 4。

㉝ 发达国家的经济增长率如下，美国 2008 年和 2009 年的经济增长率分别为 – 0.3%、– 3.5%，英国 2008 年和 2009 年的经济增长率分别为 – 1.1%、– 4.4%，EU 欧盟 2008 年和 2009 年的经济增长率分别为 0.3%、– 4.2%。继金融危机之后遭受财政危机的希腊与西班牙等国，2010 年之后经济增长率持续为负增长，分别为 –3.5% 和 – 0.1%。

㉞ 美国代表性的股价指数道琼斯工业平均指数（Dow Jones Industrial Average）1997 年一年期间涨幅为 22.3%，英国的 FTSE（Financial Times Stock Exchage）金融时报 100 指数涨幅为 14.5%。金融时报 100 指数是英国的主要股票指数，金融时报指数的采样股票是根据英国伦敦国际证券交易所上市的主要一百家大公司的股票选定的，并以每分钟一次的频率更新。该指数采用算术加权法计算，与美国和日本不同，英国的股票指数对货币的影响比较小。但是尽管如此，金融时报 100 指数和美国道琼斯指数有很强的联动性。

㉟ 与 2008 年年初相比，韩国 2008 年 10 月 24 日的股价下跌 50.5%，中国

香港 2008 年 10 月 27 日股价下跌 69.1%，中国 2008 年 11 月 4 日股价下跌 67.6%，新加坡 2009 年 3 月 9 日股价下跌 58%，美国 2009 年 3 月 9 日股价下跌 53.9%，英国 2009 年 3 月 3 日股价下跌 45.6%。2010 年之后遭遇财政危机的希腊在 2009 年 3 月 9 日股价跌幅高达 71.6%，意大利 2009 年 3 月 9 日的股价跌幅为 64.9%。

㊱《外汇储备量可用额度仅为 62 亿美元》，《东亚日报》，1997 年 12 月 13 日新闻报道。

㊲ 1997 年韩国包含进口和出口在内的贸易规模为 2803 亿美元（出口贸易量为 1382 亿美元，进口贸易量为 1421 亿美元），2008 年韩国贸易规模达到 1997 年贸易规模的 3 倍，为 8641 亿美元（出口贸易量为 4347 亿美元，进口贸易量为 4294 亿美元）。

㊳ 2008 年 3 月，美元兑韩元汇率突然开始上升，2008 年 3 月 17 日的汇率与同年年初相比上涨 10%。在摩根斯坦利国际金融公司选定的 23 个发达国家投资对象国和 24 个新兴市场国家投资对象国中，这一涨幅仅次于南非，排名第二。当时除欧元以外，大多数国家与美元的汇率都处于下跌趋势，美元在当时的国际市场略处弱势。韩国经济在 2007 年实现了 5.1% 的经济增长，2008 年第一季度经济增长率比前一年高出 5.5%。而且不存在银行不良资产和企业破产率升高等经济恶化的任何症状，因此，在其他国家货币与美元兑换汇率呈现强势的情况下，韩国不存在韩元贬值的客观理由。2008 年 8 月末，金融危机爆发前夕，韩国的汇率比同年年初已经上涨 16.4%。在摩根斯坦利国际金融公司选定的 47 个投资对象国中，汇率比年初涨幅 5% 以上的 6 个国家分别为韩国、巴基斯坦、印度、南非、菲律宾和加拿大。欧元汇率涨幅为 0.6%，几乎没有变化，其他大多数国家货币与美元汇率均呈现下降态势，因此截止到当时，韩国货币韩元不具备大规模贬值的客观理由。金融危机之后，韩国汇率刷新了历史最高值，于 2009 年 3 月 2 日达到 1570.3。这个数值与 2008 年年初相比，涨幅为 67.9%，是摩根斯坦利国际金融公司选定的 47 个投资对象国中汇率涨幅最大的国家。当时除了欧元、日元、英镑等作为国际结算手段的发达国家货币之外，新兴市场国家的货币与美元之间的汇率全部呈现上升态势，但金融危机发生后，也没有客观由支持韩元与美元之间的汇率出现如此高幅度的上升。

㊴ 货币互换是指两个国家在金额相同、期限相同、计算利率方法相同但货币不同的债务资金之间进行的调换，货币互换的目的在于降低筹资成本及防止

汇率变动风险造成的损失。美元作为国际结算手段可以在全世界范围内流通，但韩元不具备国际结算手段的资格，无法在国际市场中进行交易。因此韩国政府与美国联邦储备系统之间签订货币互换协定，实质上是以韩元作为担保，从美国借贷美元。

㊵ 2011 年末各国外国投资者持有的股市股价总额比例如下，美国股市投资者以 41.4% 的比例居于各国股市投资者榜首，英国投资者持有的股价总额占比 10.7%，位于第二。除美国和加拿大等北美国家和欧洲国家之外，日本、中国香港、新加坡等亚洲其他地区和国家的比例共计 20% 左右。除北美和欧洲国家的投资者之外，新加坡投资者持有的股价总额比例最大，为 5.2%，其次分别为沙特阿拉伯投资者 3.8%、阿拉伯联合酋长国投资者 2%、日本投资者 1.7%、中国投资者 1.1%。

㊶ 下述论文中将外国资本流入韩国的最小值和最大值之间的差值定义为"进幅"，"进幅"越高，外国人资本流入的变动性越高。2000 年到 2010 年期间，外国人股市投资的"进幅"为 6.6，与此同时外国人债券投资的"进幅"为 8.0，外国人借贷的"进幅"为 10.3，外国人负债资金的变动性高于外国人股市资金。

朴夏一、李大燮、郑规日（音译），《资本自由化之后韩国的资本流动形态研究》，《BOK 事件备忘录》2012 年第 1 号，2012 年 5 月，韩国银行，参考第 46 页、第 48 页、第 49 页。

㊷ 朴夏一、李大燮、郑圭日（2012）在下述论文中有一项关于"循环周期"的定义，关于资本流入增加的持续时间段和资本流入减少或资本流出发生的持续时间段。该"循环周期"是指从资本流入的最低值到下一个资本流入最低值之间的连续时间段，该时间可以从侧面间接反映出资本滞留的规模和时间。

朴夏一、李大燮、郑规日（2012），同前书，参考第 45—48 页。

㊸ 宋至英、金勤永（音译），《资本进出入的经济适应性与破格途径》，《金融经济研究》12，韩国银行金融经济研究院，2009 年，参考第 5—8 页。

㊹ 金洪基、金奉汉（音译），《资本流动性与经济发展》，参考《韩国经济分析》第 16 卷第 1 号刊。

㊺ 韩国金融研究院，《KIF 金融状况指数》6，2011 年，参考第 82—83 页。

㊻ 韩国金融研究院（2011），同前书，第 82 页。

㊼ 美国投资基金孤星基金收购韩国外汇银行时的投资总额是 2.1549 万亿韩元。孤星基金 2003 年 8 月投资 1.3834 万亿韩元收购外汇银行 53.16% 的股份，之后于 2006 年 5 月敲进对德国商业银行和韩国进出口银行所持股份的看涨期权（Call Option），追加持股 7715 亿韩元，共计收购外汇银行 63.62% 的股份。孤星基金后来出售相当于 1.7098 兆韩元的股份，2007 年 6 月，孤星基金继续出售部分股份回收资金 1928 亿韩元。2011 年 12 月，孤星基金与韩国韩亚金融集团达成协议以 3.9156 万亿韩元的价格向其转让剩余股份。至 2012 年孤星基金的投资回收总额共计 6.8799 万亿韩元，纯收益达到 4.7238 万亿韩元。

㊽ 2011 年 11 月硕富麟独立资产管理集团与韩亚银行和韩国外汇银行确定收购合同时，韩国综合股价指数为 1847.51，2003 年 8 月收购外汇银行时综合股价指数为 759.47。这期间综合股价指上涨 2.4 倍。

㊾ 硕富麟独立资产管理集团是 2003 年在摩纳哥公国（Monaco）注册成立的外国人运营的私募基金，创始人为新西兰籍的理查德·钱德勒和克里斯托弗·钱德勒两兄弟。除了韩国，硕富麟独立资产管理集团在日本、俄罗斯、巴西等国家均有投资。该基金集中投资于少数公司，不属于共同基金的性质。硕富麟曾经声称投资资金来自自有资金，没有负债资金，不进行卖空交易，如果该承诺属实，那么其性质便无法归类为对冲基金。从硕富麟基金集中于少数公司和类别的投资策略来看，是一种接近于私募基金的积极基金。2006 年 12 月，硕富麟独立资产管理集团两兄弟分家，分离为东方环球公司（Orient Global）和列格坦资本（Legatum Capital）。

㊿ 根据检察厅发布的犯罪嫌疑内容中，SK 集团涉嫌 1.5 万亿规模的财务造假和虚假公示，并利用与摩根大通集团的期权协议进行内部交易，通过 SK 与华克山庄饭店（Walkerhill Hotel）的股票互换交易填补亏空。

51 该股价是检察厅公布调查结果前一周 3 月 7 日（周五）的挂牌交易价。

52 硕富麟持有 SK 集团 1902.8 万股，成为 SK 集团的单一大股东。资料参考 2003 年 4 月 14 日公示的"公司内部人员及主要股东的持股情况报告"。

53 硕富麟的利差收益为 7558 亿韩元，股利分红收益为 485 亿韩元，总收益额 8043 亿韩元。硕富麟上缴的证券交易税和股利税共计 149 亿韩元，税后纯收益额为 7894 亿韩元，税后收益率为 447%。

54 2003 年、2004 年、2005 年韩国股市投资者在证券市场的平均持股时间分别为 1 个月零 20 天，2 个月零 18 天，1 个月零 18 天。而这个平均数据包含了在韩国股市投资的外国人投资者，而通常外国人投资者的持股时间高于韩国投资者，因此韩国人股市投资者的持股时间要短于上述时间。

(55) 硕富麟在投资初期针对 5% 的持股率事实存在公示延迟的问题。但是，由于此次公示不是故意延迟，因此韩国金融监督院没有对其进行处罚。

(56) 2005 年 1—2 月，硕富麟持有 SK 集团股票期间，买进 LG 集团和 LG 电子的股票，同年 8 月便全部卖出，属于短期投资行为。

(57) 硕富麟于 2005 年 7 月出售 SK 所有股份，同年 8 月出售 LG 集团和 LG 电子的所有股份，之后硕富麟没有在韩国继续投资。而硕富麟出售 LG 集团和 LG 电子的所有股份，大概也是因为 SK 集团经营权争夺战败北后，决定全部撤离韩国。硕富麟投资 LG 集团 2500 亿韩元，收益 513 亿韩元，投资 LG 电子 7250 亿韩元，亏损 1016 亿韩元，硕富麟针对 LG 集团和 LG 电子的投资共计亏损 503 亿韩元。

(58) 没有包含市值总额增加部分对应的股利分红。

(59) 2007 年 4 月 11 日，SK 集团发布公示，自 7 月 1 日起 SK 分为两部分，一为制造业版块 SK 能源化学，一为 SK 集团控股公司。SK 集团分离前的最后一个交易日 6 月 27 日，SK 刷新了历史上最高股价 13.45 万韩元。

(60) 韩国国民养老金 2013 年运营资产规模为 426.9 万亿韩元，股市投资规模为 128.3 万亿韩元。2003 年国民养老金运营资产规模为 116.7 万亿韩元，股市投资规模为 9.1 万亿韩元。

(61) 国民年金公社作为三星电子的第一大股东，持股 7.7%，超过持股比例第二位的三星人寿保险公司的 7.56%。国民年金公社持股现代汽车 7.57% 股份，为第二大股东，第一大股东为现代摩比斯（MOBIS）。国民年金公社持股 LG 电子股份 8.8%，为第二大股东，LG 集团的支柱公司（株）LG 为第一大股东。

(62) 2004 年 12 月 6 日间接投资资产运营法修订，允许私募资金经营。

(63) 1936 年，英国人 Fred Perry 获得温布尔顿网球赛男子单打冠军，77 年之后的 2013 年，英国人 Andy Murray 获得英国历史上第二个温布尔顿网球赛男子单打冠军。女子单打项目上，自 1977 年英国人 Virginia Wade 夺冠之后没有英国人再次获得冠军。

第五章

①三星电子普通股的外国人持股率最高值为 2004 年 4 月 13 日的 60.13%。

②《三星电子恶意并购报告出炉》，《每日经济》，2004 年 4 月 30 日报道。

③《〈国政监察聚焦〉三星电子并购防御战》，《中央经济报道》，2004 年 10 月 18 日网络新闻。

④ 2004 年，韩国国会根据外国人股东可能恶意并购三星电子的主张甚至推进法案修订，笔者曾于 2004 年 10 月 27 日以《三星电子的经营权与国会议员》为题在《韩同胞》上发表文章。

⑤ 三星电子在 2004 年 9 月的季度报告中公布各类持股人的股权分布情况，其中，以 2004 年 6 月底的数据为准，外国人持股率为 61.37%，股东人数 2816 名。之后三星电子的经营报告中没有分别公布各类持股人的股权分布情况，因此无法确认准确的外国人股东人数。以股票发行总数为基准进行计算，相同的持股率下，三星电子股票发行总数中优先股比例为 13.45%。

⑥ 恶意并购中也采用在股票市场公开收购股票的方法，1994 年到 2003 年间，韩国公开收购股票案为 108 件，其中仅有 16 件（15.74%）是以经营权竞争为手段的公开收购。尤其是 2010 年之后，以并购为目的的公开收购案仅为两件。

江原哲（音译），《公开收购现状分析》，《资本周刊》2014—2015 号，资本市场研究院，2014 年。

⑦ 三星电子成立于 1969 年 1 月，1975 年 6 月 11 日在韩国股票交易市场挂牌上市。2013 年 12 月，以普通股为基准，李健熙会长的持股率为 3.38%，李健熙夫人、三星美术馆馆长洪罗喜持股 0.74%，李健熙儿子李在镕持股 0.57%，李健熙家族共计持股 4.69%。除李健熙家族外，三星子公司及员工对三星电子的持股率为 12.96%，内部持股攻击 17.65%。

⑧ 三星电子 2013 年的经营年报中显示，以 2013 年 12 月末单一股东（普通股）为基准，最大股东韩国国民年金公团持股率为 7.71%，第二大股东三星人寿保险公司持股率为 7.56%。另外，以股票发行总数为基准，花旗银行总部持有三星电子 6.31% 的股份，但花旗银行总部是为众多外国投资者保管股票的信托机构，并非投资者。

⑨ 由于 2012 年和 2013 年的经营报告中没有关于外国持股现状的详细内容，因此采用 2011 年的年报资料。以股票发行总数为基准，虽然三星电子 2011 年的经营年报显示花旗银行持股率 6.12%，但这些股份是外国投资者委托给花旗银行的股份，并非花旗银行直接投资和持有的股份。

⑩ 由行使沙特阿拉伯中央银行职能的沙特阿拉伯货币管理局（Saudi Arabian Monetary Agency）持有。

⑪ 三星电子经营年报中显示投资人为"The Government of Singapore"（新加坡投资厅）。

⑫ 欧洲及太平洋增长基金（Euro Pacific Growth Fund）是由美国投资机构资本集团（Capital Group）的子公司美国基金（American Fund）运营的基金。美国资本集团2000年12月6日向韩国金融监督委员会提交的《大额股份持股报告》中提到美国资本集团及其子公司共持有三星电子5.01%的股份，其中，欧洲及太平洋增长基金持有2.34%的股份。之后美国资本集团及其子公司对三星电子的持股率持续萎缩，于2011年末减持到1.39%。关于欧洲及太平洋增长基金的资料参考 https：//www. americanfunds. com/funds/details. htm? fundGroupNumber = 16 中公示的2013年年末的年报和招股说明书。

⑬ 三星电子2014年6月末的单位股价是132.2万韩元，普通股发行量为1亿4729万9000股。因此三星电子的股市总价为194.7万亿韩元，30%的股份金额为58.4万亿韩元。三星电子的股价于2013年1月3日达到历史最高值单位股价158.4万韩元，市值总额233.3万亿韩元。

⑭ 2013年7月，太平洋投资管理基金（Pimco Fund），纯资产规模为1674.2亿美元（约合188万亿韩元），标准普尔500指数（SPDR S&P 500 ETF，又名蜘蛛）的净资产规模为1454.4亿美元（约合163亿韩元），富达现金基金（Fidelity Cash Reserve）的净资产规模为1213.1亿美元（约合136万亿韩元）。关于证券投资信托基金的资料，参考 http：//www. marketwatch. com/tools/mutual－fund/top25largest。

⑮ 2012年全球资产规模最大的对冲基金是美国的桥水联合基金（Bridgewater Associates），资产规模达到753亿美元（约合84.3万亿韩元），第二大对冲基金是英仕曼投资集团（Man Investments），资产规模为527亿美元（约合59万亿韩元），第三大对冲基金摩根大通资产管理（JPMorgan Asset Management）的资产规模为440亿美元（约合49.3万亿韩元）。关于对冲基金规模的资料参考 http：//www. relbanks. com/rankings/top－hedge－funds。

⑯ 关于世界各国养老保险金规模的资料参考"P&I/TW 300 Analysis，Year end 2011"，August 2012，Towers Watson。韩国的国民养老保险金规模对照《国民养老保险金统计年报（2013年）》的股价评估额。

⑰ 2013 年韩国国民养老保险金的运营总额为 426.9 万亿韩元，其中占比 60% 的 256.6 万亿韩元用于债券投资，占比 30% 的 128.3 万亿韩元用于股市投资。投资于韩国国内股市的投资为 83.9 万亿韩元，占总运营额的 19.7%。参考《国民养老保险金统计年报（2013 年）》表 84 基金运营现状（市价）。

⑱ 2009 年到 2013 年的五年间，日平均交易量为 36.2 万股。以年度分类，2013 年、2012 年、2011 年、2010 年、2009 年的日均交易量分别为 25.7 万股、32.4 万股、39.6 万股、34.8 万股、48.3 万股。2013 年底三星电子的股票发行量为 1472.9 万股，日均交易量为 36.2 万股，约占 0.25%。

⑲ 以过去五年的日均交易量占股票发行量的 0.25% 计，假设某特定股东拥有全部股票交易量，那么购买 30% 的股份大约需要 120 天的交易日。根据证券交易所的年度交易日记录，2013 年股市开盘交易日为 247 天，2012 年股市开盘交易日为 248 天，2011 年交易 248 天。因此 120 天相当于 6 个月的自然时间。433 参照本章注释。

⑳ 韩国公平交易法第 12 条（关于企业重组的申报）。

㉑ 世界并购史上最大的并购案沃达丰—曼内斯曼案（Vodafone – Mannesmann）是发生在通信公司之间的合并；第二大并购案是美国在线—时代华纳并购案（AOL – Time Warner），发生在互联网公司和电影媒体之间的互补型合并；第三大并购案是发生在制药企业之间的辉瑞 – 沃纳 – 兰伯特公司（Pfeizer – Warner – Lambert）的合并；第四大并购案埃克森 – 美孚案（Exxon – Mobil）发生在石油企业之间；第五大并购案葛兰素史克 – 必成案（Glaxo Wellcome – SmithKline Beecham）发生在美国知名药企葛兰素史可和世界第三大非处方药公司必成制药两家医药集团之间。

㉒ 2014 年 6 月三星电子的市值总额约 191 万亿韩元，如果有恶意并购的行为发生，股价势必暴涨，如果涨幅为 20%，三星电子的市值总额将达到 229 万亿韩元，如果涨幅超过 30%，三星电子的股价总格将达到 248 万亿韩元，从而将成为历史上最大规模的并购案。

㉓ 企业并购史中并购规模前 20 名的并购案全部是发生在同类业务或相似业务之间的善意并购（friendly M&A）。历史上最大的并购案是 1999 年英国通信公司沃达丰（Vodafone）和德国通信公司曼内斯曼（Mannesmann）之间的合并重组，资金规模为 1830 亿美元（约合 210 万亿韩元）；第二大并购案是 2000 年美国在线 AOL（America on Line）联姻时代华纳（Time Warner），资金规模为

1647 亿美元（约合 166 万亿韩元）；第三大并购案的并购规模为 900 亿美元
（约合 103 万亿韩元），是发生在 1999 年的美国药厂辉瑞（Pfeizer）和沃纳－兰
伯特公司（Warner－Lambert）的并购重组；第四大并购案埃克森－美孚案（Exx-
on－Mobil）发生在 1998 年，合并规模达 772 亿美元（约合 89 万亿韩元）；第五
大并购案葛兰素史克－必成案（Glaxo Wellcome－SmithKline Beecham）发生于
2000 年，合并规模为 760 亿美元（约合 87 万亿韩元）。上述并购案几乎全部通
过收购公司或重组后新成立的公司与被收购公司进行股票置换的方式完成合并。
并购规模排名前 20 名的并购案中，仅有一例是通过现金进行股票交易完成，排
名第 18 名，并购规模为 520 亿美元（约合 59.8 万亿韩元），百威—英博啤酒
（2008 年百威啤酒被巴西啤酒制造商英博啤酒全资收购，收购后新公司更名为
百威－英博）以每股 70 美元的价格现金收购美国最大的啤酒制造商 Anheuser－
Busch 并完成两家企业的合并重组。收购资金中，有 450 亿美元为英博公司举债
筹措，98 亿美元为股票担保所得。

ABInbev，"InBev completes acquisition of Anheuser－Busch"，November 18，
Press Release，2008.

㉔ 三星电子收购 AST 虹志电脑和经营失败的内容参考以下资料：

《三星电子收购 AST 虹志电脑》，《京乡新闻》，1995 年 3 月 1 日新闻报道；

《三星电子收购 AST 虹志电脑 100% 股份》，《每日经济》，1997 年 2 月 1 日
新闻报道；

《三星电子与 AST 虹志电脑的业务分析》，《每日经济》，1999 年 1 月 12 日
新闻报道。

㉕《韩国财阀集团海外企业并购热》，《韩同胞》，参考 1995 年 7 月 23 日新
闻报道。

㉖《海外企业收购热》，《韩同胞》，参考 1996 年 10 月 19 日新闻报道。

㉗ 2002 年之后的 10 年间，三星电子外国人股东持股率最低点为 42.18%，
发生在世界金融危机爆发后的 2008 年 11 月 19 日。

㉘ 韩国最大规模的投资机构韩国国民年金公团对三星电子持股率超过 5%
开始于 2009 年，2011 年年末持股率达到 6%。

㉙ 2013 年修订的韩国银行法将非金融主营业务企业对银行的持股率上限从
9% 降低到 4%。

㉚ 参考本章注释 10 与注释 11。

㉛ 市值总额排名前 20 位的企业、各企业的外国人投资者持股率和市价、外国人需要出售的股份额度等，以 2013 年 6 月末的数据为基准计算得出。

㉜ 2013 年 6 月韩国的外汇储备量为 3264 亿美元。

㉝ 上市是指在证券交易所获得交易资格的过程，上市公司是股份公司的一种，是指可以在证券交易所公开交易其公司股票、证券等的股份有限公司。公司把其证券及股份于证券交易所上市后，公众人士可根据各个交易所的规则下，自由买卖相关证券及股份，买入股份的公众人士即成为该公司之股东，享有权益。上市股票可以在证券交易所自由买卖，这种买卖以证券交易所的公信力为基础，也不存在结算和让渡方面的风险。而非上市公司股份的买卖需要在买卖双方当面交易并签订协议的基础上完成，而且在交付和结算方面存在一定的风险和费用，因此非上市公司的股份交易只在特定群体中进行，不像上市公司的股票发行面向大众为对象筹措资金。

㉞ 普通股基准，2014 年 6 月末数据。

㉟《福布斯》世界富豪排行榜的详细信息参考网站 http：//www. forbes. com/profile/kun – hee – lee/。

㊱ "财阀数据" 主页 http：//chaebul. com/。

㊲ 2013 年《福布斯》世界富豪排行榜显示，世界首富是黎巴嫩裔墨西哥电信大亨 Carlos Slim Helu，总资产 730 亿美元（约合 81.3 万亿韩元），排名第二的富豪是美国微软的比尔·盖茨，资产规模 670 亿美元（约合 76.3 万亿韩元），西班牙服装界乃至世界服装界的传奇人物 Amancio Ortega 排名第三，总资产 570 亿美元（约合 64.9 万亿韩元），美国股神沃伦·巴菲特以 535 亿美元（约合 60.9 万亿韩元）的资产规模排名第四。参考资料网址 http：//www. forbes. com/billionaires/。

㊳ 2013 年 12 月末，除了农协银行、水协银行、中小企业银行和产业银行等专业银行，一般银行的总信贷额合计 900.7 万亿韩元。主要银行的信贷资金规模资料参照韩国金融监督院的《金融统计月报》。

㊴ 三星电子于 2013 年 3 月底完成 2012 年度的经营年报并进行公示，以当时的单位股价 152.7 万韩元为基准。

㊵ 三星电子 2011 年的纯利润为 10.0 万亿韩元，2012 年 3 月底公布 2011 年经营年报时单位股价为 127.5 万韩元。如果将纯利润全额用于购买自己公司的股份，大约可以买入 788 万股，约占股票发行总量的 5.4%。以同样的方式计

算，2010 年三星电子纯利润总额可以买入的股份约占股票发行总量的 9.7%，2009 年纯利润总额大约可以买入股票发行总量 5.2% 的股份。购买自己公司的股份会导致流通股数量减少和股价上升，这个因素忽略不计，如果将 2003 年到 2012 年 10 年间的累计纯利润全部用来购买自己公司的股票，大约可以买入 82.1% 的股份。该数据根据三星电子每年的经营年报计算得出。

㊶ 依据三星电子 2004 年到 2013 年期间的企业经营年报。三星电子 2012 年的净利润为 17.4 万亿韩元，其中作为股利分配的比例为 6.9%，1.2 兆韩元。2011 年净利润 10.0 万亿韩元，分配的股利为占比 8.2% 的 8272 亿韩元，未分配的留存利润为 9.2 万亿韩元。2010 年净利润 13.2 兆韩元，分配的股利规模为 1.5 兆韩元，占比 11.3%，留存利润为 11.7 万亿韩元。

㊷ 依据现代汽车 2004 年到 2013 年期间的企业经营年报。10 年期间现代汽车净利润总额是 30.4 万亿韩元，其中作为股利分配的总额为 3.7 万亿韩元，内部留存的未分配利润总额为 26.7 万亿韩元。

㊸ 依据浦项制铁 2004 年到 2013 年期间的企业经营年报。10 年期间浦项制铁净利润总额是 33.8 万亿韩元，其中作为股利分配的总额为 6.8 万亿韩元，内部留存的未分配利润总额为 27.0 万亿韩元。

㊹ 遗产税根据遗产规模逐级递增。遗产额 1 亿韩元以下的情况，征收 10% 遗产税；1 亿韩元以上、5 亿韩元以下，征收 30% 遗产税；5 亿韩元以上、30 亿韩元以下，征收 40% 遗产税；30 亿韩元以上，征收 50% 遗产税。

㊺ 2013 年 9 月市值总额排名前 20 位的上市公司中，外国人持股率超过 50% 的企业有六家，分别是新韩控股有限公司 63.9%、KB 金融控股有限公司 63.9%、韩亚金融控股有限公司 60%、NAVER 搜索引擎网站 55.3%、三星火灾保险公司 54.3%、浦项制铁 54.2%。外国人持股率超过 40% 的企业有四家，分别是现代摩比斯 49.6%、三星电子 48.7%、SK 电信 46.7%、现代汽车 45.9%。

㊻ 2004 年 4 月 13 日三星电子外国人持股率达到历史最高值 60.13%；2004 年 10 月 21 日，现代汽车外国人持股率达到历史最高值 57.11%；2004 年 10 月 21 日，现代汽车外国人持股率达到历史最高值 57.11%，2004 年 9 月 13 日，浦项制铁外国人持股率达到历史最高值 70.52%；2004 年 5 月 6 日，新韩控股有限公司外国人持股率达到历史最高值 66.28%。

㊼ 2014 年 6 月末三星电子的市值总额是 194.7 万亿韩元，浦项制铁的市值

总额是 26.5 万亿韩元。

㊽ 除了韩国国民年金公团，纽约银行梅隆公司（The Bank of New York Mellon）持有 8.37% 的股份。但是纽约银行梅隆公司银行与韩国的证券信托院一样是为众多外国人投资者代管股票的机构，不是实际的股权持有者。纽约银行有限公司（The Bank of New York Company，Inc.）和梅隆金融公司（Mellon Financial Corporation）2007 年 7 月宣布，双方已经完成合并，形成纽约银行梅隆公司，催生出一家资产管理和证券服务领域的全球领先企业。韩国国民年金公团的股份以 2013 年 12 月底的数据为准，KB 金融控股依据 2013 年的经营年报。

㊾ 外国人持股率以 2013 年 12 月末的数值为基准。

㊿ 2013 年 3 月 KB 金融控股外国人持股率最高，为 66.6%；2010 年 6 月外国人持股率最低，为 54.74%。KB 金融控股于 2008 年上市。新韩控股的外国人持股率 2004 年 5 月达到最高值 66.28%，最低值 40.21% 出现在 2009 年 3 月。新韩控股的外国人持股率除 2009 年 2 月到 4 月期间略低于 50% 之外，从 2003 年 10 月开始持续超过 50%。韩亚金融控股 2005 年 12 月上市以来，除了极短的一段时间，外国人持股率持续达到 60% 以上。韩亚金融控股的外国人持股率于 2006 年 3 月达到历史最高值 81.35%，最低值 59.04% 发生在 2013 年 7 月。

(51) 根据 2013 年末的经营年报，持股超过 5% 的外国投资者，韩亚金融控股和新韩金融控股中各有一家，KB 金融控股中没有持股率 5% 以上的外国人股东。参照本章注释 40。

(52) 2004 年三星电子股东中没有持股超过 50% 的外国人股东（以 2004 年经营年报为准），其中最大的外国人股东是持有 4.77% 股份（3 月 18 日公示内容）的美国资本集团。现代汽车 2004 年年末外国人股东美国资本研究与管理公司（CRMC，Capital Research and Management Company）持股 5.5%，美国资本研究与管理公司是美国投资管理公司资本集团的子公司。浦项制铁 2004 年没有持股率超过 5% 的外国人股东，最大的外国持股人不得而知。但 2005 年 4 月首次有外国人投资者联盟资本管理公司（Alliance Capital Management LP）持股率超过 5%。美国资本集团和联盟资本管理公司都是分散型的投资基金，在过去没有恶意并购的行为和恶意并购的尝试。

(53)《并购之忧，韩国公平交易委员会造访三星》，《联合新闻》，2004 年 4 月 29 日网络新闻。

(54) 三星电子恶意并购争论开始于 2004 年，当年三星电子年报显示，以 12

月 31 日的数据为准，李健熙会长持股 1.91%，其夫人与儿子持股 1.39%，李健熙家族持股共计 3.3%。

⑤ 以 2004 年 12 月末数据为基准的份额。2013 年 6 月李健熙会长的持股增加到 3.38%，其夫人与儿子的持股共计 1.26%，无明显变化。李健熙会长持股份额增加是因为在"三星特别检查"中发现的三星电子借名股份于 2008 年年中转换为实名股份。

⑤ 公开资料显示李健熙会长对三星人寿保险的持股率仅为 4.54%，当年在"三星特别检查"中发现的借名股份在 2008 年实名登记后，李健熙会长的持股率增加到 20.76%，成为实质上的最大股东。

⑤ "15 个财阀集团循环出资衔环点，诱发 10 万个……'数百个'财阀虚假报告……公平交易委员会'如坐针毡'"，《韩同胞》，2014 年 8 月 27 日网络新闻。

⑤ 关于韩国的金融和保险公司，韩国公平交易法第 11 条规定，韩国国内上市公司的股东会在关于主要事项进行决议时，特殊相关者和股票发行总量占比 15% 的股东总数可以行使决策权，其中 15% 是上限。主要事项包括人员选任与解任、变更、公司合并及营业转让。根据商法第 371 条第 1 项，特定股票，即优先股和公司自有股等股票所有者没有决策权，不包含在股票发行量总数 15% 的决策权范围之内。因此，三星人寿保险公司等三星集团的子公司持有三星电子 16.05% 的股份，该份额在三星电子发行的股票中除优先股和公司自有股之外的普通股中占比 17.7%，其中超过 15% 比例的 2.7% 无法行使决策权。

⑤ 三星集团提出宪法申诉的理由是"限制私有财产权是削弱防御外国资本恶意并购能力的反宪法措施"。之后三星人寿保险公司等 2006 年 2 月表示"对于其与立法机关对立事宜虚心接受社会各界的批评，将通过董事会任命的经营委员会提起诉讼。"三星表示诉讼的当时，正值三星爱宝乐园私人配售可转换债券赠予问题和"X – FILE"问题，社会各界对三星集团存在的社会问题提出严重质疑，三星公开表示将成立 8000 亿韩元的社会慈善基金等。

李恩静（音译），引用第 14 页。

⑥ 关于韩国公平交易法修订后决策权限制对财阀集团的影响，参考以下资料：

李恩静，《朴槿惠公平交易法限制决策权修订案的时效性分析》，《事件与分析》2013 – 1，经济改革研究所。

⑥1 2005 年 3 月股东大会的决策权归 2004 年 12 月末的股东所有。2004 年年末三星电子的外国人持股比例为 54.13%，SK 的外国人股东持股 54.17%，二者大致相同。

⑥2《SK，1.55 万亿韩元财务造假审核》，《今日财富》，2003 年 3 月 11 日网络新闻。

⑥3 2003 年 2 月 17 日 SK 股票单位股价为 1.49 万韩元，检察院发布其非法行为之后的 3 月 14 日，股价暴跌到 6130 韩元，近一个月跌幅过半。SK 和崔泰源的非法行为公布后，SK 股票出现抛售现象，硕富麟独立资产管理集团利用此机会瞬间购买 SK 约 15% 的股份。

⑥4《股东会中 SK 大胜硕富麟》，《每日经济》，参考 2005 年 3 月 11 日网络新闻。

⑥5《西雅图时报》（*Seattle Times*）2013 年 10 月 2 日网络新闻，关于“谁是微软的最大股东?”的新闻中报道，微软排名前五位的股东分别是黑石基金（Blackrock）5.3%、比尔·盖茨 4.8%、基金公司先锋集团（Vanguard Group）4.3%、道富环球投资管理公司（State Street）4.0%、史蒂夫·鲍尔默（Steve Ballmer）4.0%。除比尔·盖茨和微软 CEO 史蒂夫·鲍尔默之外的另外三名股东都是基金投资机构。

⑥6 参考比尔和梅琳达·盖茨基金会 2012 年财务现状（Trust Financial Statement，2012）。

⑥7 AST 虹志电脑收购和失败方面的内容，参考以下新闻报道：

《三星电子收购 AST 虹志电脑》，《京乡新闻》，1995 年 3 月 1 日报道。

《三星电子收购 100% 收购美国 AST 虹志电脑》，《每日经济》，1997 年 2 月 1 日报道。

《三星电子与美国 AST 虹志电脑业务分析》，《每日经济》，1999 年 1 月 12 日报道。

第六章

①世界经济增长率由世界银行在 1960 年开始进行统计。2009 年，世界经济增长率为负 0.8%，世界经济增长呈现负增长是 1960 年有统计数据以来的首次。

②判断财阀集团在国民经济中所占的比重有两种方法。第一种方法是，财阀资产在国家总资产（统计厅国家资产调查）中所占的比例。2000 年 30 家财

阀集团资产在国家总资产中占比为 31.7%，2004 年有所下降，占比 28%，2008 年再次攀升到 32.8% 的比例，之后持续增加，2012 年达到 37.4%。第二种方法是，财阀集团经营收入占韩国银行经营数据分析对象企业总营业收入的比重。2001 年 30 家财阀集团营业收入占分析对象企业总营业收入的 35.7%，2003 年降到 28.4%，之后持续增加，2011 年占比 38.9%。关于财阀集团经济力过度集中的内容，参考以下报告。

魏平良（音译），《财阀及大企业经济力集中和动态变化分析（1987—2012）》，《经济改革报告》2014 年第 2 号，经济改革研究院。

③ 阿恩·丹尼尔斯（Arne Daniels）、斯特凡·施密茨（Stefan Scmitz），《资本主义 250 年》，赵静秀（音译），未来之窗出版社，2007 年。

④ 金尚祖（2012），同前书，参考第 47 页。

⑤ 早期最负盛名的理想型社会主义共同体是罗伯特·欧文（Robert Owen）1825 年在美国印第安纳州成立的"新和谐村"（New Hrmony）以及查尔斯·傅立叶（Charles Fourier）1841 年在美国成立的"查尔斯溪农场" （Brook Farm）等。

⑥ 朴浩成（音译），《社会民主主义的历史和展望》，书世出版社，2005 年，第 92 页。

⑦ 社会民主主义（Social Democracy）比民主社会主义（Democratic Social-ism）的称呼更常见。由于欧洲的社会主义政党称为"社会民主党"，社会民主主义的称呼使用广泛。比如，德国联邦政府的执政党社会民主党和瑞典执政党社会民主劳动党。共产主义作为社会主义的分支，又被称为马克思—列宁主义（Marxism－Leninism）。1917 年被称为布尔什维克革命的十月革命胜利后，列宁领导的俄国布尔什维克党为了将自己和民主社会主义者区分开来，于 1918 年更名为共产党。

托马斯·迈尔，《民主社会主义》，李丙希（音译）译，人间爱心出版社，1988 年，参考第 59—61 页。

⑧ 托马斯·迈尔（1988），同前书，参考第 61 页。

⑨ 马克思的《资本论》出版于 1876 年，苏联成立于 1922 年。

⑩ 徐真英（音译），《21 世纪的中国政治》，理想国出版社，2008 年，第 498 页。

⑪ 关于中国特色社会主义的特征，参考以下资料。

徐真英（2008），同前书，参考第381—386页。

⑫ 市场社会主义反对生产资料私有制的存在，主张实行生产资料的公有制，以市场作为资源配置的主要手段。但是中国容许私有财产的存在，民营经济在国民经济中占据了相当大的比重，从这些方面来看，又难以将其划为市场社会主义模式。

⑬ 申正焕（音译），《瑞典社会民主主义》，金秀行（音译），申正焕（2007），同前书，第231页。

⑭ 关于瑞典劳动者基金的内容，参照以下资料。

申正焕，《福利资本主义和民主社会主义》，2012年，社会评论，第231—247页。

金秀行，申正焕（2007），同前书，第234—235页。

⑮ 申正焕，《瑞典"第三条道路"政策的失败原因：以"政策不调和"为中心》，《社会经济评论》第32号，2009年，参考第74—76页。

⑯ 金秀行，申正焕（2007），同前书，第244—245页。

笔者将上述内容进行修改引用。

⑰ 申正焕，同前书，第248页。

申正焕提出，瑞典"第三条道路"的主要政策包含通过货币贬值提高出口竞争力的政策、抵制通货膨胀的政策、废除贷款上限管制等金融自由化政策、所得税降低和间接税比重增加等税收政策。

⑱ 安东尼·吉登斯，《第三条道路》，韩尚进（音译）、朴赞玉（音译）译，思想之数出版社，1998年，第62页。

⑲ 英国是新自由主义政策的发源地，1979年英国保守党玛格丽特·撒切尔（Margaret Thatcher）政府开始实行放宽政府管制、实行民营化、缩减社会福利、削弱工会职能等新自由主义政策。玛格丽特·撒切尔夫人政府从1979年到1990年期间连续执政七年，英国在18年期间持续实行新自由主义政策，1998年开始执政的劳动党托尼·布莱尔政府标榜的"第三条道路"政策摆脱了持续18年的新自由主义政策，虽然开始采取强化社会福利等政策，但并不是追求社会民主主义。

⑳ 申正焕（2009），同前书，第81页。

㉑ 关于第三条道路政策是20世纪90年代初瑞典金融危机原因之一的观点，参照以下论文。

申正焕，《20 世纪 90 年代初瑞典金融危机：原因与过程以及对瑞典模式的影响》，《学术研究》第 10 号刊，2009 年。

㉒ 瑞典 1991 年的失业率为 1.7%，但 1992 年失业率为 3.1%，1993 年失业率为 5.6%，1994 年的失业率急剧增加到 9.1%，1997 年瑞典失业率达到历史峰值 9.9%。之后瑞典的失业率维持在 5%～7% 的水平，金融危机之后再次上涨，2010 年达到 8.6%，2013 年达到 8.0%。以上数据来自 OECD。

㉓ 关于瑞典劳动者基金的结局，参考申正焕（2012），同前书，第 248—250 页。

㉔ 金义东（音译），《新自由主义全球化和瑞典模式》，《经济体制方案的理论和历史》，宇宙学术研究院，2007 年，参考第 211—213 页内容。

㉕ 安东尼·吉登斯（1998），同前书，第 32 页。

㉖ 金秀行，申正焕（音译）（2007），同前书，第 252—253 页。

㉗ 安东尼·吉登斯（1998），同前书，第 261 页。

㉘ 绝大多数韩国公民认为韩国必须实现"正义的社会"，没有人希望生活在"非正义的社会"或"非公正的社会"中。但个体价值观和理念的差异决定了"正义是什么"有不同的答案。文中亦是笔者"主观的判断"。哲学中关于"正义"的争论主要集中在个人自由和社会成员平等两种价值中更侧重于哪一种价值，当自由和平等发生冲突时该如何调整，关于这两个问题的不同答案带来了哲学上关于正义的不同定义。

㉙ 约翰·罗尔斯，《正义论》，黄京植（音译）译，理学出版社，2003 年，第 36 页。

㉚ 引用文是笔者将约翰·罗尔斯的观点重新解释并在资本主义体制中的应用。

㉛ 约翰·罗尔斯提出"所有人的权利都不应被全社会福利的名义蹂躏，正义的权利不容侵犯，因此正义不容许牺牲哪怕少数人的自由。"

约翰·罗尔斯（2003），同前书，参考第 36 页。

㉜ 笔者关于"非正义的经济制度必须改善或废止"的论点来自约翰·罗尔斯的《正义论》，如同应该纠正或摒弃非真理的思想，非正义的社会制度也应该被改善或废止。约翰·罗尔斯（2013）在《正义论》中提到"理论无论多么精致简明，如果不是真理就必须纠正或摒弃，法律或制度无论多么有效、井然有序，只要无法做到公正，就必须改善或废止"。

约翰·罗尔斯（2003），同前书，参考第 36 页。

㉝ 关于"程序的公正性"与"结果的公正性"相结合的正义，参考以下文章。

黄京植，"公正经济的中立化"，《公正和正义社会》，黄京植、李胜焕（音译）等 8 人编著，朝鲜新闻媒体，2011 年。

㉞ 关于功利主义（Utilitarianism）和平等主义（Egalitarianism）等自由主义的观点，可以参考以下黄京植（2013）和塞缪尔·弗莱施哈克尔（Samuel Fleischacker，2007）的著作。关于自由主义和共同体主义的观点，可以参考以下金非焕（音译）（1999）、李胜焕（1999）、尹平重（音译）（2003）的著作。自由至上的自由主义中关于分配正义的论述可以参考罗伯特·诺齐克（1983）的第七章。

黄京植，《社会正义的哲学基础：以 J. 罗斯的正义论为中心》，哲学与现实出版社，2013 年。

塞缪尔·弗莱施哈克尔，《分配正义简史》，江俊浩（音译）译，书矿出版社，2007 年。

金非焕，《现代自由主义—共同体主义是否现实：同时批判"相似自由主义"和"相似共同体主义"》，《哲学研究》，第 45 期，1999 年。

尹平重（音译），《共同体主义伦理批判：以激进自由主义立场为中心》，《哲学》第 76 辑，2003 年。

罗伯特·诺齐克，《从无政府到乌托邦：自由主义国家的哲学基础》，南静姬（音译）译，文学与知性出版社，1983 年。

㉟ 罗伯特·诺齐克（1983），同前书，参考第 192—196 页。

㊱ 黄京植，《所有权是绝对权利吗：私有财产权和分配正义》，《哲学研究》第 72 辑，2006 年，第 16 页。

㊲ 黄京植引用了罗伯特·诺齐克关于私有财产的描述"总量像是从天上掉下的 Manna，在现实中已经是注定的存在"。Manna 是指在《希伯来圣经》（Hebrew Bible）中提及的上天赐予的粮食，是古以色列人在经过荒野时所得的天赐食粮。

黄京植（2006），《所有权是绝对权利吗：私有财产权和分配正义》，《哲学研究》第 72 辑，2006 年，第 26 页。

㊳ 经济学理论中，完全市场条件下存在"完全竞争。完全竞争的假设必须

满足多种条件，比如市场上存在大量的具有理性经济行为的卖者和买者；产品是同质的，可互相替代而无差别化；生产要素在产业间可自由流动，不存在进入或退出障碍；卖者或买者对市场都不具有某种支配力或特权；卖者和买者间不存在共谋、暗中配合行为；卖者和买者具有充分掌握市场信息的能力和条件，不存在不确定性。最核心的条件是市场中的买者和卖者规模足够大，并且每个个人（包括买者和卖者）都是价格接受者，而且不能单独影响市场价格，并作为"原子"存在。完全竞争是经济学中理想的市场竞争状态，也是几个典型的市场形式之一。可以证明，完全竞争的结果符合帕累托最优。完全竞争是这样一种市场结构，在其中同质的商品有很多卖者，没有一个卖者或买者能控制价格，进入很容易，并且资源可以随时从一个使用者转向另一个使用者。

㊱ 黄京植认为"如果说罗尔斯捍卫私有权的观点是为了自由，那么反对私有权的观点同样是为了自由，并阐明了私有权理论的症结"，因为"与罗尔斯有关财产处置自由（即作为消极自由的财产权）相比，受私有权限制的自由反而是可以利用财产的自由（即作为积极自由的福利权）"。黄京植同时针对罗尔斯的私有财产不可侵犯论提出反对意见。笔者认为，私有财产不可侵犯"不仅剥夺他人利用的自由，在竞争市场他人参与竞争的自由也受限制或被剥夺"。

黄京植（2006），同前书，第20—21页。

㊵ 约翰·罗尔斯（1988），同前书，第103页。

㊶ 关于共同体经济最成功的模型合作社的内容，参考本书第三章"无股东的企业1：劳动者作为企业所有者的公司"和"劳动者合作社是否可以成为股份有限公司的替代方案"。

㊷ 崔章集（音译）（2006年）指出，"民主主义是调和完善市场竞争和不平等矛盾的民众性的政治制度和体制"（第145页），"实质上的民主主义将自由与平等原理扩大到社会经济层面，提高劳动者等社会弱势群体的权益，通过基于分配正义的社会福利政策，调整财富与收入的分配结构"。

崔章集、朴赞彪、朴尚勋（音译）（2013年）认为，"韩国目前的形式民主主义已形成并得到巩固，需要进一步在社会经济领域实现实质上的民主主义，这里所说的民主主义，是指从政治民主化到经济民主化的扩大"。（第16—17页）

崔章集，《民主主义的民主化》，人文学院出版社，2006年。

崔章集、朴赞彪、朴尚勋，《该选择何种民主主义？》，人文学院出版社，

2013 年。

㊸ 黄京植指出，“机会均等的理念不同于平等主义的外貌，而是更为含蓄。机会均等事实上不是人类人格上的平等价值，而是在社会游戏规则中对个体具备的最大竞争力进行选别。竞争力弱的参赛选手将被淘汰，社会不平等将可能进一步扩大，最终以业绩为中心的阶层构造被强化并进一步固定”。

黄京植（2011），同前书，第 23 页。

㊹《每天 10 分钟，英语胎教》，《韩国经济》，2011 年 3 月 18 日网络新闻。

㊺ 父母收入水平越高，私人教育支出越高，该项内容参考以下论文。

金卫定（音译）、严由植（音译），《关于不同阶层私人教育费用支出差异的研究》，《韩国社会学》，第 43 辑第 5 号，2009 年。

㊻ 私人教育支出越高，大学入学考试合格的可能性越大，该项内容参考以下论文。

崔行载（音译），《私人教育对大学入学考试的影响》，《国际经济研究》第 14 卷第 1 号，2008 年。

㊼ 大学毕业后就业的问题受父母收入、毕业院校和专业等因素的影响，参考以下论文。

蔡昌均（音译），金太基（音译），《大学毕业青年层的就业决定因素分析》，《职业教育研究》，第 28 卷第 2 号，2009 年。

㊽ 关于引发不平等社会结构的原因，参考以下资料。

李准九（音译），《收入分配的理论与现实》，多山出版社，1989 年，参考第 93—155 页。

㊾ 尹平钟（音译），《自由市场经济正义公正吗》，《公正与正义的社会》；黄京植、李胜焕等 8 人共著，《朝鲜信息空间》，2011 年，第 105 页。

㊿ 笔者对以下论文的脉络进行整理引用。

周同率（音译），《论平等和应得份额的有机关联》，《哲学》第 85 辑，2005 年，参考第 200—201 页。

(51) 周同率，“罗尔斯分配正义论的特征与现代平等主义”；黄京植、朴静顺（音译）等编，《罗尔斯正义论及后正义论时代》，哲学与现实出版社，2009 年，第 87 页。

(52)《银行收益性降低，顾客的钱袋破裂》，《首尔新闻》，参考 2013 年 7 月 19 日报道。

(53)《包含定期奖金和工资收入，将呈现收入两极分化》，《全国经济人联合会》，5月刊，2014年。

(54) 3250名员工中参与罢工的劳动者为414名，罢工持续了8天，17名劳动者被解雇，其他罢工员工受到惩罚并重返工作岗位。

哈佛大学商学院，“哈佛商业案例：蒙德拉贡合作社运动”（Harvard Business Case：The Mondragon Cooperative movement），第8页。

(55) 关于政治体制中的分配，笔者在亚里士多德关于分配正义的说明的基础上应用了市场竞争中的分配并对下文进行修改引用。

尹平钟，“何谓正义？症候群讨论分析与公正社会”，社会统合委员会，《韩国的公正》，经济人文社会研究会编著，东亚日报社，2012年，第28页。

(56) 约翰·罗尔斯（2003），同前书，第105—106页。

(57) 约翰·罗尔斯（2003），同前书，第111页。

(58) 阿玛蒂亚·森（Amartya Sen）是1998年诺贝尔经济学奖获得者，当代最杰出的经济学家和哲学家之一，在社会选择、福利分配和贫困研究领域做出突出贡献，是人类发展与可行能力视角的理论奠基人，他认为不平等不仅与收入分布相关，也可以根据每个人的需要和资格进行分配，他同时强调了由每个人的需求差异带来的不平等。

阿玛蒂亚·森，《论经济不平等》（*On Economic Inequality*），Oxford University Press，1997年，第77—106页。

(59) 约翰·罗尔斯（2003），同前书，参考第105页、第405页。

(60) 麦克尔·桑德尔（2010），同前书，参考第199页。

(61) 约翰·罗尔斯，同前书，2003年，第123页。

(62) 麦克尔·桑德尔（2010），同前书，参考第360—362页。

(63) 黄京植，《政治自由主义和经济自由主义：从政治经济学角度看自由主义》，《哲学与现实》春季刊，2009年，第53页。

(64) 约翰·罗尔斯（2003），同前书，第368页。

第七章

①约翰·罗尔斯（1988），同前书，第216页。

②约翰·斯图亚特·穆勒，《功利主义》（*Utilitarianism*），1863。

上述书中第二章的内容“什么是功利主义”用于虚构的“韩村”。原文是：

"It is better to be a human being dissatisfied than a pig satified；better to be a Socrates dissatisfied than a fool satisfied。"（当痛苦的人胜过当快乐的猪；当痛苦的苏格拉底胜过当快乐的傻瓜。）内容参考登录以下网址 http：//www. marxists. org/reference/archive/mill－john－stuart/1863/utility/ch02. htm。

③ 针对抛弃个人经济自由的社会主义体制，哈耶克在他的著作《通往奴役之路》中提到，"约定的通往自由之路（Road to Freedom）实际上是通往奴役的高速路"。本文中笔者虚构的"韩村"与政府拥有一切、统治一切的社会主义相似。

哈耶克，《通往奴役之路：社会主义计划经济的真实》，金里硕（音译）译，罗南出版社，2006 年，参考第 64—67 页。

④ 来源于日语 OTAKU 一词，直译为"御宅族"，一般指具有超出一般人知识面、鉴赏、游玩能力，对此文化热衷并有深入了解的特殊群体。目前 OTAKU 一词早已作为一个世界公认的词，被收录入各大英语词典中（如牛津大学出版的各类牛津词典），在权威词典中，OTAKU 常被定义为：（日本的）计算机迷，网虫。

⑤ 约翰·罗尔斯（1988），同前书，第 217 页。

⑥ 罗伯特·达尔，《论经济民主主义》，裴官彪（音译）译，人文图书出版社（Humanitas Booking），2011 年，第 16 页。

⑦ 在极端市场本位主义经济学者 Milton Friedman 观点的基础上，笔者进行了修改。米尔顿·弗里德曼的原话是："A society that puts equality before freedom will get neither. A society that puts freedom before equality will get a high degree of both。"（为了平等而抛弃自由的社会，最终将同时失去平等与自由；为了自由放弃平等的社会，最终将拥有更多平等与自由。）

⑧ Leon Trotsky，"Chapter 11，Whither the Soviet Union"，*The Revolution Betrayed*，Labor Publications，Inc，1991，p. 241.

在一个国家，如果作为暴力机器的国家是唯一的雇主，就意味着慢慢饿死。"谁不工作谁就不得食"这一古老原则被"谁不服从谁就不得食"的新原则取而代之。

⑨ 根据 2015 年韩国银行关于国民收入水平的统计，韩国人均国民收入 1970 年为 255 美元，1975 年人均国民收入为 607 美元，1977 年首次突破千元，为 1043 美元。

⑩ 以下论文将金泳三政府（1993—1998 年）时期定义为市场经济体制的初级阶段，之前阶段不属于市场经济体制，笔者同意此论点。

崔光（音译），"民主主义和资本主义市场经济：韩国经验"，《韩国经济分析》第 10 卷第 3 号，2004 年，参考第 63 页。

⑪ 韩国居民医疗保险制度普遍化开始于 1989 年，针对全体国民为对象全面实行居民医疗保险制度开始于 1994 年，养老保险金制度开始于 1988 年，就业保险开始于 1995 年。

⑫ 劳动者成立政党是 1997 年成立的"国民胜利 21"，并于 1997 年选拔候选人参加总统大选。之后于 2000 年在"国民胜利 21"党基础上成立了民主劳动党。

⑬ 除了 IT 产业的企业，20 世纪 80 年代中期以后开始创业并发展成为大企业的成功神话有泛泰集团（Pantech）的朴炳烨和熊津集团的尹锡金。但最近泛泰集团和熊津集团纷纷陷入经营困境，成功神话难以为继。创造 IT 产业成功神话的企业有 1994 年成立的电脑游戏公司"NEXON"，1995 年成立的杀毒软件开发公司"AhnLab 安博士研究所"，1997 年成立的网络游戏公司"NCSoft"以及 1999 年成立的门户网站"NAVER"。

⑭《韩美创业投资，24 名对 71 名》，《东亚日报》，参考 2010 年 11 月 1 日，网络新闻报道。

⑮《财阀的终点为财阀》，《韩同胞 21》，参考 2014 年 4 月 24 日网络新闻报道。

⑯《徐正宇由于总统大选非法资金问题获刑 2 年消息确定》，《联合新闻》，参考 2004 年 12 月 10 日，网络新闻报道。

《据称徐正宇将获刑 4 年，金永一（音译）将获刑 3 年 6 个月》，《韩民族》，参考 2004 年 5 月 13 日网络新闻报道。

《市民团体披露非法资金 865 亿韩元》，《韩民族》，参考 2005 年 7 月 28 日网络新闻报道。

⑰《李健熙董事长财产规模逼近 12.9 万亿韩元》，《联合新闻》，参考 2014 年 5 月 13 日网络新闻报道。

⑱ 关于李健熙财产继承详情，参考以下资料。

李恩亭（音译），《财阀继承内参：三星集团》，《经济改革报告》2011 年 7 号，经济改革研究所，2011 年。

⑲《财阀继承—赠予税规模——新世纪缴纳 1 万亿韩元》，《韩国日报》，参考 2006 年 5 月 15 日网络新闻报道。

⑳《社会团体孤独的胜利》，《韩民族》，参考 1997 年 10 月 25 日报道。

李恩亭（2011），同前书。

㉑《李在镕廉价接收 BW 获取不当收益 1539 亿韩元》，《韩民族》，参考 2008 年 4 月 18 日网络新闻报道。

㉒ "股价估算过分……法律攻防 10 年画上句号"，《韩国日报》，参考 2009 年 8 月 15 日网络新闻报道。

《三星 SDS 上市推进，第三代财阀李在镕必须解决的课题》，《OHMY 新闻》，参考 2014 年 5 月 8 日网络新闻报道。

㉓ 参与连带，《第一企划、三星 SDI 股价分别下跌 760 亿韩元和 4440 亿韩元，李在镕经营失败转嫁子公司》，《报道资料》，2001 年 4 月 2 日。

李恩亭（2011），同前书。

㉔《李健熙董事长财产规模逼近 12.9 万亿韩元》，《联合新闻》，参考 2014 年 5 月 13 日网络新闻报道。

㉕ 三星爱宝乐园销售额增长的 43% 来自集团内部交易。现代 GLOVIS 销售额增长的 86%，SK C&C 销售额增长的 68% 来自集团和子公司之间的内部交易。内部交易案例参考以下资料。

金宇赞（音译），蔡尔培（音译），《关于内部交易的公平交易法时效性提高方案》，《经济改革报告》，2013 年 5 号，经济改革研究所，2013 年。

㉖ 宣称将 "守护自由民主主义" 作为政权最高价值的朴正熙政府和全斗焕政府时期，自由市场主义的代表性理论家和思想家罗伯特·诺齐克的所有著作被列为禁书，私藏诺齐克的著作会受到国家安保部门的处罚。

㉗ 本段内容和引用文参考以下资料。

"韩国企业生态体系，无法做到基本的公正，大企业 CEO 创新力不足"，《朝鲜日报》，2013 年 3 月 22 日报道。

㉘ 括号内内容为笔者添加。

㉙ 韩国公平交易委员会，《2013 年大企业集团内部交易现状信息公开》，《报道资料》，2013 年 8 月 29 日。

㉚ 金宇赞，蔡尔培（2013），同前书，参考第 6—8 页。

㉛ "李健熙一家，上市收益 5 万亿韩元……三星爱宝乐园明年第一季度上市"，韩国《中央日报》，参考 2014 年 6 月 3 日网络新闻报道。

㉜ 韩国公平交易委员会，《2013 年大企业集团内部交易现状信息公开》，

《报道资料》，2013 年 8 月 29 日，参考第 13 页。

㉝《三星 SDS 上市推进，第三代财阀李在镕必须解决的课题》，《OHMY 新闻》，参考 2014 年 5 月 8 日网络新闻报道。

㉞ 关于国内销售额的内部交易比例不包括 100% 全资子公司之间内部交易的情况。

韩国公平交易委员会，《2013 年大企业集团内部交易现状信息公开》，《报道资料》，2013 年 8 月 29 日，参考第 4 页。

㉟ 金宇赞，蔡尔培（2013），同前书，参考第 8—10 页。

㊱ 韩国公平交易委员会，《2013 年大企业集团内部交易现状信息公开》，《报道资料》，2013 年 8 月 29 日，参考第 13 页。

㊲ 蔡尔培（2013），同前书，参考第 10—11 页。

㊳ 韩国公平交易委员会，《2013 年公平交易白皮书》，参考第 221—223 页。

㊴ 韩国公平交易委员会，《2013 年公平交易白皮书》，参考第 223—225 页。

㊵“乐天卖场转向直营，掌门人一家涉足爆米花业务”，《韩民族》，参考 2013 年 3 月 25 日网络新闻报道。

㊶ 韩国公平交易委员会，《2013 年公平交易白皮书》，参考第 161—163 页。

㊷ 韩国公平交易委员会，《2013 年公平交易白皮书》，参考第 187—189 页。

㊸ 韩国公平交易委员会，《2013 年公平交易白皮书》，参考第 189—192 页。

㊹ 韩国公平交易委员会，《2013 年公平交易白皮书》，参考第 225—229 页。

㊺ 韩国公平交易委员会，《2013 年公平交易白皮书》，参考第 210—211 页。

㊻ 韩国公平交易委员会，《2013 年公平交易白皮书》，参考第 187—188 页。

㊼ 韩国公平交易委员会，《2013 年公平交易白皮书》，参考第 211—212 页。

㊽ 根据韩国公平交易委员会网页公示的施政措施和类型进行总结。

㊾《每 3.6 名韩国人互相认识》，韩国《中央日报》，参考 2004 年 1 月 9 日网络新闻报道。

㊿“我是金融监督院官员出身……没想到成为银行监事”，《韩国日报》，参考 2008 年 3 月 28 日网络新闻报道。

“储蓄银行监事，金融监督院官员出身的外部理事多达 54 名”，《韩国日报》，参考 2011 年 7 月 25 日网络新闻报道。

(51)《警察→保险业，检察官→大企业，就业通道》，韩国《中央日报》，2013 年 10 月 8 日参考网络新闻报道。

(52)《六大律师事务所所属豪门，83%专业委员为官僚黑手党出身》，《朝鲜日报》，参考2014年6月2日网络新闻报道。

(53) 崔章集编著，《危机的劳动》，人文学院出版社，2005年，参考第448页。

(54) 参考金尚朝和魏平良的著作。

金尚朝（2012），同前书。

魏平良（2014），同前书。

(55) 1990年排名前30位的韩国财阀集团在GDP中的比重为60%，外汇危机之后随着结构调整比重下降，2002年前30位财阀集团在GDP中的比重为52%。2003年前30位财阀集团销售额在GDP中的比重为28.4%，而国家总资产在GDP的比重为23.0%。

魏平良（2014），同前书。

(56) 1990年四大财阀集团三星、现代、LG、SK的资产总值占GDP的比例为27%，1998年增加到47%。外汇危机之后2002年这一比例降低到35%。外汇危机之后三星、现代、LG集团进行了分割重组，重组之后的泛三星、泛现代、泛LG集团、SK集团资产总值在GDP的比例重新增加，2011年这一比例达到65%。

(57) 外汇危机之后三星、现代、LG集团分离重组成多个财阀集团，为了不破坏统计的连贯性，将重组后的多个财阀仍然归类于三星、现代、LG集团，并统称为泛三星、泛现代、泛LG集团。三星集团分割重组为新世界、希杰CJ、韩松、韩国中央日报；现代集团分割重组为现代汽车、现代产业开发、现代百货、现代；LG集团分割重组为LG、GS和LS。SK集团未分割重组。

魏平良（2014），同前书。

(58) 魏平良（2014），同前书，参考第9—11页。

(59) 排名前200位的大企业资产在GDP中的比重2002年为85.3%，2012年增加到122.2%。前50位企业总资产在前200位企业总资产中的比重2002年为68%，2012年超过70%。

(60) 股价总额的比重以2014年6月5日和2008年12月底数据为基准，将科斯达克和科斯比数据进行合并，股价资料见证券交易所主页。

(61) 韩国公平交易委员会2013年7月1日资料。

(62) 韩国公平交易委员会2014年4月1日资料。

(63) 三星集团在海外投资失败的代表性案例是收购美国虹志电脑公司AST。三星电子于1995年收购了当时排名世界第六的电脑公司美国AST虹志40.3%的股份，并于1997年全部收购美国虹志公司100%股份并将美国虹志公司编入三星集团旗下，美国虹志成为三星集团全资子公司。但美国虹志的经营状况持续恶化，1999年2月三星集团将出售给美国投资集团公司，以7000亿韩元的损失告终。

(64) 李健熙在以下传记中具体描述了自己主导汽车产业的始末。

李健熙，《李健熙传：沉思看人生》，东亚日报出版社，1997年，参考第89—92页。

(65) 李健熙（1997），同前书，参考第91页。

(66) 同上。

(67) 李健熙（1997），同前书，参考第256—257页。

(68) 李健熙（1997），同前书，参考第90页。

(69)《三星－CJ希杰，新一年在东南亚的物流战升级》，《韩同胞》，参考2012年12月24日网络新闻报道。

《CJ大韩通运，合并六个月销售额下降1万亿韩元》，《*The Bell*》，参考2013年11月4日网络新闻报道。

(70)《三星—CJ希杰，新一年在东南亚的物流战升级》，《韩同胞》，参考2012年12月24日网络新闻报道。

(71) 韩国公平交易委员会，《2014年大企业集团持股现状及持股分布图》，2014年7月。

(72) 三星电子，2013年企业经营年报。

(73) 三星电子2014年手机销售目标为5.5亿万台，国内生产3300万台，国内生产比重仅为6%～7%。另外，三星电子2013年24万亿韩元的投资计划中，国内投资规模仅为2万亿韩元，不足总投资额的10%。三星电子2013年员工总数为23万6000名，其中海外员工过半，以14万5，000名在全体员工中占比62.6%。

“智能机No.1……国内生产减少”，*ET News*，参考2014年4月13日网络新闻报道。

(74) “三星电子，国内投资动力不足……创新性经济逆行”，《联合信息》，参考2013年10月14日网络新闻报道。

(75) 现代汽车企业经营年报显示，2011年、2012年、2013年现代汽车海外投资占总投资的比例分别是 34.6%、29.4% 和 30.9%。

⑯ 2011 年制造业（包含能源产业）在韩国 GDP 中的占比是 33.8%，成为 OECD 成员中仅次于挪威（36.4%）的国家。2009 年和 2010 年韩国制造业（包含能源产业）在 GDP 中的占比同样在 OECD 成员中排名第二。2011 年服务业在 GDP 中占比最低的 OECD 成员是挪威（56.3%），其次是智利（57.5%）。

⑰ 1997 年外汇危机爆发到 1999 年期间，倒闭的韩国财阀集团有大宇、双龙、韩罗、韩宝、海太、高合、东亚、三美、真露、韩一、极东建设、碧山、亚南、新韩、江原产业、申虎、居平。加上不是财阀集团的起亚汽车，倒闭的韩国大集团企业一共是 19 家。

⑱ "Dozens of Rich Americans Join in Fight to Retain Estate Tax", *The New York Times*, 2001. 02. 14.

⑲《李在镕副董事长走上"评审台"，是否具备经营能力?》，《联合新闻》，参考 2013 年 4 月 24 日网络新闻报道。

《三星李在镕副董事长面临的课题》，《京乡新闻》，参考 2014 年 6 月 3 日网络新闻报道。

"'后李健熙时代'李在镕与其父经营风格不同……"，《朝鲜周刊》，参考 2014 年 5 月 20 日网络新闻报道。

第八章

① 关于是否应该全面提供午餐的调查问卷居民投票率低的现象，可以解释为赞成免费午餐的比例高。因为当时的居民投票是吴世勋（音译）市长发起的，并约定居民投票率不足 33.3% 视为投票无效。吴世勋市长极力反对全面实施免费午餐制度，并承诺当居民投票无效时自己将主动辞去市长职位。而投票结果不足 33.3% 可以解释为与吴世勋市长持不同意见、赞成全面实施免费午餐制度的人占多数。最终投票结果为 25.7%，吴市长辞职，免费午餐制度全面实施。

② 笔者于 2004 年年初开始执笔第八章的内容。现任政府于 2004 年 7 月发布了针对超额内部留置税的课税计划，政府的推进方针与方法与笔者的大多数提议相吻合。

③ 举例说明，SK 作为内部留存金持有的收益盈余金中，有 2/3 用于现金性资产，现金资产的规模高达注册资本的 34 倍。现代集团格洛维船公司

（GLOVIS）的收益盈余金中有 1/3 用于现金性资产，规模高达注册资本的 40 倍。三星电子也有 11% 的收益盈余金用于现金资产，现金资产规模为注册资本的 18 倍。以上为 2013 年数据。

④ 对于超过一定水平的企业内部盈余金征收法人税的制度曾于 1991 年到 2001 年期间实行。

将利润视作股利分红并向股东征收个人所得税的书面股利所得税制度于 1968 年到 1985 年期间实行，以非上市公司股份转让收入为对象征收股利利差税的指定股利所得税制度于 1986 年到 1990 年期间实行。以上内容参考如下资料：

金商宣、金恩智、司昌宇，《关于法人公司内部盈余金课税方案的研究》，国会预算政策处，2011 年 11 月。

⑤ 以韩国银行的《企业经营分析报告》为基础进行计算，由于全部产业的资料在 2013 年之前没有统计数据，因此仅使用关于制造业的统计数据。

⑥ 在美国，如果有充分证据证明企业内部留存金不是为了逃税，便可以免征这部分超额内部留置税。参考以下资料：

金商宣、金恩智、司昌宇（2011），同前书，第 14—24 页。

⑦《关于非全日制劳动者和小时制劳动者的保护法》，第四条。

⑧ 2005 年小时制劳动者在全体劳动者中占比 18.2%，小时制劳动者保护法实施之后，2008 年小时制劳动者在全体劳动者中的占比减少到 14.3%，之后这一比例持续徘徊在 14% 左右。可以推定小时制劳动者实际转为正式劳动者的比例不高。在劳动保护法实行的 2008 年该比例为 8.1%，之后持续增加，2009 年达到 9.9%。参考以下资料：

金由善，《2013 年临时性非正式就业的规模和实况》，统计厅，《经济活动人口调查附加调查（2013.3）》，《劳动社会》171，2013 年 7 月 8 日。

⑨ 李社均、尹镇浩（音译），《临时性非正式就业是否可以转为正式就业?》，《经济发展研究》第 13 卷第 2 号，2007。

⑩ 韩国 2011 年总税额与 GDP 的比例是 25.9%，OECD 国家总税额与 GDP 的平均比例是 33.8%。统计数据来自 2011 年 OECD 的统计资料。

⑪ 国税厅《国税统计年报》中没有单独统计间接税的比重，因此在进行国际比较时，使用了 OECD 关于消费税的统计资料。2009 年，间接税中比重最高的消费税在韩国的总税额中占比 30.9%，与 OECD 的平均水平 30.6% 基本一

致。韩国消费税在总税额中的比重在1990年和2000年分别是43.0%和36.7%，2009年的数据与此前相比大幅降低。韩国针对生活必需品免征附加价值税，对奢侈品加征特别消费税，以此种方式促进消费税的累进结构。统计数据来源于以下资料：*Consumption Tax Trend*，2012，OECD。

⑫ 2014年开始修订的所得税累进结构以课税标准来划分，针对1200万韩元以下的收入征税6%，对1200万韩元到4600万韩元的收入征税15%，针对4600万韩元到8800万韩元收入的征税率为24%，8800万韩元到1.5亿韩元的收入征税率为35%，1.5亿韩元以上的收入征税率为38%。但是所得税是以总收入中扣除各项法定项目之后的收入金额为基数进行征税，比如扣除劳动收入所得、扣除抚养家庭人数、扣除养老金与保险金收入所得等，因此个人所得税的实际税率远远低于名义税率。

⑬ 根据分析资料和分析方法的不同，计算得出的实际税率可能有所不同，目前只有金尚朝针对收入所得水平进行了百分位分析。根据以下报告第32页表11数据进行分析。

金尚朝，《基于国税厅综合收入资料的收入分配及实际税率浮动分析：以百分位转换资料为基础》，《经济改革报告》2014年第8号，经济改革研究所，2014年。

⑭ 以下OECD的报告中只针对累进程度为平均工资收入一半（50%）水平到两倍（200%）水平的范围进行分析。而金尚朝2014年基于国税厅资料分析了所有所得税纳税者的总收入所得。如果将金尚朝的分析应用于OECD 50%到200%的范围，得出的实际税率差大约4%。

Paturot, D., K, Mellbye and B. Brys, "Average Personal Income Tax Rate and Tax Wedge Progression in OECD Countries", *PECD Taxation Working Papers* No. 15, 2013, P22, Table S. 5.

⑮ 金尚朝2014年的分析结果显示，2012年以"综合所得"为标准，所有纳税者的平均收入2900万韩元，实际税率略低于1.7%，3%~4%区间的高收入阶层平均收入1.065亿韩元，实际税率8.3%；9%~10%区间的高收入阶层平均收入6450万韩元，实际税率4.8%；19%~20%区间的高收入阶层平均收入4430万韩元，实际税率2.8%；29%~30%区间的高收入阶层平均收入3220万韩元，实际税率1.7%。

⑯ 计算扣除劳动收入、健康保险、养老金之后的实际税率，3000万韩元收

入的实际税率是 2.2%，6000 万韩元收入的实际税率是 7.6%。两项收入的实际税率差为 5.4%，是现行实际税率差 2.6% 的两倍。

⑰ 累进所得税虽然可以缓解收入不平等现象，但收入所得扣除制度削弱了所得税的累进效果，关于这个内容参考以下论文。论文指出，劳动收入"税前收入的不平等程度虽然因为累进税率结构大幅降低，从 35.4% 降低到 24.6%，但收入再分配的改善效果因为各种所得税减免制度削弱 8% 到 13.5%"。（第 223 页）

林洙英、朴基白、金寓哲（音译），《所得税减免制度的再分配效果》，《税务和会计》第 15 卷第 2 号，韩国税务学会，2014。

⑱ 林洙英、朴基白、金寓哲（2014），同前书，参考第 223 页。

⑲ 金尚朝（2014），同前书，第 35 页。

⑳ 金尚朝（2014），同前书，第 32 页。

㉑ 李恩静，《法人税实际税率浮动及减免税额的效果》，《经济改革报告》，2013－10，经济改革研究所，2013 年。

㉒ 李恩静（2013），同前书，参考第 10—11 页。

㉓ 李恩静（2013），同前书，参考第 13 页。

㉔ 魏平亮、金宇赞（音译），《关于实际法人税、企业投资及就业的实证分析》，《经济改革报告》2011 年第 3 号，经济改革研究所，2011 年，参考第 21—24 页。

㉕ 金明秀、金善雄（音译），《关于非法经营者追责和事后救济的司法制度改革方案》，《经济改革报告》2012－16，经济改革研究所，2012，第 20—24 页。

㉖ "Michael Milken's Guilt", *The New York Times*, 1990.04.26.

㉗ "Milken to Pay $ 500 Million More in $ 1.3 Billion Drexel Settlement", *The New York Times*, 1992.02.18.

"Milken's Sentence reduced by Judge; 7 Months are Left", *The New York Times*, 1992.08.06.

㉘ 韩国公平交易委员会资料显示，三星集团有 17 个循环出资交叉点，乐天集团有 51 个循环出资交叉点。其次是东洋集团、永丰集团和韩松集团，分别有 17 个、7 个循环出资交叉点。

㉙ 现代汽车集团、现代重工业集团和韩进集团属于这种情况。现代汽车集

团有 2 个循环出资交叉点，现代重工业集团有 1 个循环出资交叉点，韩进集团有 2 个循环出资交叉点。

㉚ 三星电子持有新罗饭店 5.1% 的股份。2013 年新罗饭店的总股利分红为 59.4 亿韩元，三星电子获得的股利分红为 3.03 亿韩元。以上数据来源于 2013 年新罗饭店经营年报。

㉛ 三星电子持有第一企划广告公司 2.6% 的股份。2013 年第一企划的纯利润为 522.5 亿韩元，但 2012 年和 2013 年第一企划广告公司由于盈利状况不佳没有分红。

㉜ Form 10 – K，"General Electric Capital Corporation"，2014，p.3.

㉝ Form 10 – K，"Boeing Capital Corporation"，2014，p.2.

㉞ 关于收购信息义务披露制度的内容，参考以下资料。

魏平亮、金宇赞，《遏制经济力集中的财阀法制制度改善方向》，《经济改革报告》2012 年第 5 号，经济改革研究所，2012 年。

金宇赞、江正敏，《英国的收购信息义务披露制度和董事会中立》，《经济改革报告》2010 年第 4 号，经济改革研究所，2010 年。

李智秀（音译），《日本的收购信息义务披露制度研究》，《事件与分析》2012 年第 3 号，经济改革研究所，2012 年。

㉟ 江正敏（音译），《韩国石油公社公开收购达纳石油公司案例分析》，《事件与分析》2010 年第 3 号，经济改革研究所，2010 年。

㊱ 原证券交易法第 21 条第 2 项。

㊲ IMD，"World Competitiveness Online"，（Institute of Management Report）. 网址：www.worldcompetitiveness.com/online。

㊳ WEF，"The Global competitiveness report" 2013 – 2014，World Economic Forum，p239.

㊴ 关于公司外部董事制度时效性的分析，参考以下报告：

李秀祯（音译），《公司外部董事及监事的实际独立性分析（2012 年）》，《经济改革报告》2013 年第 3 号，经济改革研究所，2013 年。

㊵ 集中投票制是防止所有董事由大股东选举任命的制度，在指股东大会选举多名董事时，一名股东可以累积行使对某一特定候选人的决策权。举例说明，选举三名董事时，每名股东拥有三票投票权，可以将三票全部投给某一名董事候选人，是为集中投票制。选举三名董事的情况下，如果以现行投票制度投票，

457

大股东拥有51%决策权，大股东推荐的候选人必定当选。而如果采用集中投票制，拥有49%决策权的少数股东可以将三票集中投票给自己推荐的候选人，如果那么意味着这个候选人最终可以以147%的得票率胜出。

㊶ 韩国1999年开始在商法中引入集中投票制，但同时在第382条第2项中规定允许公司根据实际情况不采用集中投票制。事实上95%的公司排斥集中投票制，集中投票制虽然在法律中有规定，却是一项有名无实的制度。

韩国上市公司协会，《2010上市公司股东大会白皮书》，2010年，第212页，参考表68。

㊷ 该统计以2010年OECD的数据为基础。瑞典1993年的工会参与度是84%，德国1983年工会参与度为35%，之后持续减少。

㊸ 关于韩国引入共同决议制度具体方案的研究，参考以下资料。该研究提议在现行法律中关于董事会结构的部分，引入劳动者代表作为外部独立董事参与监事会。另外和笔者一样建议灵活运用本公司持股劳动者工会制度。

金基宇、夏京浩、李光泽、金尚浩，《采用共同决策制度的研究》，《研究综述》，2012第02号，韩国劳动总工会中央研究院，2012年。

㊹ 本公司持股劳动者工会成立比例是本公司持股劳动者工会数量在上市公司数量中的占比。本公司持股劳动者工会数量是证券金融的统计。本公司持股劳动者工会股份持有率参考以下资料第92—93页。本公司持股劳动者工会的现状和发展方案，参考以下资料。

韩国劳动研究院，《本公司持股劳动者工会制度的现状调查与改善方案》，劳动部研究用，2007年12月。

㊺ Thomas Piketty（2014），同前书。

㊻ A. B. Atkinson and T. Piketty，*Top Incomes over the Twentieth Century*，Oxford University Press，2007.

㊼“资本收益率（r）”与“经济增长率（g）”是托马斯·皮凯蒂研究的最重要成果，也是资本税合理化的最重要的理论依据。相关内容参考Thomas Piketty（2014）164—233页，336页—376页。

㊽ Thomas Piketty（2014），同前书，第354页。

㊾ Thomas Piketty（2014），同前书，第371页。

㊿ 韩国银行，统计厅，《国民收支表共同开发结果》，2014年5月。

(51) Thomas Piketty（2014），同前书，第201—203页，第350—358页。

(52) 资本收益率是租赁收入、利润、股利分红、利息等所有资本性收益除以国民净资本总值得出的数值。这是减掉消费者物价上升率后的实际资本利润率。用 GDP 平减指数代替消费者物价指数计算得出的实际资本收益率 2011 年为 2.0%，2012 年为 2.4%。正确的收益率不是以当年度纯资产为基准，而是应该以上一年度纯资产为基准，但因为国民账户收支表的资料 2011 年才开始公开，所以 2011 年的收益率以当年度纯资产为基准计算得出。

(53) 以韩国资本收益率为主要对象的研究虽然不少，但由于受韩国统计资料的限制，无法像托马斯·皮凯蒂一样研究长期资本收益率变化的趋势。虽然每种关于资本收益率水平的研究结果存在一定差异，但所有的研究结果表明，韩国的资本收益率呈现积极下降趋势。尤其是 20 世纪 80 年代降低到 20 世纪 60 年代初的 1/3 水平。从资本收益率降幅大于经济增长率的情况来看，推测至少 20 世纪 90 年代中期资本收益率增幅不可能高于经济增长率。

Jang, H. W., "Phases of Capital Accumulation in Korea, 1980 – 1996", *IC-SEAD Working Paper* Series, vol. 99 – 21, 1999.

(54) 虽然与托马斯·皮凯蒂资本收益率不同，但可以参考金融资产的收益率和不动产价格上升率，作为韩国资本收益率的近似值。下面将 1977 年到 2013 年期间金融资产的收益率和经济增长率进行比较。经济增长率是实际增长率，所有金融资产收益率的收益率可以计算出反应消费者物价上升率的实际收益率。金融资产中高收益率和高风险的年均股市实际收益率比年均经济增长率高出 0.5%。公司债券的年均实际收益率比年均经济增长率反而低 0.3%，银行存款的年均实际收益率比年均经济增长率低 3.4%。托马斯·皮凯蒂从收益率中减去 1% ~2% 作为资本管理费用，从而得出纯收益率，并将纯收益率与经济增长率做出比较。\ [Thomas Piketty (2014)，同前书，第 205—206 页 \ ] 假设托马斯·皮凯蒂的理论在韩国也成立并将其应用到韩国股市收益率中，1977 年到 2013 年期间股市的实际收益率比经济增长率低 0.5% ~1.5%。公司债券和定期储蓄即使不考虑管理费用，实际收益率也已经低于经济增长率。很难找到关于韩国过去股利分红收益率的资料，租赁收益也没有相关资料，难以计算。但是最近韩国的股利分红收益率为 1% ~2%，属于世界最低水平，2012 年韩国财产收入中租赁收益占的比重不足 1%，估计之前租赁收益在财产收入中所占的比重更低，因此可以对租赁收益忽略不计。

2012 年韩国的居民家庭纯资产中金融资产占据的比重是 22%，其中股市和证券所占比重分别是 21% 和 6%，其余部分为存款。\ ［韩国银行，统计厅 (2014) 的统计数据\ ］假定之前的比例与此相同（实际上不能过低评估之前的收益率，因为之前股市的比例更小），以 2% 的股利分红收益率计算金融资产的平均实际收益率，比经济增长率低 2.1%～3.1%。再来计算金融资产和住宅带来的资本收益率，从住宅价格有公开资料的 1987 年开始，到 2012 年期间，住宅价格的年均上涨率是 3.8%，同期年均物价上升率为 4.3%，实际住宅价格的上涨率为负 0.6%，同期经济增长率为 5.9%，因此住宅带来的资本收益率比经济增长率低 6%。

金融资产收益率和住宅资产收益率均低于经济增长率，全部资产的收益率自然低于经济增长率。笔者计算的资本收益率没有扣除财产税、所得税等税额。如果像托马斯·皮凯蒂一样反应税额，韩国的资本收益率将比经济增长率更低。另外，在资产中收益率高于经济增长率的股市投资在韩国历史不长，即使计算再精确，资本收益率低于经济增长率的幅度将增大。因此，托马斯·皮凯蒂"资本收益率（r）" > "经济增长率（g）"的理论应用在韩国等新兴国家时，必须非常慎重。

在数据计算中使用的资料如下。股市收益率是根据韩国证券交易所资料中综合股价指数求得的年均收益率。公司债券收益率是韩国银行的公司债券收益率（三年期 AA 等级）。韩国银行于 1987 年开始提供公司债券收益率资料，1974 年到 1986 年的资料引用李永勋等四人 2005 年的研究资料。［李永勋、朴基洙、李明辉、崔尚武，《韩国有价证券 100 年》（证券信托结算院，2005）］，1974 年到 2000 年定期存款利息率同样参考李永勋等四人 2005 年的研究资料，2001—2003 年的定期存款利息率参考韩国银行的数据。消费者物价上升率和经济增长率参考韩国银行数据。住宅价格上涨率以韩国鉴定院公布的全国住宅价格动向调查中住宅买卖价格指数为基准。住宅买卖价格指数开始于 1986 年，1987 年有上涨率数据，即使不以住宅资产为基准计算，而是以土地资产为基准计算，结果也没有太大变化。韩国鉴定院于 1988 年开始公布地价变动率，1988 年到 2012 年期间的年均地价变动率为 4.1%，低于同期物价上升率 4.4%，实际地价变动率为 0.3%。

㊟ Thomas Piketty (2014)，同前书，第 515 页。

㊟ 申正焕，《财阀改革纷争与瑞典模式》，《市民与世界》第 6 号，参与社会研究所，2004，参考第 317—318 页。

㉗ 申正焕（2004），同前书。笔者对 330 页到 331 页的内容进行修正引用。

㊿ 瑞典的工会组织参加率之后急剧下降，到 2012 年下降到 67.5%。但瑞典的工会组织参加率在 OECD 成员中仍然居于高位，韩国的工会组织参加率大约为 9.9%，在 OECD 成员中处于较低水平。

㊾ OECD 成员收入不平等现象最严重的国家排名分别是智利、墨西哥、土耳其、美国。排名前三位的国家全部为新兴市场国家，发达国家中美国是收入不平等水平最严重的国家。2009 年智利、墨西哥、土耳其、美国可支配经济收入的基尼指数分别为 0.508、0.475、0.411 和 0.378。其中，墨西哥的 0.475 为 2008 年数据。

⑩ Jeffrey Sachs，《文明的代价》，金炫久（音译）译，21 世纪图书出版社，2012 年，参考第 42 页。

⑪ Paul R. Krugman（2012），同前书，第 21 页。括号内的文字是笔者为了便于读者理解额外添加的内容。

⑫ 关于美国收入不平等的历史资料参考以下著作与论文，其中最近的内容参考 Thomas Piketty（2014）。

Thomas Piketty（2014），同前书。

A. B. Atkinson 和 T. Piketty（2007），同前书。

Thomas Piketty and Emmanuel Saez，"The Evolution of Top Incomes：A Historical and International Perspective"，*AEA Papers and Proceedings* vol. 96 no. 2. 2006.

Thomas Piketty and Emmanuel Saez，"Income Inequality in the United States，1913–1998"，*Quarterly Journal of Economics*，vol. 118，2003.

⑬ 美国排名前 10% 的高收入阶层收入在全部收入中占据的比重在 1940 年为 45.3%，但 1941 年、1942 年、1943 年、1944 年分别急剧下降到 41.9%、36.1%、33.7% 和 32.5%。美国排名前 1% 的高收入阶层收入在全部收入中占据的比重在 1940 年为 16.5%，但 1941 年、1942 年、1943 年、1944 年分别下降到 15.8%、13.4%、12.3% 和 11.3%。

Thomas Piketty（2014），同前书，第 292。

⑭ 1981 年美国里根总统上台，随着里根政府市场本位主义政策的实施，美国收入不平等和贫富两极分化现象严重，与此有关的内容成为很多论文的研究对象。参考资料如下。在美国实行的市场本位主义或新自由主义政策在韩国不曾实行过。

保罗·克鲁格曼（2012），"第八章 不平等的政治"，同前书，第 211—237 页。

约瑟夫·斯蒂格利茨，"第二章 寻租现象与不平等社会的形成"，《不平等的代价》，李纯姬（音译）译，开放图书出版社，2013 年，第 117—145 页。

杰弗里·萨克斯（Jeffrey Sachs：2012），"第四章 从公共利益中衰退的华盛顿"，同前书，第 72—94 页。

安德鲁·格林（Andrew Glyn：2008），"第二章 紧缩、民营化和放宽管制"、"第三章 金融与股东的所有权"，同前书，第 49—128 页。

㊎ 约瑟夫·斯蒂格利茨（2013），同前书，第 117 页。

㊏ 保罗·克鲁格曼（2012），同前书，第 20 页。

括号内的文字是笔者为了便于读者理解额外添加的内容。

㊐ 将以下论文第 24—28 页的内容与第 32 页的内容进行概括引用。美国在第二次世界大战期间，于 1942 年成立国家战时劳动委员会（National War Labor Board），该国家战时劳动委员会于 1945 年随着第二次世界大战的结束而解散。国家战时劳动委员会的主要职能是依据物价控制指南（Price Control Act）对所有工资的变动予以核准。工资控制和最低工资提高不仅对高收入阶层的工资增长起到抑制作用，同时带来提高低收入阶层工资的结果。

Claudia Goldin and Robert Margo, "The Great Compression: The wage Structure in the United States at Mid – Century", *Quarterly Journal of Economics* Feb, 1992.

㊑ Philip Armstrong, Andrew Glyn, John Harrison, *Capitalism since* 1945, Blackwell, 1991.

㊒ 约瑟夫·斯蒂格利茨（2013），同前书，第 117 页。

㊓ 与此相关的具体分析参考以下资料。

拉里·巴特尔斯（Larry M. Bartels, 2012），"第二章 民主党和共和党，不平等加剧"，同前书，第 55—98 页。

㊔ 保罗·克鲁格曼（2012），同前书，第 19 页。

㊕ 约瑟夫·斯蒂格利茨（2013），同前书，第 126 页。

笔者归纳引用以上书中的内容。

㊖ 约瑟夫·斯蒂格利茨（2013），同前书，第 125 页。

㊗ 约瑟夫·斯蒂格利茨（2013），同前书，第 127 页。

㊘ 1981 年之后美国总统依次为罗纳德·威尔逊·里根（Ronald Reagan，共

和党，1981—1989 年）、乔治·赫伯特·沃克·布什（George H. W. Bush，共和党，1989—1993 年）、威廉·杰斐逊·克林顿（William Jefferson Clinton，民主党，1993—2001 年）和乔治·沃克·布什（George Walker Bush，共和党，2001—2009 年）。民主党威廉·杰斐逊·克林顿总统执政是在共和党连续三届执政 12 年之后。美国总统的任期为四年，只允许连任一次。

⑦ 拉里·巴特尔斯（2012），"第三章 现代美国的阶层政治和错误"，同前书，第 99—142 页。

⑦ 将美国社会不平等的原因诊断为美国政治上的失败，或者说更广泛意义上的美国民主主义失败的主张，参考以下资料。其中，拉里·巴特尔斯 2012 年的著作通过具体的分析数据展示了在美国保守共和党和进步民主党执政期间收入不平等如何不同。

约瑟夫·斯蒂格利茨（2013），"第五章 民主主义的危机"，同前书，第 233—268 页。

罗伯特·赖克，"第四章 被压倒的民主主义"，《超级资本主义》，邢善浩（音译）译，金永出版社，2008 年，第 191—238 页。

杰弗里·萨克斯（2012），"第七章 欺骗游戏"，同前书，第 139—172 页。

拉里·巴特尔斯（2012），同前书。

⑦ 拉里·巴特尔斯（2012），同前书。

"近视眼式"的投票是指选民投票时仅根据投票当年的经济情况做出短视的选择，而非考量相关政党整个执政期间社会全部经济状况和收入变化情况。美国的总统选举通常在每年 11 月份的第一个周三举行，选举当年的经济状况可以从选票中反映出来。上述著作的"第四章 预料中的胜利者，共和党胜利的秘密"章节中（第 143—177 页）提到中产阶层和贫困阶层的生活水平在共和党执政时期不如进步民主党执政时期，却依然投票给共和党的理由，并结合美国历年总统选举的情况进行分析。

⑦ 美国政治中与不同经济阶层有关的政策相关性参考如下论文：

Martin Gilens, "Inequality and Democratic Responsiveness", *Public Opinion Quarterly*, vol. 69 no. 5, 2005。

⑧ 拉里·巴特尔斯（2012），"第九章 经济不平等和被差别化对待的人们"，同前书，第 357—393 页。

⑧《对于陷国家于债台高筑局面的人实行追责制》，《韩民族》，1998 年 1

月 19 日新闻报道。

㊷ 福利制度最初制定的初衷是为了帮助低收入阶层和贫困阶层，人们在自身经济条件允许的情况下通常不会考虑应用福利制度。但随着福利制度的普及化，第二代人将福利制度看作自身应该享有的经济权利，这一现象属于所谓的"第二代问题"。

Lester C. Thurow, *The Future of Capitalism*, Penguin Books, 1996, p. 111.

㊸ 崔章集（2006），同前书，第 136 页。

㊹ 崔章集、朴赞彪、朴尚勋（2007），同前书，第 16 页。

㊺ 崔章集（2007），同前书，第 17 页。

㊻ 罗伯特·赖克（2008），"第二章 通向超级资本主义的道路"，同前书。

㊼ 杰弗里·萨克斯（2012），同前书，参考第 139 页和 314—317 页。

㊽ 保罗·克鲁格曼，《新未来》，叶尚韩（音译）译，2013 年，参考第 22 页和第 375 页。

㊾ 新国家党和新政治民主联合的更名简单整理如下。新国家党的党名先后经历了"民政党—民自党—新韩国党，自民联—大国家党—新国家党"，新政治民主联合的党名变更历程为"新民党—统一民主党，和平民主党—民主党—国民会议—新千年民主党，开放国家党—民主党—新政治民主联合"。

㊿ 郭真英（音译），《韩国政党的聚散离合和政党体制的不稳定性》，《韩国政党学会学报》第 8 卷第 1 号，2009 年，第 142 页。

○91 周任植（音译），《政党的分裂与组合：起源特征和组织变化》，《21 世纪政治学会学报》第 22 辑 1 号刊，2012 年，参考第 155 页、第 136 页。

○92 江源泽（音译）针对 2012 年总统大选、2007 年总统大选和 2012 年的国会议员选举投票结果进行分析研究，结果表明以收入阶层为单位的投票呈现出"阶级背叛性投票"结果。比如 2012 年总统大选中，低收入阶层对朴槿惠候选人的投票率为 56.3%，对其他候选人的投票率为 34.6%，高收入阶层对朴槿惠候选人的投票率为 49.5%，对其他候选人的投票率为 41.9%。低收入阶层对朴槿惠候选人和其他候选人的投票率差异更大。

江源泽，《韩国选举中的阶级背叛性投票和社会阶层》，《韩国政党学会学报》，第 12 卷第 3 号，2013 年。

○93 以下论文以 2007 年、2008 年、2011 年的选举为研究对象，根据选民的资产规模和住宅将选民划分为不同的资产阶层，研究结果表明，不同的资产阶层虽然在理念倾向、政治方面、经济方面和社会文化方面产生一定的影响，但选举中在选择政党和候选人时对选民没有影响。

李甲润、李志豪、金世洁（音译），《财产对阶级意识和投票的影响》，《韩国政治研究》第 22 辑第 2 号，2013 年。

㉔ 张昇进（音译）针对 2012 年第 19 届国会议员选举和第 18 届总统大选的投票结果做出分析研究，结果表明"选民的主观阶层意识分明反映在他们支持的政党和候选人中"，"但是以家庭收入和工作内容等客观指标为基础进行分类的阶层之间，政治性选择的差异不大"。2012 年第 19 届国会议员选举中，研究结果表明"选民偏好的政党和政治理念在实际的投票中对其不具备实际影响力"。

张昇进，《2012 年两大选举中阶层分裂的可能性和界限》，《韩国政治学会学报》，第 47 辑第 4 号，2013 年。

张昇进，"第 19 届国会议员选举的投票选择：政权评审论、理念投票和情怀"，《韩国政治学会学报》，第 46 辑第 5 号，2012 年。

㉕ 江友真（音译），《对经济政策的认识和住宅所有情况对投票的影响：以第 18 届总统大选为中心》，《韩国政治学会学报》，第 11 辑第 2 号，2012 年。

㉖ 张昇进（2012），同前书。

㉗ 李内永、安宗基（音译），《第 18 届总统选举和回顾性投票：为什么对执政政府的回顾性投票没有影响第 18 届总统选举？》，《韩国政党学会学报》，第 12 卷第 2 号，2013 年，参考第 5 页。

㉘ 金成研、金准植、吉真雅（音译），《韩国选民是否根据政策进行投票？》，《韩国政治学会学报》，第 47 辑第 1 号，2013 年，参考第 179 页。

㉙ 张昇进，《政治民主化和第 18 届总统大选：争议投票和政治常识》，《韩国政党学会学报》，第 12 卷第 1 号，2013 年，参考第 107 页。

⑩ 李尚新，《政治私人化和大选候选人的评价：朴槿惠、安秀哲、文大人的模式分析》，《韩国政治学会学报》，第 46 辑第 4 号，2012 年，参考第 162—163 页。

⑩ 崔章集（2006），同前书，第 145 页。

⑩ Lester C. Thurow, *The Future of Capitalism*, Penguin Books, 1996，第 250 页。

⑩ 罗伯特·达尔（2011），同前书，第 88 页。

⑩ 罗伯特·达尔（2011），同前书，第 95 页。

致　谢

本书中引用了很多关于韩国经济的研究著作和论文，感谢各位作者的付出，笔者得以在本书中享受"研究"的快乐。在此，同样对研究韩国经济的外国研究者们致以深深的敬意。

特别感谢对韩国经济进行系统研究的金尚朝教授和研究韩国经济难点难题的经济改革研究所的各位研究员，以及为本书提供资料与统计数据的李恩静、蔡尔培（音译）会计师。

执笔本书的数年间，韩载民教授提出了大量建设性意见并给予大力支持，在此感谢韩载民教授的付出和帮助。在本书接近尾声时，李东燮（音译）教授亲自进行指导，姜行哲（音译）、金宇赞（音译）、裴宗石（音译）、李汉尚（音译）、全在俞（音译）、郑在浩（音译）教授提出宝贵意见，在此一并衷心致谢。感谢高丽大学商学院学者支援部李正浩（音译）课长及各位助教，感谢整理参考文献和图书资料的郭林（音译）、车润洙（音译）。本书研究经费来源于高丽大学企业治理结构研究所，感谢支持。

为本书做出最大贡献的是张夏元（音译）博士，从本书构思到完稿的数年期间，张博士与我进行多次思想碰撞与交流，直到本书出版。

作为我人生的新挑战，这部著作是我第一个作品，感谢本图书出版社（HEY BOOKS）的尹美静（音译）代表和金英姬（音译）编辑。

感谢我生命中最重要的两个人勋顺（音译）和昇圭（音译），你们的支持和鼓励是我前行的动力。谨以此书作为爱的礼物奉献给你们。